HEDWIG MARIA STUBER

Ich helf Dir kochen Fisch

HEDWIG MARIA STUBER

Ich helf Dir kochen Fisch

Das Grundkochbuch für Fische und Meeresfrüchte

Inhalt

Rezepte

Zu den Rezepten

- Die Rezepte sind, wenn nicht anders angegeben, **für 4 Personen** berechnet.
- Pfeffer sollte immer frisch gemahlen werden.
- **Zitronenschale** wird grundsätzlich von unbehandelten Früchten verwendet.
- Bei **Eiern** ist von der **Gewichtsklasse M** (Mittel) auszugehen.
- Das zarte Produkt Fisch hat nur kurze Garzeit. Man muss ein Gefühl dafür entwickeln, wann der Fisch »auf den Punkt« gar ist. Die Angaben für **Temperatur und Garzeit** sind **Richtwerte.** Beachten Sie die Gebrauchsanweisung für Ihren Herd und bringen Sie Ihre persönlichen Erfahrungen mit ein. Dies gilt insbesondere beim Garen mit dem Gasherd.

Abkürzungen

TL = Teelöffel
EL = Esslöffel
g = Gramm
kg = Kilogramm
ml = Milliliter
l = Liter
(1 l = 1000 Milliliter)

Liebe Leserinnen, liebe Leser,

Fisch ist ein Nahrungsmittel seit urdenklichen Zeiten. Das Angebot an Fischen und Meeresfrüchten ist in den vergangenen Jahren deutlich gestiegen. Wer heute vor der Auslage einer Fischabteilung steht, wähnt sich am Meer – so groß ist die Auswahl. Von der heimischen Forelle bis zum schillernd bunten Papageienfisch wird alles reichlich angeboten und auch gekauft – gut 16 Kilogramm pro Kopf im Jahr, Tendenz seit Jahren steigend. Fisch und Meeresfrüchte sind »in«. Dank ausgefeilter Logistik sind sie frisch oder tiefgekühlt in guter Qualität jederzeit zu haben. Die Aquakultur-Produktion nimmt weltweit zu und garantiert eine kontinuierliche Versorgung mit Speisefisch. »Ich helf Dir kochen – Fisch« folgt diesem Trend.

Was ist das Besondere an diesem Fischbuch?

Im Eingangskapitel beschäftigen wir uns mit der Küchenpraxis: von Einkauf und Lagerung bis zum Schuppen, Ausnehmen und Filetieren sowie der ausführlichen Besprechung der Garmethoden. Zahlreiche Fotos machen die Beschreibungen anschaulich und helfen Ihnen beim Nachvollziehen ungewohnter Küchentechniken.

In den Rezeptkapiteln haben wir die übliche Unterscheidung von Süßwasserfisch und Meeresfisch außer Acht gelassen und uns für die Einteilung Ganzer Fisch und Filets, Koteletts, Tranchen entschieden. Ein Hecht (Süßwasserfisch) kann genauso zubereitet werden wie eine Dorade (Meeresfisch); das Gleiche gilt für Filet vom Süßwasser- und Meeresfisch. Diese sowie die weiteren Kapitel, nämlich Meeresfrüchte, Fischgerichte, Suppen, Vorspeisen und kalte Fischküche, enthalten Vorschläge sowohl für die Familienküche als auch für festliche Anlässe. Wie auch in unseren Standardwerken »Ich helf Dir kochen« und »Ich helf Dir backen« sind die Rezepte klar formuliert und leicht nachvollziehbar. Geachtet haben wir auf leicht erhältliche Zutaten. Bei vielen Rezepten finden Sie ausführlich beschriebene Vorschläge für Beilagen. Zahlreiche informative Fotos machen Lust aufs Nachkochen und Ausprobieren.

Wir haben jedes Rezept ausprobiert! Tatsache ist, dass wir dabei Fisch & Co. immer mehr lieben gelernt haben. Mehr denn je kommen Fische und Meeresfrüchte seitdem auf unseren Tisch, vor allem und besonders wenn Gäste kommen. Fisch zubereiten ist so einfach – und so gut.

Wir wünschen Ihnen, liebe Leserinnen und Leser, Lust auf Fisch und Freude beim Ausprobieren der Rezepte. »Ich helf Dir kochen – Fisch« ist dabei Ihr zuverlässiger Ratgeber.

Ihre Hedwig Maria Stuber und
Angela Ingianni (Koautorin)

Grundlagen der

Fischküche

Dank Aquakultur und Tiefkühltechnik ist Fisch jederzeit erhältlich. Frisch gefangener Fisch aus dem Meer oder Süßwasser ist dagegen saisonalen Schwankungen unterworfen und nicht jederzeit verfügbar. Wofür sollen Sie sich entscheiden, wenn Sie doch »guten« Fisch auftischen wollen? In diesem Eingangskapitel erfahren Sie, woran Sie schon beim Einkauf Qualität und Frische erkennen und wie Sie Ihren Fisch zu Hause behandeln müssen. Ob Ausnehmen, Enthäuten, Entgräten oder Parieren und anschließendes Zubereiten – die richtigen Hilfsmittel und Geräte sind ebenfalls eine wichtige Voraussetzung für ein gelungenes Fischessen.

① Fischkochkessel mit herausnehmbaren Einsatz, auch als Fischbräter zu verwenden
② Dämpfkorb mit Deckel (im Asialaden erhältlich)
③ Wok mit Deckel
④ Ovale Fischpfanne
⑤ Flacher Schaumlöffel, grob gelocht
⑥ Fischheber
⑦ Pastetenform
⑧ Feinmaschiges Küchensieb (in verschiedenen Größen erhältlich)
⑨ Auflaufform
⑩ Schneidbrett
⑪ Kochmesser
⑫ Lachsmesser
⑬ Austernbrecher
⑭ Grätenzange
⑮ Spickmesser
⑯ Flexibles Filier-/Filetiermesser
⑰ Universal-Küchenschere
⑱ Fischschupper
⑲ Hummerzange
⑳ Hummergabel

Einkauf und Lagerung

Dank schneller Verkehrswege, Isolierverpackungen und einer funktionierenden Kühlkette vom Fang bis zu den Fischhändlern im ganzen Land ist selbst Meeresfisch im Binnenland überall frisch erhältlich, und tiefgefroren sowieso. Die Frischfischabteilungen warten mit einem Angebot auf, das kaum einen Wunsch offenlässt; dank ausgefeilter Logistik kommen selbst bunt schillernde Tropenfische frisch in unser Land. Aber:
Fisch ist durch seinen hohen Wasser- und Eiweißgehalt ein empfindliches Produkt.
Deshalb ist Fischeinkauf auch Vertrauenssache. Gehen Sie lieber in das Geschäft, in dem es immer frischen, aber nicht unbedingt jeden Fisch gibt. Seien Sie flexibel und wählen Sie prinzipiell den Fisch, der am besten aussieht, auch wenn Sie einen anderen im Kopf hatten. Reden Sie mit Ihrem Fischhändler und lassen Sie sich neben Tipps für die Zubereitung auch etwas über den Fisch erzählen. Er kennt schließlich die Herkunft seiner Ware, weiß, wie lange der Fisch unterwegs war und seit wann er bei ihm in der Auslage liegt. Für das letzte Glied der oft langen Transportkette sind übrigens Sie ganz allein verantwortlich. Bringen Sie vor allem im Sommer eine kühlende Thermotasche mit oder lassen Sie die empfindliche Ware auf Eis packen. Es lohnt sich!
Am frischesten ist immer Sushi-Qualität. »Absolut frisch« – diese Sicherheit bekommen Sie nur beim Einkauf von lebendem Fisch, der sich lebhaft bewegt und im Wasser nach Luft schnappt.

Frische- und Qualitätsmerkmale

Geruch

Ein frischer Fisch hat keinen besonderen Geruch, er sollte im Idealfall nach Meer riechen. Keinesfalls darf er »fischeln«, also säuerlich oder ausgeprägt nach Fisch riechen. Am besten schnuppern Sie hinter den aufgeklappten Kiemendeckeln. Hoffen Sie nicht, dass ein unangenehmer Geruch beim Garen verfliegt – er tut es nicht. Meeresfische riechen generell intensiver als Süßwasserfische. (Eigentlich ist es ein Segen, dass Fisch riecht; unangenehmer Fischgeruch hat schon manchen vor einer Fischvergiftung bewahrt.)

Kiemen

An den Kiemen ist die Frische eines Fisches eindeutig abzulesen. Leuchtend rot und feucht sollen sie sein und nicht verschleimt. Flecken und verklebte Kiemenblättchen sind ein schlechtes Zeichen.

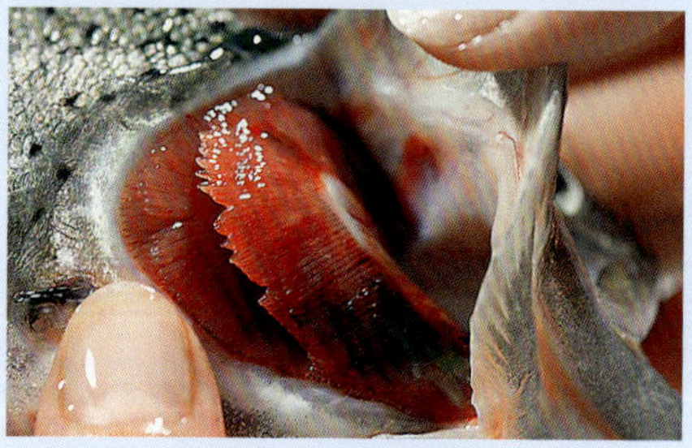

Bei einem frischen Fisch sind die Kiemen feucht und leuchtend rot.

Augen

Ein untrügliches Zeichen für frischen Fisch sind pralle, glasklare und glänzende Augen; sie sollten nicht verschleiert, trübe oder eingesunken sein.

Klare, glänzende Augen sind ein sicheres Merkmal für frischen Fisch.

Haut

Sie leuchtet, glänzt, ist feucht und straff, sie weist keine Druckstellen oder Beschädigungen auf. Schleimhaut ist ein gutes Zeichen, sie soll aber klar, durchsichtig und nicht schmierig sein. Ist die Haut dagegen trocken, so wird deutlich, dass der Fisch schon lange kein Wasser mehr gesehen hat.

Flossen

Auch an den Flossen lassen sich Frische und Qualität von Fisch ablesen. Sie sollen fest und unversehrt sein; das lässt positive Rückschlüsse auf Fang und Transport zu. Schleimige oder verklebte Flossen sind ein Hinweis auf unsachgemäße Lagerung.

Fleisch

Es ist fest, aber elastisch, auf Fingerdruck darf keine Delle verbleiben. *Fischfilet* sieht glasig (opak) und klar aus. Zu lange gelagertes Fischfilet ist an den Rändern trocken und weist Spuren von meist gelblicher oder grauer Verfärbung auf.
Bei *Fischtranchen* soll das Fleisch fest an den Gräten hängen.

Nach Fingerdruck darf bei frischem Fisch keine Delle verbleiben.

Durchschnittsbedarf pro Person
Reicht der Fisch? Diese Frage ist bei Fischfilet relativ leicht zu beantworten. Bei Fischen mit Kopf, Schwanz und Gräten ist das schwieriger; denn für Abfälle und verwertbare Abgänge ist ein erheblicher Teil des Gewichts anzusetzen; je nach Fischart 40–55 %. Halten Sie sich deshalb an folgende Werte pro Person:

Fischfilet	**150–200 g**
Ganzer Fisch	**etwa 300 g**

Fisch aufbewahren

Fisch ist ein leicht verderbliches Nahrungsmittel und sollte nach dem Einkauf so bald wie möglich zubereitet werden. Achten Sie auf die folgenden Empfehlungen, wenn Sie Fisch länger aufbewahren wollen.

Kühlschrank

Den Fisch möglichst kurz in der Verpackung lassen. Packen Sie den Fisch nach dem Einkauf aus, legen Sie ihn in einen tiefen Teller oder eine Porzellanschüssel und bedecken Sie ihn mit einem Deckel oder Frischhaltefolie. An der kältesten Stelle im Kühlschrank ist er für kurze Zeit bestens aufgehoben (die kälteste Stelle ist in aller Regel auf der unteren Glasplatte).

Einfrieren und TK-Ware

Einfrieren zur späteren Verwendung macht nur Sinn bei fangfrischer Ware und Anglerglück. Überlegen Sie gleich, ob Sie die Fische später portioniert oder im Ganzen brauchen. Wichtig ist in jedem Fall, Fisch vor dem Einfrieren küchenfertig vorzubereiten – also schuppen, ausnehmen und säubern – und dann einzeln in Spezialfolie gut zu verpacken.
Ansonsten ist es besser, gleich auf TK-Fisch zurückzugreifen. Allerdings: Fische, die an Bord riesiger Fangschiffe sofort ausgenommen, enthäutet, filetiert und schockgefrostet wurden, vermitteln zwar auf den ersten Blick das angenehme Gefühl absoluter Frische – und schmecken trotzdem manchmal fade. Zu frisch ist eben leider auch nicht gut. Fisch macht eine Art von Totenstarre durch, die unterschiedlich lange, aber mindestens einige Stunden dauert. Deshalb braucht jeder Fisch eine gewisse Reifezeit, bis das Fleisch elastisch wird.
Filets und auch ganze Fische werden häufig glaciert angeboten, das heißt, sie wurden vor dem eigentlichen Tiefgefrieren mit einer dünnen Eisschicht überzogen. Das schützt sie für Transport und Lagerung und macht sie einzeln entnehmbar aus einer Packung.

Glacieren: Einen küchenfertig vorbereiteten Fisch auf Alufolie legen, vorgefrieren und anschließend in Eiswasser tauchen. Der Schleim wird sofort zu einer dünnen Eisschicht.

Den gesamten Vorgang noch einmal wiederholen. Jeden Fisch einzeln in Alufolie verpacken und dabei darauf achten, dass keine Luft eingeschlossen bleibt. Anschließend einfrieren.

Hinweise für TK-Fisch
- Fisch niemals gefroren zubereiten, auch wenn es anders auf der Packung steht; der austretende Saft würde jedes Anbraten verhindern und jede Sauce verwässern.
- Glacierte Ware schrumpft beim Auftauen, denn auch Eiswasser wiegt. Rechnen Sie mit 10 % Gewichtsverlust.
- Geben Sie dem zarten Produkt genügend Zeit beim Auftauen: ausgepackt im Kühlschrank langsam auftauen lassen, am besten zugedeckt auf einem Siebeinsatz. Das gilt ganz besonders für glacierte Fische.
- Nicht in der Mikrowelle oder im heißen Wasser auftauen – wertvolle Geschmacksstoffe gehen dabei verloren.
- Angetautes Fischfleisch lässt sich besser in Portionen/Scheiben schneiden als ganz aufgetautes.

Fisch küchenfertig vorbereiten

Einen Rundfisch schuppen, ausnehmen und säubern

Hier werden die einzelnen Arbeitsschritte gezeigt, und es wird beschrieben, wie man einen lebendfrisch gekauften, nicht ausgenommenen Rundfisch küchenfertig vorbereitet.

Die Flossen abschneiden

Dies ist immer der erste Arbeitsschritt. Halten Sie dafür den Fisch mit einer Hand am Schwanz fest; es ist ratsam, dabei ein Tuch zu verwenden, damit der Fisch nicht aus der Hand entwischt. Schneiden Sie die Flossen mit der Küchenschere in Richtung Kopf ab; nur in dieser Richtung stellen sie sich wie von selbst auf und sind leicht zu entfernen.

Mit einer Küchenschere werden die Flossen in Richtung Kopf abgeschnitten.

Hier ist ein spezieller Fischschupper zu sehen, wie ihn der Fischhändler verwendet.

Den Fisch schuppen

Fisch wird immer vor dem Ausnehmen geschuppt, wenn sein Bauch noch prall ist. Ein spezieller Fischschupper, wie man ihn vom Fischhändler kennt, muss dafür nicht unbedingt sein; ein stabiles, langes Messer ist ebenso geeignet. Mit dem flach gehaltenen Messer (oder Fischschupper) entfernen Sie die Schuppen vom Schwanz aus in Richtung Kopf, also »gegen den Strich«. Halten Sie dabei den Fisch mit einem Tuch am Schwanz fest. Am saubersten arbeiten Sie im Spülbecken unter leicht fließendem Wasser.

Es gibt auch schuppenlose Fische, das sind unter anderen Forelle und Saibling; aber auch manche Meeresfische, z. B. Hering und Makrele, müssen nicht geschuppt werden. Streicht man mit den Fingern in Kopfrichtung über die Fischhaut und es fühlt sich ruppig an, ist Schuppen angesagt. Fische zum Blaukochen dagegen, deren Schleimschicht nicht verletzt werden darf, werden nicht geschuppt.

Das Schuppen mit dem stabilen, langen Messer ist Übungssache.

Tipps zum Schuppen

Beim Schuppen fliegen Schuppen gern durch die Küche. Es gibt viele Methoden, das zu verhindern oder zumindest zu minimieren:

- Den Fisch unter leicht fließendes Wasser halten (so machen wir es).
- Oder den Fisch nah am kräftigen Wasserstrahl halten.
- Oder den Fisch in eine große Plastiktüte halten und hineinschuppen.
- Den Fisch mit einem Tuch am Schwanz festhalten.
- In die Küche entflohene Schuppen antrocknen lassen, dann erst entfernen.

Den Bauch aufschneiden

Halten Sie den Fisch erneut mit einer Hand und dem Tuch am Schwanz fest. Mit einem spitzen Messer stechen Sie an der Afteröffnung ein und schneiden den Bauch in Kopfrichtung auf. Es ist wichtig, das Messer dabei flach zu führen, damit Sie nicht in die Eingeweide schneiden. Wird versehentlich die an der Leber hängende schwarzgrüne Galle verletzt, muss der Fisch sofort unter fließendem Wasser gründlich ausgespült werden; eine geplatzte Galle könnte den Fisch ungenießbar machen.

Den Bauch mit dem Messer vom Schwanz zum Kopf hin aufschneiden.

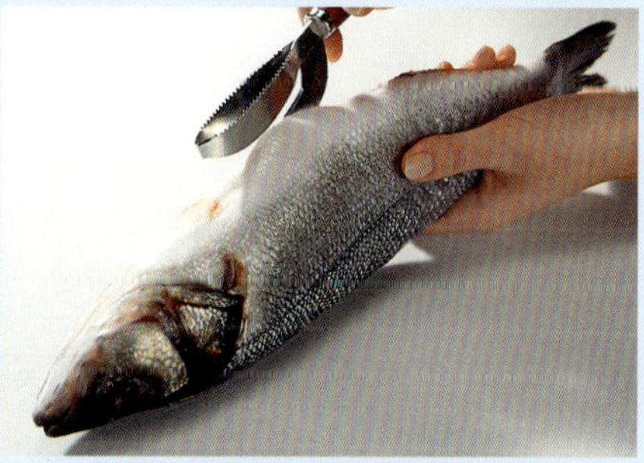

Ein Gerät mit doppelter Funktion: der Fischschupper mit integriertem Messer.

Das feste Stück vor dem Kopf mit einer Schere aufschneiden.

Statt des Messers die Küchenschere oder ein Profigerät, nämlich Fischschupper mit integriertem Messer, verwenden.

Den Fisch ausnehmen

Um den Fisch ausnehmen zu können, öffnen Sie die Bauchhöhle zu beiden Seiten, die weiße Schwimmblase und die Innereien werden sichtbar. Diese lösen Sie mit den Fingern am Schwanzende ab, ziehen sie vorsichtig zum Kopf hin heraus und zwicken sie mit der Schere am Schlund ab.

Die Eingeweide am After lösen und zum Kopf hin herausziehen.

Die Niere herausschaben und den Fisch waschen

Säubern Sie die Bauchhöhle unter fließendem Wasser und schaben Sie dabei den auf der Hauptgräte (Wirbelsäule) verlaufenden dunklen Strang, die Niere, mit dem Daumennagel heraus. Alle Reste gründlich ausspülen. Den Fisch innen und außen mit Küchenpapier trocken tupfen.

1 Die Niere mit dem Daumennagel (oder mit dem kleinen Löffel) herausschaben.

2 Die Bauchhöhle unter fließendem kaltem Wasser gründlich ausspülen.

Die Kiemen entfernen

Heben Sie die Kiemendeckel an. Schneiden Sie mit der Küchenschere die Kiemen dort ab, wo sie angewachsen sind, und ziehen Sie sie heraus. Die Kiemen sind der Schmutz- und Wasserfilter und müssen entfernt werden, wenn die Köpfe zur Bereitung eines Fonds verwendet werden oder wenn der Fisch durch die Kiemen ausgenommen werden soll.

1 Dort, wo die Kiemen angewachsen sind, mit der Schere ansetzen.

2 Die Kiemenansätze mit der Schere durchschneiden und die Kiemen herausziehen.

Einen Rundfisch filetieren

Fischhändler filetieren einen Fisch im Nu, da sitzt jeder Handgriff. Kein Wunder, denn alles, was man bereits kann, ist einfach. Wenn Sie es selber versuchen, brauchen Sie drei Dinge: ein langes, scharfes Messer, etwas Fingerspitzengefühl und – vor allem am Anfang – Zeit statt Hektik. Ab dem zweiten Fisch können Sie es dann schon immer besser. Lernen Sie hier das Filetieren: Schritt für Schritt vom ausgenommenen Fisch bis zu zwei sauber ausgelösten Filets.

Den Kopf abtrennen

Schneiden Sie mit einem scharfen, stabilen Messer den Kopf direkt hinter der Kiemenöffnung schräg zum Kopf hin bis zur Mittelgräte ein. Den gleichen Schnitt auf der anderen Seite wiederholen. Jetzt setzen Sie das Messer am Schnitt an, drücken mit beiden Händen auf dem Messer die Mittelgräte kräftig durch und trennen den Kopf ab.

1 Das Messer hinter den Kiemen ansetzen und schräg bis auf die Mittelgräte schneiden.

2 Ebenso auf der anderen Seite verfahren und den Kopf mit Druck abtrennen.

Das obere Filet ablösen

Zum Auslösen der Mittelgräte ist ein flexibles Messer mit dünner, scharfer Klinge am besten geeignet. Schneiden Sie den Rücken der Länge nach ein und führen Sie den Schnitt vom Kopfende bis zum Schwanz bis auf die Mittelgräte fort. Schieben Sie das Messer am Kopfende quer unter das obere Filet, führen Sie es in Richtung Schwanz und lösen Sie dabei das Filet direkt über der Mittelgräte ab. Führen Sie dabei die Klinge so nah wie möglich an den Gräten entlang.

1 Den Rücken vom Kopf zum Schwanz hin bis auf die Mittelgräte einschneiden.

2 Das Messer am Kopfende flach unter das obere Filet führen.

3 Das Filet direkt über der Mittelgräte Schritt für Schritt ablösen.

Das untere Filet frei legen

Schieben Sie das Messer nun unter die Mittelgräte, lösen Sie diese vom unteren Filet und heben Sie sie ab. Das untere Filet bleibt nach Entfernen der Mittelgräte automatisch übrig.

1 Das Messer unter die Mittelgräte schieben und diese lösen.

2 Die Mittelgräte samt Schwanz abheben, zurück bleibt das untere Filet.

Die Filets parieren

Zuerst werden die lästigen Bauchhöhlengräten entfernt. Am besten eignet sich dafür ein flexibles Messer. Führen Sie es ganz flach unter die Gräten und heben Sie diese zum Rand hin ab. Noch verbliebene Fleischgräten ziehen Sie mit einer Pinzette oder einer speziellen Grätenzange heraus.

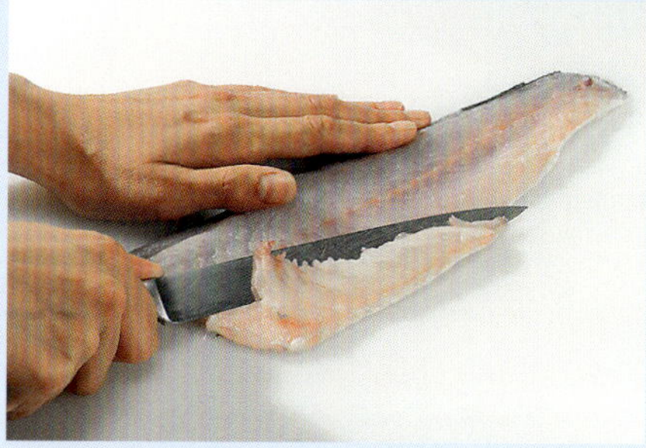

Das Messer unter die Bauchhöhlengräten führen und zum Rand hin entfernen.

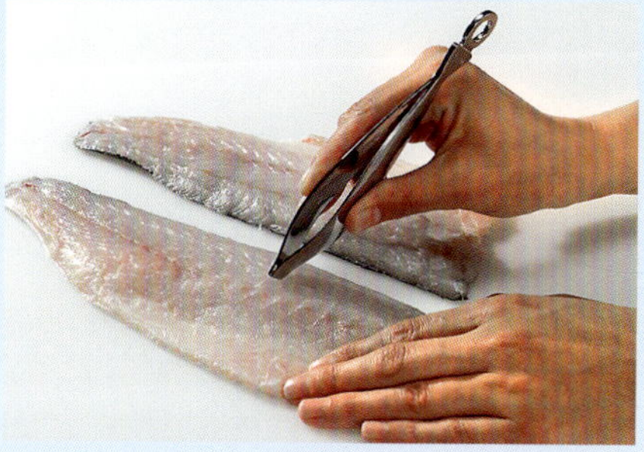

Mit einer Pinzette die noch verbliebenen Gräten herausziehen.

Die Filets enthäuten

Am Schwanzende des Filets (es ist das schmale Ende) bringen Sie quer einen Schnitt an und schneiden Sie zum Ende hin ein kleines Stück Fleisch über der Haut heraus. Halten Sie das Hautende fest (nehmen Sie ein Tuch zu Hilfe), setzen Sie das Messer nur wenig angeschrägt auf der Haut an und schneiden Sie das Filet von der Haut. Mit dem zweiten Filet ebenso verfahren.

Das Messer schräg zwischen Haut und Filet Richtung Kopf führen, das Filet abtrennen.

Die parierten und enthäuteten Filets sind fertig für die Zubereitung.

Fischabgänge verwerten

Abfall? Nur ganz wenig. Was beim Filetieren von rohem Fisch übrig bleibt, lässt sich bestens für eine Brühe oder einen Fond verwenden. Man spricht von verwertbaren Abgängen und den Karkassen, also Schwanz, Gräten und Fischabschnitte plus Kopf ohne Kiemen. Das ausführliche Rezept dazu finden Sie auf Seite 204. Hier die einfachen Grundregeln: Entfernen Sie die Kiemen (sie sind der Wasser- und Schmutzfilter). Hacken Sie das Rückgrat in Stücke. Geben Sie die Teile in eine ausreichend große Schüssel und wässern Sie alles unter fließendem kaltem Wasser, bis das Wasser klar bleibt. Kochen Sie die Abgänge zusammen mit Wurzelgemüse, Gewürzen und etwas Wein etwa 20 Minuten.

Einen Rundfisch durch die Kiemen ausnehmen

Einen Fisch nimmt man gewöhnlich durch den Bauch aus. Das ist einfach und die allgemein übliche Methode. In manchen Fällen ist es jedoch vorteilhaft, wenn die Bauchhöhle geschlossen bleibt. Dafür wird der Fisch durch die Kiemen ausgenommen.
Diese leider nur wenig angewendete Methode erlaubt es, z. B. einen Portionsfisch durch die Kiemen zu füllen, vorzugsweise mit einer feinen Fischfarce. Auch größere Fische wie Lachsforellen oder Doraden zum Grillen oder Braten, mit Kräutern und einem Stückchen Butter gefüllt, behalten im geschlossenen Bauch ihr volles Aroma viel besser. Beim Braten von Fisch in der Salzkruste ist es fast ein Muss, den Bauch unverletzt zu lassen: ein Petersiliensträußchen im Inneren verbindet sich intensiv mit dem Fischaroma, kein Saft kann austreten, und das Fischfleisch bleibt frei von groben Salzkörnern.
Problematisch ist diese Methode jedoch bei sehr kleinen Fischen, weil deren Kiemenöffnung nicht groß genug ist. Auf jeden Fall wird Ihnen der Fischhändler Ihren Fisch durch die Kiemen ausnehmen, wenn Sie ihn darum bitten.

Den Darm lösen

Ein Fisch mit Schuppen muss zuvor geschuppt werden. Damit der Darm beim Herausziehen der Eingeweide nicht abreißt, muss er am After abgelöst werden. Dafür stechen Sie mit einem spitzen, scharfen Messer am After ein und trennen den Darm rundum mit einem kleinen Schnitt vom Muskelfleisch ab.

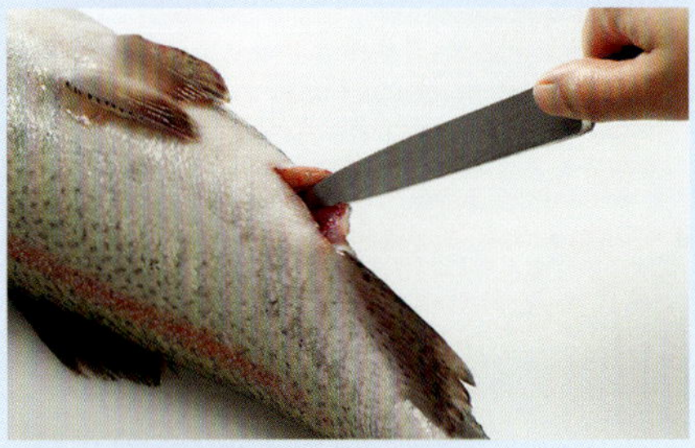

Mit einem spitzen Messer den Darm am After rundum vom Fleisch abtrennen.

Die Kiemen entfernen

Heben Sie die Kiemendeckel an. Schneiden Sie mit der Küchenschere die nun frei liegenden Kiemen am oberen Ende dort ab, wo sie festgewachsen sind. Anschließend die Kiemen herausziehen und am unteren Ende abschneiden.

Die Kiemendeckel anheben und die Kiemen frei legen.

Die Kiemen herausziehen und an den Ansatzstelien abschneiden.

Die Eingeweide herausziehen

Mit zwei Fingern (Zeige- und Mittelfinger) greifen Sie in die Kiemenöffnung und ziehen den Schlund mit den daranhängenden Eingeweiden behutsam heraus. Prüfen Sie dabei durch leichtes Ziehen, ob der Darm richtig gelöst ist. Sobald die Leber sichtbar ist, darauf achten, dass die an der Leber hängende Galle nicht verletzt wird; eine geplatzte Galle könnte das Fischfleisch ungenießbar machen. Der am Rückgrat verlaufende dunkle Strang, die Niere, lässt sich leicht entfernen. Führen Sie einen Kochlöffelstiel durch die Kiemenöffnung und kratzen Sie mehrmals am Rückgrat entlang. (Die Niere können Sie zwar ohne Weiteres mitessen, doch wird die dunkle Linie im hellen Fischfleisch hauptsächlich aus ästhetischen Gründen entfernt). Unter fließendem Wasser alle Blutgerinnsel gründlich ausspülen.

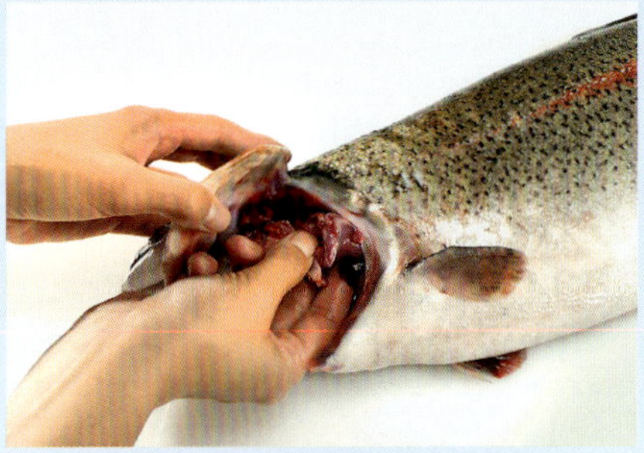

In die Kiemenöffnung greifen und mit zwei Fingern den Schlund fassen.

Den Schlund mit den daranhängenden Eingeweiden herausziehen.

Einen Rundfisch durch den Rücken entgräten und ausnehmen

Diese Methode ist ideal, um einen Fisch zum Füllen vorzubereiten. Die dabei entstehende Öffnung nimmt viel mehr Füllung auf als die Bauchhöhle. Die Fische können Sie dann auf dem Bauch liegend mit der Füllung nach oben im Ofen braten, was beim Servieren besonders attraktiv aussieht.

Das Rückgrat auslösen

Entfernen Sie zuvor die Flossen und, falls vorhanden, die Schuppen. Legen Sie den Fisch auf die Seite und schneiden Sie ihn mit einem scharfen, spitzen Messer beidseitig am Rückgrat entlang vom Kopf bis kurz vor dem Schwanz tief ein.
Lösen Sie mit kurzen Schnitten die Filets vom Rückgrat, bis es frei liegt. Zwicken Sie mit einer kräftigen Schere das Rückgrat an beiden Enden ab (das Schwanzende bleibt dran) und ziehen Sie es vorsichtig heraus. Die nun frei liegenden Eingeweide heben Sie vorsichtig heraus und schneiden sie hinter dem Kopf ab.

1 Den Rücken des Fisches zu beiden Seiten des Rückgrats tief einschneiden.

2 Mit kurzen Schnitten das erste Filet vom Rückgrat abtrennen.

3 Das zweite Filet ebenso abtrennen, sodass das gesamte Rückgrat frei liegt.

4 Das Rückgrat am Kopf- und Schwanzende abtrennen und herausziehen.

5 Die frei liegenden Eingeweide herausheben und hinter dem Kopf abtrennen.

Den Fisch parieren

Ziehen Sie noch vorhandene kleine Gräten aus den Filets; das gelingt am besten mit einer speziellen Grätenzange oder einer Pinzette.

Hier ist zu sehen, wie viel Füllung der durch den Rücken entgrätete Fisch aufnehmen kann.

Einen kleinen Plattfisch enthäuten und filetieren

Man kann sie leicht von den Rundfischen unterscheiden, denn sie sind so, wie sie heißen: platt. Ihre Eingeweide liegen schräg unterhalb des Kopfes und sind normalerweise beim Einkauf bereits entfernt. Plattfische haben eine dunkle Oberseite, auf der sich die Augen befinden (Augenseite), und eine helle Unterseite (Blindseite). Die Augenseite ist fleischiger.
Es gibt große und kleine Plattfische, und diese Unterscheidung hat für die Zubereitung eine Bedeutung. Große Plattfische wie Heilbutt, Steinbutt und Glattbutt werden zwar immer filetiert, jedoch enthäutet man erst die ausgelösten Filets und Tranchen. Kleine Plattfische dagegen, z. B. Babysteinbutt, Seezunge, Rotzunge oder Flunder, werden sehr gern auch als ganzer Fisch serviert. Will man sie filetieren, wird der Fisch jedoch vorher enthäutet. (Eine Scholle selber zu enthäuten ist fast unmöglich; überlassen Sie das lieber Ihrem Fischhändler.) Ein Plattfisch bringt vier Filets, zwei von der dunklen Oberseite und zwei von der hellen Unterseite.
In der Bildfolge sehen Sie, wie eine Seezunge enthäutet und filetiert wird.

Die Haut abziehen

Legen Sie den Fisch mit der dunklen Augenseite nach oben auf die Arbeitsfläche. Schneiden Sie die Haut am Schwanzende mit einem scharfen Messer quer ein und lösen Sie sie so weit ab, dass man sie gut anfassen kann. Anschließend drücken Sie den Schwanz mit einem Tuch auf die Arbeitsfläche, greifen mit der anderen Hand die Haut und ziehen sie mit einem kräftigen Ruck zum Kopf hin ab. Mit der hellen Blindseite ebenso verfahren.

1 Die Haut am Schwanzende quer einschneiden und ein Stückchen ablösen.

2 Das Hautende fassen und die Haut mit einem kräftigen Ruck abziehen.

Kopf und Flossensaum entfernen

Trennen Sie mit einem scharfen Messer den Kopf ab. Anschließend schneiden Sie mit der Küchenschere den rund um den Fisch verlaufenden Flossensaum ganz dicht am Fleisch entlang ab und stutzen den Schwanz.

Den Kopf, den Schwanz und den Flossensaum mit der Schere abschneiden.

Den Fisch filetieren

Führen Sie ein scharfes, flexibles Messer an der Mittelgräte entlang und schneiden Sie dabei das Fleisch bis auf das Rückgrat durch. An dieser Einschnittlinie entlang lösen Sie mit dem flach angesetzten Messer das obere Filet (Rückenfilet) zum Rand hin ab. Das gegenüberliegende kleinere Filet ebenso ablösen. Drehen Sie den Fisch um und lösen Sie die beiden Filets auf der Unterseite aus.

Das Fleisch entlang der Mittelgräte einschneiden und mit dem flach gehaltenen Messer alle vier Filets nacheinander von den Gräten ablösen.

Einen großen Plattfisch portionieren

Zu den großen Plattfischen zählen Glattbutt, Steinbutt und Heilbutt, man kauft sie in der Regel filetiert ein. Sollen jedoch Tranchen zubereitet werden – also quer mitsamt der Mittelgräte geschnittene Scheiben (wegen des kräftigen Mittelknochens auch als Kotelett bezeichnet) –, kann dieser Arbeitsgang zu Hause selbst ausgeführt werden. Dabei bleibt der Kopf des Fisches übrig, der die begehrten Bäckchen enthält. Wie diese ausgelöst werden, zeigt die Bildfolge in der rechten Spalte.

Den Flossensaum abschneiden

Halten Sie den vorbereiteten Fisch (geschuppt und ausgenommen) mit einer Hand am Schwanz fest (Sie können auch ein Tuch zu Hilfe nehmen) und schneiden Sie mit der Küchenschere den Flossensaum ab. Arbeiten Sie dabei »gegen den Strich«, also vom Schwanz in Kopfrichtung, ganz dicht am Fleisch entlang.

Den Fisch am Schwanz fassen und den Flossensaum in Richtung Kopf abschneiden.

Tranchen schneiden

Schneiden Sie mit einem kräftigen, scharfen Messer (notfalls hilft ein Küchenbeil) den Fisch quer in gleichmäßig dicke Scheiben (Tranchen). Kopf und Schwanz bleiben dabei automatisch übrig (das daran noch verbliebene Fleisch kann zu einer Farce püriert oder für einen Fond verwendet werden). Große Scheiben werden am Mittelknochen noch einmal geteilt. Dafür legen Sie die Tranche flach auf die Arbeitsfläche, setzen Sie das Messer auf dem Mittelknochen auf und spalten diesen mit kräftigem Druck.

1 Den Fisch mit dem Messer quer in gleichmäßig dicke Tranchen (Scheiben) schneiden.

2 Die großen Tranchen aus der Mitte des Fisches mit kräftigem Druck halbieren.

Die Bäckchen auslösen

Bäckchen sind die zarten Kaumuskeln, die vor den Kiemendeckeln liegen. Sie sind immer eine Delikatesse und werden bei allen großen Fischen ausgelöst (bei Portionsfischen löst man sie während des Essens aus). Was bei einer Forelle kleiner als ein Fingernagel ist, kann bei größeren Fischen schon einige Zentimeter erreichen. Diese Bäckchen werden auch gehandelt, z. B. die von Seeteufel (Lotte), Rochen oder Steinbeißer. Manchmal müssen sie noch von den feinen Häutchen befreit werden, was aber keine Probleme bereitet.

1 Die Bäckchen ertasten und ein kleines, spitzes Messer am Auge ansetzen.

2 Rund um das Bäckchen tief einschneiden und den Muskel auslösen.

3 Das Bäckchen an einem frei gelegten Hautende fassen und enthäuten.

Garmethoden

Pochieren

Kochfisch? Blaukochen? Mitnichten. Fisch wird nicht gekocht. Das zarte, weiche Fleisch wird pochiert; so nennt man das Garziehen in Flüssigkeit knapp unter dem Siedepunkt, bei 70–80 °C. Pochieren ist eine äußerst bekömmliche Garmethode. Theoretisch brauchen Sie zum Pochieren außer dem Fisch und einem Topf nur Wasser und Salz, am besten Meersalz. Allerdings wird meist ein würziger Sud bereitet, klassisch die so genannte Court-Bouillon, also eine Brühe mit Wurzelgemüse und Kräutern. Angereichert mit Wein oder Essig, wird die Garflüssigkeit zum Wein- oder Essigsud. Letzterer ist der traditionelle Sud für Fisch blau.

Sude

Hier werden die klassischen Sude vorgestellt, allen voran ein aromatischer Fischsud, der in der Gastronomie Court-Bouillon heißt. Den feinwürzigen Gemüsesud können Sie mit Säuren wie Essig, Wein und/oder Zitronensaft nach Ihrem Geschmack verändern.

Das klein geschnittene Gemüse für den Fischsud in dem Wasser aufkochen.

Fischsud Court-Bouillon

Für alle Fluss- und Meeresfische geeignet.

- **2 l Wasser, 2 EL Salz**
- **200 g Suppengemüse, in Scheiben geschnitten**
- **1 Zwiebel, in Scheiben geschnitten**
- **2 Lorbeerblätter**
- **1 TL Pfefferkörner, 4 Wacholderbeeren**
- **Kräuter nach Wahl, z. B. Petersilie, Zitronenmelisse, Estragon, Thymian**

Alle Zutaten im Topf oder im Fischkochkessel zum Kochen bringen und 15–20 Minuten köcheln lassen. Der Sud wird entweder mit allen Zutaten verwendet oder durchgeseiht.

Blausud, Essigsud

Für frische Flussfische, speziell Fisch blau.

Bei Fischen, deren Haut von glasklarem Schleim überzogen ist wie bei der Forelle, dem klassischen Fisch blau, aber auch bei Schleie, Waller, Karpfen, Hecht und jungem Aal, wird die Schleimschicht beim Garen im Sud leicht blau. Die Blaufärbung wird durch die Zugabe von Essig noch unterstrichen.

- **1 Rezept Fischsud (siehe oben)**
- **250 ml Weinessig**
- **2 TL Zucker**

Bereiten Sie einen Fischsud zu, wie oben beschrieben, und schmecken Sie den Sud mit Essig und etwas Zucker säuerlich ab.

Wurzelsud

Spezieller Sud für Waller (Wels) und Karpfen. Auch für alle Fluss- und Meeresfische sowie für Tranchen geeignet.

- **2 l Wasser**
- **125 ml Essig**
- **250 ml trockener Weißwein**
- **2 EL Salz, 1 EL Zucker**
- **2 Zwiebeln, in Scheiben geschnitten**
- **500 g Wurzelgemüse: Möhre, Knollen- oder Bleichsellerie, Petersilienwurzel, Lauch, in sehr feine Streifen (Julienne) geschnitten**
- **2 Lorbeerblätter, 1 TL Pfefferkörner**
- **Petersilie und 1 Zweig Thymian**

Alle Zutaten zum Kochen bringen, zugedeckt etwa 10 Minuten kochen, bis das Gemüse knackig weich ist. Den Sud abseihen, zurück in den Topf gießen und den Fisch darin garen. Das Gemüse aus dem Sud richtet man mit dem Fisch an und serviert etwas Sud dazu.

Weinsud

Für Fische aller Art, speziell für Lachs, Tranchen von Heilbutt, für Schalen- und Krustentiere.

Das Verhältnis Wasser zu Wein können Sie beliebig variieren. Verwenden Sie den gehaltvollen eingekochten Weinsud für eine Suppe oder Sauce.

- **1 Flasche trockener Weißwein**
- **etwa 1 l Wasser**
- **2 EL Salz, 2 TL Zucker**

- **1 Zitronenscheibe**
- **2 Schalotten**
- **200 g Wurzelgemüse: Möhre, Knollen- oder Bleichsellerie, Lauch, in Scheiben geschnitten**
- **1 Lorbeerblatt, 1/2 TL Pfefferkörner**
- **Estragon, Thymian, Zitronenmelisse**

Alle Zutaten zum Kochen bringen. Bei geringer Hitze zugedeckt 20 Minuten köcheln lassen. Den Sud abseihen.

Milchsud Weißer Sud

Spezieller Sud für Filets oder Tranchen von geräuchertem Heilbutt, Schellfisch, Kabeljau. Er ist vor allem in England beliebt.

- **500 ml Milch**
- **500 ml Wasser**
- **Lorbeerblatt, Zwiebelscheiben**
- **Pfefferkörner**

Alle Zutaten in einem flachen Topf zum Kochen bringen. Die geräucherten Fischstücke einlegen und 3–4 Minuten darin pochieren.

Pochiersud

Ein schneller und einfacher Sud für Fischstücke und Filets, die in wenig Flüssigkeit gegart werden.

- **150 ml Wasser**
- **150 ml Wein**
- **1 Zitronenscheibe**
- **Salz, 1 Prise Zucker**
- **Pfefferkörner, 1/2 Lorbeerblatt**
- **2 Schalotten, gewürfelt**

Alle Zutaten für den Sud gut aufkochen. Die Fischstücke je nach Größe nur kurz darin pochieren. Den Sud für eine feine Sauce verwenden.

Pochieren im Sud

Am besten geeignet ist diese Garmethode für ganze Fische, denn der Fisch ist durch die Haut vor Austrocknung geschützt. Kleinere Fische bis etwa 500 g Gewicht kommen in den heißen Sud, sie sind in etwa 8–10 Minuten gar. Größere Fische setzt man kalt oder im lauwarmen Sud zu (damit sie innen und außen gleichmäßig gar werden) und erhitzt den Sud langsam bis knapp unter den Siedepunkt. Die Garzeit beträgt pro Kilogramm etwa 20 Minuten. Für kalte Fischgerichte lässt man den Fisch im Sud erkalten.
Idealerweise wird zum Pochieren ein länglicher Fischkochkessel mit gelochtem Einsatz verwendet. Er erleichtert das Einsetzen und Herausheben des Fisches. Der Fisch liegt auf dem Einsatz im leeren Fischkochkessel und wird je nach Gewicht und Größe des Fisches mit dem heißen oder kalten Sud übergossen. Er soll im Sud schwimmen, also ganz mit Flüssigkeit bedeckt sein. Ein Bräter mit Gittereinsatz kann den Fischkochkessel ersetzen, manchmal auch der Wok; und kleinere Fische passen ohne Weiteres in einen normalen runden Topf. Wie Sie dafür eine Forelle topfgerecht rund binden, zeigt die Abbildung unten. Die richtige Gartemperatur ist erreicht, wenn sich die Flüssigkeit leicht bewegt, simmert.

Eine rund gebundene Forelle, im Gemüsesud gegart, behält ihre Form.

Stehend garen

Bei Tisch lässt sich ein großer Fisch am besten tranchieren, wenn Sie ihn »stehend« servieren, also mit dem Rücken nach oben. Dafür muss er schon in dieser Stellung gegart werden. Für diesen Zweck gibt es einen verstellbaren Einsatz. Sie können sich aber auch so behelfen: Eine rohe Kartoffel schälen, in den Bauch des Fisches füllen, den Fisch eventuell binden, auf den Einsatz des Fischkochkessels stellen und in dieser Stellung garen.

Rund binden: Küchengarn durch Schwanz und Kiemendeckel führen, zusammenziehen und an Zahnstochern befestigen.

Eine rohe Kartoffel in der Bauchhöhle sorgt dafür, dass der Fisch beim Pochieren und beim Braten im Ofen aufrecht stehen bleibt.

Dünsten

Dünsten ist eine sanfte Garmethode für Filets und Koteletts, aber auch für kleine, ganze Fische bis zu 400 g. Gern werden mehrere Fischsorten verwendet, auch Schalen- und Krustentiere. Der Fisch gart im geschlossenen Topf unter Zugabe von nur wenig Fett und Flüssigkeit fast ganz im eigenen Saft bei sanfter Hitze. Klar, dass er durch den sich bildenden Fond und den aufsteigenden Dampf in kürzester Zeit gar ist.
Der beim Dünsten entstehende gehaltvolle Fond enthält alle aus dem Fisch gezogenen Geschmacksstoffe und gelatinehaltigen Substanzen. Er ist die Grundlage für eine feine Sauce, die jeden gedünsteten Fisch begleitet. Diese Garmethode kann sowohl auf dem Herd als auch im Ofen erfolgen.

1 Die gewürzten Filets nebeneinander in den Sud in einen flachen Topf legen.

2 Den Deckel auflegen oder mit gebuttertem Pergamentpapier abdecken.

3 **Sahnesauce:** Die Filets warm stellen. Den Dünstfond durch ein Sieb abseihen.

4 Bei starker Hitze einkochen. Die Sahne zugießen und erneut einkochen.

5 Würzen. Kalte Butterstückchen mit dem Schneebesen oder Stabmixer einarbeiten.

6 Die schaumig aufgeschlagene Sauce über die angerichteten Filets schöpfen.

Schmoren

Das Schmoren von Fisch ist eher auf die deftigen Arten mit festem Fleisch anzuwenden, z. B. Aal. Dabei wird der Fisch zuerst rundum angebraten und dann im geschlossenen Topf gegart. Auch ganze Fische oder größere Fischstücke (Schwanz- oder Mittelstück von Seefisch) können geschmort werden. Dies kann auf dem Herd oder, nach vorherigem Anbraten, im Ofen geschehen, und zwar im abgedeckten Geschirr – mit aufgelegtem Deckel oder Alufolie oder gebuttertem Pergamentpapier.

1 Den angebratenen Fisch auf die Schmorzutaten in den Bräter legen.

2 Den Wein angießen, den Deckel auflegen, den Fisch schmoren.

Dämpfen

Was in der chinesischen Küche eine lange Tradition hat, das Dämpfen nämlich, wird auch bei uns immer beliebter. Das Dämpfen von Fisch ist eine simple Methode, um Fisch überaus aromatisch und schonend zuzubereiten. Durch den aufsteigenden Dampf gart der Fisch im zugedeckten Topf gleichzeitig von unten und oben und ist in kürzester Zeit gar. Dämpfen eignet sich gleichermaßen für Portionsfische, Tranchen, Koteletts und Filets.

Sie brauchen drei Dinge: einen Topf, einen Dämpfeinsatz und einen Deckel. Beim Dämpfeinsatz können Sie improvisieren. Zwar gibt es neben dem klassischen Fischkochkessel spezielle Topf-Einsatz-Kombinationen, zusammenklappbare Einsätze, die in die meisten normalen Töpfe passen, oder Bambuskörbchen (Asialaden) für den Wok. Aber ein einfaches Spritzschutzgitter für Pfannen ist als Dämpfeinsatz für Ihre Pfanne mit Deckel genauso gut geeignet.

In einen Topf wird 2–3 cm hoch Wasser eingefüllt, es kann z. B. mit Kräutern oder Ingwer aromatisiert sein – muss aber nicht. Sobald das Wasser kocht, wird der Dämpfeinsatz mit dem gewürzten Fisch eingestellt und der Topf zugedeckt. Die Garzeit beträgt für Filets etwa 5 Minuten, für einen Fisch von 500 g etwa 15 Minuten. Wichtig ist, dass der Fisch nicht mit dem Wasser in Berührung kommt und dass der Deckel gut schließt.

Dämpfen bietet vielfältige Variationen: Legen Sie in den Fischbauch oder auf ein Filet frische, ungeschnittene Kräuter oder auch klein geschnittenes Gemüse, Frühlingszwiebeln, Chili oder Ingwer.

In Anbetracht der kurzen Garzeit von Filets oder Tranchen schadet es nicht, wenn Sie das Gemüse kurz vorgaren (blanchieren). Und: Sie können sogar marinierten Fisch auf dem Teller mitsamt der Marinade auf dem Einsatz dämpfen oder Fischfilet in Alupäckchen. Das Ergebnis ist umwerfend.

Der wie ein Fächer zusammenfaltbare gelochte Dämpfeinsatz steht auf Füßchen und passt in jeden Topf.

Der chinesische Bambus-Dämpfkorb mit Deckel wird auf einen passenden Topf oder in den Wok gesetzt.

Das Spritzschutzgitter ist zum Dämpfen in einer Pfanne mit Deckel eine Alternative, wenn kein Dämpfeinsatz vorhanden ist.

Rufen Sie alle in die Küche, wenn Sie den Deckel abheben! Es entweicht ein überwältigendes Aroma – und daran sollten alle teilhaben …

Dämpfen auf dem Gemüsebett

Dämpfen ist auch ganz ohne Dämpfeinsatz möglich. Dünsten Sie klein geschnittenes Gemüse halb weich, gießen Sie etwas Brühe zu und legen Sie den gewürzten Fisch (ganzer Fisch, Filet, Tranchen) auf das Gemüsebett. Wichtig: ein gut schließender Deckel.

1 Klein geschnittenes Gemüse wird im Topf halb weich gedünstet.

2 Die Fischfilets werden auf das Gemüsebett gelegt und zugedeckt gedämpft.

3 Die Filets können zusammen mit dem noch knackigen Gemüse serviert werden.

Braten in der Pfanne

Zum Braten in der Pfanne eignen sich am besten Filets und Tranchen. Aber auch Portionsfische mit bis zu 400 g Gewicht, die man idealerweise in einer ovalen Fischpfanne brät, sind geeignet. Schneiden Sie den Fisch am Rückgrat entlang beiderseits ein, damit er gleichmäßig gar wird. Wichtig ist ein Gefühl für die Garzeit, für die richtige Temperatur und für das empfindliche Produkt Fisch. Verwenden Sie Butterschmalz und am Ende der Bratzeit immer auch ein Stück Butter als guten Geschmacksträger oder braten Sie in einer Mischung aus Butter und Öl.

Natur braten

Natur braten in der Pfanne ist beliebt für Fischfilets. Gern brät man sie mit der Haut, und zwar zuerst die Hautseite! Stellen Sie die fertigen Filets warm und bereiten Sie mit den Röststoffen in der Bratpfanne eine feine, kurze Sauce mit Brühe, Sahne und/oder einem Schuss Alkohol.
Ein ganzer Fisch, auf der Haut gebraten, das bewährt sich für kleinere Portionsfische. Gern werden sie vor dem Servieren mit Kräuter- oder Knoblauchbutter oder gebratenen Mandelblättchen bedeckt.

Das Filet zuerst auf der Hautseite braten, wenden und fertig braten.

Müllerinart

Auf diese Art wird ein Fisch auf der ganzen Welt zubereitet; dies gilt für Filets genauso wie für Portionsfische mit weißem, festem Fleisch, z. B. Seezunge, Scholle, Forelle. Die gewürzten Filets oder Fische werden in Mehl gewendet (dem Mehl der Müllerin) und in heißem Fett auf beiden Seiten goldbraun gebraten. Die krosse Haut wird gern mitgegessen. Ein Muss ist die schäumend heiße Butter, die man vor dem Servieren über den gebratenen Fisch gibt.

Ganzer Fisch: Den Fisch – hier ist es eine Forelle – in Mehl wenden.

Im heißen Fett braten, wenden und mit dem Bratfett beschöpfen.

Fischfilet: Das Filet in Mehl wenden.

In heißer Butter braten, wenden und mit der Butter begießen.

In Ei braten

Dies ist eine geeignete Zubereitungsart für brüchiges Fischfleisch, das durch die Eihülle zusammengehalten wird.

Das Filet würzen, mehlieren, durch Ei ziehen und braten wie Müllerinart.

Paniert braten (Ausbacken)

Diese Garmethode wendet man an für nicht zu dicke ganze Fische bis zu Portionsgröße, z. B. Forellen, vor allem aber für Fischfilet und -koteletts. Dicke Fische wie eine Dorade sind nicht geeignet. Man nennt diese Zubereitungsart allerdings meist nicht Braten, sondern Backen (Backfisch). Backfisch in der goldbraun gebackenen Panade ist schon immer ein Favorit, vor allem bei Kindern. Durch die schützende goldbraun gebackene Hülle kann kein Saft austreten, alle Geschmacksstoffe bleiben erhalten, das Fleisch bleibt zart und saftig. Es schmeckt einfach gut.

1 Die Fischfilets würzen, in Mehl wenden, überschüssiges Mehl abschütteln.

2 Die mehlierten Filets in verquirltem Ei wenden und abtropfen lassen.

3 Zuletzt in Semmelbröseln wenden und die Panade leicht andrücken.

Der gewürzte Fisch oder Fischfilet wird in Mehl, verquirltem, gesalzenem Ei und Semmelbröseln paniert (wie Wiener Schnitzel) und in reichlich heißem, wasserfreiem Fett auf beiden Seiten goldbraun gebraten. Verwenden Sie reichlich Fett, mindestens 1 cm hoch. Eine Zitronenscheibe, Remouladensauce und Kartoffelsalat gehören meist dazu.

Verwenden Sie doppelgriffiges Mehl (Wiener Grießler), es haftet gleichmäßig am feuchten Fisch.

Frittieren

Weißfleischige Fische mit festem Fleisch eigenen sich besonders gut zum Frittieren, z.B. Kabeljau oder Schellfisch. Sie werden in Filets oder Koteletts geschnitten oder in Portionshäppchen. Von den Süßwasserfischen werden gern Forellen und Karpfen frittiert. Die ganz kleinen Karpfen frittiert man im Ganzen, die großen Exemplare werden filetiert, halbiert oder quer portioniert.
Zum Frittieren dürfen nur wasserfreie Fette verwendet werden, die auch bei hoher Temperatur nicht rauchen, also Pflanzenöl, Plattenfette, Butterschmalz. Die Gartemperatur darf 180 °C nicht übersteigen und nicht unter 140 °C absinken. Ganze Fische oder zu viele auf einmal lassen die Fetttemperatur drastisch absinken, geben Sie deshalb nur wenige Stücke auf einmal ins heiße Fett. Übrigens: Sie können auch ohne eine Fritteuse frittieren. Verwenden Sie dafür reichlich Fett in einer Pfanne mit hohem Rand.

In Ausbackteig

Ein Ausbackteig – er kann mit Bier, Wein oder Milch angerührt sein – ist gut für ganze Fische und Fischstücke. Nehmen Sie den gewürzten Fisch mit der Gabel auf, ziehen Sie ihn durch den Teig und backen ihn schwimmend im heißen Fett goldbraun.

In Panade

Die gewürzten Fische werden genauso wie Backfisch paniert (siehe links): In Mehl wenden (am besten ist doppelgriffiges Mehl), durch aufgeschlagenes, gesalzenes Ei ziehen und in Semmelbröseln wenden. Schwimmend in heißem Fett goldbraun frittieren. Panierten Fisch können Sie auch in der Pfanne braten. Wichtig ist ein häufiges Beschöpfen mit dem Bratfett.

In Mehl

Diese Methode wird besonders gern für Fischchen angewendet wie Ährenfische, Sardinen oder Sprotten. Die Fische dürfen nicht zu trocken sein. Eventuell werden sie in leicht gesalzene Milch getaucht, müssen dann aber wieder abtropfen. Anschließend werden sie in Mehl gewendet; überschüssiges Mehl in einem Sieb vorsichtig abschütteln. Geben Sie jeweils eine Hand voll kleine Fische oder Fischstücke ins heiße Fett und backen Sie sie goldbraun.

Die in Milch getauchten und abgetropften Fischchen in Mehl wenden.

Im heißen Fettbad erhalten die Fischchen eine goldbraune Kruste.

Braten im Ofen

Braten im Ofen ist für alle Fische die Methode der Wahl: Süßwasser- und Meeresfische, Rundfische und Plattfische, kleine und große Exemplare, Fische im Teigmantel und in der Salzkruste, gefüllte Fische. Die trockene Hitze des Backofens ist für jeden Fisch anwendbar. Einzige Voraussetzung: Der Fisch muss vor dem Austrocknen geschützt werden.
Die Bratzutaten – das können je nach Rezept Zwiebeln und Kräuter oder Gemüse sein – lässt man in der Bratform in Butter leicht angehen und wendet den vorbereiteten und gewürzten Fisch darin. Der Fisch wird auch mit den Bratzutaten bedeckt und mit zerlassener Butter beträufelt. Einen großen Fisch mit längerer Bratzeit können Sie zusätzlich mit gebuttertem Pergamentpapier oder Alufolie abdecken. So geschützt, behält der Fisch beim Braten sein volles Aroma und bleibt saftig. Gern wird Fisch auch mit einem Überzug aus Tomatensauce, Käsesauce oder einem Tomaten-Mischgemüse bedeckt gebraten. Der Fisch gibt beim Braten genug Flüssigkeit ab. Sie müssen also nur wenig Flüssigkeit zugießen, allenfalls etwas Fischfond (ersatzweise Hühnerbrühe) oder Wein oder eine Mischung aus beiden.

Ziselieren

Ein großer Fisch wird vor dem Braten an den Seiten zur Mittelgräte hin schräg mit etwa 1 cm tiefen Einschnitten versehen (ziseliert), damit die dicken Rückenfilets gleichmäßig gar werden. Oder Sie schneiden den Fisch beiderseits des Rückgrats 1–2 cm tief ein; so lässt er sich bei Tisch leichter tranchieren.

Dicke Fische werden ziseliert, um ein gleichmäßiges Garen zu ermöglichen.

Garprobe

Bei einem großen Fisch testen Sie, ob sich die Rückenflosse leicht herausziehen lässt. Kleine Fische sind gar, wenn die Augen sich weiß vorwölben.

Sauce

Die nur sparsam aufgegossene Flüssigkeit ergibt mit dem würzigen Aroma der Bratzutaten und dem Saft des Fisches eine ausgezeichnete kleine Sauce, die man natur belassen oder, je nach Rezeptangabe, mit Sahne, Wein, Butter aufschlagen kann.

Grillen

Grillen ist die älteste Garmethode überhaupt, auch wenn sich die Geräte verändert haben. Die starke, trockene Hitze ist besonders für fettreiche Fische geeignet, z. B. Lachs, Hering, Makrele, Thunfisch. Trotzdem können Sie auch mageren Fisch grillen, ohne dass er trocken wird, beispielsweise Forelle, Tintenfisch oder auch Plattfische. Der Trick dabei:

Der Thunfisch wird über ausreichender Glut auf den geölten Grillrost gelegt.

Mit entsprechendem Abstand grillen. Nach dem Wenden wird das Grillmuster sichtbar.

Man legt den Fisch in eine würzige Ölmarinade und bestreicht ihn während des Grillens immer wieder damit.
Einen größeren Fisch schneidet man einige Male an jeder Seite ein (ziselieren), damit er gleichmäßig gar wird. Schwanz und Flossen schneidet man besser ab, sie könnten sonst verbrennen. Der Grillrost wird immer geölt, damit das zarte Fischfleisch nicht hängen bleibt. Vor allem zum Grillen ganzer Fische im Freien gibt es praktische Grillkörbe und Wenderoste. Die Filets von zarten Fischen grillt man am besten in Alufolie.

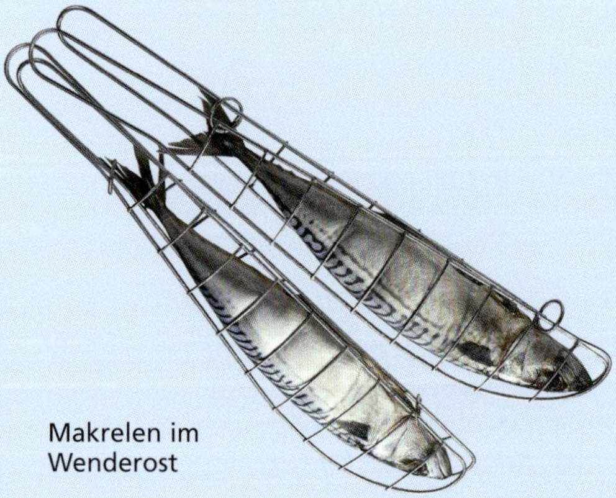

Makrelen im Wenderost

Die Kunst beim Grillen besteht im richtig gewählten Abstand zur Hitzequelle. Als Faustregel gilt: Je größer und schwerer das Grillgut ist, umso größer sollte der Abstand sein. Und: Erst anfangen zu grillen, wenn der Grill richtig heiß ist.

Garen in Folie

Folien sind ein ideales Hilfsmittel in der Fischküche, egal, ob für große oder kleine Fische, ob aus dem Meer oder Binnengewässern, ob für Filets, Tranchen oder Koteletts. Nährwert und Aroma bleiben voll erhalten. Fisch in Folie lässt sich in der Regel sehr gut vorbereiten und kann fertig verpackt auf die Zubereitung warten.

Alufolie

Wichtig ist, ein ausreichend großes Stück Alufolie zuzuschneiden. Das Bepinseln mit Öl oder zerlassener Butter verhindert, dass der Fisch anhängt. Sie können klein geschnittenes Gemüse und Pilze, Kräuter und einen Schuss Wein zum Fisch ins Päckchen geben.

Ein ausreichend großes Stück Alufolie fetten und die Fische darauflegen.

Die Folie über dem Fisch locker schließen und die Ränder sorgfältig falzen.

Alles zusammen von den langen Seiten aus einwickeln und die Ränder der kurzen Seiten gut zusammenfalten. Sie können den Fisch in dem Folienpaket im Ofen garen, auf dem Rost oder Backblech liegend, unter dem Grill im Ofen oder auf dem Grill im Freien und sogar im Dämpfeinsatz.

Pergamentpapier und »en papillote«

Das Garen in Pergamentpapier kann mit einem Portionsfisch auf dieselbe Weise erfolgen wie mit Alufolie.
Für die Zubereitung »en papillote« werden zwei meist quadratische Papierblätter leicht mit Wasser bepinselt und aufeinandergelegt. In die Mitte kommt am besten ein Stück Fischfilet, gern auch mit Cocktailtomaten, Pilzen u. Ä. garniert. Die Papierecken werden über den Zutaten zusammengedreht. Das Papierpäckchen kommt auf dem Grillrost in den Ofen. Man schneidet es erst bei Tisch auf dem Teller liegend auf. Genießen Sie den ausströmenden Duft!

Einen Portionsfisch mit den Zutaten in Pergamentpapier einschlagen und verschließen.

En papillote: Ein Fischfilet in Papier einschlagen, die Enden drehen und binden.

Bratfolie, Bratschlauch

Ideal für ganze Fische oder größere Fischstücke. Die Geschmacksstoffe bleiben voll erhalten, und der Fisch gart in der aufgeblähten Spezialfolie ganz gleichmäßig. Auch hier können Sie andere Zutaten mit in den Schlauch packen. Vorsicht: Die Folie darf die Wände des heißen Ofens niemals berühren.

Den Fisch mit den Zutaten des Rezepts in den Bratschlauch füllen.

Beide Enden verschließen und die Oberseite der Folie mehrmals einstechen.

Klarsichtfolie

Sie hält mehr aus, als man ihr zutraut. Sie können ohne Weiteres Fischfilets auf einem geölten Teller oder einer Platte, gewürzt und mit Kräutern versehen, mit Klarsichtfolie bedecken und in 10 Minuten bei 100 °C/Umluft 80 °C im Ofen garen. Köstlich!

Tranchieren und Servieren

Tranchieren

Ein im Ganzen gegarter Fisch wird, um ihn zu portionieren, nicht geschnitten, sondern zerteilt – tranchiert. Dafür gibt es ein eigenes Fischbesteck. Das Messer hat eine stumpfe, aber spitze Klinge, die Gabel ist breiter und hat kürzere Zinken als das Normalbesteck. Vor allem wenn das Zerteilen nicht in der Küche, sondern bei Tisch erfolgt, macht sich ein Fischvorlegebesteck gut (Profis können das auch mit zwei Löffeln sehr beeindruckend). Der gesamte Vorgang bedarf einer gewissen Übung. Wird nämlich zu viel Zeit dafür gebraucht, kommt der Fisch bereits kalt auf die hoffentlich vorgewärmten Teller.
Die Kunst des Tranchierens besteht darin, die Filets im Ganzen abzulösen und anzurichten.

- Das Tranchieren ist eine leichtere Angelegenheit, solange der Fisch warm und feucht ist.
- Sorgen Sie für heiße Platten beim Anrichten und für vorgewärmte Essteller zum Servieren.
- Bei einem stehend gegarten Fisch wird zuerst die Haut, nachdem sie entlang der Rückenlinie durchgetrennt wurde, zu beiden Seiten abgezogen. Dann löst man die Filets in Längsrichtung ab und serviert sie portionsweise. Die Karkasse wird abgetragen, sobald das ganze Fischfleisch verteilt ist.

Einen Rundfisch tranchieren

1 Mit Fischmesser und -gabel die Rückenflosse herausziehen. Die Haut entlang der Rückenlinie durchtrennen.

2 Alle noch verbliebenen Flossen entfernen. Die Haut auch am Schwanz und am Kopf durchtrennen.

3 Die Haut am Kopfeinschnitt um das Messer wickeln und durch Aufrollen zum Schwanz hin entfernen.

4 Um das obere Filet abheben zu können, muss es zunächst durch einen Schnitt hinter dem Kopf gelöst werden.

5 Das Filet an der Mittelgräte lockern und abheben und auf eine vorgewärmte Anrichteplatte legen.

6 Um das untere Filet auszulösen, muss es zunächst unterhalb der Gräte vom Schwanz abgetrennt werden.

7 Die Gräte samt Schwanz in einem Stück abheben und das Filet auch am Kopf abtrennen.

8 Das Filet mit der Haut nach oben auf die Platte legen, die Haut durch Aufrollen mit dem Messer entfernen (wie bei 3).

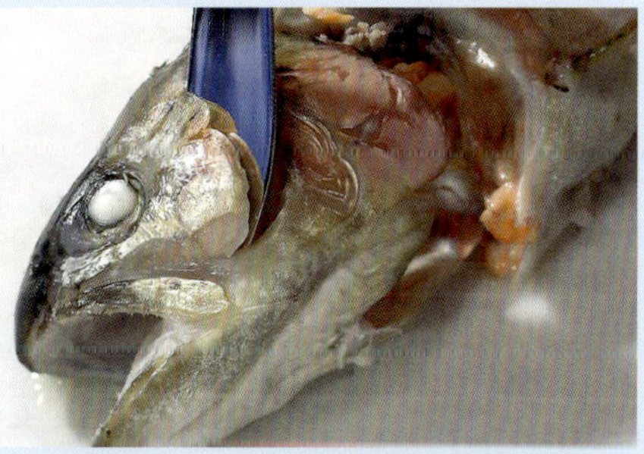

9 Zuletzt die zarten »Bäckchen« (Kaumuskeln) auslösen. Dafür die Kiemendeckel leicht anheben.

10 Die kleinen weißen Fleischstückchen werden sichtbar und können mit dem Fischmesser ausgelöst werden.

Einen Plattfisch tranchieren

1 Die Haut am Flossensaum, entlang der Mittelgräte und um den Kopf herum einschneiden, mit dem Fischmesser abheben.

2 Um das erste Filet auszulösen, dieses mit dem Fischmesser in einem sauberen Schnitt vom Flossensaum trennen.

3 Entlang der Mittellinie das Filet von der Mittelgräte lösen, das Messer zwischen Gräten und Filet schieben.

4 Das Filet mithilfe von Fischmesser und -gabel abheben. Mit dem Filet der anderen Seite ebenso verfahren.

5 Das ausgelöste Filet auf eine vorgewärmte Platte legen. Die Mittelgräte entfernen, wie bei Rundfisch beschrieben.

Servieren und essen

Ein Portionsfisch wie eine Forelle oder Dorade, im Ganzen auf dem Essteller serviert, ist eine Freude. Wenn Sie beim Servieren und Essen ein paar einfache Dinge berücksichtigen, bleibt der Tisch auch nach dem Tranchieren sauber.

- Servieren Sie Portionsfische auf vorgewärmten Tellern, mit dem Kopf nach links und der Bauchseite nach vorne.
- Legen Sie während des Zerteilens das ausgelöste Fischfleisch an den Tellerrand.
- Bei gegrillten und gebratenen Fischen wird die Haut gern mitgegessen, bei gekochten oder gedämpften wird sie eher entfernt.
- Geben Sie Sauce, Zitronensaft oder Beilagen erst nach dem Tranchieren auf den Teller.
- Denken Sie beim Tischdecken an einen separaten Teller für die Gräten. Tragen Sie diesen wieder ab, sobald mit dem Essen begonnen wird – das sieht einfach besser aus.
- Oberstes Gebot beim Essen von Fisch: Nie große Bissen in den Mund nehmen! Gräten sind oft klein und gemein.

Ganzer Fisch

Wenn Sie mit einem ganzen Fisch »im Netz« nach Hause kommen, überlegen Sie zuerst, wie Sie ihn zubereiten könnten: im Sud, in der Pfanne oder im Ofen? Pur mit seinem Eigengeschmack oder aromatisch-pikant gewürzt? Damit Sie sich in der Fülle von Rezepten rasch orientieren können, wurden in diesem Buch die Rezepte für ganze Fische in einem eigenen Kapitel zusammengefasst. Ob es sich dabei um einen Süßwasser- oder Meeresfisch handelt, spielt eine untergeordnete Rolle. Immer gilt: Ein ganzer Fisch auf dem Tisch ist eine Pracht. Das Rezept für den abgebildeten Red Snapper finden Sie auf Seite 54.

Ganzer Fisch, pochiert

Siehe Grundlagen der Fischküche, Seite 20.

Forelle blau

Oder Saibling, Renke (Felchen).

»Fisch blau« ist eine Garmethode für Fische, die mit einer klaren Schleimhaut umgeben sind. Der klassische Fisch blau ist zwar in den meisten Fällen eine Forelle, aber auch Schleien, Karpfen, Waller, junge Hechte, Renken (Felchen) und Saiblinge werden beim Pochieren in Essigsud leicht blau.

- **4 fangfrische Forellen, küchenfertig**
- **4 EL Essig**

Blausud

- **2 l Wasser**
- **250 ml Weißweinessig**
- **2 EL Salz, 2 TL Zucker**
- **2 Zitronenscheiben**
- **1 Zwiebel, in Scheiben geschnitten**
- **1 Bund Suppengrün, grob geschnitten**
- **1 Lorbeerblatt**
- **1/2 TL Pfefferkörner**
- **Petersilie, Estragon**

Zum Anrichten

- **2 Zitronen, halbiert**
- **krause Petersilie**

1 Die Forellen nicht waschen, auf eine Platte legen, mit dem Essig übergießen; das unterstützt die Blaufärbung.

2 Für den Blausud alle Zutaten zum Kochen bringen und zugedeckt 20 Minuten köcheln lassen. Die Fische nach Belieben rund binden, wie auf Seite 21 beschrieben.

3 Die Fische in den heißen, nicht kochenden Sud einlegen und knapp unter dem Siedepunkt 8–12 Minuten garen, je nach Größe der Forellen. Die Fische sind gar, wenn die Augen perlig weiß heraustreten, die Bauchlappen sich nach außen biegen und die Rückenflosse sich leicht herausziehen lässt.

4 Die Fische aus dem Sud heben, abtropfen lassen und auf vorgewärmten Tellern anrichten. Mit den Zitronenhälften und der Petersilie garnieren. Die klassische Beilage sind Salzkartoffeln und zerlassene Butter.

- Profis verwenden einen Fischkochkessel mit dem praktischen Siebeinsatz, den es oft auch als Zubehör zum Bräter gibt. Zur Not tut es ein flacher, weiter Topf, auch der Wok.
- Fisch soll im Sud schwimmen, also vollkommen mit Sud bedeckt sein. Die bei den Rezepten angegebene Flüssigkeitsmenge sollte also der Größe Ihres Kochgeschirrs angepasst werden.
- Richtig blau werden nur frisch getötete Fische. Wichtig ist auch, dass die Schleimhaut nicht verletzt wird; also weder abtupfen noch schuppen! Halten Sie auch Hände und Arbeitsfläche feucht.
- Tiefgefrorene Fische können zwar genauso zubereitet werden, bekommen jedoch nicht die typische Blaufärbung.

Forelle blau

Karpfen blau

Karpfen zum Blaukochen muss frisch und die Schleimschicht auf der Haut unversehrt sein! Den Fisch also nicht schuppen, nur mit nassen Händen anfassen, eventuell unter Wasser ausnehmen. Bewahren Sie Karpfenmilch oder -rogen auf für eine delikate Zubereitung (Gebratene Karpfenmilch/Karpfenrogen, Seite 47).

- **1 Karpfen von 1–1,5 kg, küchenfertig**
- **4 EL Essig**
- **krause Petersilie zum Anrichten**

Blausud

- **2 l Wasser**
- **250 ml Essig**
- **2 EL Salz**
- **1 EL Zucker**
- **200 g Suppengemüse, in Scheiben geschnitten**
- **2 Zitronenscheiben**
- **2 Lorbeerblätter**
- **1 TL Pfefferkörner**
- **4 Wacholderbeeren**
- **Kräuter nach Wahl, z. B. Petersilie, Zitronenmelisse, Estragon, Thymian**

1 Vorab den Sud zubereiten; die Menge muss der Größe Ihres Topfes entsprechen. Alle Zutaten im Topf oder im Fischkochkessel zum Kochen bringen und 20 Minuten köcheln lassen. Nach Belieben durchseihen, abkühlen lassen.

2 Den Fisch nicht waschen, auf eine Platte legen und mit dem Essig übergießen, damit er schön blau wird. Den Karpfen in den Fischkochkessel oder Topf legen, mit dem warmen Sud übergießen und gerade zum Kochen bringen. Den Fisch nahe dem Siedepunkt zugedeckt je nach Größe 20–30 Minuten pochieren (ziehen lassen, nicht kochen!); für einen sehr großen Karpfen können auch 40 Minuten nötig sein. Er ist gar, wenn sich die Rückenflosse leicht herausziehen lässt.

3 Den Karpfen vorsichtig aus dem Sud heben, abtropfen lassen, auf einer vorgewärmten Platte anrichten und mit Petersiliensträußchen garnieren. Salzkartoffeln und zerlassene Butter sind die klassische Beilage.

Aal grün

Einen jungen Aal kann man mit der Haut zubereiten, ältere müssen enthäutet werden. Aal grün ist seit Generationen ein Klassiker der Fischküche. Die feine Sauce, aufgegossen mit dem Pochiersud und vollendet mit grünem Dill, hat ihm den Namen gegeben.

- **1 Aal von etwa 750 g, küchenfertig, enthäutet**

Weinsud

- **500 ml trockener Weißwein**
- **500 ml Wasser**
- **1 EL Salz, 1 TL Zucker**
- **1 Zitronenscheibe**
- **2 Schalotten**
- **1 Bund Suppengrün, grob geschnitten**
- **1 Lorbeerblatt**
- **5 Pfefferkörner**
- **Zitronenmelisse**

Dillsauce

- **30 g Butter**
- **30–40 g Mehl**
- **500 ml Fischsud**
- **Salz, weißer Pfeffer**
- **1 Bund Dill, fein gewiegt**
- **1 Spritzer Zitronensaft**
- **1 Eigelb, mit 4 EL Sahne verrührt**

1 Den Aal kalt abspülen, in fingerlange Stücke schneiden.

2 Für den Weinsud alle Zutaten in einem flachen Topf aufkochen, 10 Minuten köcheln lassen, durchseihen.

3 Die Aalstücke in den heißen Sud einlegen, bei gleich bleibender Hitze knapp unter dem Siedepunkt etwa 20 Minuten garziehen lassen (nicht kochen!). Den Fisch aus dem Sud nehmen und zugedeckt warm stellen. 500 ml von dem Sud wird für die Sauce benötigt.

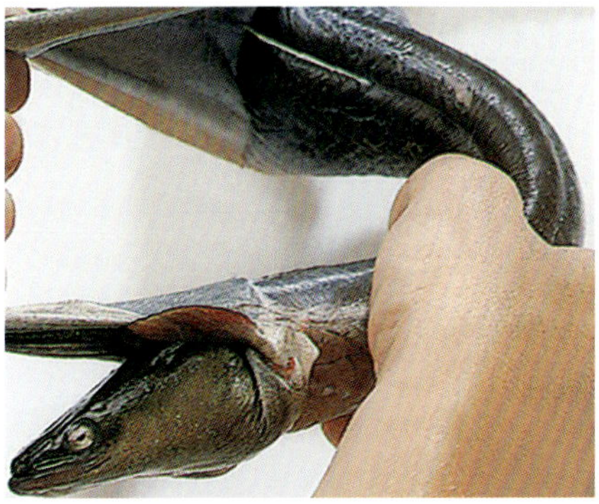

Aal enthäuten: Seitlich ein Stück Haut einschneiden, mit dem Daumen bis zur anderen Seite lösen. Die entstandene »Schlaufe« fassen und die Haut mit einem kräftigen Ruck abziehen.

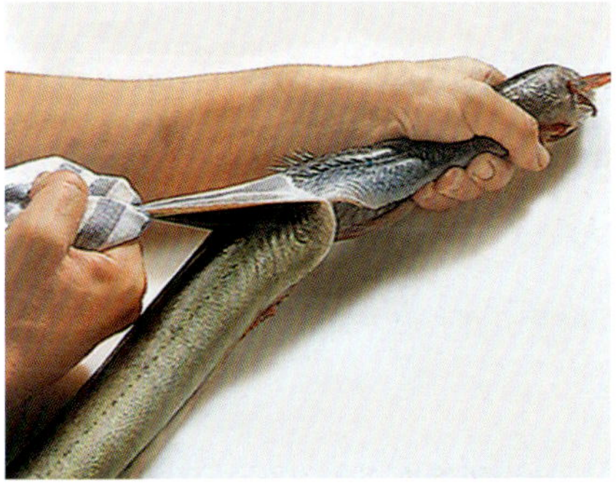

Oder: Die Haut rund um den Kopf einschneiden, umbiegen, mit einem Handtuch fassen, mit der anderen Hand den Kopf festhalten und die Haut nach hinten über den Schwanz abziehen.
Siehe auch Seite 92/93.

4 Für die Dillsauce aus Butter und Mehl eine helle Einbrenne anrühren, nach und nach mit dem Fischsud aufgießen, etwa 5 Minuten kochen und dabei häufig umrühren. Die Sauce mit Salz und Pfeffer würzen, den Dill und den Zitronensaft zugeben und einige Minuten ziehen lassen.

5 Die Eigelbsahne einrühren; die Sauce dann nicht mehr kochen lassen. Die Aalstücke in der Sauce erwärmen. Salzkartoffeln und Gurkensalat sind beliebte Beilagen.

Pochierter Schellfisch

Oder Kabeljau, Goldbarsch, Seehecht.

Der Fisch wird im Fischkochkessel mit Einsatz pochiert. Natürlich kann auch ein flacher Topf in entsprechender Größe mit Deckel eingesetzt werden.

- **1,5 kg Schellfisch (ganzer Fisch ohne Schwanz und Kopf), küchenfertig**
- **Zitronensaft**

Essigsud

- **etwa 2 l Wasser**
- **125 ml Essig**
- **2 EL Salz**
- **1 TL Zucker**
- **200 g Suppengemüse, in Scheiben geschnitten**
- **1 Zwiebel, in Scheiben geschnitten**
- **2 Zitronenscheiben**
- **2 Lorbeerblätter**
- **1 TL Pfefferkörner**
- **4 Wacholderbeeren**
- **Petersilien- oder Dillstängel**

1 Den Fisch kalt abspülen, innen und außen mit Zitronensaft beträufeln.

2 Die Menge des Sudes muss der Größe des Topfes entsprechen. Alle Zutaten für den Sud zum Kochen bringen und 20 Minuten köcheln lassen. Den Sud etwas abkühlen lassen.

3 Den Fisch auf den Einsatz des Fischkochkessels legen und auf den Boden des leeren Fischkochkessels setzen. Den noch warmen Sud darübergießen – der Fisch soll vollkommen mit dem Sud bedeckt sein. Langsam zum Kochen bringen, die Hitze reduzieren und den Deckel auflegen. Den Fisch bei gleich bleibender Hitze garziehen lassen; das Wasser soll nur leise simmern, nicht kochen. Garzeit etwa 25 Minuten.

4 Den Fisch aus dem Sud heben, abtropfen lassen und auf einer vorgewärmten Platte anrichten.

Pochierter Schellfisch

Pochierter Hecht mit Meerrettich

Den Fisch gart man im Fischkochkessel. Oder man legt den Hecht mit dem Schwanz im Mund zu einem Ring und pochiert ihn in einem passenden flachen, runden Topf. Die Meerrettich-Semmelbrösel sind eine Zubereitung aus der Schlesischen Küche. Servieren Sie dazu Salzkartoffeln und etwas von dem Sud.

- **1 Hecht von 1,2–1,5 kg, küchenfertig**

Waller im Wurzelsud

Sud

- 2 l Wasser
- 100 ml Essig
- 100 ml trockener Weißwein
- 2 EL Salz, 1 EL Zucker
- 1 Bund Suppengemüse, in Scheiben geschnitten
- 1 Zwiebel, in Scheiben geschnitten
- 2 Zitronenscheiben
- 2 Lorbeerblätter
- 1 TL Pfefferkörner
- 4 Wacholderbeeren
- je 2 Stängel Petersilie und Estragon

Zum Anrichten

- 100 g Meerrettich, frisch gerieben oder fein geraspelt
- 3 EL Semmelbrösel, in 60 g Butter geröstet
- 80 g Butter zum Übergießen

1 Den Fisch innen und außen kalt abspülen. Mit einem scharfen Messer beiderseits am Rückgrat entlang 1 cm tief einschneiden, damit das Fleisch gleichmäßig gart.

2 Für den Sud alle Zutaten aufkochen, 20 Minuten köcheln und wieder etwas abkühlen lassen. Den Fisch auf den Einsatz des Fischkochkessels oder in einen passenden Topf legen und mit dem warmen Sud übergießen. Langsam zum Kochen bringen und zugedeckt bei reduzierter, gleich bleibender Hitze 25–30 Minuten pochieren.

3 Den Fisch aus dem Sud heben und auf eine vorgewärmte Platte legen. Den Fisch enthäuten, zerlegen und portionsweise auf vorgewärmten Tellern anrichten, mit etwas Fischsud befeuchten.

4 Mit dem Meerrettich und den in Butter goldbraun gerösteten Semmelbröseln bestreuen. 80 g Butter nussbraun aufschäumen lassen, über das Fischfleisch gießen und sofort servieren.

Waller im Wurzelsud

Oder Karpfen.

Dem etwas fetten Fleisch des Wallers entspricht die Zubereitung in einem kräftig abgeschmeckten Sud. Das reichlich verwendete und in Scheiben oder Stifte (Julienne) geschnittene Wurzelgemüse gibt dem Sud einen kräftigen Geschmack und wird zu dem Fisch serviert. Reichen Sie zu dem feinen Fisch neben Salzkartoffeln und zerlassener Butter auch etwas von dem köstlichen Sud.

- 1 Waller von 1,5 kg, küchenfertig

Wurzelsud

- 3 l Wasser
- 300 ml Essig
- 300 ml trockener Weißwein
- 3 EL Salz
- 1 EL Zucker
- 1 Lorbeerblatt
- 1 TL Pfefferkörner im Säckchen
- 2 Zitronenscheiben
- 300 g Gemüse: Möhre, Knollen- oder Bleichsellerie, Lauch, in Scheiben oder Stifte (Julienne) geschnitten
- 1 Zwiebel, in Scheiben geschnitten
- frische Petersilie
- 1 Zweig Thymian

1 Die Menge des Sudes muss der Größe des Kochtopfes entsprechen. Das Wasser mit dem Essig, dem Wein, den Gewürzen und den Zitronenscheiben im Fischkochkessel oder in einem großen, flachen Topf erhitzen. Das Gemüse und die Kräuter zugeben und etwa 8 Minuten kochen. Das Gemüse – sofern in Julienne geschnitten – aus dem Sud nehmen und warm stellen. Den Sud etwas abkühlen lassen.

2 Den Waller innen und außen kalt abspülen, in den warmen Sud einlegen (wenn möglich, auf dem Einsatz liegend); der Fisch soll ganz mit dem Sud bedeckt sein. Kurz aufwallen lassen, dann den Fisch bei reduzierter Hitze in etwa 25 Minuten garziehen lassen.

3 Den Fisch vorsichtig aus dem Sud heben, abtropfen lassen und auf einer vorgewärmten Platte anrichten. Das Gemüse mit dem Fisch servieren.

Pochierte Forelle mit Krebssauce

Oder Renke (Felchen), Saibling.

Wenn der Fisch nicht in den Topf passt, bindet man ihn rund (Seite 21). Ansonsten kann man sich mit einem ovalen Bräter behelfen.

- **4 Forellen, je 300–350 g, küchenfertig**
- **Zitronensaft**
- **Salz**

Pochiersud

- **2 l Wasser**
- **200 ml Essig**
- **100 g Suppengemüse, in Scheiben geschnitten**
- **1 Zwiebel, in Scheiben geschnitten**
- **1 EL Salz, 1 TL Zucker**
- **2 Lorbeerblätter**
- **4 Wacholderbeeren**
- **1 TL Pfefferkörner**
- **2 Zitronenscheiben**
- **Petersilie**
- **je 1 Stängel Petersilie und Dill**

Krebssauce

- **20 g Krebsbutter (Dose)**
- **2 Schalotten, gewürfelt**
- **1 Schuss trockener Wermut (Noilly Prat) oder Cognac**
- **100 ml Fischfond (Seite 204 oder Glas)**
- **150 g Sahne**
- **Salz**
- **Cayennepfeffer**

1 Die Fische kalt abspülen, mit Küchenpapier trocken tupfen. Innen mit Zitronensaft beträufeln, salzen und evtl. mit Küchengarn rund binden.

2 Alle Zutaten für den Pochiersud aufkochen und 20 Minuten köcheln lassen.

3 In der Zwischenzeit die Krebssauce zubereiten. Dafür im Saucentopf die Krebsbutter zerlassen und die Schalotten darin glasig anschwitzen. Mit dem Wermut ablöschen, den Fischfond und die Sahne zugießen. Die Sauce auf die Hälfte einkochen. Mit Salz und Cayennepfeffer abschmecken und zunächst beiseitestellen.

4 Den Pochiersud nach Belieben durchseihen und wieder erhitzen. Die Forellen einlegen und bei gleich bleibender Hitze zugedeckt knapp unter dem Siedepunkt 8–10 Minuten pochieren. Die Fische sind gar, wenn die Augen perlig weiß heraustreten.

5 Die Fische mit dem Seihlöffel aus dem Sud nehmen und auf vorgewärmten Tellern anrichten. Die Krebssauce wieder erhitzen und mit dem Stabmixer aufmixen. Zu den Forellen servieren.

Pochierter Lachs mit Rieslingsauce

Für 4–6 Personen

Ein ganzer Lachs ist eine Augenweide. Wenn Sie keinen Fischkochkessel haben, pochieren Sie den Fisch in einem weiten, flachen Topf (Schmortopf mit Deckel). Tranchieren Sie den attraktiven Fisch erst bei Tisch.

- **1 Lachs von 1,5 kg, küchenfertig**

Pochiersud

- **1,5 l Wasser**
- **250 ml Weißwein**
- **300 g Suppengemüse, in Scheiben geschnitten**
- **1/2 Zwiebel, in Scheiben geschnitten**
- **2 TL Salz**
- **1/2 TL Pfefferkörner**
- **2 Lorbeerblätter**
- **je 1 Zweig Thymian und Petersilie**

Pochierte Forelle mit Krebssauce

Rieslingsauce

- **30 g Butter**
- **2 Schalotten, gewürfelt**
- **4 EL trockener Wermut (Noilly Prat)**
- **100 ml trockener Weißwein (Riesling)**
- **300 ml Fischfond (Seite 204 oder Glas), ersatzweise Hühnerbrühe**
- **200 g Sahne**
- **1 TL Mehlbutter (nach Belieben)**
- **Salz, Pfeffer**
- **1 Prise Cayennepfeffer**
- **1 Prise Zucker**

1 Den Lachs unter fließendem Wasser innen und außen waschen. Am Rücken entlang der Mittelgräte auf beiden Seiten 1 cm tief einschneiden. Auf den Einsatz des Fischkochkessels legen und in den Topf setzen.

2 Die Menge des Sudes muss der Größe des Fischkochkessels oder Topfes angepasst werden; der Fisch soll im Sud schwimmen. Das Wasser mit dem Wein und allen übrigen Zutaten aufkochen und 30 Minuten köcheln lassen. Den Sud nach Belieben durchseihen.

3 Den noch warmen Sud über den Fisch in den Fischkochtopf gießen. Den Deckel auflegen und auf dem Herd bis knapp unter dem Siedepunkt erhitzen. Den Lachs bei gleich bleibender Hitze 25–30 Minuten pochieren. Der Fisch ist gar, wenn sich die Rückenflosse leicht herausziehen lässt.

4 Für die Rieslingsauce im Saucentopf die Butter zerlassen und die Schalotten darin ohne Farbe anschwitzen. Mit dem Wermut ablöschen und einkochen. Den Weißwein und den Fischfond zugießen und im offenen Topf bei starker Hitze auf ein Drittel einkochen (wichtig!). Die Sahne einrühren und noch einmal etwa 10 Minuten einkochen, bis die Sauce die gewünschte Konsistenz hat. Falls Sie eine stärker gebundene Sauce möchten, rühren Sie etwas Mehlbutter ein und kochen sie 5 Minuten mit. Die Sauce mit Salz, Pfeffer, Cayennepfeffer und einer Prise Zucker abschmecken.

Pochierter Lachs mit Rieslingsauce

5 Den Lachs aus dem Sud heben und auf eine vorgewärmte tiefe Platte legen. Tranchieren Sie den prächtigen Fisch erst bei Tisch und servieren Sie die Sauce in einer Sauciere. Salzkartoffeln passen am besten dazu.

Ganzer Lachs norwegische Art

Früher, als Lachs nur in der Saison, im Sommerhalbjahr, auf dem Markt zu haben war, wurde er in Norwegen zu festlichen Anlässen im Ganzen zubereitet und serviert. Eine befreundete Hausfrau hat uns das Rezept aufgeschrieben: Einen küchenfertig vorbereiteten Lachs von 1,5 kg innen salzen, locker in geölte Alufolie einschlagen und das Paket in einen Bräter in wenig Wasser auf den Boden legen. Im vorgeheizten Ofen bei 200 °C/Umluft 180 °C in etwa 40 Minuten garen.

Pochierter Steinbutt mit Kräuterbutter

Für 2 Personen

- **1 Babysteinbutt von 700–800 g, küchenfertig**

Sud

- **Suppengemüse: Möhre, Petersilienwurzel, Lauch, Bleichsellerie, in Scheiben und Julienne geschnitten**
- **2 l Wasser**
- **50 ml Weißweinessig**
- **1 EL Salz, 1 TL Zucker**
- **je 2 Petersilienstängel und Thymianzweige**
- **1 Lorbeerblatt**
- **2 Wacholderbeeren, angedrückt**
- **1 TL weiße Pfefferkörner**

Kräuterbutter

- **100 g Butter**
- **1 EL fein geschnittene Kräuter (Petersilie, Schnittlauch, Basilikum)**

Zum Garnieren

- **1 Fleischtomate, Stielansatz entfernt, quer halbiert, mit Kräutern bestreut**
- **Basilikumblättchen**

1 Den Steinbutt kalt abspülen, den Flossensaum abschneiden.

2 Der Topf zum Pochieren soll breit und flach sein und der Größe des Fisches entsprechen. Am besten eignet sich eine rechteckige Auflaufform. Alle Zutaten für den Sud in den Topf geben, aufkochen und 20 Minuten köcheln lassen.

1 Den Gemüsesud vorbereiten und den Steinbutt einlegen.

3 Den Steinbutt in den leicht abgekühlten Sud legen, einmal aufwallen lassen und die Hitze sofort reduzieren. Den Fisch knapp unter dem Siedepunkt

2 Den Fisch bei reduzierter Hitze in 15 Minuten garziehen lassen.

3 Der Fisch ist gar, wenn sich die Rückenflosse leicht herausziehen lässt.

garziehen lassen, nicht kochen, das dauert etwa 15 Minuten. Der Garpunkt ist erreicht, wenn sich die Rückenflosse leicht herausziehen lässt.

4 In der Zwischenzeit für die Kräuterbutter in einem kleinen Topf die Butter zerlassen und leicht bräunen. Die Kräuter untermischen und beiseitestellen.

5 Den Steinbutt mit dem Schaumlöffel vorsichtig aus dem Sud heben und auf eine warme Platte legen. Die Filets auslösen und auf vorgewärmten Tellern anrichten. Die Kräuterbutter erwärmen und die Filets damit begießen. Mit den Tomatenhälften und Basilikumblättchen garnieren.

Pochierter Steinbutt mit Kräuterbutter

Pochierter Saibling

Oder Renke (Felchen), Forelle.

Es müssen nicht immer Zitronenschnitze sein. Die kalte, klare Zitronensauce ist schnell gerührt und unterstützt den Eigengeschmack des Fisches.

- **4 Saiblinge, je 300–350 g, küchenfertig**

Sud

- **2 l Wasser**
- **250 ml trockener Weißwein**
- **1 Zitrone, geschält und in Scheiben geschnitten**
- **2 EL Salz**
- **1 TL Zucker**
- **frische Kräuter (Salbei, Estragon, Zitronenmelisse, Petersilie)**

Zitronen-Öl-Sauce

- **Saft von 1 Zitrone**
- **1 Prise Salz**
- **6 EL Olivenöl**
- **fein gewiegte Petersilie**

1 Die Fische innen und außen kalt abspülen.

2 Die Menge des Sudes muss der Größe Ihres Topfes entsprechen. Für den Sud alle Zutaten aufkochen und kurz ziehen lassen. Die Saiblinge in den heißen Sud einlegen und gerade zum Sieden bringen. Zugedeckt knapp unter dem Siedepunkt etwa 8 Minuten ziehen lassen (nicht kochen!). Die Fische sind gar, wenn die Augen perlig weiß heraustreten und die Rückenflosse sich leicht herausziehen lässt.

3 Für die Sauce den Zitronensaft mit dem Salz, Olivenöl und Petersiliengrün verrühren.

4 Die Fische aus dem Sud nehmen, auf vorgewärmten Tellern anrichten. Die Zitronen-Öl-Sauce dazu servieren. Reichen Sie aufgebackenes Baguette und einen knackigen Salat dazu.

Variation

Pikant schmeckt ein kalt servierter Saibling: Ziehen Sie von den noch heißen Fischen die Haut ab. Mit Pergamentpapier bedeckt, lässt man die Fische erkalten und gießt vor dem Servieren die Zitronen-Öl-Sauce darüber. (Die Sauce kann man auch mit anderen Kräutern, z.B. Estragon, abschmecken.)

Ganzer Fisch, gedämpft

Siehe Grundlagen der Fischküche, Seite 23.

Meerbarben, im Wok gedämpft

Gilt für alle Portionsfische.

- **4 Meerbarben, je 250 g, küchenfertig**

Marinade

- **2 Frühlingszwiebeln, in Ringe geschnitten**
- **1 Stückchen frische Ingwerwurzel, fein gehackt**
- **1 Stängel Zitronengras, in dicke Ringe geschnitten**
- **4 EL Sojasauce**
- **Salz und Pfeffer (nach Belieben)**

Gemüse

- **1–2 Möhren**
- **2 Stangen Bleichsellerie**
- **1 Petersilienwurzel**
- **1/2 Stange Lauch**

1 Die Fische unter fließendem Wasser innen und außen abspülen, mit Küchenpapier trocken tupfen. Auf eine tiefe Platte legen.

2 Für die Marinade alle festen Zutaten mit der Sojasauce verrühren, evtl. mit Salz und Pfeffer nachwürzen. Die Fische innen und außen mit der Marinade umgeben und zugedeckt 30 Minuten marinieren.

3 Das Gemüse putzen bzw. schälen und in 10 cm lange, feine Streifen (Julienne) schneiden. In den Dämpfkorb legen.

4 Gut 1/2 l Wasser in den Wok füllen und zum Kochen bringen. Den Dämpfkorb einsetzen (es darf kein Wasser in den Korb eindringen), die Fische auf das Gemüse legen. Zugedeckt bei reduzierter, gleich bleibender Hitze etwa 15 Minuten dämpfen.

Geräucherte Forelle im Dampf

Oder Räucherfische wie Saibling, Renke (Felchen).

Mild geräucherter Fisch, in der schützenden Hülle seiner Haut schonend im Dampf erwärmt, das schmeckt nach Ausflug am See und Urlaub am Meer. Noch lauwarm, frisch aus dem Rauch, schmeckt Räucherfisch einfach am besten. Holen Sie sich dieses Geschmackserlebnis mit einer im Dampf erwärmten Forelle oder einem anderen Räucherfisch in Ihre Küche!

- **4 geräucherte Forellen**

1 Sie brauchen einen breiten Topf mit Deckel, etwa einen Bräter, und einen Dämpfeinsatz. Die Fische sollen

nebeneinander Platz haben. Ein umgedrehter Teller kann den Dämpfeinsatz ersetzen.

2 Den Topf mit dem Dämpfeinsatz 2–3 cm hoch mit Wasser füllen und zum Kochen bringen. Die Fische auf den Dämpfeinsatz legen – das Wasser darf die Fische nicht berühren. Zugedeckt bei gleich bleibender, nicht zu starker Hitze etwa 5 Minuten dämpfen.

Dorade im Ingwerdampf

Für 2 Personen

Ein erfrischendes Sommergericht aus Thailand: leicht sauer, ziemlich scharf, ohne Fett – und in null Komma nichts zubereitet. Sie können die Fische auch in der Sauce liegend auf dem Porzellanteller dämpfen.

- **2 Doraden, je 400 g, küchenfertig**

Scharfsaure Sauce

- **100 ml heiße Hühnerbrühe**
- **3 EL helle Sojasauce**
- **6 EL Zitronensaft**
- **1–2 frische Chilischoten, Samen entfernt, in feine Ringe geschnitten**

Zum Dämpfen

- **ein Stück Ingwerwurzel, in Scheiben geschnitten**
- **4 Knoblauchzehen, geschält, halbiert**
- **2 Frühlingszwiebeln, längs halbiert**

1 Die Doraden kalt abspülen, mit Küchenpapier trocken tupfen. Auf jeder Seite am Rücken schräg mit 3–4 tiefen Einschnitten versehen (ziselieren).

2 Für die Sauce die Hühnerbrühe mit allen Zutaten verrühren.

3 In einen Topf (oder im Wok) nur so viel Wasser einfüllen, dass der Dämpfeinsatz nicht berührt wird. Das Wasser mit dem Ingwer zum Kochen bringen. Die Fische auf den Dämpfeinsatz legen und mit einigen Esslöffeln Sauce beträufeln. Die Knoblauchzehen und die Frühlingszwiebeln auf den Fischen verteilen. Den Dämpfeinsatz mit den Fischen in den Topf setzen, den Deckel auflegen und etwa 15 Minuten bei guter, gleich bleibender Hitze dämpfen. Den Dämpfeinsatz mit den Fischen herausheben.

4 Die restliche scharfsaure Sauce erhitzen, die Fische damit beträufeln, auf vorgewärmten Tellern anrichten und sogleich servieren.

Meerbarben, im Wok gedämpft

Ganzer Fisch, in der Pfanne gebraten

Siehe Grundlagen der Fischküche, Seite 24.

Portionsfisch Müllerinart

Forelle, Saibling, Renke (Felchen), Schleie, Barsch.

Fisch Müllerinart ist ein Klassiker in der ganzen Welt. Unverzichtbare Zutat ist des Müllers Mehl, das den Fisch beim Braten wie eine Panade schützt und saftig hält. Besonders gut eignet sich dafür doppelgriffiges Mehl (Wiener Grießler), es ist rieselfähig, klumpt nicht und verteilt sich gleichmäßig auf dem Fisch. Wichtig ist, dass der mehlierte Fisch sofort in die Pfanne kommt, das Mehl wird sonst feucht und verhindert eine Bräunung. Zum Braten nimmt man geklarte Butter oder Butterschmalz. Bei flachen Fischen und Fischfilets mit kurzer Garzeit kann man auch ungeklärte Butter nehmen, da bei kurzer Garzeit die Butter nicht verbrennt.

- **4 Portionsfische, je 250–300 g, küchenfertig**
- **Salz, Pfeffer**
- **fein geschnittene Petersilie für den Fisch und zum Anrichten**
- **Mehl zum Wenden (am besten doppelgriffiges)**

Zum Braten und Anrichten

- **40 g Butterschmalz**
- **Zitronenspalten, 80 g Butter**

1 Die Fische kalt abspülen, mit Küchenpapier trocken tupfen. Innen und außen mit Salz und Pfeffer einreiben, innen mit Petersilie ausstreuen. Die Fische in Mehl wenden, überschüssiges Mehl abschütteln.

2 In der Stielpfanne das Butterschmalz erhitzen. Die Fische zunächst auf einer Seite scharf anbraten, wenden und bei verminderter, aber immer noch guter Hitze auf beiden Seiten goldbraun braten, dabei immer wieder mit dem Bratfett begießen. Auf einer vorgewärmten Platte mit den Zitronenspalten anrichten und mit der restlichen Petersilie bestreuen.

3 Das Bratfett abgießen. Die Butter in der Pfanne erhitzen, aufschäumen lassen und über die angerichteten Fische gießen. Sofort servieren; die Butter muss noch schäumen, wenn die Platte aufgetragen wird.

Portionsfisch Müllerinart

Variationen

- **Gebratene Forelle mit Mandeln:** Die Forellen braten wie Müllerinart und warm stellen. Etwa 80 g gehobelte Mandeln in 80 g aufschäumender Butter hellbraun rösten, die Forellen darin wenden und anrichten. Die Butter mit den Mandeln über die Fische gießen.
- **Forelle Grenobler Art:** Die Forellen braten wie Müllerinart und anrichten. Mit etwa 60 g aufschäumender Butter übergießen. 1 geschälte Zitrone würfeln, mit 2 EL Kapern in 20 g aufschäumender Butter schwenken und über die Forellen gießen.

Gebratene Forelle mit Mandeln

Panierter Portionsfisch

Forelle, Renke (Felchen), Barsch, Karpfen.

Panierter Fisch mit knusprig brauner Kruste, das ist der Favorit schlechthin. Er schmeckt einfach gut! Portionsfische werden im Ganzen zubereitet, größere werden halbiert oder quer in Stücke geschnitten oder filetiert. Fische mit Schuppen müssen geschuppt werden. Die Semmelbrösel kann man mit gemahlenen Mandeln mischen, dann wird der Fisch noch knuspriger. Der panierte Fisch muss sofort in die Pfanne, damit die Panade nicht feucht wird. Sie können den Fisch in der Pfanne in reichlich Fett braten (ausbacken) oder schwimmend in Fett frittieren.

- **4 Portionsfische, je 250–300 g, küchenfertig**
- **Zitronensaft**
- **Salz, Pfeffer**
- **fein geschnittene Petersilie**

Zum Panieren

- **Mehl (am besten doppelgriffiges)**
- **2 Eier, mit 2 EL Milch verrührt, leicht gesalzen**
- **Semmelbrösel**

Außerdem

- **reichlich Pflanzenfett oder Öl zum Backen**
- **Zitronenspalten und krause Petersilie zum Anrichten**

1 Die Fische kalt abspülen, mit Küchenpapier trocken tupfen. Innen und außen mit Zitronensaft, Salz und Pfeffer würzen, innen auch mit Petersilie bestreuen.

2 Zum Panieren 3 Gefäße bereitstellen und jeweils Mehl, die Eiermilch und Semmelbrösel einfüllen. Die Fische in Mehl wenden, überschüssiges Mehl abschütteln, durch die Eiermilch ziehen und leicht abtropfen lassen; zuletzt in den Semmelbröseln wenden und die Panade etwas andrücken.

3 In einer Stielpfanne etwa 2 cm hoch Fett oder Öl erhitzen und die Fische darin auf beiden Seiten goldbraun ausbacken; dabei immer wieder mit dem Backfett beschöpfen (oder die Fritteuse einsetzen). Die Fische auf Küchenpapier abtropfen lassen. Auf einer vorgewärmten Platte anrichten und mit Zitronenspalten und Petersilie garnieren.

Gebratene Seezunge

Oder Scholle, Steinbutt, Rotzunge, Glattbutt.

Die dunkle Haut der Augenseite wird bei allen hier erwähnten Fischen (mit Ausnahme der Scholle) entfernt; auch Kopf und Flossensaum werden abgeschnitten und der Schwanz gestutzt. Wie das gemacht wird, ist auf Seite 18 beschrieben – oder Sie bitten den Fischhändler darum.

- **4 Seezungen, je 250–300 g, küchenfertig**
- **Salz, Pfeffer**
- **Mehl zum Wenden (am besten doppelgriffiges)**

Zum Braten und Anrichten

- **8 EL Öl oder Butterschmalz**
- **2 EL Zitronensaft**
- **gehackte Petersilie**
- **80 g Butter**

1 Die Fische kalt abspülen, mit Küchenpapier trocken tupfen. An der Mittelgräte entlang beiderseits einschneiden. Mit Salz und Pfeffer würzen und in Mehl wenden, überschüssiges Mehl abschütteln.

2 Zum Braten Öl oder Butterschmalz in einer großen Pfanne erhitzen. Die Seezungen zunächst auf einer Seite scharf anbraten, wenden und bei verminderter, aber immer noch guter Hitze auf beiden Seiten goldbraun braten, dabei immer wieder mit dem Bratfett begießen. Warm stellen, bis alle Fische gebraten sind (siehe Kasten). Die Fische anrichten, mit dem Zitronensaft beträufeln und mit Petersilie bestreuen.

3 Das restliche Bratfett abgießen. Die Butter in derselben Pfanne aufschäumen lassen, über die Fische gießen und diese sofort servieren; die Butter soll noch schäumen, wenn die Fische aufgetragen werden.

Pfanne zu klein – kein Platz für alle Fische?
Kein Problem. Die Fische (eventuell mehliert wie Müllerinart) in der Pfanne nacheinander auf beiden Seiten anbraten, in die Fettpfanne des Ofens legen und bei 100 °C/Umluft 80 °C im vorgeheizten Ofen in 20 bis 30 Minuten garen, je nach Größe der Fische. Sie sind fertig, wenn sich die Rückenflosse herausziehen lässt.

Scholle Finkenwerder Art

Die Scholle ist ein Fisch der Nordsee. Das Rezept zeigt die kulinarische Vorliebe der Anrainerregionen für diesen Fisch. Am besten schmeckt die Scholle im Frühjahr (Maischolle).

Gebratene Seezunge

- 4 Schollen, je 300–350 g
- Zitronensaft
- Salz, Pfeffer
- Mehl zum Wenden (am besten doppelgriffiges)

Zum Braten und Anrichten

- 60 g Butter
- 200 g Speckwürfel
- 4 EL Öl
- Zitronenscheiben zum Garnieren

1 Die Fische vorbereiten: Kopf und Schwanz entfernen, den Flossensaum mit der Küchenschere abschneiden. Die Schollen kalt abspülen und mit Küchenpapier trocken tupfen. Rechts und links am Rückgrat entlang einschneiden, damit sie gleichmäßig garen. Mit Zitronensaft, Salz und Pfeffer würzen. Die Fische in Mehl wenden, überschüssiges Mehl abschütteln.

2 In einer großen Pfanne die Butter erhitzen und die Speckwürfel darin ausbraten. Mit einem Schaumlöffel herausnehmen und beiseitestellen. Das Speckfett in der Pfanne mit dem Öl ergänzen, die Schollen darin auf beiden Seiten langsam goldbraun braten und dabei immer wieder mit dem Bratfett begießen. Die Fische auf einer vorgewärmten Platte mit der hellen Seite nach oben anrichten. Die Speckwürfel kurz erhitzen und darüber verteilen. Dazu wird meist Kartoffelsalat serviert.

Scholle Finkenwerder Art

Gebratene Sardinen

- 500–750 g Sardinen
- Salz
- Mehl zum Wenden (am besten doppelgriffiges)
- etwa 6 EL Öl zum Braten
- Zitronenspalten zum Garnieren

1 Die Sardinen entgräten: Den Kopf zwischen Daumen und Zeigefinger abkneifen und mit ihm die Eingeweide herausziehen. Den Fisch mit den Fingern am Bauch entlang öffnen, die Mittelgräte am Kopfende fassen und herausziehen, am Schwanz abzwicken; die Schwanzflosse bleibt daran. Die Fische unter fließendem Wasser kalt abspülen und abtropfen lassen, mit Küchenpapier trocken tupfen.

2 Die am Rücken noch zusammenhängenden Filets nebeneinander mit der Hautseite nach unten auf die Arbeitsfläche legen und salzen. Die Fischchen in Mehl wenden, überschüssiges Mehl abschütteln.

3 In einer Stielpfanne das Öl erhitzen, die Sardinen auf der Hautseite goldbraun braten, wenden und auch die Fleischseite braten. Auf einer vorgewärmten Platte oder auf Tellern mit Zitronenspalten anrichten.

Gebratener Hering

Die Heringe werden entgrätet und flach auseinandergeklappt gebraten. Das Entgräten der Heringe mit ihrem weichen Fleisch ist übrigens einfach

- pro Person 1–2 grüne Heringe ohne Kopf, küchenfertig
- Zitronensaft
- Salz, Pfeffer
- Mehl zum Wenden
- etwa 8 EL Öl zum Braten

1 Die Fische kalt abspülen, mit Küchenpapier trocken tupfen. Zum Entgräten die Heringe aufklappen, mit der Hautseite nach unten auf die Arbeitsfläche legen, die Mittelgräte am Kopfende fassen und herausziehen.

2 Die Heringe mit Zitronensaft, Salz und Pfeffer würzen. In Mehl wenden, überschüssiges Mehl abschütteln.

3 In einer Pfanne das Öl erhitzen. Die Fische darin nacheinander auf der Hautseite goldbraun braten, wenden und auch die Fleischseite braten. Gern wird Kartoffelsalat mit Speck dazu gegessen.

Ganzer Fisch, frittiert

Siehe Grundlagen der Fischküche, Seite 25.

Karpfen in Bierteig
Fränkischer Karpfen

- **1 Karpfen von 1,5 kg, küchenfertig**
- **Salz, Pfeffer**

Bierteig

- **150 g Mehl, 1 Prise Salz, 1 EL Öl**
- **2 Eigelb, etwa 180 ml Bier**
- **2 Eiweiß, steif geschlagen**

Zum Frittieren und Anrichten

- **etwa 750 g Butterschmalz**
- **Zitronenviertel zum Garnieren**

1 Vorab für den Bierteig aus den angegebenen Zutaten mit Ausnahme des Eischnees einen dickflüssigen Teig anrühren, 30 Minuten quellen lassen.
Kurz vor der Verwendung den Eischnee unterziehen.

2 Den Karpfen kalt abspülen, mit Küchenpapier trocken tupfen. Den Kopf entfernen und den Fisch quer in 3 cm dicke Scheiben schneiden. Mit Salz und Pfeffer würzen.

3 In einem schweren Topf so viel Butterschmalz erhitzen, dass die Fischstücke darin schwimmen können.
Die Karpfenstücke in den Backteig tauchen und schwimmend in Fett ausbacken. Auf Küchenpapier abtropfen lassen. Auf einer vorgewärmten Platte als ganzen Fisch zusammensetzen und mit Zitronenvierteln garnieren.

Gebackener Karpfen

- **1 Karpfen von 1,2–1,5 kg, küchenfertig**
- **Salz, Pfeffer**

Zum Panieren

- **Mehl zum Wenden (am besten doppelgriffiges)**
- **2 Eier, mit 2 EL Milch oder Sahne und 1 Prise Salz verrührt**
- **Semmelbrösel**

Zum Ausbacken und Anrichten

- **Butterschmalz**
- **Zitronenviertel**
- **krause Petersilie**

Karpfen in Bierteig

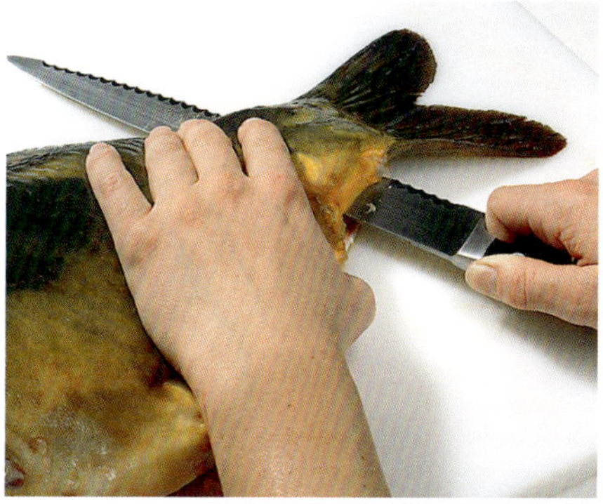

Den Karpfen der Länge nach mitsamt Schwanz und Schwanzflosse halbieren.

1 Den Karpfen unter fließendem Wasser innen und außen waschen, den Kopf entfernen. Den Fisch quer in etwa 3 cm dicke Koteletts schneiden. Gern wird der Karpfen jedoch auch – mitsamt dem Schwanz und der Schwanzflosse – der Länge nach halbiert und portioniert.

2 Zum Panieren das Mehl, die Eier und die Semmelbrösel in 3 Gefäßen bereitstellen. Die Karpfenstücke salzen und pfeffern, nacheinander in Mehl wenden und überschüssiges Mehl abschütteln, durch die verquirlten Eier ziehen, etwas abtropfen lassen, in den Semmelbröseln wenden und die Panade leicht andrücken.

3 In einer Pfanne mit hohem Rand so viel Butterschmalz auf 170–180 °C erhitzen, dass die Fischstücke darin schwimmen können (oder die volle Fritteuse verwenden). Die Karpfenstücke auf beiden Seiten goldbraun backen. Auf Küchenpapier abtropfen lassen. Den Fisch auf einer vorgewärmten Platte anrichten und mit Zitronenvierteln und Petersilie garnieren.

Gebratene Karpfenmilch/Karpfenrogen

Lassen Sie sich die Karpfenmilch – das ist der Samenstrang des männlichen Fisches – vom Fischhändler immer mitgeben. Kenner schätzen die gebratene Karpfenmilch: leicht bemehlen und in Butter braten, wie Fisch Müllerinart. Karpfenrogen – das sind die Eier des weiblichen Fisches – verwendet man für Fischsuppen (Fischbeuschelsuppe, Seite 169) oder in der kalten Fischküche. Vor der Laichzeit kann man Karpfenmilch und Karpfenrogen beim Fischhändler auch kaufen.

Kleine Fische frittieren

Kleine Fische wie Sardellen, Sardinen, Sprotten, Stinte, Mainfischchen werden im Ganzen und am besten nur mehliert frittiert. Die mehlierten Fische müssen sofort in das heiße Fett kommen, damit die schützende Mehlschicht nicht feucht wird.

- **etwa 500 g kleine Fische**
- **Mehl zum Wenden (am besten doppelgriffiges)**
- **Salz, Pfeffer, Backfett**

1 Die Fischchen in einem Sieb kalt abspülen, abtropfen lassen, mit Küchenpapier trocken tupfen.

2 In einer Schüssel das Mehl mit Salz und Pfeffer vermengen und die Fischchen in dem Mehl wenden, bis sie gleichmäßig bedeckt sind. Überschüssiges Mehl in einem Sieb abschütteln.

1 Die trocken getupften Fischchen in der Mehlmischung wenden.

2 Überschüssiges Mehl in einem Sieb abschütteln, die Fischchen sofort frittieren.

3 Das Backfett auf 180 °C erhitzen. Jeweils eine Hand voll Fischchen in das heiße Fett geben und in 2–3 Minuten goldbraun frittieren. Auf Küchenpapier abtropfen lassen und sofort servieren.

Ganzer Fisch aus dem Ofen

Siehe Grundlagen der Fischküche, Seite 26.

Portionsfisch aus dem Ofen

Forelle, Saibling, Renke (Felchen), Dorade, Makrele.

Eine ideale Methode, um mehrere Fische gleichzeitig zu garen: nebeneinander im Bräter, in einer ofenfesten Form oder in der Fettpfanne im Ofen gebraten. Dabei ist es besonders wichtig, die Fische vor dem Austrocknen zu schützen. Man wendet sie in zerlassener Butter und beträufelt sie während der Bratzeit damit. Durch Abdecken mit gebuttertem Pergamentpapier oder Alufolie kann man die Fische zusätzlich schützen.

- **4 Portionsfische, je 300 g, küchenfertig**
- **Zitronensaft, Salz, Pfeffer**
- **1 Bund Petersilie, fein geschnitten**
- **2–3 Schalotten, gewürfelt**
- **40 g Butter, 40 g Butterflöckchen**
- **125 ml trockener Weißwein**

Sauce

- **2–3 EL Crème fraîche**
- **1–2 TL Senf**

1 Die Fische kalt abspülen, mit Küchenpapier trocken tupfen. Innen und außen mit Zitronensaft beträufeln, mit Salz und Pfeffer würzen, innen auch mit Petersilie ausstreuen. Die restliche Petersilie mit den Schalotten mischen. Den Ofen auf 200 °C/Umluft 180 °C vorheizen.

2 Die Butter in der Form zerlassen, mit der Hälfte der Schalotten-Petersilien-Mischung ausstreuen und andünsten. Die Fische in die Form legen und in der Butter wenden. Die restliche Schalotten-Petersilien-Mischung über die Fische streuen, mit den Butterflöckchen belegen und seitlich den Wein angießen. Die Fische locker mit Alufolie abdecken, damit das zarte Fischfleisch nicht trocken wird. Etwa 30 Minuten braten.

3 Etwa 5 Minuten vor beendeter Garzeit die Folie abnehmen, die Fische mit dem Bratensaft begießen und offen fertig braten. Sie sind gar, wenn sich die Rückenflosse leicht herausziehen lässt und die Augen perlig weiß hervortreten. Die Fische auf einer vorgewärmten Platte warm stellen.

4 Die Garflüssigkeit im Saucentopf kurz einkochen. Mit Crème fraîche abziehen, mit Senf abschmecken und zum Fisch servieren.

Großer Fisch aus dem Ofen

Schellfisch, Kabeljau, Goldbarsch, Seehecht, Dorade, Wittling (Merlan), Seewolf.

Einen großen Fisch brät man gern in einer feuerfesten Form. So kann man ihn direkt aus dem Ofen servieren und bei Tisch tranchieren. Damit das Fischfleisch gleichmäßig gart, schneidet man den Fisch am Rückgrat entlang auf beiden Seiten 1 cm tief ein oder man ziseliert ihn (siehe Seite 26).

- **1,5 kg Fisch (ganzer Fisch oder Mittelstück), küchenfertig**
- **Zitronensaft, Salz, Pfeffer**
- **frische Kräuter, fein geschnitten**
- **2 EL Öl**

Portionsfisch aus dem Ofen

Zum Braten
- 40 g Butter
- 4 Schalotten, gewürfelt
- Petersilie, fein geschnitten
- 1 Knoblauchzehe, gewürfelt (nach Belieben)
- 1 Tomate, enthäutet, Stielansatz und Samen entfernt, gewürfelt
- 40 g Butterflöckchen
- 125 ml trockener Weißwein

Sauce
- 3 EL Crème fraîche
- 1 Prise Cayennepfeffer

1 Den Fisch kalt abspülen, mit Küchenpapier trocken tupfen. Beiderseits am Rückgrat entlang 1–2 cm tief einschneiden oder schräge Einschnitte anbringen (ziselieren), damit der Fisch gleichmäßig gart. Innen und außen mit einer Mischung aus Zitronensaft, Salz, Pfeffer, Kräutern und Öl einreiben. Den Ofen auf 200 °C/Umluft 180 °C vorheizen.

2 In einer feuerfesten Form oder im Bräter auf dem Herd die Butter zerlassen und darin die Schalotten, Petersilie und nach Belieben den Knoblauch anschwitzen. Den Fisch in der Butter wenden, die Tomatenwürfel zugeben, mit den Butterflöckchen belegen und den Wein seitlich angießen. Die Form mit Alufolie locker abdecken. Im Ofen etwa 45 Minuten garen.

3 Etwa 15 Minuten vor beendeter Garzeit die Folie abnehmen, den Fisch mit Bratsaft begießen und offen fertig braten. Der Fisch ist gar, wenn sich die Rückenflosse leicht herausziehen lässt.

4 Die Garflüssigkeit mit dem angegossenen Wein ergibt eine ausgezeichnete kleine Sauce. Man kann sie natur belassen und den Fisch in der Form servieren. Oder den Fisch auf einer vorgewärmten Platte anrichten; die Garflüssigkeit im Saucentopf aufkochen, mit Crème fraîche abziehen und nach Belieben mit dem Stabmixer aufmixen. Mit Cayennepfeffer würzen und abschmecken.

Gebratener Kräuterfisch

Gebratener Kräuterfisch

Kabeljau, Schellfisch, Seelachs, Goldbarsch, Seehecht, Wittling (Merlan).

- 1,3 kg Fisch ohne Kopf (ganzer Fisch oder angeschnitten), küchenfertig
- Salz, Pfeffer
- 1 EL Senf

Kräutermischung
- 3 Bund gemischte Kräuter, fein geschnitten (Petersilie, Dill, Estragon, Kerbel, Schnittlauch, Zitronenmelisse)
- 1 TL Salz
- 2 Knoblauchzehen, durchgepresst
- 3 EL Zitronensaft
- 3 EL Olivenöl

Zum Braten
- 30 g Butter
- 100 g Speckwürfel
- 2 Tomaten, halbiert
- 2 EL geriebener Käse
- 20 g Butterflöckchen

1 Den Fisch kalt abspülen, mit Küchenpapier trocken tupfen. Am Rücken auf beiden Seiten im Abstand von 3 cm tief einschneiden. Mit Salz und Pfeffer würzen, innen mit Senf bestreichen.

2 Für die Kräutermischung alle Zutaten verrühren. Den Ofen auf 200 °C/Umluft 180 °C vorheizen.

3 In einer ausreichend großen, feuerfesten Form die Butter zerlassen. Den Fisch in die Form legen, die Einschnitte auf der oberen Seite mit der Kräutermischung füllen, den Fisch wenden und die Einschnitte auf der anderen Seite ebenso füllen.

4 Die Speckwürfel in einer kleinen Pfanne ausbraten, das Speckfett über den Fisch träufeln, die Speckwürfel beiseitestellen. Die Tomatenhälften neben den Fisch setzen, mit dem Käse bestreuen und mit den Butterflöckchen belegen.

5 Den Fisch locker mit Alufolie bedecken und etwa 40 Minuten im Ofen braten. Die Folie abnehmen, die Speckwürfel auf dem Fisch verteilen und einige Minuten offen garen. Den Fisch in der Form servieren.

Gebratene Forelle mit Spinatfüllung

Oder Saibling, Renke.

Für diese Zubereitung werden die Fische durch den Rücken entgrätet und ausgenommen, damit der Bauch unverletzt bleibt. So kann der Fisch besonders viel Füllung aufnehmen. Wie man Fische durch den Rücken entgrätet, ist auf Seite 17 beschrieben. Am besten bitten Sie den Fischhändler, Ihnen die Fische vorzubereiten.

- **4 Forellen, je 350 g, oder 2 Lachsforellen, durch den Rücken ausgenommen und entgrätet**
- **Salz, Pfeffer, Zitronensaft**

Spinatfüllung

- **500 g Spinat (oder 1 Paket TK-Blattspinat)**
- **30 g Butter**
- **Salz, Pfeffer**
- **frisch geriebene Muskatnuss**
- **1 TL Zitronensaft**
- **1 Ei**
- **1 EL geriebener Parmesan**
- **etwa 2 EL Semmelbrösel**

Zum Braten

- **40 g Butter**
- **1 Schalotte, gewürfelt**
- **30 g Butterflöckchen**
- **125 ml trockener Weißwein**
- **2 EL Crème fraîche**

1 Die Forellen kalt abspülen, mit Küchenpapier trocken tupfen. Innen und außen mit Salz, Pfeffer und Zitronensaft würzen.

2 Für die Füllung den Spinat 2 Minuten in kochendem Salzwasser blanchieren, abgießen, sofort kalt überbrausen, abtropfen lassen (TK-Spinat auftauen lassen, mit den Händen ausdrücken, evtl. grob hacken). In einem Topf die Butter zerlassen und den Spinat darin kurz andünsten, vom Herd nehmen. Mit Salz, Pfeffer, Muskatnuss und Zitronensaft würzen. Das Ei, den Parmesan und so viel Semmelbrösel daruntermischen, dass die Masse geschmeidig gebunden ist. In die Forellen füllen und diese über der Füllung schließen (bei Bedarf binden). Den Ofen auf 200 °C/Umluft 180 °C vorheizen.

3 Zum Braten in einer Auflaufform die Butter zerlassen, mit den Schalotten ausstreuen und auf dem Herd leicht anschwitzen. Die gefüllten Forellen mit dem Bauch nach unten in die Form setzen, die Butterflöckchen auf der Füllung verteilen. Seitlich den Wein angießen. Die Fische mit Alufolie locker abdecken. Im Ofen etwa 35 Minuten garen. 5 Minuten vor beendeter Garzeit die Alufolie abnehmen, auf jeden Fisch 1 TL Crème fraîche geben und offen fertig braten.

4 Die Forellen in der Form servieren. Oder auf vorgewärmten Tellern anrichten, den Bratensaft im Saucentopf aufkochen und über die Fische träufeln.

Gebratene Forelle mit Spinatfüllung

Wolfsbarsch ganz einfach

Der Wolfsbarsch (Loup de mer) ist ein prachtvoller Fisch mit magerem, festem Fleisch und wenig Gräten. Bei diesem Schnellrezept bleibt sein feiner Eigengeschmack voll erhalten – ein Genuss!

- **2 Wolfsbarsche, je 500 g, küchenfertig**
- **Salz**
- **einige Petersilienstängel**

Zum Braten

- **2 EL Olivenöl, 125 ml Wein**
- **1 EL Pinienkerne, 6 Oliven**

1 Die Wolfsbarsche kalt abspülen, mit Küchenpapier trocken tupfen. Die Fische salzen, Petersilienstängel in den Fischbauch legen. Den Ofen auf 220 °C/ Umluft 200 °C vorheizen.

2 Zum Braten die Wolfsbarsche in eine flache, feuerfeste Form oder die Fettpfanne des Ofens legen. Die Fische innen und außen mit dem Olivenöl und etwas Wein beträufeln, den restlichen Wein seitlich in die Form gießen. Die Pinienkerne und die Oliven in der Form verteilen. Die Form in den Ofen schieben und die Fische etwa 30 Minuten braten.

3 Die Fische tranchieren – am besten bei Tisch, denn ein Wolfsbarsch sieht prächtig aus –, auf vorgewärmten Tellern mit den Pinienkernen und den Oliven anrichten. Servieren Sie Weißbrot und Salat dazu.

Makrele mit Knoblauch-Salbei-Paste

Makrele mit Knoblauch-Salbei-Paste

- **2 mittelgroße Makrelen, je etwa 500 g, küchenfertig**
- **Zitronensaft**

Knoblauch-Salbei-Paste

- **1 Salbeizweig, die Blätter abgezupft**
- **3 Knoblauchzehen**
- **Salz**
- **1 EL grüner Pfeffer (aus dem Glas)**
- **2 EL Öl**

Außerdem

- **100 ml trockener Weißwein für die Form**

1 Die Makrelen kalt abspülen, mit Küchenpapier trocken tupfen. Innen und außen mit Zitronensaft einreiben.

2 Für die Paste die Salbeiblättchen und die Knoblauchzehen grob schneiden. Im Mörser mit Salz und dem grünen Pfeffer verreiben und mit dem Öl zu einer Paste rühren. Die Makrelen innen und außen damit einstreichen. In Frischhaltefolie wickeln und im Kühlschrank etwa 1 Stunde einwirken lassen.

3 Den Ofen auf 200 °C/Umluft 180 °C vorheizen. Den Wein in eine feuerfeste Form gießen. Die Makrelen aus der Folie nehmen, in die Form legen und 30 Minuten braten; einmal wenden.

Schellfisch auf Lauchgemüse

Ein unkompliziertes, preiswertes Gericht, das sich auch für Gäste eignet. Tranchieren Sie den Fisch bei Tisch und tragen Sie den Abfallteller mit Haut und Gräten gleich wieder ab.

- **1 Schellfisch ohne Kopf von 1–1,2 kg, küchenfertig**
- **Salz, Pfeffer**
- **Zitronensaft**
- **20 g Butterflöckchen**
- **125 ml trockener Weißwein**

Lauchgemüse

- **30 g Butter**
- **1 Knoblauchzehe, gewürfelt**
- **300 g Lauch, in Ringe geschnitten**
- **2 gelbe Paprikaschoten, Stielansatz, Samen und Scheidewände entfernt, in Streifen geschnitten**
- **400 g vorwiegend festkochende Kartoffeln, gekocht, gepellt und in Scheiben geschnitten**
- **Salz, Pfeffer**

1 Den Fisch innen und außen kalt abspülen, abtropfen lassen, mit Küchenpapier trocken tupfen. Mit Salz und Pfeffer würzen, innen mit Zitronensaft beträufeln. Den Ofen auf 200 °C/ Umluft 180 °C vorheizen.

2 Für das Lauchgemüse in einer feuerfesten Form auf dem Herd die Butter zerlassen und den Knoblauch darin farblos anschwitzen. Den Lauch und die Paprikaschoten zugeben und 5 Minuten dünsten. Die Kartoffelscheiben auf dem Gemüse verteilen, mit Salz und Pfeffer würzen.

3 Den Fisch auf das Gemüse legen oder stellen, mit Butterflöckchen belegen und seitlich den Wein angießen. Das Ganze locker mit Alufolie abdecken. Den Fisch im Ofen in etwa 40 Minuten garen. Er ist gar, wenn sich die Rückenflosse leicht herausziehen lässt.

4 Etwa 10 Minuten vor beendeter Garzeit die Alufolie abnehmen, damit der Fisch noch etwas Farbe bekommt. In der Form servieren und bei Tisch tranchieren.

Renke, in Butter gebraten

Oder Saibling, Forelle.

Fisch Müllerinart, aber auf die andere Art. Der Vorteil ist, dass Sie alle Fische vorbereitet in die Form legen und im Ofen garen können.

- **4 Renken, küchenfertig**
- **Salz, Pfeffer**
- **Zitronensaft**
- **1 Bund Petersilie, fein geschnitten**
- **4 EL Öl**
- **Mehl zum Besieben (am besten doppelgriffiges)**

Zum Braten und Anrichten

- **100 g Butter**
- **4 Zitronenhälften**

1 Die Renken unter fließendem Wasser abspülen, mit Küchenpapier abtrocknen. Innen und außen mit Salz, Pfeffer und Zitronensaft würzen, innen mit der Hälfte der Petersilie ausstreuen. Die Fische rundum einölen und mit Mehl besieben. Den Ofen auf 200 °C/Umluft 180 °C vorheizen.

2 Zum Braten die Butter in einer feuerfesten Form oder der Fettpfanne des Ofens zerlassen, die Fische in der Butter wenden und Kopf an Schwanz hineinlegen. Im Ofen etwa 30 Minuten braten; zwischendurch mit der Bratbutter begießen. Die Fische einmal umdrehen, damit beide Seiten schön braun werden.

3 Die gebratenen Renken mit der restlichen Petersilie bestreuen und mit den halbierten Zitronen servieren.

Gebratener Aal

- **1 Aal von 750 g–1 kg, küchenfertig, enthäutet**
- **Salz**

Zum Braten

- **30 g Butter**
- **2 Schalotten, gewürfelt**
- **2 EL fein geschnittene Petersilie**
- **1 Zitrone, geschält, in Scheiben geschnitten**
- **2 Lorbeerblätter**
- **30 g Butterflöckchen**
- **100 ml trockener Weißwein**

1 Den Aal kalt abspülen, mit Küchenpapier trocken tupfen. Den Fisch in fingerlange Stücke schneiden und salzen. Den Ofen auf 200 °C/Umluft 180 °C vorheizen.

2 Zum Braten die Butter in einer feuerfesten Form zerlassen und mit der Hälfte der Schalotten und Petersilie ausstreuen. Die Fischstücke in der Butter wenden und nebeneinander in die Form legen, dabei zwischen die Aalstücke je eine halbierte Zitronenscheibe und ein Stückchen Lorbeerblatt klemmen. Die restlichen Schalotten mit der Petersilie über den Fisch streuen und mit den Butterflöckchen belegen. Seitlich den Wein angießen.

3 Die Form locker mit Alufolie abdecken und den Aal im Ofen etwa 20 Minuten braten. Nach 10 Minuten die Alufolie abnehmen, den Fisch mit der Bratflüssigkeit begießen und offen fertig braten. Den Aal in der Form servieren.

Schellfisch auf ▶ Lauchgemüse

Red Snapper mit Gemüse

Oder Dorade, Seehecht, Schellfisch.

- **2 Red Snapper, je etwa 750 g, küchenfertig**
- **Salz, Pfeffer**
- **Kräuterzweige (Thymian, Rosmarin, Petersilie)**
- **2 Knoblauchzehen, angedrückt**

Gemüse

- **3 EL Olivenöl**
- **100 g Austernpilze, in Streifen geschnitten**
- **1 gelbe Paprikaschote, Stielansatz, Samen und Scheidewände entfernt, in Streifen geschnitten**
- **1 Zucchini, in Streifen geschnitten**
- **3 Grillzwiebelchen (Schaschlikzwiebeln), geschält und geviertelt**
- **1 große Fleischtomate, enthäutet, Stielansatz und Samen entfernt, in Würfel geschnitten**
- **Salz, Pfeffer**

Zum Braten

- **Kräuter zum Bestreuen**
- **3 EL Öl**
- **100 ml Fischfond (Seite 204 oder Glas), ersatzweise Hühnerbrühe**

1 Die Fische innen und außen waschen, mit Küchenpapier trocken tupfen. Mit einem scharfen Messer am Rücken auf beiden Seiten einschneiden (ziselieren). Innen und außen salzen und pfeffern. Die Kräuterzweige zusammen mit dem Knoblauch in die Bauchhöhle drücken. Den Ofen auf 200 °C/Umluft 180 °C vorheizen.

2 Für das Gemüse in einer großen Pfanne das Olivenöl erhitzen, das Gemüse darin anschwitzen, salzen und pfeffern. Etwa 4 Minuten garen. In eine große Form oder in die Fettpfanne des Ofens füllen.

3 Zum Braten die Fische auf das Gemüsebett legen, mit den Kräutern bestreuen und das Öl darüberträufeln. Im Ofen etwa 30 Minuten braten. Nach 5 Minuten seitlich den Fischfond angießen, die Fische zwischendurch mit dem heißen Fond begießen. In der Form servieren und bei Tisch tranchieren.

Red Snapper mit Gemüse

Red Snapper mit scharfer roter Sauce

Oder Wolfsbarsch.

Das Rezept kommt aus Mexiko und wird dort sehr scharf zubereitet. Für empfindliche Gaumen nehmen Sie weniger Chili.

- **1 Red Snapper von etwa 1,5 kg, küchenfertig**

Marinade

- **2 EL Zitronensaft**
- **Salz, Pfeffer**
- **frisch geriebene Muskatnuss**
- **1 Knoblauchzehe, zerdrückt**

Tomatensauce

- **100 ml Öl**
- **1 weiße Zwiebel, gewürfelt**
- **2 Knoblauchzehen, in Scheiben geschnitten**
- **1 Packung Tomaten in Stücken (360 g)**
- **1 Lorbeerblatt**
- **2 rote Chilis, Stielansatz und Samen entfernt, in Ringe geschnitten**
- **4 eingelegte Peperoni (Glas)**
- **2 TL Kapern**
- **10 grüne Oliven**
- **1 TL getrockneter Oregano**
- **Salz, Pfeffer, 1 Prise Zucker**

1 Den Fisch innen und außen kalt abspülen, mit Küchenpapier trocken tupfen. Mit einem scharfen Messer auf beiden Seiten schräge Einschnitte anbringen (ziselieren), damit der Fisch gleichmäßig gar wird. Den Fisch auf Frischhaltefolie legen.

2 Für die Marinade alle Zutaten vermischen und über den Fisch träufeln. Den Fisch in die Folie einwickeln und im Kühlschrank 30–60 Minuten durchziehen lassen.

3 Für die Tomatensauce das Öl im Saucentopf erhitzen und die Zwiebel mit dem Knoblauch hell anschwitzen. Die Tomaten einrühren, das Lorbeerblatt, die Chiliringe, die Peperoni, Kapern und Oliven zugeben. Mit Oregano, Salz, Pfeffer und einer Prise Zucker würzen. Bei mäßiger Hitze 5–10 Minuten köcheln lassen, damit sich die Aromen verbinden. Den Ofen auf 200 °C/Umluft 180 °C vorheizen.

4 Den Fisch aus der Folie nehmen und in eine feuerfeste Form legen. Die Tomatensauce über dem Fisch verteilen; im Ofen etwa 40 Minuten braten. Der Fisch ist gar, wenn sich die Rückenflosse herausziehen lässt. Tranchieren Sie den attraktiven Fisch bei Tisch. Als Beilage passen Reis oder Süßkartoffeln.

Fisch in der Salzkruste

Fisch in der Salzkruste

Umhüllt von grobem Salz, gart der Fisch im eigenen Saft und kann sein feines Aroma voll entwickeln. Kräuterstängel im Fischbauch zum Würzen, das ist alles.
Sie können sowohl einen großen Fisch für 4 und mehr Personen als auch kleinere Fische garen. Kleinere Fische legt man nebeneinander auf das Salzbett und packt sie zusammen ein wie einen großen Fisch. Die Garzeit ist dann nur geringfügig kürzer. Geeignet sind alle frischen Fluss- und Meeresfische.

- **1 Lachsforelle von 1–1,2 kg, küchenfertig, am besten durch die Kiemen ausgenommen**
- **einige Petersilienstängel oder Dillzweige**
- **1 1/2–2 kg grobes Salz**
- **etwa 2 Tassen kaltes Wasser**

1 Den Fisch unter fließendem Wasser gründlich ausspülen. Petersilienstängel oder Dillzweige in den Bauch stecken. Den Ofen auf 220 °C/Umluft 200 °C vorheizen.

2 Die Fettpfanne oder eine Bratform in der Größe des Fisches mit Backpapier oder Alufolie auslegen. Die Hälfte des Salzes in die Mitte ausstreuen und mit Wasser befeuchten. Den Fisch auf das Salzbett legen und mit dem restlichen Salz bedecken. Ebenfalls anfeuchten und den Fisch vollständig mit dem angefeuchteten Salz umhüllen; es darf kein Riss im Salzmantel sein. Den Fisch im Ofen 20–25 Minuten garen. Dabei wird die Salzkruste hart und fest.

3 Den Fisch aus dem Ofen nehmen, die obere Salzkruste mit einem Löffel am Rand entlang aufbrechen und entfernen. Den Fisch im Salzbett tranchieren und servieren. Achten Sie darauf, die Salzkörner möglichst fernzuhalten.

Hinweise

- Gut ist es, wenn der Fisch durch die Kiemen ausgenommen wird (siehe Seite 16 oder Fischhändler), denn dann gelangt nichts vom Salz in den Fischbauch. Achten Sie ansonsten darauf, dass die Bauchlappen gut schließen.
- Eine Mischung aus Salz und Wasser wie in diesem Rezept (mit einer Konsistenz wie feuchter Sand) ergibt eine ausreichend feste Salzkruste. Oft wird eine Mischung aus Salz und Eiweiß empfohlen. Zum Aufbrechen dieser steinharten Kruste müssen Sie dann zum Werkzeugkasten eilen …

Dorade auf Tomaten

Verwenden Sie geschälte Tomaten aus der Dose, wenn Sie gerade keine aromatischen frischen Tomaten auf dem Markt bekommen.

- **2 Doraden, je 600 g, küchenfertig**
- **Salz, Pfeffer**
- **Zitronensaft**

Zum Braten

- **2 + 2 EL Olivenöl**
- **2 Schalotten, in dünne Scheiben geschnitten**
- **1 Knoblauchzehe, in dünne Scheiben geschnitten**
- **500 g Tomaten, enthäutet, halbiert, Stielansatz entfernt**
- **Salz (Meersalz), Pfeffer**
- **1/2 Bund Basilikum, die Blättchen abgezupft**
- **1 Stück Ingwerwurzel, klein gewürfelt (nach Belieben)**
- **1 Schuss trockener Weißwein**

Kräuterbrösel

- **2 EL gehackte Petersilie**
- **3 EL Semmelbrösel, 2 EL Olivenöl**

1 Die Doraden kalt abspülen, mit Küchenpapier trocken tupfen. Innen und außen mit Salz und Pfeffer würzen und mit Zitronensaft beträufeln. Den Ofen auf 200 °C/Umluft 180 °C vorheizen.

2 In einer großen, feuerfesten Form auf dem Herd 2 EL Öl erhitzen, die Schalotten- und Knoblauchscheiben darin anschwitzen. Die Tomatenhälften darauflegen, mit Salz und Pfeffer würzen, die Basilikumblättchen und nach Belieben die Ingwerwürfel darüberstreuen. Einen Schuss Wein angießen. Die Fische auf das Tomatenbett legen und mit dem restlichen Öl beträufeln. Die Form in den Ofen schieben und die Fische etwa 30 Minuten braten; einmal wenden.

3 Für die Kräuterbrösel alle Zutaten in einer Schüssel vermischen.

4 Die Form aus dem Ofen nehmen, den Grill einschalten (mittlere bis starke Hitze). Die Kräuterbrösel auf den Fischen verteilen und die Fische auf der mittleren Schiene noch etwa 2 Minuten übergrillen. Dazu passt Baguette.

Dorade auf Tomaten

Dorade nach katalanischer Art

Der Name Dorade (span. Dorada) oder Goldbrassen kommt von dem sichelförmigen Goldband auf der Stirn und je einem goldenen Punkt auf den Wangen. Der große, edle Meeresfisch wird meist gebraten, in Katalonien traditionell zusammen mit Zwiebeln und Kartoffeln. Im Handel gibt es auch preiswertere Doraden aus Aquakulturen mit einem Gewicht von 400–800 g. Ihr Fleisch ist jedoch nicht so kernig wie das der gefangenen Meeresfische.

- **1 Dorade von 1,2 kg**
- **Salz, Pfeffer**
- **einige Petersilienstängel**
- **1 Zitrone, längs halbiert und in Scheiben geschnitten**

Zum Braten

- **4 + 2 EL Olivenöl**
- **1–2 Zwiebeln, in Streifen geschnitten**
- **600 g vorwiegend festkochende Kartoffeln, geschält und in dünne Scheiben geschnitten**

Picada

- **2 Knoblauchzehen, geschält**
- **4 Mandeln**
- **8 Pfefferkörner**
- **1/2 Bund Petersilie, die Blättchen abgezupft**
- **Salz**
- **2–3 vollreife Tomaten, enthäutet, geviertelt, Stielansatz entfernt**

1 Den Fisch waschen, mit Küchenpapier trocken tupfen. Am Rücken auf beiden Seiten mehrmals einschneiden (ziselieren), damit das Fischfleisch gleichmäßig gar wird. Den Fisch innen und außen salzen und pfeffern, die Petersilie in den Bauch stecken. In die Einschnitte je eine halbe Zitronenscheibe stecken. Den Ofen auf 200 °C/Umluft 180 °C vorheizen.

2 Zum Braten 4 EL Öl im Bräter auf der Herdplatte erhitzen, die Zwiebeln und die Kartoffeln darin gut anbraten, leicht salzen, zur Seite schieben. Den Fisch in den Bräter legen und mit dem restlichen Öl beträufeln.

3 Für die Picada den Knoblauch, die Mandeln, die Pfefferkörner und die Petersilie mit etwas Salz im Mörser zerstoßen, mit den Tomaten zu einer sämigen Masse verreiben.

4 Den Fisch mit der Picada bestreichen, in den Ofen schieben und braten. Die Garzeit beträgt etwa 40 Minuten, kleinere Fische können schon nach 30 Minuten gar sein; der Fisch ist gar, wenn sich die Rückenflosse leicht herausziehen lässt. Man zerlegt den Fisch bei Tisch im Bräter und verteilt das Fischfleisch mit den Kartoffeln auf vorgewärmte Teller.

1 Die trocken getupften Fische auf beiden Seiten rautenförmig einschneiden.

2 Die Fische innen und außen mit der Honigglasur bestreichen.

3 Auf dem Grillrost im Ofen braten; nach dem Wenden erneut mit der Glasur bestreichen.

Meerbrassen mit Honigglasur

- **4 Meerbrassen, je 300–400 g, küchenfertig**
- **Salz, Sichuanpfeffer (oder schwarzer Pfeffer)**

Glasur

- **1 EL in Sirup eingelegter, fein gehackter Ingwer**
- **1 Stückchen Ingwerwurzel, fein gehackt**
- **1 EL Akazienhonig**
- **1 TL abgeriebene Zitronenschale**
- **3 EL Reisessig (oder Weißweinessig)**
- **1/2 TL Chiliöl**
- **2 EL Erdnuss- oder Sesamöl**

Zum Garnieren

- **2 Frühlingszwiebeln, in 3 cm lange Stücke geschnitten, an beiden Enden zweimal eingeschnitten und in kaltes Wasser gelegt**
- **1 EL Koriandergrün, fein geschnitten**
- **4 Limettenscheiben**

1 Die Brassen innen und außen waschen, mit Küchenpapier trocken tupfen. Mit einem scharfen Messer auf beiden Seiten rautenförmig einschneiden. Innen und außen mit Salz und Pfeffer würzen. Den Ofen auf 200 °C/Umluft 180 °C vorheizen.

2 Für die Glasur alle Zutaten verrühren. Die Fische innen und außen damit bestreichen.

3 Die Brassen auf den Grillrost legen, die Fettpfanne des Ofens darunter, und etwa 20 Minuten im Ofen braten. Einmal wenden und dabei erneut mit der Glasur bestreichen

4 Die Fische auf vorgewärmten Tellern anrichten. Mit den Frühlingszwiebeln, die inzwischen blütenartig aufgegangen sind, dem Koriander und den Limettenscheiben garnieren.

Ganzer Fisch, gegrillt

Siehe Grundlagen der Fischküche, Seite 26.

Das Rösten von Fleisch und Fisch über der offenen Glut ist die älteste Garmethode. Fleisch oder Fisch wurden auf einen Spieß gesteckt und über der Glut gedreht. Die Geräte haben sich im Laufe der Zeit dem Stand der Technik entsprechend fortentwickelt.

Beim **Grillen auf dem Holzkohlengrill** ist Geduld wichtig. Erst wenn die Holzkohle nicht mehr lodert, sondern von einer weißen Ascheschicht überzogen ist, kommt das Grillgut auf den Rost; Rost und Fisch werden vorher geölt. Für Portionsfische gibt es praktische Wenderoste; ganze Fische sowie Fischstücke kann man auch gut in Alufolie grillen oder in eine Alu-Grillschale legen.

Beim **Grillen im Ofen** kommt der Fisch in eine feuerfeste Form oder in die Fettpfanne des Ofens. Mittlere Einschubleiste und mittlere bis starke Hitze sind meistens richtig. Das Geheimnis perfekt gegrillten Fisches liegt nämlich im Abstand zur Hitzequelle: Je größer und schwerer der Fisch, umso größer muss der Abstand sein.

Gegrillte Makrelen mit kanarischen Kartoffeln

Makrelen sind beliebte Fische zum Grillen im Freien. Achten Sie auf sanfte Glut. Wird der Fisch nämlich zu rasch starker Hitze ausgesetzt, bildet sich eine trockene Außenschicht, die jedes weitere Eindringen der Hitze verhindert. Erfahrungsgemäß braucht der Fisch nach dem Umdrehen auf der zweiten Seite etwas kürzere Garzeit. Man muss es erfühlen, wann der Fisch gar ist. Die Vorbereitung ist dieselbe wie im beschriebenen Rezept. Ein Leckerbissen dazu sind die salzigen, runzeligen Kartoffeln, die man an der Küste der Kanarischen Inseln in Meerwasser kocht.

- **4 Makrelen, je etwa 350 g**
- **Öl für den Rost**

Marinade

- **6 EL Olivenöl**
- **1 Knoblauchzehe, gewürfelt**
- **je 1 EL Oregano und Petersilie, fein geschnitten**
- **Salz, grob gemahlener Pfeffer**
- **Saft und Zesten von 1 Zitrone**

Kanarische Kartoffeln

- **1 kg sehr kleine, festkochende Kartoffeln (Drillinge)**
- **200 g grobes Meersalz**

1 Die Fische innen und außen unter fließendem Wasser waschen, mit Küchenpapier trocken tupfen. Alle Zutaten für die Marinade vermischen und die Makrelen darin wenden. Zugedeckt mindestens 30 Minuten kühl gestellt marinieren.

2 Den Grill einschalten (mittlere Hitze), den Grillrost mit Öl bestreichen. Die Fische aus der Marinade nehmen, mit Küchenpapier leicht abtupfen und auf den Rost legen. Im Ofen unter dem vorgeheizten Grill auf jeder Seite etwa 6 Minuten grillen; beim Wenden mit der Marinade bestreichen.

3 Parallel dazu die Kartoffeln gründlich waschen, auf keinen Fall schälen. Die Kartoffeln wie gewohnt in Wasser und dem Meersalz in etwa 30 Minuten weich kochen. Das Kochwasser abgießen. Die Kartoffeln ohne Deckel auf der ausgeschalteten Herdplatte abdämpfen lassen und dabei den Topf immer wieder rütteln, bis die Kartoffeln runzelig geworden und mit einer weißen Haut überzogen sind.

Gegrillte Makrelen

Steckerlfisch

Steckerlfische sind eine Spezialität des Münchner Oktoberfestes. Wer einmal bei der »Fischer Vroni« vor der langen Reihe aufgespießter, bratender Steckerlfische gestanden hat, wird ihren intensiv-würzigen Geruch nicht mehr vergessen. Und gut schmecken sie auch. Darum sollte man sich das Vergnügen gönnen, einmal selbst Steckerlfisch über offenem Feuer zu grillen.

Die Fische werden wie üblich geschuppt, ausgenommen, geputzt und gewaschen. Man bestreut sie mit Salz und steckt sie an möglichst grüne und nicht zu dünne Haselnussstöcke, die man sich in der entsprechenden Länge vom nächsten Strauch holt. Man entfacht ein gutes Feuer und hält, wenn das Feuer nicht mehr zu hoch brennt, sondern als kräftiges Glutbett wabert, die aufgespießten Fische darüber. Man kann die Stöcke auch schräg in die Erde über die Glut stecken, muss sie dann aber gelegentlich wenden. Die Fische werden mehrmals mit Salzwasser beträufelt, damit sie nicht verbrennen und gleichzeitig etwas Würze bekommen. Das Braten am »Steckerl« ist Übungssache und sollte mit weniger wertvollen und kleineren Fischen zunächst erprobt werden. Gleichzeitig kann man in der Asche Kartoffeln mitbraten.

Zum Braten über der offenen Glut sind fette Fische besonders gut geeignet, also grüner Hering und Makrele, aber auch Forelle, Lachsforelle, Renke. Vor allem bei größeren Fischen darauf achten, dass sie anfangs nicht zu stark, sondern bei zunehmender Hitze allmählich gegart werden. Bei zu starker Anfangshitze bildet sich außen eine verkrustete Schutzschicht; sie lässt keine Hitze mehr durch, der Fisch würde also nicht garen.

Steckerlfisch

Gegrillte Dorade

Das Angebot an Doraden ist groß, vor allem, seit die Fische aus Aquakulturen auf dem Markt sind. Mit ihrem eher flachen Körper ist die Dorade ein feiner Fisch zum Grillen. Gern wird sie mit einer Zitronen-Ölsauce oder der knofeligen Aioli serviert (siehe Saucenkapitel, Seite 209 und 210).

- **4 Doraden, je 400 g, küchenfertig**
- **5 + 1 EL Öl**
- **Salz, Pfeffer**
- **2 Knoblauchzehen, durchgepresst**
- **fein geschnittene Petersilie**

1 Die Fische kalt abspülen, mit Küchenpapier trocken tupfen. 5 EL Öl mit Salz, Pfeffer, dem Knoblauch und der Petersilie verrühren, die Doraden innen und außen damit bestreichen.

2 Den Ofengrill einschalten, mittlere Hitze. Den Grillrost mit dem restlichen Esslöffel Öl bestreichen oder mit Alufolie auslegen. Die gewürzten Fische auf den Grillrost legen und auf der mittleren Schiene 10–12 Minuten grillen; einmal wenden.

Gegrillte Seezunge

- **4 Seezungen, je 350 g**
- **Öl für den Rost**
- **Salz**

Marinade

- **4 EL Zitronensaft**
- **Pfeffer**
- **fein geschnittene Petersilie und Zitronenmelisse**
- **6 EL Öl**

1 Von den Seezungen die dunkle Haut der Augenseite abziehen (Seite 18), den Kopf entfernen, den Schwanz stutzen und den Flossensaum abschneiden. Die Fische kalt abspülen, mit Küchenpapier trocken tupfen.

2 Für die Marinade alle Zutaten verrühren. Die Seezungen einzeln auf Frischhaltefolie legen und beide Seiten mit der Marinade beträufeln. Die Fische in die Folie wickeln und 30 Minuten im Kühlschrank marinieren. Den Grill vorheizen, mittlere Hitze.

3 Den Rost ölen. Die Fische aus der Folie nehmen, salzen, auf den Rost legen und 8–10 Minuten auf der mittleren Schiene grillen; einmal wenden.

Gegrillter Red Snapper mit Selleriepüree

Oder Wolfsbarsch, Dorade.

Der in den USA besonders beliebte Fisch wird auch bei uns unter seinem englischen Namen gehandelt. Er eignet sich für alle Garmethoden, besonders gern wird er gegrillt.

- **2 Red Snapper, je 500 g, küchenfertig**
- **frische Petersilie**
- **Öl für den Rost**

Marinade

- **3 EL Limetten- oder Zitronensaft**
- **2 EL helle Sojasauce**
- **2 EL Tomatenmark**
- **4 EL Sesam- oder Erdnussöl**
- **2 Knoblauchzehen, fein gehackt**
- **1 TL getrockneter Oregano**
- **Salz**
- **1/2 TL Pfefferkörner (nach Belieben bunte), zerdrückt**
- **1 Messerspitze Cayennepfeffer**

Selleriepüree

- **150 g Sahne**
- **Salz**
- **250 g Knollensellerie, geschält, in kleine Würfel geschnitten**
- **Pfeffer**
- **2 TL Zitronensaft**
- **20 g Butter**

1 Die Fische innen und außen kalt abspülen, mit Küchenpapier trocken tupfen. Auf beiden Seiten am Rücken einige Male einschneiden (ziselieren). Einige Petersilienstängel in die Bauchhöhlen der Fische stecken.

2 Für die Marinade alle Zutaten vermischen. Für jeden Fisch Frischhaltefolie in ausreichender Größe zum Einwickeln abschneiden. Die Fische auf die Folien legen, mit der Marinade bestreichen und einpacken. 30 Minuten kalt gestellt marinieren.

3 Für das Selleriepüree die Sahne erhitzen und salzen. Die Selleriewürfel zugeben und in etwa 10 Minuten weich kochen. Mit Salz, Pfeffer und dem Zitronensaft abschmecken. Die Butter erhitzen, braun aufschäumen lassen und zugeben. Mit dem Stabmixer pürieren.

4 Den Ofengrill vorheizen (mittlere Hitze). Die Fische aus den Folien nehmen und auf den geölten Grillrost legen, die Fettpfanne darunter. Im Ofen auf der mittleren Schiene auf jeder Seite etwa 8 Minuten grillen. Die Fische anrichten und mit Petersilienblättchen garnieren.

Gegrillter Red Snapper ▶

Ganzer Fisch in der Folie

Siehe Grundlagen der Fischküche, Seite 27.

Portionsfisch in Alufolie

Forelle, Saibling, Renke (Felchen), Rotbarbe.

Es spielt keine Rolle, welche Seite der Alufolie nach innen oder außen kommt. Schneiden Sie die Folie für jeden Fisch in ausreichender Größe zu und schlagen Sie den Fisch locker ein, damit sich der aufsteigende Dampf ausbreiten kann. Die Ränder dagegen müssen exakt gefaltet werden, damit der gehaltvolle Saft nicht ausläuft.

Hinweis
Für das Garen in Alufolie eignet sich fast jede Hitzequelle: der Ofen mit Ober-/Unterhitze, Heißluft oder Umluftgrill, der Grill im Ofen oder der Gartengrill mit Holzkohle oder Gas. Die Garzeit ist je nach Garmethode und Größe des Fisches sehr unterschiedlich. Bringen Sie Ihre persönliche Erfahrung ein.

- **4 Portionsfische, je etwa 300 g, küchenfertig**
- **Zitronensaft, Salz, Pfeffer**
- **Öl oder zerlassene Butter für die Folien**

Außerdem

- **4 Petersilien- oder Dillstängel**
- **80 g Butterflöckchen**
- **8 Zitronenscheiben, 4 EL Weißwein**

1 Die Fische rundum kalt abspülen, mit Küchenpapier trocken tupfen. Innen und außen mit Zitronensaft, Salz und Pfeffer würzen. Für jeden Fisch ein Stück Alufolie in ausreichender Größe mit Öl oder Butter bestreichen. Den Ofen auf 220 °C/Umluft 200 °C vorheizen.

2 Die Fische auf die Alufolie legen, die Kräuterstängel und die Hälfte der Butterflöckchen in den Bauch legen. Jeden Fisch mit 2 Zitronenscheiben belegen und die restlichen Butterflöckchen darauf verteilen. Mit dem Wein beträufeln. Die Fische locker in die Folie einschlagen und so falzen, dass kein Saft austreten kann. Die Folienpäckchen auf den Rost legen und die Fische im Ofen in etwa 20 Minuten garen.

3 Die Fische aus der Folie nehmen und auf vorgewärmten Tellern anrichten. Den gehaltvollen Saft aus den Folien über die Fische gießen.

Forelle blau in Alufolie

Oder Saibling, Renke (Felchen), Schleie.

Fassen Sie die Fische nur mit nassen Händen an, damit die Schleimschicht nicht verletzt wird; nicht abtupfen!

- **4 fangfrische Forellen, je 300 g, küchenfertig**
- **Salz**
- **4 Dillzweige**
- **zerlassene Butter für die Folie**

Essigsud

- **1/2 Tasse Essig, 1/2 Tasse Salzwasser**
- **4 Zwiebelscheiben**

Braune Butter

- **120 g Butter**

1 Die Fische innen salzen und je 1 Dillzweig in den Bauch legen, außen nicht würzen. 4 Stück Alufolie in entsprechender Größe zuschneiden, um die Fische einzeln locker einschlagen zu können. Die Folien mit zerlassener Butter bestreichen und die Fische darauflegen.

2 Den Essig mit dem Salzwasser und den Zwiebelscheiben 10 Minuten kochen. Den Ofen auf 220 °C/Umluft 200 °C vorheizen.

3 Einige Esslöffel heißen Sud über die Forellen gießen, bis die Haut gleichmäßig feucht und blau ist. Die Folienpäckchen locker verschließen und so falzen, dass kein Saft austreten kann. Auf den Grillrost legen und die Fische in 20 Minuten im Ofen garen.

4 Für die braune Butter die Butter erhitzen und bei starker Hitze goldbraun (nussbraun) werden lassen.

5 Die Fische aus den Folienpäckchen nehmen und auf vorgewärmten Tellern anrichten. Mit der braunen Butter übergießen. Servieren Sie Salzkartoffeln und Zitronenspalten dazu.

Gefüllte Forelle in Alufolie

- **Öl für die Folien**
- **4 Forellen, je 300 g, küchenfertig**
- **Salz, Pfeffer**
- **fein geschnittene Petersilie für Fisch und Tomaten**

Zum Füllen und Garnieren

- **250 g kleine Tomaten, Stielansatz entfernt, in Scheiben geschnitten**
- **1 Zitrone, geschält und in Scheiben geschnitten**
- **60 + 20 g Butterflöckchen**
- **4 kleine Tomaten, quer halbiert, Stielansatz entfernt**

1 Für jede Forelle ein Stück Alufolie in ausreichender Größe zuschneiden und mit Öl einpinseln. Die Forellen kalt abspülen, mit Küchenpapier trocken tupfen. Innen und außen salzen und pfeffern, innen auch mit Petersilie ausstreuen. Die Fische auf die Alufolie legen. Den Ofen auf 220 °C/Umluft 200 °C vorheizen.

2 Die Forellen mit den Tomatenscheiben und halbierten Zitronenscheiben füllen und 60 g Butterflöckchen im Bauch verteilen. Die Folien gut verschließen. Die Pakete in die Fettpfanne des Ofens legen und die Forellen im Ofen in etwa 20 Minuten garen. In den letzten 5 Minuten die halbierten Tomaten mit der Schnittfläche nach oben neben die Pakete in die Fettpfanne setzen, salzen, pfeffern, mit Petersilie bestreuen und mit den restlichen Butterflöckchen belegen.

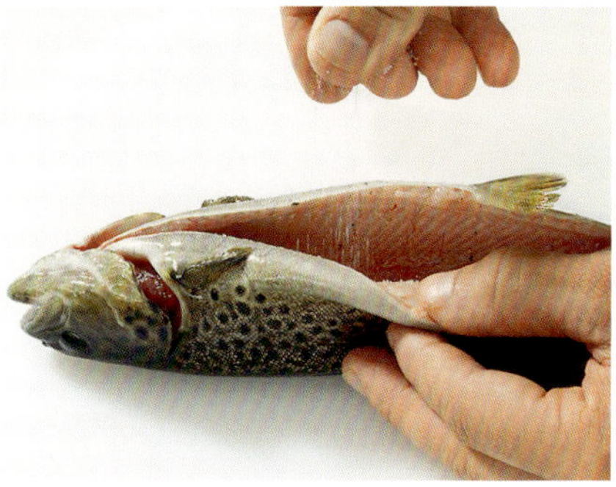

1 Die Forelle salzen und innen auch mit Petersilie ausstreuen.

2 Abwechselnd mit Tomaten- und Zitronenscheiben füllen, mit Butterflöckchen belegen.

3 Die Fische aus den Folienpäckchen nehmen und mit den Tomaten auf Tellern anrichten. Den gehaltvollen Saft aus den Folien über die Fische gießen und servieren.

3 Die Folie über dem Fisch locker verschließen, die Seiten fest falzen.

Großer Fisch in Alufolie

Schellfisch, Red Snapper, Goldbrassen, Wittling (Merlan), Lachs, Lachsforelle.

So können Sie jeden Fisch zubereiten, egal ob im Ganzen mit Kopf oder als angeschnittenes Stück.

- **1 Fisch von etwa 1,2–1,5 kg, küchenfertig**
- **Zitronensaft**
- **Salz, Pfeffer**
- **Öl oder zerlassene Butter für die Folie**

Außerdem

- **80 g Kräuterbutter (Seite 210 oder Fertigprodukt)**
- **4 Ingwerscheiben**
- **4 EL trockener Weißwein**
- **4 Salbeiblätter**

1 Den Fisch rundum kalt abspülen, mit Küchenpapier trocken tupfen. Am Rücken auf beiden Seiten vier- bis fünfmal schräg einschneiden (ziselieren), fast bis zur Mittelgräte. Außen und innen mit Zitronensaft, Salz und Pfeffer würzen.

2 Die Alufolie in entsprechender Größe zuschneiden, sodass man den Fisch locker darin einschlagen kann. Die Alufolie mit Öl oder Butter bestreichen. Den Ofen auf 200 °C/Umluft 180 °C vorheizen.

3 Zum Braten den Fisch auf die Alufolie legen, die Einschnitte sowie die Bauchhöhle mit der Kräuterbutter ausstreichen. Den Ingwer in den Bauch legen, den Fisch mit dem Wein beträufeln und mit den Salbeiblättchen belegen.

4 Den Fisch locker in die Alufolie einschlagen und diese so falzen, dass kein Saft austreten kann. Das Folienpaket in die Fettpfanne des Ofens legen und den Fisch im Ofen in 40–50 Minuten garen.

Kräuterforelle auf Austernpilzen

Ein wunderbar einfaches Rezept: Pilze braten, auf Folie betten, Fische auflegen, reichlich Kräuter und Butter dazu und ab in den Ofen.

- **4 Forellen, je 250–300 g, küchenfertig**
- **Zitronensaft**
- **Salz, Pfeffer**
- **1 Bund gemischte Kräuter (Oregano, Petersilie, Dill)**
- **80 g Butterflöckchen**

Pilze

- **800 g Austernpilze**
- **3 Knoblauchzehen, gewürfelt**
- **4 EL Olivenöl, Salz, Pfeffer**

1 Die Forellen kalt abspülen, mit Küchenpapier trocken tupfen. Mit dem Zitronensaft, Salz und Pfeffer würzen.

2 Die Austernpilze putzen, von den harten Stielen befreien und in feine Streifen schneiden. In einer Schüssel mit dem Knoblauch, dem Öl, Salz und Pfeffer gut vermischen und 10 Minuten marinieren.

3 Die Pilze in einer beschichteten Pfanne ohne zusätzliches Fett kurz, aber bei starker Hitze braten und aus der Pfanne nehmen. Den Ofen auf 220 °C/Umluft 200 °C vorheizen.

4 Für jeden Fisch ein ausreichend großes Stück Alufolie auf die Arbeitsfläche legen. Die Pilze als Bett darauf verteilen, die Forellen auflegen und mit den Kräutern bestreuen. Mit den Butterflöckchen belegen und locker, aber sorgfältig gefalzt, in die Folien einpacken. Die Pakete in die Fettpfanne des Ofens legen und die Fische in etwa 20 Minuten im Ofen garen.

5 Die Forellen aus der Folie nehmen und mit den Austernpilzen auf Tellern anrichten. Salzkartoffeln und einen gemischten Blattsalat dazu servieren.

Fisch aus der Bratfolie

Schellfisch, Kabeljau, Goldbarsch, Dorade, Lachs.

Das Garen in Bratfolie ist vor allem für größere Fische oder Fischstücke vorteilhaft. Die Spezialfolie bläht sich in der Hitze des Backofens auf. In dieser schützenden Blase gart der Fisch vollkommen gleichmäßig, die Geschmacksstoffe von Fisch und Zutaten bleiben voll erhalten.

- **1,2–1,5 kg Fisch, küchenfertig**
- **Zitronensaft**
- **Salz, Pfeffer**
- **40 g Kräuterbutter (Seite 210 oder Fertigprodukt)**

Zum Füllen des Bratschlauchs

- **1 Möhre, in Scheiben geschnitten**
- **3 Frühlingszwiebeln**
- **4 Scheibchen Ingwer, geschält**
- **3 Schalotten, halbiert**
- **4 Petersilienstängel**
- **1 Lorbeerblatt**
- **3 Wacholderbeeren**
- **1 TL Pfefferkörner**
- **40 g Butterflöckchen**

1 Den Fisch kalt abspülen, mit Küchenpapier trocken tupfen. Innen und außen mit Zitronensaft, Salz und Pfeffer würzen, innen mit Kräuterbutter ausstreichen. Den Ofen auf 200 °C/Umluft 180 °C vorheizen.

2 Vom Bratfolienschlauch ein Stück in der doppelten Länge des Fisches abschneiden und eine Seite verschließen (nach Packungsanweisung). Alle Zutaten gleichmäßig in dem Bratschlauch verteilen. Den Fisch auf das Gemüsebett in die Folie legen. Den Folienschlauch verschließen und nur die Oberseite mehrmals mit einer Nadel einstechen. Das ist wichtig, damit der Dampf entweichen kann und die Folie beim Braten nicht platzt.

3 Das Folienpaket auf den kalten (!) Grillrost legen und in den Ofen schieben; die Folie darf die Wände des Ofens nicht berühren. Den Fisch in etwa 40 Minuten garen. Die Folie öffnen, den Fisch herausnehmen und tranchieren. Mit dem Gemüse auf vorgewärmten Tellern anrichten.

Fisch aus der Bratfolie

Filets, Koteletts,

Tranchen

Ob ein Filet vom Zander (Süßwasserfisch) kommt oder von der Dorade (Meeresfisch) – zubereiten können Sie es auf die gleiche Weise. Achten Sie auf kurze Garzeit, dann bleibt das zarte Fischfleisch schmackhaft und saftig.

Das Rezept für das gegrillte Schwertfischsteak finden Sie auf Seite 110.

Filets, Koteletts, Tranchen, in der Pfanne gebraten

Siehe Grundlagen der Fischküche, Seite 24.

Paniertes Fischfilet

Kabeljau, Goldbarsch, Schellfisch, Seelachs.

Gebackener Fisch schmeckt auch den Kindern. Jeder Fisch ist geeignet. Gern nimmt man Filets der klassischen Konsumfische. Große Filets teilt man in Portionsstücke, das brüchige Fischfleisch lässt sich in der Pfanne dann leichter handhaben. Panierter Fisch muss sofort in die Pfanne, damit die Panade nicht feucht wird. Alternativ können Sie den Fisch auch schwimmend in Fett ausbacken – gut eignet sich dafür die Fritteuse.

- **750 g Fischfilet**
- **Zitronensaft, Salz, Pfeffer**
- **reichlich Pflanzenfett oder Öl zum Braten**
- **Zitronenspalten und krause Petersilie zum Anrichten**

Zum Panieren

- **Mehl (am besten doppelgriffiges)**
- **2 Eier, mit 2 EL Milch oder Sahne verrührt, leicht gesalzen**
- **Semmelbrösel**

1 Das Fischfilet kalt abspülen, mit Küchenpapier trocken tupfen. Mit Zitronensaft, Salz und Pfeffer würzen.

2 Zum Panieren drei tiefe Teller mit dem Mehl, der Eiermischung und den Semmelbröseln bereitstellen. Die Fischfilets nacheinander in dem Mehl wenden, überschüssiges Mehl abschütteln, durch die Eiermischung ziehen und leicht abtropfen lassen; zuletzt in den Semmelbröseln wenden und die Panade leicht andrücken.

3 In einer Stielpfanne etwa 1 cm hoch Fett erhitzen und die Filets darin bei mäßiger Hitze auf beiden Seiten goldbraun braten; dabei immer wieder mit dem Fett beschöpfen. Die Fische auf Küchenpapier abtropfen lassen. Auf einer vorgewärmten Platte anrichten, mit Zitronenspalten und Petersilie garnieren.

Fischfilet Müllerinart

Lachs, Lachsforelle, Forelle, Saibling, Waller, Zander, Renke (Felchen), Barsch, Seezunge, Scholle, Steinbutt, Heilbutt.

- **750 g Fischfilet**
- **Zitronensaft, Salz**
- **Mehl zum Wenden (am besten doppelgriffiges)**

Zum Braten und Anrichten

- **80 g Butterschmalz**
- **gehackte Petersilie, 4 Zitronenspalten**

1 Das Fischfilet kalt abspülen, mit Küchenpapier trocken tupfen. In Portionen teilen, mit Zitronensaft beträufeln und salzen. Den Fisch in Mehl wenden, überschüssiges Mehl abschütteln.

2 Zum Braten das Butterschmalz in der Stielpfanne erhitzen. Die Fischfilets darin auf beiden Seiten goldgelb braten und dabei die Oberseite immer wieder mit der Bratbutter begießen. Auf einer vorgewärmten Platte anrichten, mit Petersilie bestreuen und die restliche Bratbutter darübergießen. Mit Zitronenspalten garnieren und sofort servieren.

Fischfilet, in Ei gebraten

Das Fischfilet wird vorbereitet und mehliert wie Müllerinart. Zusätzlich zieht man es durch eine leicht gesalzene Mischung aus 2 verschlagenen Eiern und 2 EL Milch, lässt es etwas abtropfen und brät es in Butter oder Butterschmalz, wie oben beschrieben.

Fischfilet, natur gebraten

Zander, Lachsforelle, Renke (Felchen), Saibling.

Filet von Fischen mit nicht zu dicker Haut – das sind vor allem die Flussfische ohne Schuppen – wird gern mit der Haut gebraten. Immer zuerst die Hautseite fast kross anbraten, die Fleischseite ist nach dem Wenden in kurzer Zeit mit wenig oder nur der Resthitze »auf den Punkt« gar. Ein Fisch mit dem reinen Geschmack von Butter – mehr braucht er nicht.

- **750–800 g Fischfilet, mit der Haut**
- **Salz**
- **60 g Butter oder Butterschmalz zum Braten**

1 Die Filets kalt abspülen, mit Küchenpapier trocken tupfen. Kleine Filets lässt man ganz, größere teilt man in Portionsstücke. Mit Salz würzen.

2 In einer Pfanne die Butter erhitzen, die Filets auf der Hautseite bei guter, jedoch nicht zu starker Hitze anbraten und dabei mit dem Bratfett beschöpfen. Sobald sich das Fischfleisch an den Rändern hellgrau färbt, die Filets wenden und – je nach Dicke – auf der Fleischseite bei reduzierter Hitze oder ausgeschalteter Herdplatte fertig braten.

Variationen

Beigefügte Aromaten entfalten ihr Aroma in der heißen Bratbutter und übertragen sich auf den Fisch. Wenn Sie die Butter salzen, kann der Fisch völlig ungewürzt in die Pfanne kommen.
Mit Kräutern: Stängel oder Blätter von Küchenkräutern, z.B. Rosmarin, Thymian, Salbei, in die Bratbutter geben, die Filets mit der Butter beschöpfen.
Mit Knoblauch und Ingwer: 1 halbierte Knoblauchzehe und 1 Scheibe Ingwer in die Bratbutter geben und die Filets damit beschöpfen.

Fogosch (Zander) mit Paprikaschmand

Der Zander ist ein Süßwasserfisch aus der Barschfamilie. Dieses Rezept mit dem cremigen Paprikaschmand kommt aus dem Donauraum, wo man den Zander als Fogosch oder Schill kennt.

- **1 Zander von etwa 1,2 kg, küchenfertig**
- **Salz, Pfeffer**
- **5 EL Mehl, mit 1 TL Paprikapulver vermischt**
- **4–5 EL Öl oder Schweineschmalz zum Braten**

Paprikaschmand

- **400 g rote Paprikaschoten**
- **250 g Schmand**
- **Salz, Pfeffer**
- **1 EL fein geschnittener Dill**

1 Vorab für den Paprikaschmand die Schoten enthäuten. Dafür den Grill einschalten oder den Ofen auf 250 °C vorheizen und die Schoten auf Alufolie backen, bis die Haut schwarze Blasen aufweist. Aus dem Ofen nehmen, unter ein feuchtes Tuch oder in einen Plastikbeutel legen und schwitzen lassen, anschließend die Haut von oben nach unten abziehen. Die Schoten halbieren, von Samen und Scheidewänden befreien, das Fruchtfleisch klein würfeln und abkühlen lassen. Den Schmand in einer Schüssel verrühren, mit Salz und Pfeffer abschmecken, die Paprikawürfel und den Dill unterrühren.

1 Den Zander mit einem scharfen Messer in gleich dicke Koteletts schneiden.

2 Die gewürzten Koteletts in dem mit Paprika vermischten Mehl wenden.

3 Die Koteletts in einer großen Pfanne auf beiden Seiten braun braten.

2 Den Zander unter fließendem Wasser innen und außen gründlich waschen, mit Küchenpapier trocken tupfen. Quer in 2,5 cm dicke Koteletts schneiden. Die Fischkoteletts mit Salz und Pfeffer würzen, in dem Paprikamehl wenden und überschüssiges Mehl abschütteln.

3 Das Öl in einer entsprechend großen Pfanne erhitzen (in Ungarn nimmt man Schweineschmalz) und die Zanderkoteletts auf jeder Seite braun braten. Mit dem Paprikaschmand servieren.

Havelzander mit Kartoffelsalat

Die Fischerei ist in Brandenburg mit seinen vielen Gewässern ein bedeutender Wirtschaftszweig. Gebratener Zander aus der Havel wird gern mit einem herzhaften Kartoffelsalat serviert.

- **800 g Zanderfilet**
- **Salz, Pfeffer**
- **Mehl zum Wenden (am besten doppelgriffiges)**
- **etwa 60 g Butter zum Braten**
- **Zitronenspalten und Petersilie zum Garnieren**

Kartoffelsalat

- **800 g festkochende Kartoffeln, in der Schale gekocht**
- **80 ml heiße Fleischbrühe**
- **Salz, Pfeffer**
- **Essig**
- **1/2 TL Zucker, 1 TL Senf**
- **4 EL Öl**
- **50 g Speckwürfel**
- **1/2 Zwiebel, gewürfelt**
- **1 EL gehackte Petersilie**

1 Vorab den Kartoffelsalat zubereiten. Die heißen Kartoffeln pellen und in Scheiben schneiden. Mit der Fleischbrühe übergießen, Salz, Pfeffer Essig, Zucker und Senf verrühren und untermischen, kurz einziehen lassen. Das Öl unter den lauwarmen Salat mischen. Den Speck mit den Zwiebelwürfelchen ausbraten und zusammen mit der Petersilie untermischen.

2 Die Zanderfilets in 4 Portionen teilen. Mit Salz und Pfeffer würzen und in Mehl wenden, überschüssiges Mehl abschütteln.

3 In der Stielpfanne die Butter erhitzen und die Filets langsam auf beiden Seiten goldgelb braten. Den Fisch auf vorgewärmten Tellern anrichten und mit der Bratbutter übergießen. Mit dem Kartoffelsalat anrichten und mit Zitronenspalten und Petersilie garnieren.

Havelzander mit Kartoffelsalat

Lachsfilet mit Sesamkartoffeln und Zitronen

- **4 Portionen Lachsfilet, je 150–180 g**
- **Zitronensaft**
- **Salz, Pfeffer**

Sesamkartoffeln

- **600 g vorwiegend festkochende Kartoffeln**
- **Salz**
- **1–2 EL Sesamsaat**
- **30 g Butter**

Zum Braten

- **2 EL Öl + 20 g Butter**
- **4 kleine Rosmarinzweige**
- **2 Zitronen, geschält, die Filets ausgelöst**
- **200 g Tomaten, enthäutet, Samen entfernt, gewürfelt**
- **1 EL Kapern**

1 Den Fisch kalt abspülen und mit Küchenpapier trocken tupfen. Die Lachsfilets mit Zitronensaft, Salz und Pfeffer würzen.

2 Die Kartoffeln schälen, in 2 cm große Würfel schneiden und in Salzwasser in etwa 10 Minuten weich kochen. Das Wasser abgießen und die Kartoffeln abdämpfen lassen. Kurz vor dem Anrichten den Sesam in der Stielpfanne in heißer Butter goldgelb rösten und die Kartoffeln darin schwenken.

3 Zum Braten das Öl mit der Butter in der Pfanne erhitzen und die Rosmarinzweige einlegen. Die Lachsfilets bei nicht zu starker Hitze anbraten und dabei mit der Rosmarinbutter beträufeln. Die Filets wenden und auch die andere Seite braten. Dabei die Zitronenfilets, die Tomatenwürfel und die Kapern mitbraten. Auf vorgewärmten Tellern anrichten und mit dem Bratfond begießen. Die Sesamkartoffeln dazu servieren.

Lachswürfel in Ingwermarinade

Wer dieses asiatisch angehauchte Rezept mit ganz typischen Zutaten bereiten will, nimmt Limetten- statt Zitronensaft, brät in Sesamöl an und garniert mit Kaffirlimettenblättern.

- **750 g Lachsfilet ohne Haut**

Marinade

- **1 Stück Ingwerwurzel**
- **1/2 TL Salz**
- **1 TL brauner Zucker**
- **Saft von 1 Zitrone**
- **2 EL helle Sojasauce**

Zum Braten

- **3 EL Öl**
- **4 Frühlingszwiebeln, in Stifte geschnitten**
- **Salz**

1 Das Lachsfilet kalt abspülen, mit Küchenpapier trocken tupfen, in grobe Würfel schneiden.

2 Für die Marinade den Ingwer in kleine Stücke schneiden, durch die Knoblauchpresse in eine Schüssel drücken, mit dem Salz, Zucker, Zitronensaft und der Sojasauce verrühren. Die Lachswürfel darin wenden und 30 Minuten kalt gestellt marinieren.

3 Zum Braten in einer Pfanne das Öl erhitzen und die Frühlingszwiebeln darin anschwitzen, ohne dass sie Farbe nehmen. Die Lachswürfel mit der Marinade zugeben und 5 Minuten garen. Salzen und mit Reis servieren.

Lachswürfel in Ingwermarinade

Gefüllte Lachsmedaillons mit Lauchsauce

Die Lachsscheiben lassen sich gut füllen und binden, sie halten auch beim Braten ihre Form. Anstelle der Lauchsauce passt auch eine Kräutersauce.

- **700 g Lachsfilet ohne Haut**
- **2 EL Öl + 30 g Butter zum Braten**
- **Salz, Pfeffer**

Füllung

- **1 Eiweiß, Salz, Pfeffer**
- **150 g Zucchini, in sehr kleine Würfel geschnitten**

Lauchsauce

- **20 g Butter**
- **100 g Lauch, klein gewürfelt**
- **2 EL trockener Wermut (Noilly Prat)**
- **150 g Sahne**
- **Salz, Pfeffer, Cayennepfeffer**
- **1 Thymianzweig**
- **100 ml Fischfond (Seite 204 oder Glas), ersatzweise Gemüsebrühe**

1 Das Lachsfilet kalt abspülen und mit Küchenpapier trocken tupfen. In 8 gleichmäßig dicke Scheiben (Medaillons) von 2–3 cm Stärke schneiden; das restliche Lachsfleisch für die Füllung in Würfel schneiden.

2 Für die Füllung die Lachswürfel mit dem Stabmixer oder im Blitzhacker mit dem Eiweiß, Salz und Pfeffer fein pürieren und durch ein feines Sieb streichen. Die Zucchiniwürfel unter das Püree rühren. Abschmecken und bei Bedarf nachwürzen.

3 Auf der Arbeitsfläche je 2 Lachsstreifen zu einem Kreis legen und die Füllung in die Mitte geben, glatt streichen. Mit Küchengarn zusammenbinden. Bis zur Verwendung kalt stellen.

4 Für die Lauchsauce in einem Topf die Butter zerlassen und die Lauchwürfel darin hell anschwitzen. Mit dem Noilly Prat ablöschen, verdampfen lassen. Die Sahne zugießen, mit Salz, Pfeffer und Cayennepfeffer würzen. Den Thymianzweig einlegen und dickflüssig einkochen. Mit dem Fischfond aufgießen und weitere 5 Minuten einkochen. Die Sauce abschmecken und bis zum Servieren warm halten.

1 Das enthäutete Lachsfilet quer in gleich dicke Scheiben schneiden.

2 Je zwei Scheiben zu einem Kreis zusammenlegen und die Mitte füllen.

3 Die gefüllten Lachsscheiben mit Küchengarn zu runden Medaillons binden.

5 Zum Braten der Medaillons in einer Pfanne das Öl und die Butter erhitzen. Die gefüllten Medaillons salzen und pfeffern, mit dem Pfannenwender vorsichtig einlegen und auf jeder Seite 3–4 Minuten braten. Auf vorgewärmten Tellern mit der Lauchsauce anrichten. Safranreis oder Nudeln sind eine passende Beilage.

Schollenfilet in Safranbutter

Oder Seezunge, Rotzunge, Glattbutt, Saibling.

Ein ebenso einfaches wie feines Rezept. Grünes Gemüse dazu wie Spinat oder Zuckerschoten, aber auch gebratene Champignons oder Garnelen sind eine ideale Ergänzung.

- **750 g Schollenfilets**
- **Zitronensaft, Salz**
- **Mehl zum Wenden (am besten doppelgriffiges)**
- **40 g Butter zum Braten**
- **einige Safranfäden**

1 Die Schollenfilets kalt abspülen, mit Küchenpapier trocken tupfen. Mit Zitronensaft beträufeln, salzen, in Mehl wenden, überschüssiges Mehl abschütteln.

2 In einer Stielpfanne die Butter erhitzen, die Schollenfilets darin goldgelb anbraten und dabei die Safranfäden in die Butter geben. Die Filets wenden und die andere Seite ebenso braten. Auf einer vorgewärmten Platte anrichten.

Fischfilet mit Zitronenbutter

Zander, Forelle, Kabeljau.

Das feine Aroma von Zitrone und Butter passt zu allen Filets von Fluss- und Meeresfischen.

- **4 Fischfilets, je 180 g**
- **Zitronensaft**
- **Salz, Pfeffer**
- **Mehl zum Wenden (am besten doppelgriffiges)**
- **40 g Butterschmalz zum Braten**
- **fein geschnittene Petersilie zum Bestreuen**

Zitronenbutter

- **50 g Butter**
- **1 Zitrone, geschält, in Würfelchen geschnitten**

1 Die Fischfilets kalt abspülen, mit Küchenpapier trocken tupfen. Mit Zitronensaft, Salz und Pfeffer wurzen. In Mehl wenden, überschüssiges Mehl abschütteln.

2 Das Butterschmalz in einer Stielpfanne erhitzen, die Fischfilets darin auf beiden Seiten goldgelb braten. Auf einer vorgewärmten Platte anrichten und mit der Petersilie bestreuen.

3 Für die Zitronenbutter die Butter in der Pfanne zerlassen und die Zitronenwürfelchen darin schwenken. Über die angerichteten Filets gießen.

Pangasiusfilet in scharfer Zitronenbutter

Pangasiusfilet in scharfer Zitronenbutter

Sauer und scharf – das passt gut zum eher neutral schmeckenden Pangasius, der übrigens aus den Binnengewässern Vietnams zu uns kommt und zu einem begehrten Marktfisch geworden ist.

- **4 Pangasiusfilets, je 180 g**
- **Salz, Pfeffer**
- **1 EL Öl + 20 g Butter zum Braten**

Zitronenbutter

- **70 g Butter**
- **2 Peperoni, Samen entfernt, fein gewürfelt**
- **2–3 Schalotten, fein gewürfelt**
- **1/2 Bund Kräuter (Petersilie, Thymian, Rosmarin), fein geschnitten**
- **1/2 Zitrone, in Scheiben geschnitten**
- **Saft von 1/2 Zitrone**
- **Salz, Pfeffer**

Spinat

- **40 g Butter**
- **750 g Spinat, geputzt und gewaschen (oder 450 g TK-Blattspinat)**
- **Salz**

1 Vorab die Beilagen zubereiten. Für die Zitronenbutter in einem kleinen Topf die Butter zerlassen, die Peperoni- und Schalottenwürfel ohne Farbe darin anschwitzen. Den Topf zurückziehen, die Kräuter, die Zitronenscheiben und den Zitronensaft einrühren, mit Salz und Pfeffer würzen.

2 Für den Spinat die Butter zerlassen und den abgetropften Spinat unter beständigem Wenden etwa 5 Minuten darin dünsten. Mit Salz abschmecken.

3 Die Pangasiusfilets kalt abspülen, mit Küchenpapier trocken tupfen. In einer Pfanne das Öl mit der Butter erhitzen und die Filets auf jeder Seite etwa 2 Minuten braten. Die Zitronenbutter in die Pfanne geben, zerlassen und die Fische darin wenden. Den Spinat auf vorgewärmten Tellern anrichten, die Filets darauf anrichten und mit der Zitronenbutter begießen.

Seeteufel in Safransauce

- 600 g Seeteufelfilet, enthäutet
- Salz, Pfeffer
- 1/2 EL fein geschnittener Kerbel oder Petersilie

Safransauce

- 1 Schalotte, fein gewürfelt
- 1–2 EL trockener Wermut (Noilly Prat) oder Cognac
- 100 ml trockener Weißwein
- 400 ml Fischfond (Seite 204 oder Glas)
- 200–250 g Sahne
- einige Safranfäden
- Salz
- 1 Spritzer Zitronensaft
- 20 g kalte Butterwürfel

Zum Braten

- 1 EL Öl
- 40 g Butter
- 1/2 grüne Paprikaschote, Stielansatz, Samen und Scheidewände entfernt, in Rauten oder kleine Würfel geschnitten
- 4 Cocktailtomaten, enthäutet und halbiert

1 Vom Seeteufelfilet die feinen Häutchen sorgfältig entfernen, kalt abspülen, mit Küchenpapier trocken tupfen. Das Fischfleisch in 3 cm große Stücke schneiden und sauber parieren, salzen und pfeffern.

2 Für die Safransauce im Saucentopf die Schalottenwürfel mit dem Wermut erhitzen und einkochen. Den Wein und den Fischfond zugießen und bei guter Hitze im offenen Topf auf ein Drittel einkochen. Die Sahne einrühren und sämig einkochen. Die Safranfäden in die Sauce rühren, mit Salz und Zitronensaft abschmecken und noch 5 Minuten köcheln lassen.

3 Inzwischen in einer Pfanne das Öl mit der Butter erhitzen, die Fischstücke bei guter Hitze auf einer Seite 3–4 Minuten braten, wenden und auch die andere Seite braten. Den Fisch aus der

Seeteufel in Safransauce

Gebratener Seeteufel auf Gemüsestreifen

Pfanne nehmen. Die Paprikastückchen in dem Bratfett 2 Minuten braten, die Tomaten kurz mitbraten.

4 Die Safransauce wieder erhitzen und die Butterwürfel einzeln mit dem Schneebesen einschwingen. Den Fisch und das Gemüse in die Sauce geben, die Hälfte der Kräuter einstreuen und kurz ziehen lassen, bei Bedarf nachwürzen. In einer flachen, vorgewärmten Schüssel anrichten und mit den restlichen Kräutern garnieren. Dazu passt körnig gekochter Reis.

Gebratener Seeteufel auf Gemüsestreifen

Entfernen Sie die feinen Häutchen vom Fischfleisch sorgfältig; sie werden beim Braten hart und stören beim Essen.

- **8 Seeteufelscheiben, je 80–100 g**
- **Salz, Pfeffer**
- **2 EL Öl + 30 g Butter zum Braten**

Gemüse

- **300 g Gemüse: Möhre, Knollensellerie und Lauch**
- **Salz**
- **30 g Butter**

1 Von den Seeteufelscheiben die feinen Häutchen entfernen, sauber parieren. Den Fisch kalt abspülen und mit Küchenpapier trocken tupfen. Mit Salz und Pfeffer würzen.

2 Das Gemüse waschen, putzen und in dünne, 5 cm lange Stifte schneiden. In kochendem Salzwasser bissfest garen, herausheben, kalt abschrecken und abtropfen lassen. Die Butter in einer Pfanne erhitzen, die Gemüsestreifen darin kurz durchschwenken und salzen.

3 Für den Fisch das Öl mit der Butter in einer Pfanne erhitzen und die Seeteufelscheiben auf jeder Seite etwa 3 Minuten braten.

4 Das Gemüse auf 4 vorgewärmten Tellern verteilen und je 2 gebratene Seeteufelscheiben darauflegen. Petersilienkartoffeln passen gut dazu.

Rotbarschfilet mit Gurkengemüse

Oder Seelachs, Kabeljau, Schellfisch.

- **4 Rotbarschfilets, je 180 g**
- **Zitronensaft**
- **Salz, Pfeffer**
- **1 EL Öl + 30 g Butter zum Braten**

Gurkengemüse

- **800 g Schmorgurken**
- **40 g Butter**
- **1 Zwiebel, gewürfelt**
- **Salz, Pfeffer**
- **100 g Sahne**
- **frischer Dill, fein geschnitten**

1 Vorab für das Gurkengemüse die Gurken schälen und längs halbieren, den Samenstrang mit einem Löffel herausschaben, das Fruchtfleisch quer in 1 cm dicke Scheiben schneiden. In einem Topf die Butter erhitzen, die Zwiebel darin glasig schwitzen, die Gurken zufügen, salzen und pfeffern. Etwa 5 Minuten dünsten, bis die Flüssigkeit verdampft ist. Die Sahne zugießen, den Dill einstreuen und etwa 3 Minuten köcheln lassen. Abschmecken.

2 Die Rotbarschfilets kalt abspülen, mit Küchenpapier trocken tupfen. Mit Zitronensaft beträufeln und mit Salz und Pfeffer würzen.

3 In der Pfanne das Öl mit der Butter erhitzen und die Fischfilets auf beiden Seiten goldgelb braten. Mit dem Gurkengemüse auf vorgewärmten Tellern anrichten. Frisch gekochte Pellkartoffeln passen dazu.

Rotbarschfilet mit Gurkengemüse

Steinbeißerfilet mit Paprikagemüse und Pilzen

- **4 Steinbeißerfilets, je 180 g**
- **1 EL Öl + 30 g Butter zum Braten**
- **Salz, Pfeffer**

Paprikagemüse

- **2 EL Öl**
- **2 kleine Paprikaschoten, gelb und rot, Stielansatz, Samen und Scheidewände entfernt, klein gewürfelt**
- **1 Knoblauchzehe, gewürfelt**
- **2 Thymianzweige, Salz, Pfeffer**
- **Petersilie, fein geschnitten**

Pilze

- **1 EL Öl + 30 g Butter**
- **je 200 g Champignons und Egerlinge, geviertelt**
- **200 g Austernpilze, in Streifen geschnitten**
- **1 Rosmarinzweig, Salz, Pfeffer**
- **Petersilie, fein geschnitten**
- **150 ml Gemüsebrühe**
- **1/4 TL Speisestärke zum Binden**

1 Vorab die Beilagen zubereiten. Für das Paprikagemüse das Öl erhitzen, die Paprikawürfel mit dem Knoblauch und dem Thymian 5 Minuten darin garen. Salzen, pfeffern und mit Petersilie bestreuen. Warm stellen.

2 Für die Pilze in einer großen Pfanne das Öl und die Butter erhitzen, die Pilze mit dem Rosmarinzweig bei guter Hitze unter häufigem Wenden etwa 3 Minuten darin braten. Mit Salz und Pfeffer würzen und die Petersilie einstreuen. Die Gemüsebrühe zugießen, aufkochen und mit der mit wenig Wasser angerührten Speisestärke leicht binden.

3 Die Fischfilets kalt abspülen, mit Küchenpapier trocken tupfen. In einer Pfanne das Öl mit der Butter erhitzen, die Filets salzen, pfeffern und auf jeder Seite etwa 3 Minuten braten. Mit den Beilagen anrichten.

Steinbeißerfilet mit Paprikagemüse und Pilzen

Fischfrikadellen

Am besten lässt sich das Fischfleisch im Fleischwolf verarbeiten. Sie können aber auch den Mixer oder Blitzhacker einsetzen.

Frikadellen

- **500 g Fischfilet ohne Haut und Gräten**
- **Salz, Pfeffer, 2 EL Zitronensaft**
- **2 Schalotten, gewürfelt**
- **1 Bund Petersilie, fein geschnitten**
- **2 Eier, 4 gehäufte EL Semmelbrösel**

Zum Panieren

- **Mehl zum Wenden (am besten doppelgriffiges)**
- **2 Eier, mit 1 Prise Salz und 2 EL Milch oder Sahne verrührt**
- **Semmelbrösel**

- **Backfett (Pflanzenfett, Butterschmalz)**
- **Zitronenspalten und krause Petersilie zum Garnieren**

1 Das Fischfleisch kalt abspülen, mit Küchenpapier trocken tupfen, in Würfel schneiden und durch den Fleischwolf drehen oder im Mixer zerkleinern. Alle übrigen Zutaten unter das pürierte Fischfleisch mischen, abschmecken und bei Bedarf nachwürzen. Zugedeckt im Kühlschrank 30 Minuten ruhen lassen.

2 Zum Panieren das Mehl, die verrührten Eier und die Semmelbrösel in drei flachen Gefäßen bereitstellen. Aus dem Fischteig kleine Frikadellen formen. Nacheinander in dem Mehl wenden, durch die Eimischung ziehen, abtropfen lassen, in den Semmelbröseln wenden und die Panade leicht andrücken.

3 In einer Stielpfanne reichlich Fett erhitzen und die Frikadellen darin auf beiden Seiten goldbraun braten. Auf Küchenpapier abtropfen lassen. Die Frikadellen anrichten und mit Zitronenspalten und Petersilie garnieren.

Gebratene Rochenflügel

- 4 Rochenflügel, je 300–400 g, enthäutet
- Salz, Pfeffer
- 40 g Butter + 6 EL Olivenöl zum Braten

Sauce

- 1 EL Balsamessig
- 100 ml Gemüsebrühe
- 1/2 Lorbeerblatt
- 20 g kalte Butterflöckchen

1 Die Rochenflügel parieren. Dafür an der Außenseite den dünnen Saum mit einer Schere abschneiden. Die Flügel kalt abspülen, mit Küchenpapier trocken tupfen. Mit Salz und Pfeffer würzen.

2 Portionsweise für jeden Rochenflügel in einer großen Stielpfanne Butter und Olivenöl erhitzen und den Fisch auf jeder Seite etwa 4 Minuten braten, dabei mit dem Bratfett beschöpfen. Auf einem vorgewärmten Teller anrichten; mit Alufolie abdecken und warm stellen, bis alle Flügel gebraten sind.

3 Für die Sauce den Bratensatz in der Pfanne mit dem Balsamessig ablöschen, die Brühe und das Lorbeerblatt dazugeben, gut durchrühren und aufkochen. Das Lorbeerblatt entfernen, die Butterflöckchen mit dem Schneebesen einrühren, nicht mehr kochen lassen. Die Rochenflügel damit beträufeln.

Gebratene Rochenflügel

Seeteufelbäckchen in Salbeibutter mit Zitronenrisotto

Oder Rochenbäckchen, Steinbeißerbäckchen.

- **600 g Seeteufelbäckchen**

Für den Zitronenrisotto

- **2 EL Olivenöl**
- **2 Schalotten, gewürfelt**
- **250 g Risottoreis**
- **125 ml trockener Weißwein**
- **750 ml heiße Gemüse- oder Hühnerbrühe**
- **Zesten und Saft von 1 Zitrone**
- **Salz, Pfeffer**
- **50 g kalte Butter**
- **4 EL geriebener Parmesan**
- **fein geschnittene Zitronenmelisse**

Zum Braten

- **1 EL Öl + 50 g Butter**
- **einige Salbeiblättchen**
- **Salz, Pfeffer**
- **Mehl zum Wenden (am besten doppelgriffiges)**

1 Die Seeteufelbäckchen von den feinen Häutchen befreien, kalt abspülen, mit Küchenpapier trocken tupfen.

2 Für den Zitronenrisotto in einem Topf das Öl erhitzen und die Schalotten darin anschwitzen. Den Reis einstreuen und unter beständigem Rühren glasig werden lassen; die Körner sollen vollständig vom Fett überzogen sein. Mit dem Wein ablöschen. Nach und nach die heiße Brühe, die Zitronenzesten und den Zitronensaft einrühren und bei mäßiger Hitze ausquellen lassen, dabei immer wieder umrühren. Mit Salz und Pfeffer würzen. Garzeit 30–35 Minuten. Vor dem Anrichten die kalte Butter, den Käse und die Zitronenmelisse unterrühren.

3 Zum Braten in einer Stielpfanne das Öl mit der Butter erhitzen und die Salbeiblättchen einlegen. Die Seeteufelbäckchen mit Salz und Pfeffer würzen, in Mehl wenden, überschüssiges Mehl abschütteln. Im heißen Fett portionsweise auf beiden Seiten rasch goldbraun braten, dabei die Oberseite immer wieder mit der Bratbutter begießen. Mit dem Risotto anrichten.

Seeteufelbäckchen in Salbeibutter mit Zitronenrisotto

Thunfisch mit Sesamkruste

Thunfisch (in Sushi-Qualität) wird gern halb roh gegessen. Achten Sie dann auf starke Hitze und besonders kurze Garzeit. Da raucht die Küche!

- **4 Thunfischsteaks, je 200 g**
- **Salz, Pfeffer**
- **3 EL Öl**
- **4 EL Sesamsaat, trocken geröstet**

1 Die Thunfischsteaks kalt abspülen, mit Küchenpapier trocken tupfen, salzen und pfeffern. Die Sesamsaat in einen flachen Teller geben und die Thunfischsteaks mit einer Seite fest in den Sesam drücken.

2 In einer Pfanne das Öl erhitzen, die Steaks auf der Sesamseite 2 Minuten scharf braten, wenden und auch die andere Seite 1–2 Minuten braten, je nach Dicke der Steaks.

Filets, Koteletts, Tranchen, frittiert

Siehe Grundlagen der Fischküche, Seite 25.

Fischfilet in Backteig

Beim Frittieren im Teigmantel bleibt der Fisch saftig, und die goldbraune Teigkruste macht ihn besonders schmackhaft. Der leicht bittere Geschmack von Bier gibt dem Backteig eine besondere Würze; Sie können ihn natürlich auch mit Wein, Milch oder Wasser anrühren. Zum Ausbacken sind nur hitzebeständige, wasserfreie Fette geeignet wie Öl, Pflanzenfett und Butterschmalz. Die optimale Backtemperatur liegt bei 180 °C. Legen Sie die Frittierstücke portionsweise ein, damit das Backfett nicht abkühlt und schäumt. Setzen Sie auch die Fritteuse ein.

- **700 g Fischfilet**
- **Salz, Pfeffer**
- **Mehl zum Wenden (am besten doppelgriffiges)**
- **etwa 750 g Backfett (Öl, Pflanzenfett, Butterschmalz)**

Backteig

- **150 g Mehl, 1 Messerspitze Salz**
- **1 EL Öl, 2 Eigelb**
- **etwa 180 ml helles Bier**
- **2 Eiweiß, steif geschlagen**

Kräutercreme

- **150 g Joghurt, 150 g Crème fraîche**
- **2 EL Mayonnaise**
- **1 Bund gemischte Kräuter, fein geschnitten**
- **1–2 TL Senf**
- **Salz, Pfeffer, 1 Prise Zucker**

1 Vorab für den Backteig das Mehl und das Salz in eine Schüssel geben und in die Mitte eine Mulde drücken. Das Öl und die Eigelbe in der Mulde vermischen, nach und nach das Bier zugeben und alles zu einem dickflüssigen, glatten Teig rühren. Bei Raumtemperatur 30 Minuten quellen lassen. Vor dem Backen die Eiweiße nicht zu steif schlagen und unter den Teig ziehen.

2 Für die Kräutercreme den Joghurt mit der Crème fraîche und der Mayonnaise glatt rühren, die Kräuter untermischen. Die Creme mit Senf, Salz, Pfeffer und Zucker abschmecken.

3 Das Fischfilet kalt abspülen, mit Küchenpapier trocken tupfen, in gleichmäßige Portionsstücke oder Würfel schneiden, mit Salz und Pfeffer würzen. Das Fischfleisch in Mehl wenden und anschließend sofort ausbacken.

4 In einem schweren Topf so viel Backfett auf 180 °C erhitzen, dass die Fischstücke darin schwimmen können (oder die Fritteuse einsetzen). Die Fischstücke einzeln mit der Fleischgabel aufnehmen, in den Backteig tauchen, etwas ablaufen lassen und schwimmend in Fett portionsweise ausbacken. Aus dem Backfett heben und auf Küchenpapier abtropfen lassen. Die Kräutercreme dazu servieren.

Gebackenes Fischfilet mit Tatarensauce

Zum Frittieren von Fisch wählt man gern gleichmäßig dickes Rückenfilet vom Kabeljau oder Goldbarsch und schneidet es in kleinere Portionen. Sie lassen sich leichter handhaben als ein großes, ganzes Filet.

- **700 g Fischfilet (Kabeljau, Goldbarsch)**
- **Saft von 1/2 Zitrone**
- **Salz, Pfeffer**
- **3 EL Öl**
- **etwa 750 g Backfett (Öl, Pflanzenfett)**

Gebackenes Fischfilet mit Tatarensauce

Bierteig

- 150 g Mehl
- 1 Messerspitze Salz, Pfeffer
- 1 EL Öl, 2 Eier, getrennt
- 180 ml helles Bier

Tatarensauce

- 100 g Mayonnaise, 1 EL Crème fraîche
- 1 TL Senf, 1 Prise Zucker
- 1 EL Kapern, gehackt
- 1–2 Gewürzgurken, gehackt
- 1/2 EL fein gewürfelte Zwiebel
- fein geschnittene Petersilie
- 1 hart gekochtes Ei, gehackt
- Salz, Pfeffer

1 Das Fischfilet in etwa 4 cm große Stücke schneiden und in eine flache Schüssel legen. Den Zitronensaft mit Salz, Pfeffer und dem Öl verrühren, über die Fischstücke gießen und zugedeckt im Kühlschrank 20 Minuten marinieren.

2 Für den Bierteig das Mehl in eine Schüssel geben, Salz und Pfeffer darüberstreuen und in die Mitte eine Mulde drücken. Das Öl und die Eigelbe in der Mulde vermischen, nach und nach das Bier unterrühren. Der glatt gerührte Teig soll ziemlich dickflüssig sein. Bei Raumtemperatur 30 Minuten quellen lassen. Vor dem Backen die Eiweiße nicht zu steif schlagen und unterziehen.

3 Für die Tatarensauce alle angegebenen Zutaten mit der Mayonnaise vermischen, mit Salz und Pfeffer abschmecken.

4 In einem schweren Topf so viel Backfett auf 180 °C erhitzen, dass die Fischstücke darin schwimmen können. Den Fisch aus der Marinade heben und mit Küchenpapier sorgfältig trocken tupfen. Die Stucke mit einer Fleischgabel einzeln in den Bierteig tauchen, leicht abtropfen lassen und in dem heißen Fett goldbraun und knusprig frittieren. Aus dem Backfett heben und auf mehrlagigem Küchenpapier abtropfen lassen. Servieren Sie den frisch gebackenen Fisch mit der Tatarensauce und einem gemischten Blattsalat.

Gebackene Blaulengstreifen

Gebackene Blaulengstreifen

Oder Goldbarsch, Seelachs, Kabeljau.

- 800 g Blaulengfilet
- Salz, Pfeffer
- Mehl zum Wenden (am besten doppelgriffiges)
- etwa 750 g Backfett (Öl, Butterschmalz)

Kräuter-Bierteig

- 150 g Mehl
- 1 Prise Salz
- 1 EL Öl, 2 Eigelb
- etwa 180 ml Bier (oder Wein, Milch, Wasser)
- fein geschnittene gemischte Kräuter (Basilikum, Petersilie, Bärlauch, Estragon, Schnittlauch, Dill)
- 2 Eiweiß, steif geschlagen

1 Vorab für den Bierteig in einer Schüssel aus dem Mehl, Salz, Öl, den Eigelben und Bier einen dickflüssigen Teig anrühren und 30 Minuten quellen lassen. Kurz vor der Verwendung die Kräuter und den Eischnee unterziehen.

2 Das Fischfilet kalt abspülen, mit Küchenpapier trocken tupfen. In 4 cm breite Streifen schneiden, salzen und pfeffern. Kurz vor dem Backen in Mehl wenden und überschüssiges Mehl abschütteln.

3 In einem schweren Topf so viel Backfett erhitzen, dass die Fischstücke darin schwimmen können. Die Fischstücke einzeln mit der Fleischgabel aufnehmen, in den Backteig tauchen, etwas abtropfen lassen und portionsweise in dem heißen Fett goldbraun frittieren. Aus dem Backfett heben und auf Küchenpapier abtropfen lassen.

Fischfilet in Tempurateig

Kabeljau, Schellfisch, Dorade.

Tempurateig (die Betonung liegt auf der ersten Silbe) ist japanischer Backteig mit Reismehl. Es gibt ihn im Asialaden auch als Backmischung. Gern wird Gemüse im Tempurateig mit ausgebacken, etwa Blumenkohlröschen, grüne Bohnen oder Paprikastücke.

- **600 g Fischfilet**
- **etwa 750 g Backfett**
- **Salz, Pfeffer, Mehl zum Wenden**

Tempurateig

- **1 Ei**
- **1/2 TL Salz**
- **100 g Reismehl**
- **400 ml Eiswasser**
- **100 g Weizenmehl**

1 Vorab für den Tempurateig das Ei mit dem Salz, 1 EL Reismehl und der

1 Für den Teig das Ei mit etwas Reismehl und der Hälfte des Eiswassers verrühren.

2 Das Weizenmehl und das restliche Reismehl untermischen, quellen lassen.

3 Die gewürzten Fischstücke in Mehl wenden und in den Teig tauchen.

4 Im heißen Fett goldbraun frittieren, herausheben und abtropfen lassen.

Hälfte des Eiswassers verrühren. Nach und nach das restliche Reismehl und das Weizenmehl unterrühren und 1 Stunde quellen lassen. Vor der Verwendung die zweite Hälfte des Eiswassers einrühren.

2 Das Fischfilet kalt abspülen, mit Küchenpapier trocken tupfen und in Portionsstücke teilen. Das Backfett in einem schweren Topf auf 180 °C erhitzen.

3 Die Fischstücke salzen und pfeffern, in Mehl wenden, überschüssiges Mehl abschütteln. Mit einer Gabel einzeln aufnehmen, in den Tempurateig tauchen, etwas ablaufen lassen und in dem heißen Fett portionsweise goldbraun frittieren. Aus dem Backfett heben und auf Küchenpapier abtropfen lassen. Servieren Sie Hot-Chili-Sauce dazu oder japanische Sojasauce, mit etwas Essig vermischt.

Fisch-Fritters mit Sherrysauce

- **600 g festes Fischfilet, etwa Kabeljau, Goldbarsch**
- **Saft von 1 Zitrone**
- **Salz, Pfeffer**
- **etwa 750 g Backfett**
- **Petersilie zum Garnieren**

Sherrysauce

- **2 Schalotten**
- **250 ml trockener Sherry**
- **250 ml Fleischbrühe**
- **100 g eiskalte Butterflöckchen**
- **3 EL Crème fraîche**
- **Salz, Pfeffer**
- **1 Prise Zucker**

Zum Panieren

- **Mehl (am besten doppelgriffiges)**
- **2 Eier, mit 2 EL Sahne oder Milch verrührt, leicht gesalzen**
- **Semmelbrösel, mit gehackten Mandeln vermischt**

1 Das Fischfilet kalt überbrausen, mit Küchenpapier trocken tupfen, in etwa 3 cm große Stücke schneiden. In eine Schüssel legen, mit dem Zitronensaft, Salz und Pfeffer würzen. Zugedeckt 10 Minuten ziehen lassen.

2 Für die Sherrysauce in einem kleinen Topf die Schalotten mit dem Sherry und der Fleischbrühe aufkochen und bei nicht zu starker Hitze auf die Hälfte einkochen. Den Topf zurückziehen, die Butterflöckchen und die Crème fraîche nach und nach mit dem Schneebesen einschwingen, nicht mehr kochen. Die Sauce mit Salz, Pfeffer und Zucker abschmecken und warm halten.

Fisch-Fritters mit Sherrysauce

3 Zum Panieren der Fischwürfel auf drei tiefen Tellern das Mehl, die verrührten Eier und die Semmelbrösel mit den Mandeln bereitstellen. Das Backfett in einem schweren Topf auf 180 °C erhitzen.

4 Die Fischstücke zuerst in Mehl, dann in verrührtem Ei und zuletzt in der Semmelbrösel-Mandel-Mischung wenden. In dem heißen Fett portionsweise goldbraun ausbacken. Auf Küchenpapier abtropfen lassen, anrichten und mit Petersilie garnieren. Die Sauce separat dazu servieren.

Filets, Koteletts, Tranchen, pochiert

Siehe Grundlagen der Fischküche, Seite 20.

Pochiertes Fischfilet mit Sauerampfersauce

Zander, Forelle, Saibling, Renke (Felchen), Barsch, Scholle, Rotzunge.

- **750 g Fischfilet, Salz, Pfeffer**

Pochierfond

- **etwa 300 ml Fischfond (Seite 204 oder Glas), ersatzweise halb Fleischbrühe, halb trockener Weißwein**
- **50 g Schalotten, gewürfelt**
- **1 Zitronenscheibe**

Sauerampfersauce

- **1 Hand voll Sauerampferblätter, in Streifen geschnitten**
- **150–200 g Sahne**
- **Salz, 1 Prise Cayennepfeffer**
- **30 g kalte Butter**

1 Die Fischfilets kalt abspülen und mit Küchenpapier trocken tupfen. Mit Salz und Pfeffer würzen.

2 Für den Fond alle Zutaten in einem flachen Topf zum Kochen bringen. Die Fischfilets nebeneinander einlegen, sehr dünne Filets vorher falten. Zugedeckt knapp unter dem Siedepunkt 5–8 Minuten pochieren. Die Filets herausnehmen und zugedeckt warm stellen.

3 Für die Sauce den Sud kurz einkochen. Den Sauerampfer und die Sahne zugeben, 5 Minuten kochen. Würzen. Nach und nach die kalte Butter mit dem Stabmixer einrühren. Die Sauce über die angerichteten Fischfilets gießen.

Pochierte Schollenröllchen mit Kräuterreis

Ein Schnellrezept. Während der Reis gart, bleibt genug Zeit, die Schollenfilets zu würzen, aufzurollen und in der Brühe zu pochieren.

- **8 Schollenfilets, je 100 g**
- **Salz, Pfeffer**
- **1 Zitrone, die Schale in dünne Streifen geschnitten**

Kräuterreis

- **250 g Langkornreis**
- **Salz**
- **30 g Butter**
- **1 Bund Kräuter für Fisch und Reis (Petersilie, Kerbel, Estragon), die Hälfte davon fein geschnitten**

Zum Pochieren

- **150 ml Hühnerbrühe**
- **1 Schuss Weißwein, 1 EL Zitronensaft**

1 Die Schollenfilets kalt abspülen, mit Küchenpapier trocken tupfen. Mit Salz und Pfeffer würzen. Die Zitronenstreifen mit kochendem Wasser überbrühen und kurz ziehen lassen, abgießen.

2 Den Reis in knapp 500 ml kochendem Salzwasser in 15–20 Minuten ausquellen lassen. Die Butter und die fein geschnittenen Kräuter unterrühren.

3 Die Fischfilets mit der glatten Seite nach oben auf die Arbeitsfläche legen. Mit den Zitronenstreifen und Kräutern (Blätter ohne Stiel) belegen. Die Filets aufrollen und mit Zahnstochern zustecken.

4 Zum Pochieren die Hühnerbrühe mit dem Weißwein und dem Zitronensaft zum Kochen bringen, die Schollenröllchen einlegen. Im geschlossenen Topf knapp unter dem Siedepunkt etwa 5 Minuten pochieren.

5 Den Reis in einer vorgewärmten Schüssel anrichten. Die Fischröllchen am Rand auflegen und den Pochiersud über den Reis gießen. Mit Kräuterblättchen garnieren.

Pochierte Schollenröllchen mit Kräuterreis

Gefüllte Schollenfilets, im Ofen pochiert

Die Zutaten und Geräte für das Fischpüree müssen eiskalt sein; das ist wichtig für die Bindung.

- **8 Schollenfilets (Doppelfilets)**
- **Salz**

Fischpüree / Fischfarce

- **200 g Fischfilet (Hecht, Forelle, Lachs)**
- **200 g Sahne**
- **Salz, weißer Pfeffer, Muskatnuss**

Pilze

- **30 g Butter**
- **300 g Champignons, gehackt oder im Mixer püriert**
- **Salz, Pfeffer, 1 EL Zitronensaft**

Zum Pochieren

- **40 g Butter**
- **2 Schalotten, gewürfelt**
- **1 EL fein geschnittene Kräuter**
- **150 ml Fischfond (Seite 204 oder Glas), ersatzweise Hühnerbrühe**
- **150 ml trockener Weißwein**

Sauce

- **125 g Sahne**
- **Salz, 1 Prise Cayennepfeffer**
- **30 g eiskalte Butter**

1 Vorab die Füllung zubereiten. Für das Fischpüree das Fischfleisch in Würfel schneiden und mit der Sahne, Salz Pfeffer und Muskatnuss im Blitzhacker oder mit dem Stabmixer fein pürieren. Zugedeckt für 1 Stunde in den Kühlschrank auf gestoßenes Eis oder auf ein Kühlelement stellen.

2 Für die Pilze in einer Pfanne die Butter zerlassen und die Champignons darin andünsten. Salz, Pfeffer und Zitronensaft zufügen und dünsten, bis alle Flüssigkeit verdampft ist; erkalten lassen. Vor der Verwendung des Fischpürees die Hälfte der Pilze untermischen.

3 Den Ofen auf 200 °C/Umluft 180 °C vorheizen. Die Schollenfilets kalt abspülen, mit Küchenpapier trocken tupfen, mit der glatten Seite nach oben auf die Arbeitsfläche legen. Jedes Filet salzen, mit einem Esslöffel Füllung belegen und zusammenfalten. Reste der Farce können Sie zu Klößchen formen und mit dem Fisch in der Form garen.

4 Zum Pochieren in einer feuerfesten Form die Butter zerlassen, die Schalotten und die Kräuter einstreuen und kurz auf der Herdplatte anschwitzen. Die gefüllten Schollenfilets einlegen und so viel Fischfond und Wein zugießen, dass die Filets knapp bedeckt sind. Die Form mit einem gebutterten Pergamentpapier oder mit Alufolie abdecken, im Ofen etwa 8 Minuten pochieren. Die Filets herausnehmen und zugedeckt warm halten.

5 Für die Sauce die Garflüssigkeit in einen Saucentopf gießen und kurz einkochen. Die Sahne einrühren, 5 Minuten kochen. Die restlichen Champignons in die Sauce rühren, mit Salz und Cayennepfeffer abschmecken. Die kalte Butter flöckchenweise mit dem Stabmixer einmixen, dann nicht mehr kochen. Die Schollenfilets in einer vorgewärmten flachen Schale oder Schüssel anrichten, mit der Sauce übergießen und servieren.

Pochiertes Lachsfilet

Pochiertes Lachsfilet

Fischfilet wird selten pochiert, weil es ohne die schützende Haut im heißen Sud leicht auslaugt. In einem kräftigen Gemüsesud gegart, bleiben jedoch alle Geschmacksstoffe erhalten.

- **4 Scheiben Lachsfilet**

Für den Sud

- **1/2 TL Meersalz**
- **200 g Gemüse: Möhre, Bleichsellerie mit Grün, Lauch, Zwiebel, in Scheiben oder Ringe geschnitten**
- **125 ml trockener Weißwein**
- **4 Petersilienstängel**
- **1 kleines Lorbeerblatt**

1 In einem Topf etwa 1 l Wasser erhitzen, salzen und das Gemüse etwa 10 Minuten darin köcheln lassen. Den Wein, die Petersilienstängel und das Lorbeerblatt zugeben.

2 Die Lachsscheiben einlegen und zugedeckt bei mäßiger, gleich bleibender Hitze zugedeckt in 4–6 Minuten garziehen lassen (nicht kochen!).

3 Den Lachs aus dem Sud heben, in vorgewärmten Suppentellern anrichten, mit dem Gemüse umgeben und den Sud darüberschöpfen.

Filets, Koteletts, Tranchen, gedünstet

Siehe Grundlagen der Fischküche, Seite 22.

Fischfilet gedünstet

Lachs, Seezunge, Scholle, Pangasius, Steinbeißer.

Für Fischfilet oder -kotelett ist Dünsten bei Kennern die bevorzugte Garmethode. Das zarte Fischfleisch wird im nur eben den Boden des Topfes bedeckenden Sud und wenig Fett in kurzer Zeit äußerst schonend gegart, und zwar immer im zugedeckten oder mit gebuttertem Pergamentpapier abgedeckten Gefäß. Das Beste ist die kräftige Sauce, die aus dem beim Dünsten sich bildenden Fond zubereitet wird und die ideale Begleitung zum Fisch ist.

- **4 Fischfilets, je 180 g**
- **Zitronensaft**
- **Salz, Pfeffer**

Zum Dünsten

- **30 g Butter**
- **2 Schalotten, gewürfelt**
- **1 Spritzer Wermut (Noilly Prat)**
- **50–100 ml trockener Weißwein**
- **150 ml Fischfond (Seite 204 oder Glas), ersatzweise Hühnerbrühe**

Sauce

- **150 g Sahne**
- **Salz, Pfeffer, 1 Prise Cayennepfeffer**
- **30 g kalte Butterflöckchen**
- **1–2 EL geschlagene Sahne (nach Belieben)**

1 Die Fischfilets kalt abspülen, mit Küchenpapier trocken tupfen, sauber parieren. Mit Zitronensaft beträufeln, mit Salz und Pfeffer würzen; sehr dünne Filets falten.

2 Zum Dünsten in einem flachen Topf die Butter zerlassen und die Schalotten darin hell anschwitzen. Mit dem Wermut ablöschen, verdampfen lassen. Den Wein und den Fond zugießen, aufkochen und 3 Minuten köcheln lassen.

3 Die Fischstücke nebeneinander oder ziegelartig in die Garflüssigkeit einlegen. Mit gebuttertem Pergamentpapier oder mit dem Deckel abdecken und je nach Dicke knapp unter dem Siedepunkt in 3–5 Minuten auf den Punkt garen. Die Fischfilets mit dem Schaumlöffel vorsichtig herausheben und warm stellen.

4 Die Garflüssigkeit in den Saucentopf abseihen und bei starker Hitze auf die Hälfte einkochen. Die Sahne zugießen und um ein Drittel einkochen. Die Sauce mit Salz, Pfeffer und Cayennepfeffer abschmecken. Die Butterflöckchen nach und nach mit dem Schneebesen einschwenken. Etwas geschlagene Sahne und zusätzliches Aufmixen mit dem Stabmixer geben der Sauce eine samtige Konsistenz.

Gedünstete Schollenfilets mit Kräuterbutter

Oder Pangasius, Tilapia, Zander, Seelachs.

Dieses Fischfilet ist in null Komma nichts zubereitet, selbst wenn Sie die Kräuterbutter selbst herstellen.

- **750 g Schollenfilets**
- **Salz, Pfeffer**
- **Zitronensaft**
- **100 g Kirschtomaten, halbiert**

Kräuterbutter

- **80 g Butter**
- **2 Schalotten, gewürfelt**
- **2 EL gehackte Kräuter (Petersilie, Dill, Thymian)**
- **Salz, Pfeffer**

1 Die Schollenfilets kalt abspülen, mit Küchenpapier trocken tupfen. Mit Salz und Pfeffer würzen und mit Zitronensaft beträufeln. Nebeneinander oder ziegelartig in eine entsprechend große Auf-

Gedünstete Schollenfilets mit Kräuterbutter

laufform legen. Die Kirschtomaten auf den Filets verteilen. Den Ofen auf 200 °C/Umluft 180 °C vorheizen.

2 Für die Kräuterbutter die Butter in einem kleinen Topf zerlassen, die Schalotten mit den Kräutern darin kurz anschwitzen, mit Salz und Pfeffer würzen.

3 Die Fischfilets und die Tomaten mit der Kräuterbutter beträufeln und die Form mit gebuttertem Pergamentpapier abdecken. Im Ofen in etwa 8 Minuten garen.

Schollenfilets mit Nordseekrabben

Oder Forelle, Saibling, Renke (Felchen).

- **600 g Schollenfilets**
- **Salz, Pfeffer**
- **120 g Nordseekrabben (Granat)**
- **200 g Gemüse: Möhre, Bleichsellerie und Lauch, in kleine Würfel oder Ringe geschnitten**

Zum Dünsten

- **50 g Butter, 1–2 Schalotten, gewürfelt**
- **150 ml Fischfond (Seite 204 oder Glas), ersatzweise Hühnerbrühe**
- **150 ml trockener Weißwein**

Sauce

- **100 g Crème fraîche**
- **Salz, 1 Prise Cayennepfeffer**
- **1 EL fein geschnittene Petersilie**

Schollenfilets mit Nordseekrabben

1 Die Schollenfilets kalt abspülen, mit Küchenpapier trocken tupfen. Mit Salz und Pfeffer würzen. Die Krabben im Sieb kalt überbrausen und abtropfen lassen. Das Gemüse bissfest blanchieren, abgießen und abtropfen lassen.

2 Zum Dünsten in einem flachen Topf die Butter zerlassen und die Schalotten darin anschwitzen. Mit dem Fond ablöschen, den Wein zugießen und 3 Minuten kochen.

3 Die Fischfilets nebeneinander (leicht überlappend) einlegen, den Deckel auflegen und knapp unter dem Siedepunkt bei gleich bleibender Hitze in 3–5 Minuten garziehen lassen. Die Filets vorsichtig herausheben, mit Folie bedecken und warm stellen.

4 Für die Sauce die Garflüssigkeit in einen Saucentopf gießen und kurz einkochen. Die Crème fraîche einrühren und einige Minuten mitkochen. Mit Salz und Cayennepfeffer abschmecken. Das Gemüse, die Petersilie und die Krabben in der Sauce erhitzen.

5 Den Fisch – nach Belieben auf Blattspinat – auf einer vorgewärmten Platte oder in einer flachen Schale anrichten und mit der Sauce umgeben. Servieren Sie Kartoffeln oder breite Nudeln dazu.

Steinbeißerkoteletts auf dem Gemüsebett

Der edle Fisch wird auf aromatischem Gemüse gedünstet. Die samtig zarte Fischsauce mit Schalotten und Estragon ist das Tüpfelchen auf dem i.

- **4 Steinbeißerkoteletts, je 180 g**
- **Salz, Pfeffer**

Gemüse

- **30 g Butter für die Form**
- **1 weiße Zwiebel, in Ringe geschnitten**
- **1 Möhre, in 5 cm lange Streifen geschnitten**
- **1/2 Lauchstange, in Scheiben geschnitten**
- **1–2 EL trockener Wermut (Noilly Prat)**
- **50 ml trockener Weißwein**
- **150 ml Fischfond (Seite 204 oder Glas), ersatzweise Hühnerbrühe**
- **Salz, Pfeffer**
- **1 Zweig Estragon**
- **1–2 Tomaten, enthäutet, Samen entfernt, in Streifen geschnitten**

Aufgeschlagene Fischsauce

- **1 EL Öl**
- **1 Schalotte, klein gewürfelt**
- **3 cl trockener Wermut (Noilly Prat)**
- **50 ml trockener Weißwein**
- **60 ml Fischfond (Seite 204 oder Glas)**
- **2 Eigelb**
- **50 g eiskalte Butterflöckchen**
- **Salz, Pfeffer**
- **1 TL frischer, fein geschnittener Estragon**

1 Die Steinbeißerkoteletts kalt abspülen, mit Küchenpapier trocken tupfen. Salzen und pfeffern.

2 Für das Gemüse in einem flachen Topf oder in einer feuerfesten Form die Butter zerlassen, die Zwiebel, die Möhre und den Lauch ohne Farbe darin anschwitzen. Mit dem Wermut ablöschen und verdampfen lassen. Den Wein und den Fischfond zugießen, salzen und pfeffern. Den Estragon einlegen und alles 2–3 Minuten köcheln lassen.

1 Das vorbereitete Gemüse in Butter anschwitzen, die Flüssigkeit zugießen.

2 Den Fisch auf das Gemüse legen und mit gebuttertem Pergamentpapier abdecken.

3 Die Tomatenstreifen und die Steinbeißerkoteletts auf das Gemüse legen. Den Deckel auflegen oder mit gebuttertem Pergamentpapier abdecken und bei gleichmäßiger Hitze 5–6 Minuten dünsten.

4 Für die Sauce in einem kleinen Topf das Öl erhitzen und die Schalottenwürfel darin ohne Farbe anschwitzen. Den Wermut, den Wein, den Fischfond und die Eigelbe mit dem Schneebesen einrühren und bei schwacher Hitze oder über Wasserdampf cremig aufschlagen. Die Butterflöckchen nach und nach darunterschlagen. Mit Salz, Pfeffer und Estragon abschmecken.

5 Die Steinbeißerkoteletts von der Mittelgräte lösen und mit dem Gemüse anrichten. Die Sauce dazu servieren.

Lottebäckchen in Riesling-Sahnesauce

Oder Rochenbäckchen, Steinbeißerbäckchen.

Lottebäckchen, die Kaumuskeln des Seeteufels, sind eine Delikatesse. Sie liegen hinter den Kiemendeckeln und werden separat gehandelt. Wenn Sie noch von den dunklen Häutchen überzogen sind, lassen Sie diese vom Fischhändler entfernen. Gern werden die Bäckchen kombiniert mit anderen Fischen serviert.

- **500 g Lotte-/Seeteufelbäckchen**
- **Zitronensaft**
- **Salz, Pfeffer**

Zum Dünsten

- **40 g Butter**
- **2 Schalotten, fein gewürfelt**
- **150 ml trockener Riesling**
- **125 ml Fischfond (Seite 204 oder Glas), ersatzweise Fleischbrühe**

Riesling-Sahnesauce

- **100 g Sahne**
- **Salz**
- **1 Prise Cayennepfeffer**
- **2 Eigelb, mit 4 EL Sahne verrührt**

1 Die Lottebäckchen von den feinen Häutchen befreien, kalt abspülen, mit Küchenpapier trocken tupfen. Mit Zitronensaft beträufeln, salzen und pfeffern.

2 Zum Dünsten in einer Pfanne mit hohem Rand die Butter zerlassen und die Schalotten darin anschwitzen. Den Wein und den Fischfond zugießen und 3 Minuten köcheln lassen.

3 Die Bäckchen einlegen und zugedeckt knapp unter dem Siedepunkt etwa 5 Minuten dünsten. Herausnehmen und zugedeckt beiseitestellen.

Lottebäckchen: Links mit den dunklen Häutchen, rechts von den Häutchen befreit.

4 Für die Sauce die Garflüssigkeit auf die Hälfte einkochen. Die Sahne einrühren und um ein Drittel einkochen. Die Sauce nach Belieben durch ein Sieb passieren, mit Salz und Cayennepfeffer milde abschmecken. Die Sauce erneut erhitzen und die Eigelbsahne einrühren; nicht mehr kochen lassen.

5 Die Lottebäckchen in der Sauce wieder erwärmen und mit der Sauce zu Tisch bringen.

Rochenbäckchen

Wenn der Handel über ganze Rochen verfügt, werden neben den Flügeln auch die Bäckchen angeboten. Nutzen Sie diese Gelegenheit und probieren Sie eines der in diesem Buch präsentierten Rezepte aus (Seite 79, 89, 109, 187). Beachten Sie auch die Information zum Auslösen der Bäckchen auf Seite 19.

Renkenfilet in Kräutersauce

Oder Scholle, Rotzunge.

- **750–800 g Renkenfilets**
- **Salz, Pfeffer**

Zum Dünsten

- **30 g Butter**
- **2 Schalotten, gewürfelt**
- **etwa 125 ml trockener Weißwein**
- **125 ml Fischfond (Seite 204 oder Glas), ersatzweise Gemüsebrühe**

Kräutersauce

- **125 g Sahne**
- **1 Bund frische Kräuter (Petersilie, Kerbel, Estragon, Dill, Bärlauch), fein geschnitten**
- **Salz, Pfeffer**
- **30 g kalte Butterflöckchen**

1 Die Renkenfilets kalt abspülen, mit Küchenpapier trocken tupfen. Mit Salz und Pfeffer würzen.

2 Zum Dünsten in einem flachen Topf die Butter zerlassen und die Schalotten darin hell anschwitzen. Mit dem Wein ablöschen, kurz einkochen, den Fond zugießen und 3 Minuten köcheln lassen.

3 Die Fischfilets nebeneinander oder leicht überlappend in die Garflüssigkeit legen. Zugedeckt knapp unter dem Siedepunkt 3–5 Minuten dünsten. Die Filets herausheben, auf einer vorgewärmten Platte anrichten und zugedeckt warm stellen.

4 Für die Kräutersauce die Garflüssigkeit auf die Hälfte einkochen. Die Sahne einrühren und um ein Drittel einkochen. Die Kräuter zugeben und 5 Minuten ziehen lassen. Die Sauce mit Salz und Pfeffer abschmecken. Die kalten Butterflöckchen mit dem Stabmixer einrühren, nicht mehr kochen. Die Sauce über die angerichteten Renkenfilets gießen. Grünkern oder Reis passen gut zu diesem saftigen Gericht.

Karpfen in Biersauce

Das Rezept stammt aus der jüdischen Küche Osteuropas. Bekannt ist es auch als Polnischer Karpfen und wird in der Region gern zu Weihnachten gegessen.

- 1 Spiegelkarpfen von etwa 1,5 kg, küchenfertig

Fischbrühe

- Karpfenkarkasse (Kopf und Schwanz)
- 1/2 Zwiebel, in Scheiben geschnitten
- 150 g Suppengemüse, grob zerkleinert
- 1 Lorbeerblatt
- 1 TL Salz
- einige Pfefferkörner
- etwa 500 ml Wasser

Biersauce

- 30 g Butter
- 1 kleine Zwiebel, gewürfelt
- 350 ml reduzierte Fischbrühe
- 150 ml dunkles Bier
- 1 Lorbeerblatt
- 1 Prise gemahlene Nelken
- 1 Stückchen Zitronenschale
- 2 EL Essig
- 1 TL Salz, Pfeffer
- 1 Prise Zucker

Außerdem

- etwa 30 g Saucenlebkuchen
- 40 g Sultaninen
- 20 g geröstete Mandelstifte

Karpfen in Biersauce

1 Vom Karpfen die wenigen Schuppen ablösen, innen und außen unter fließendem Wasser waschen. Kopf und Schwanz entfernen, das Mittelstück des Fisches in etwa 3 cm dicke Koteletts schneiden und beiseitestellen.

2 Für die Fischbrühe die Kiemen entfernen, den Kopf längs spalten und zusammen mit dem Schwanz unter fließendem Wasser gründlich wässern. Abtropfen lassen und in einen entsprechend großen Topf geben. Die Zwiebel, das Suppengemüse und die Gewürze dazugeben, mit dem Wasser aufgießen, aufkochen und etwa 20 Minuten kochen. Die Brühe durchseihen und kurz einkochen; etwa 350 ml davon werden für die Sauce benötigt.

3 Für die Biersauce die Butter in einem Topf erhitzen und die Zwiebelwürfel darin anschwitzen. Mit der Fischbrühe und dem Bier aufgießen. Alle übrigen Zutaten dazugeben und aufkochen lassen.

4 Die Karpfenstücke in die Sauce legen und zugedeckt bei gleichmäßiger Hitze in etwa 10 Minuten garziehen lassen. Mit dem Schaumlöffel herausheben und in einer vorgewärmten Schüssel anrichten.

5 Die Sauce mit dem zerbröckelten Saucenlebkuchen binden (sie soll dicksämig sein), kurz einkochen, abschmecken und bei Bedarf nachwürzen. Die Sultaninen und die Mandeln in die Sauce rühren, über den Fisch gießen. Salzkartoffeln passen gut dazu. Im Egerland serviert man zum Bierkarpfen gern Hefeklöße.

Fischfilet oder -kotelett italienisch

Dorade, Schwertfisch, Wolfsbarsch.

Wenn das nicht an Urlaub erinnert: kräftig rote Tomaten, grüne Kapern, helle Pinienkerne, schwarze Oliven. Dazu Fischfilet natur und einfach Weißbrot (Ciabatta).

- **etwa 800 g Fischfilet oder -kotelett, ohne Haut**
- **Zitronensaft, Salz, Pfeffer**
- **3 EL Öl zum Anbraten**
- **geriebener Parmesan zum Bestreuen**

Für die Tomaten

- **3 EL Olivenöl**
- **2 Zwiebeln, fein gewürfelt**
- **1–2 Knoblauchzehen, gehackt**
- **2–3 Tomaten, enthäutet, Samen entfernt, gewürfelt**
- **6 schwarze Oliven ohne Stein, in Scheiben geschnitten**
- **1 EL Kapern**
- **Salz, Pfeffer**
- **1 EL Pinienkerne**
- **Basilikumblättchen**

1 Den Fisch kalt abspülen, mit Küchenpapier trocken tupfen und in Portionen teilen. Mit Zitronensaft beträufeln, mit Salz und Pfeffer würzen.

2 Für die Tomaten in einer Pfanne mit hohem Rand das Olivenöl erhitzen, die Zwiebeln und den Knoblauch darin anschwitzen. Die Tomaten, die Oliven und die Kapern zugeben, mit Salz und Pfeffer würzen und 15–20 Minuten köcheln lassen. Die Pinienkerne und die Basilikumblättchen untermischen.

3 In einer Pfanne das Öl erhitzen und die Fischstücke auf beiden Seiten kurz anbraten. Auf die Tomaten legen und zugedeckt in 5 Minuten gar dünsten. Auf einer vorgewärmten tiefen Platte anrichten und mit dem frisch geriebenen Parmesan bestreuen.

Fischfilet in Kapernsauce

Zander, Goldbarsch, Seelachs, Scholle, Petersfisch.

- **750 g Fischfilet**
- **Salz, Pfeffer**

Zum Dünsten

- **40 g Butter**
- **3 Schalotten, gehackt**
- **125 ml trockener Weißwein**
- **125 ml Fischfond (Seite 204 oder Glas), ersatzweise Fleischbrühe**

Kapernsauce

- **150 g Sahne**
- **etwa 1 TL Mehlbutter (Seite 208)**
- **1 EL Kapern**
- **Salz**
- **1 Prise Cayennepfeffer**
- **1 TL Zitronensaft**

1 Die Fischfilets kalt abspülen, mit Küchenpapier trocken tupfen. Mit Salz und Pfeffer würzen.

2 Zum Dünsten in einem weiten Topf die Butter zerlassen und die Schalotten darin kurz anschwitzen. Die Fischfilets einlegen und auf beiden Seiten leicht anbraten. Den Wein und den Fond seitlich zugießen und den Fisch zugedeckt bei milder Hitze in etwa 5 Minuten garen. Die Fischfilets herausnehmen, mit Alufolie bedeckt auf einer vorgewärmten Platte warm stellen.

3 Für die Kapernsauce die Garflüssigkeit mit dem Stabmixer pürieren und auf etwa die Hälfte einkochen. Die Sahne und die Mehlbutter einrühren und 5 Minuten köcheln lassen. Die Kapern einstreuen, mit Salz, Cayennepfeffer und Zitronensaft würzen. Die Sauce über die angerichteten Filets gießen.

Filets, Koteletts, Tranchen, geschmort

Siehe Grundlagen der Fischküche, Seite 22.

Aalragout

- **1 Aal von etwa 750 g, küchenfertig, enthäutet**
- **Salz, Pfeffer**

Zum Schmoren

- **2 + 2 EL Olivenöl**
- **3 Schalotten, gewürfelt**
- **2 Knoblauchzehen, gewürfelt**
- **4 Tomaten, enthäutet, Samen entfernt, gewürfelt**
- **Salz, Pfeffer, 1 Prise Zucker**
- **Kräuter der Provence**

1 Den Aal kalt abspülen, mit Küchenpapier trocken tupfen. In fingerlange Stücke schneiden, mit Salz und Pfeffer würzen.

2 Zum Schmoren 2 EL Olivenöl in einem Topf erhitzen und die Aalstücke darin von allen Seiten anbraten. Den Fisch herausnehmen und beiseitestellen.

3 Im gleichen Topf das restliche Olivenöl erhitzen, die Schalotten und den Knoblauch darin anschwitzen. Die Tomaten zugeben, mit Salz, Pfeffer und

1 **Aal enthäuten:** Die Haut zu beiden Seiten des Kopfes einschneiden.

Aalragout

2 In den Schnitt eine ausreichend lange Schnur einlegen und fest verknoten.

3 Den Aal sicher aufhängen und die Haut nach unten abziehen (siehe auch Seite 33).

Zucker würzen und die Kräuter einstreuen. Die Aalstücke auf die Tomaten legen und zugedeckt bei mäßiger Hitze etwa 20 Minuten schmoren, bis der Fisch gar ist.

Geschmorte Dorade auf spanische Art

Die Picada, eine im Mörser verriebene Mischung aus Knoblauch, Mandeln, Petersilie und Tomaten, gibt dem Fisch den typisch mediterranen Geschmack. Der damit überzogene Fisch bleibt saftig, gleichzeitig bildet sich zusammen mit den mitgebratenen Zwiebeln eine würzige Sauce.

- **1 Dorade von 800–1000 g oder 2 kleinere Doraden, küchenfertig**
- **Zitronensaft, Salz**

Picada

- **2 Knoblauchzehen, geschält**
- **4 Mandeln, 8 Pfefferkörner**
- **1/2 Bund Petersilie, die Blättchen abgezupft, Salz**
- **2–3 vollreife Tomaten, enthäutet, geviertelt, Stielansatz entfernt**

Zum Schmoren

- **4 EL Olivenöl**
- **1 Zwiebel, in Streifen geschnitten**
- **1 Schuss Weißwein**

1 Den Fisch kalt abspülen, mit Küchenpapier trocken tupfen, Kopf und Schwanz entfernen, in 4 Portionen teilen. Mit Zitronensaft und Salz würzen.

2 Für die Picada den Knoblauch, die Mandeln, die Pfefferkörner und die Petersilie im Mörser mit etwas Salz zerstoßen. Mit den Tomaten zu einer sämigen Masse verreiben.

3 In einem Schmortopf das Öl erhitzen und die Fischstücke darin anbraten, dabei die Zwiebelstreifen mitbraten. Die Picada über die Fischstücke verteilen. Etwas Wein angießen und den Fisch zugedeckt bei milder Hitze schmoren. Die Garzeit beträgt etwa 15 Minuten. In Spanien isst man Weißbrot dazu oder Kartoffeln.

Geschmorte Dorade auf spanische Art

Filets, Koteletts, Tranchen, gedämpft

Siehe Grundlagen der Fischküche, Seite 23.

Fischfilet, im Mangoldblatt gedämpft

Seelachs, Kabeljau, Goldbarsch, Zander.

Zum Dämpfen brauchen Sie einen Topf oder einen Wok mit Dämpfeinsatz. Fischfilet im Mangoldmantel schmeckt auch schlicht gewürzt sehr fein: Den Fisch nur salzen, am besten mit Meersalz, und mit Zitronensaft und Olivenöl beträufeln.

- **750 g Fischfilet**
- **8 große Mangoldblätter, Salz**
- **2–3 EL Olivenpaste (Tapenade), ersatzweise pürierte Oliven**
- **2 EL gemahlene Mandeln**
- **1 EL Zitronensaft**
- **1 EL Olivenöl**
- **Salz, Pfeffer**

Zum Dämpfen

- **1 Zitrone, in Scheiben geschnitten**
- **frische Kräuter: 1 Estragon- oder Rosmarinzweig oder 3 Lorbeerblätter**

1 Das Fischfilet kalt abspülen, mit Küchenpapier trocken tupfen. In 4 gleich große Portionen schneiden.

2 Vom Mangold die dicken Blattrippen ausschneiden. Die Blätter in kochendem Salzwasser 2 Minuten blanchieren, kalt abschrecken und abtropfen lassen. Auf einem Küchentuch auslegen. (Die Mangoldstiele können Sie im Blanchierwasser in 6–8 Minuten bissfest kochen und daraus einen Salat oder eine Gemüsebeilage bereiten.)

3 Die Olivenpaste mit den restlichen Zutaten verrühren. Die Fischfilets auf beiden Seiten damit bestreichen, in je 2 Mangoldblätter wickeln und mithilfe des Küchentuches andrücken.

4 Im Dämpftopf etwa 750 ml Wasser mit den Zitronenscheiben und den Kräutern zum Kochen bringen. Die Fischpäckchen in den Sieb- oder Dämpfeinsatz legen und über das kochende Wasser stellen (das Wasser darf den Fisch nicht berühren). Zugedeckt bei reduzierter, aber gleichmäßiger Hitze 10–15 Minuten dämpfen, je nach Dicke der Filets.

◀ Fischfilet, im Mangoldblatt gedämpft

Fischfilet, in Folie gedämpft

Goldbarsch, Zander, Steinbeißer, Pangasius, Lachs.

- **750 g Fischfilet**
- **Salz, Pfeffer**
- **4 EL Olivenöl oder zerlassene Butter**
- **4 EL trockener Weißwein**
- **8 Tomatenscheiben**
- **4 frische Kräuterzweige**

1 Die Filets salzen und pfeffern und auf 4 Bogen Alufolie in ausreichender Größe verteilen. Alle Zutaten darübergeben, die Filets locker in die Folie einschlagen und die Ränder so falzen, dass nichts auslaufen kann.

2 Einen weiten Topf etwa 2 cm hoch mit Wasser füllen und zum Kochen bringen. Einen Dämpfeinsatz in den Topf stellen und die Alupäckchen darauflegen (sie sollen nicht mit dem Wasser in Berührung kommen). Bei gleich bleibender, nicht zu starker Hitze etwa 10 Minuten im geschlossenen Topf dämpfen.

3 Die Päckchen auf Teller legen und erst bei Tisch öffnen.

Sie haben keinen Dämpfeinsatz?
Kein Problem. Nehmen Sie das Spritzschutzgitter Ihrer Pfanne, platzieren Sie darauf die Folienpäckchen und legen Sie den Pfannendeckel auf (siehe Seite 23).

Fischfilet, auf Meeresalgen gedämpft

Steinbeißer, Lachs, Scholle.

Als wäre es sein natürliches Bett: Fisch auf Meeresalgen, im Dampf gegart – da kommt der reine Geschmack von salziger Meeresluft und Fisch aus dem Topf. Die Algen sollen knackig bleiben; lassen Sie sie nicht unnötig lange garen, sondern legen Sie den Fisch gleich nach dem Ankochen darauf.

- **800 g Fischfilet**
- **Zitronensaft, grobes Meersalz**
- **500 g Meeresalgen**
- **250 ml Wasser**
- **Olivenöl zum Beträufeln**

1 Das Fischfilet kalt abspülen, mit Küchenpapier trocken tupfen. In Portionsstücke teilen. Mit Zitronensaft beträufeln und mit grobem Meersalz bestreuen.

2 Die Meeresalgen im Sieb überbrausen und in einen gut schließenden Topf legen. Etwa 250 ml Wasser aufgießen, zum Kochen bringen. Die Fischstücke auf die Algen legen und zugedeckt 3–8 Minuten bei gleich bleibender, nicht zu starker Hitze dämpfen. Die Garzeit ist sehr von der Dicke des Filets abhängig.

3 Die Fischstücke mit den Algen herausheben, auf vorgewärmten Tellern anrichten und mit etwas Olivenöl beträufeln.

Fischfilet, im Bambuskorb gedämpft

Heilbutt, Steinbeißer, Viktoriabarsch, Goldbarsch, Lachs.

Das Filet wird mit dem Gemüse in einem asiatischen Dämpfkorb aus Bambus (mit Deckel) im Wok gedämpft. Ein Topf mit Dämpfeinsatz und Deckel tut es natürlich auch.

- **4 Fischfilets, je 180–200 g**
- **Salz**
- **Pfeffer**
- **1 Gläschen trockener Sherry**
- **200 g Gemüse: zu gleichen Teilen Möhren, Lauch und Bleichsellerie**
- **Petersilie zum Garnieren**

1 Den Fisch kalt abspülen, mit Küchenpapier trocken tupfen. Leicht salzen und pfeffern und mit dem Sherry beträufeln. Zugedeckt 1 Stunde marinieren.

2 Das Gemüse putzen und in feine Streifen (Julienne) schneiden. In einem Dämpfkorb aus Bambus verteilen. Die gewürzten Filets darauflegen und mit der Marinade beträufeln. Den Deckel des Dämpfkorbes auflegen.

3 Im Wok etwa 500 ml Wasser zum Kochen bringen, den Dämpfkorb einsetzen (der Korb darf nicht im Wasser stehen) und den Deckel auflegen. Je nach Dicke des Filets etwa 5 Minuten dämpfen, bis der Fisch gar und das Gemüse knackig weich ist (für weicheres Gemüse müssen Sie es einige Minuten vorgaren). Den Fisch auf dem Gemüse anrichten, mit Petersilie garnieren.

Fischfilet, im Bambuskorb gedämpft

Fischfilet, auf Gemüse gedämpft

- **4 Fischfilets, je 180 g**
- **Zitronensaft**
- **Salz, Pfeffer**

Gemüse

- **30 g Butter**
- **1–2 Schalotten, gewürfelt**
- **1/2 Stange Lauch, in Ringe geschnitten**
- **2 Möhren, in Stifte geschnitten**
- **4 Shiitake (Pilze), in Streifen geschnitten**
- **1 Stückchen Ingwerwurzel, klein gehackt**
- **200 ml Gemüsebrühe**
- **Salz, Pfeffer**

Zum Belegen

- **4 Zitronenscheiben**
- **30 g Butterflöckchen**
- **Dillspitzen**

1 Die Fischfilets kalt abspülen, mit Küchenpapier trocken tupfen. Mit Zitronensaft, Salz und Pfeffer würzen.

2 Für das Gemüse in einem weiten, flachen Topf die Butter zerlassen und die Schalotten darin anschwitzen. Das Gemüse, die Pilze und den Ingwer dazugeben und unter ständiger Bewegung etwa 5 Minuten dünsten. Mit der Gemüsebrühe aufgießen, mit Salz und Pfeffer würzen; zum Kochen bringen.

3 Die Fischfilets auf das Gemüse setzen, mit je 1 Zitronenscheibe, den Butterflöckchen und Dillspitzen belegen. Den Topf schließen und den Fisch in etwa 5 Minuten auf dem Gemüsebett gar dämpfen. Auf vorgewärmten Tellern anrichten. Dazu passen gemischter Reis und eine Weißwein-Sahnesauce.

Fischfilet, auf ▶ Gemüse gedämpft

Filets, Koteletts, Tranchen aus dem Ofen

Siehe Grundlagen der Fischküche, Seite 26.

Seeteufelmedaillons »Saltimbocca«

Saltimbocca heißt »Spring in den Mund« und ist bekannt als klassische Zubereitung für zarte Kalbsschnitzel, belegt mit einem Salbeiblatt und Schinken. Eine Delikatesse auch mit Fisch!

- **600 g Seeteufelfilet, sorgfältig enthäutet**
- **Zitronensaft**
- **8 Salbeiblätter**
- **8 Scheiben Parmaschinken**

Sauce

- **1/2 EL Olivenöl**
- **1 Schalotte, gewürfelt**
- **1 Gläschen Wermut (Noilly Prat) oder Cognac**
- **50 ml Weißwein**
- **125 ml Fischfond (Seite 204 oder Glas), ersatzweise Gemüsebrühe**
- **125 g Sahne**
- **1/2 Bund Petersilie**
- **Salz**
- **Pfeffer**

Rote Bete

- **200 g Rote Bete, gekocht und geschält**
- **20 g Butter**
- **Salz, Pfeffer**

1 Vorab für die Sauce in einem kleinen Topf das Olivenöl erhitzen und die Schalotte darin anschwitzen. Mit dem Wermut, dem Wein, dem Fischfond und der Sahne aufgießen und auf die Hälfte einkochen. Die Petersilie dazugeben und die Sauce mit dem Stabmixer fein pürieren. Mit Salz und Pfeffer abschmecken. Warm stellen. Den Ofen auf 230 °C/Umluft 210 °C vorheizen.

2 Das Seeteufelfilet kalt abspülen, mit Küchenpapier trocken tupfen. In 8 gleich große Medaillons schneiden,

1 Das Seeteufelfilet sauber von der umgebenden Haut befreien (parieren).

2 Das gewaschene Filet in gleichmäßig große Medaillons schneiden.

3 Die Rote-Bete-Würfel in der heißen Butter rundum braten, würzen.

mit Zitronensaft beträufeln. Die Medaillons mit je 1 Salbeiblatt belegen und mit 1 Scheibe Schinken umwickeln. In die Fettpfanne des Ofens oder in eine feuerfeste Form setzen und im Ofen 10–12 Minuten garen.

3 Die Rote Bete in kleine Würfel schneiden und in der heißen Butter in wenigen Minuten rundum braten. Mit Salz und Pfeffer würzen.

4 Die Seeteufelpäckchen mit den Rote-Bete-Würfeln und der Sauce auf vorgewärmten Tellern anrichten

Ganze Lachsseite, im Ofen gebraten

Einfacher geht es nicht, und so gelingt der Fisch immer und bietet den puren Fischgeschmack. Für ein größeres Stück müssen Sie die Garzeit nur geringfügig erhöhen.

- **1 Lachsseite von etwa 700 g, mit der Haut, jedoch geschuppt**
- **Zitronensaft**
- **Salz**

Zum Braten

- **40 g Butter**
- **2 Petersilien- oder Dillstängel**

- **Zitronenschnitze zum Garnieren**

1 Das Lachsfilet kalt abspülen, mit Küchenpapier trocken tupfen und sauber parieren. Die dünnen Bauchlappen abschneiden, damit der Fisch gleichmäßig gart. Mit Zitronensaft beträufeln und salzen. Den Ofen auf 200 °C/Umluft 180 °C vorheizen.

2 Zum Braten in einer feuerfesten Form die Butter zerlassen und die Kräuter einlegen. Den Fisch in der Butter wenden. Mit der Hautseite nach oben in die Form legen und unbedeckt 18–20 Minuten im Ofen braten.

3 Den Fisch herausheben und auf eine vorgewärmte Platte legen. Die Haut abnehmen und, wenn nötig, dunkle Stellen am Fischfleisch mit einem Löffel entfernen. Servieren Sie das Filet im Ganzen mit Zitronenschnitzen. Gut passt Risotto dazu und ein grünes Gemüse, etwa Mangold.

Aal, im Ofen gebraten

- **1 Aal von 750 g–1 kg, küchenfertig, enthäutet**
- **Salz**

Zum Braten

- **30 g Butter**
- **2 Schalotten, gewürfelt**
- **2 EL fein geschnittene Petersilie**
- **1 Zitrone, geschält, in Scheiben geschnitten**
- **2 Lorbeerblätter**
- **30 g Butterflöckchen**
- **100 ml trockener Weißwein**

1 Den Aal kalt abspülen, mit Küchenpapier trocken tupfen. Den Fisch in fingerlange Stücke schneiden und salzen. Den Ofen auf 200 °C/Umluft 180 °C vorheizen.

2 Zum Braten die Butter in einer feuerfesten Form zerlassen und mit je der Hälfte der Schalotten und Petersilie ausstreuen. Die Fischstücke in der Butter wenden und nebeneinander in die Form legen, dabei zwischen die Aalstücke je eine halbierte Zitronenscheibe und ein Stückchen Lorbeerblatt klemmen. Die restlichen Schalotten mit der Petersilie über den Fisch streuen und mit den Butterflöckchen belegen. Seitlich den Wein angießen.

3 Die Form locker mit Alufolie abdecken und den Fisch im Ofen etwa 20 Minuten braten. Nach 10 Minuten die Alufolie abnehmen, den Fisch mit der Bratflüssigkeit begießen und offen fertig braten. Den Aal in der Form zu Tisch bringen.

Schellfischfilet auf Gemüse mit Pfeffersahne

Oder Kabeljau, Seelachs, Seehecht.

- **4 Schellfischfilets, je 200 g**
- **Zitronensaft**
- **Butter für die Form**

Gemüse

- **300 g Gemüse: Bleichsellerie, Möhre und Lauch**
- **Salz**

Pfeffersahne

- **250 g Sahne**
- **1 EL grüne Pfefferkörner aus dem Glas**
- **fein geschnittener Dill**
- **Salz**

1 Die Fischfilets kalt abspülen, mit Küchenpapier trocken tupfen. Mit Zitronensaft beträufeln.

2 Das Gemüse in feine Streifen (Julienne) schneiden. In Salzwasser 1–2 Minuten blanchieren, abgießen, kalt überbrausen und abtropfen lassen.

3 Eine feuerfeste Form oder Pfanne üppig mit Butter ausstreichen und die Hälfte der Gemüsestreifen darin verteilen. Die Fischfilets auf das Gemüsebett legen und mit dem restlichen Gemüse bedecken. Den Ofen auf 200 °C/Umluft 180 °C vorheizen.

4 Für die Pfeffersahne im Saucentopf die Sahne mit dem grünen Pfeffer und dem Dill kurz einkochen. Mit Salz abschmecken und über den Fisch gießen. Im Ofen in 15–20 Minuten garen. In der Form zu Tisch bringen.

Thunfisch auf Schmorgemüse

Unten und oben mediterranes Gemüse, dazwischen in Rotwein marinierter und scharf angebratener Thunfisch. Ein Gericht, das Sie gut vorbereiten können, denn es wird vor dem Servieren nur noch kurz im Ofen gegart. Der Thunfisch wird nur kurz angebraten und gart mit dem Gemüse im Ofen fertig. Am besten schmeckt er, wenn er im Kern noch glasig ist; ganz durchgegart, wird Thunfisch leicht trocken.

- **4 Scheiben Thunfisch, je 150 g**
- **3 EL Öl zum Braten**
- **Salz, Pfeffer**

Schellfischfilet auf Gemüse mit Pfeffersahne

Marinade

- Saft von 1 Zitrone
- 250 ml Rotwein
- 2 Schalotten, geviertelt
- 3 Knoblauchzehen, halbiert
- je 1 Zweig Thymian und Rosmarin
- 1 Lorbeerblatt

Schmorgemüse

- 2 + 4 EL Olivenöl
- 200 g Auberginen, in Würfel geschnitten
- 1 weiße Zwiebel, in Halbringe geschnitten
- 1 gelbe Paprikaschote, Stielansatz, Samen und Scheidewände entfernt, in Streifen geschnitten
- 200 g Zucchini, in Würfel geschnitten
- 1 Fleischtomate, enthäutet, Stielansatz und Samen entfernt, gewürfelt
- Salz, Pfeffer
- Kräuter der Provence

1 Den Thunfisch kalt abspülen, mit Küchenpapier trocken tupfen und in ein flaches Gefäß legen. Für die Marinade alle Zutaten verrühren, über die Thunfischscheiben gießen und 1 Stunde marinieren. Gelegentlich wenden.

2 Für das Schmorgemüse im Schmortopf oder in einer Pfanne mit hohem Rand 2 EL Olivenöl erhitzen, die Auberginenwürfel darin anbraten und wieder herausnehmen. Das restliche Öl in den Topf gießen und nacheinander die Zwiebel, dann die Paprikaschote und die Zucchini zugeben und anbraten. Die Tomatenwürfel und die angebratenen Auberginenwürfel untermischen. Mit Salz, Pfeffer und Kräutern der Provence würzen. Einige Esslöffel von der Marinade sowie die Schalotten und den Knoblauch aus der Marinade zugeben. Das Gemüse etwa 10 Minuten schmoren. Den Ofen auf 220 °C/Umluft 200 °C vorheizen.

3 Den Thunfisch aus der Marinade nehmen und mit Küchenpapier abtupfen. Das Öl in einer Pfanne erhitzen und die Thunfischscheiben darin auf jeder Seite 1 Minute scharf anbraten, mit Salz und Pfeffer würzen.

4 Die Hälfte des Gemüses in eine Auflaufform füllen. Die angebratenen Thunfischscheiben darauflegen und mit dem restlichen Gemüse bedecken. Im Ofen in etwa 8 Minuten garen. In der Form zu Tisch bringen. Servieren Sie einfach Baguette dazu.

Fischfilet auf dem Rosmarinspieß

Kabeljau, Seelachs, Seeteufel.

Fischfilet und Brot werden abwechselnd auf einen entnadelten Rosmarinzweig gesteckt – da geht das kräftige Rosmarinaroma ganz nach innen. Eine Knusperhülle aus Speck schützt das zarte Fischfleisch und gibt Fisch und Brot die saftige Würze. Köstlich!

- 600 g Fischfilet
- kräftige Rosmarinzweige
- 1 Ciabattabrot oder Baguette
- etwa 12 Scheiben durchwachsener Räucherspeck (Bacon)

Marinade

- 1 EL gehackte Rosmarinnadeln
- 1 Knoblauchzehe, grob geschnitten
- Salz
- schwarze Pfefferkörner
- 3 EL Olivenöl
- 1 EL Zitronensaft

1 Das Fischfilet kalt abspülen, mit Küchenpapier trocken tupfen. In 2–3 cm große Würfel schneiden. Von den Rosmarinzweigen die Nadeln gegen den Strich abstreifen, jedoch an der Spitze etwa 3 cm stehen lassen. Einen Teil der Nadeln bewahren. Das Brot entrinden und ebenfalls in 2–3 cm große Würfel schneiden.

1 Die Marinade über die Fischwürfel gießen und alles gut vermischen.

2 Abwechselnd die Fisch- und Brotwürfel auf den Rosmarin spießen.

2 Für die Marinade im Mörser die Rosmarinnadeln mit dem Knoblauch, Salz und den Pfefferkörnern verreiben, mit dem Olivenöl und dem Zitronensaft verrühren. Die Marinade über die Fischwürfel gießen und alles gut vermengen. Den Ofen auf 220 °C/Umluft 200 °C vorheizen.

3 Zum Aufspießen das untere Ende der Rosmarinzweige scharfkantig abschneiden. Fisch- und Brotwürfel abwechselnd aufspießen, mit Fisch beginnend. Jeden Spieß mit Speckscheiben umwickeln.

4 Die Spieße auf das Backblech legen und 15–20 Minuten im Ofen garen; der Speck soll knusprig braun gebraten sein.

Zwiebelfisch

Goldbarsch, Heilbutt.

- **4 Fischfilets oder -koteletts, je 180–200 g**
- **Zitronensaft**
- **Salz, Pfeffer**

Für die Zwiebeln

- **2 EL Öl + 40 g Butter**
- **500 g Zwiebeln, in Halbringe geschnitten**
- **Salz, Pfeffer**
- **Kümmel**

Zum Überbacken

- **4 dünne Scheiben durchwachsener Speck**
- **100 g saure Sahne**
- **100 g süße Sahne**
- **2 TL mittelscharfer Senf**
- **Salz**
- **1 TL Paprikapulver edelsüß**

1 Den Fisch kalt abspülen, mit Küchenpapier trocken tupfen. Mit Zitronensaft, Salz und Pfeffer würzen. Den Ofen auf 200 °C/Umluft 180 °C vorheizen.

2 Für die Zwiebeln in einer Pfanne das Öl mit der Butter erhitzen und die Zwiebeln darin in etwa 10 Minuten weich dünsten, ohne dass sie braun werden. Mit Salz, Pfeffer und Kümmel würzen.

3 Zum Überbacken die Zwiebeln in einer feuerfesten Form verteilen. Die Fischfilets darauflegen und mit den Speckscheiben bedecken. Die saure Sahne mit der süßen Sahne und dem Senf verrühren, mit Salz und Paprika würzen und über den Fisch gießen. Im Ofen in etwa 20 Minuten garen. In der Form servieren. Salzkartoffeln schmecken gut dazu.

Heringsröllchen, mit Spinat gefüllt

- **4 grüne Heringe ohne Kopf, küchenfertig**
- **Zitronensaft, Salz, Pfeffer**

Spinatfüllung

- **2 EL Öl**
- **1/2 Zwiebel, gewürfelt**
- **1 Knoblauchzehe, gewürfelt**
- **250 g Spinat, geputzt, gewaschen, abgetropft**
- **Salz, Pfeffer**
- **50 g gehackte Mandeln**

Zum Überbacken

- **25 g Butter**
- **3 EL Semmelbrösel**
- **25 g Butterflöckchen**
- **1/2 Glas trockener Weißwein**

1 Die Fische kalt abspülen, mit Küchenpapier trocken tupfen. Zum Entgräten die Heringe aufklappen, mit der Hautseite nach unten auf die Arbeitsfläche legen, die Mittelgräte am Kopfende fassen und herausziehen. Die Fische mit Zitronensaft beträufeln, salzen und pfeffern.

2 Für die Spinatfüllung das Öl im Topf erhitzen, die Zwiebel und den Knoblauch darin ohne Farbe anschwitzen. Den Spinat zufügen, mit Salz und Pfeffer würzen und dünsten, bis der Spinat zusammengefallen ist; dabei mehrmals umrühren. Die Mandeln untermischen und den Spinat lauwarm abkühlen lassen.

3 Den Spinat gleichmäßig auf die Heringsfilets verteilen, diese aufrollen und mit Zahnstochern feststecken. Den Ofen auf 200 °C/Umluft 180 °C vorheizen.

4 In einer feuerfesten Form die Butter zerlassen und die Heringsröllchen hineinsetzen. Mit den Semmelbröseln bestreuen und mit den Butterflöckchen belegen. Seitlich den Wein angießen. Im Ofen etwa 15 Minuten überbacken. Dazu passen Butterkartoffeln.

Räucherfisch in Wacholdersahne

Heilbutt, Butterfisch, Makrele.

Einfach und schnell: Geräucherten Fisch mit Sahne und Gewürzen umgeben und ab in den Ofen. Kartoffelpüree und Blattsalat schmecken gut dazu.

- **600 g geräucherter Fisch**
- **6 Cocktailtomaten, halbiert**
- **2 TL Wacholderbeeren**
- **1 Lorbeerblatt, halbiert**
- **etwa 300 g Sahne**
- **Salz, Pfeffer**

1 Den Fisch von Haut und Gräten befreien und das Fleisch in mundgerechte Stücke zerpflücken oder schneiden. Den Ofen auf 220 °C/Umluft 200 °C vorheizen.

2 Das Fischfleisch und die Cocktailtomaten mit den Wacholderbeeren und dem Lorbeerblatt in einer Auflaufform verteilen. So viel Sahne aufgießen, dass alles gerade bedeckt ist. Leicht salzen und pfeffern. Im Ofen in 15–20 Minuten goldbraun überbacken. Ofenheiß in der Form servieren.

Heringsröllchen, ▶
mit Spinat gefüllt

Kabeljaufilet auf Paprikagemüse

Oder Seelachs, Goldbarsch, Zander.

- **4 Kabeljaufilets, je 200 g**
- **Salz, Pfeffer**

Paprikagemüse

- **1 EL Öl**
- **80 g Speckwürfel**
- **1/2 Zwiebel, gewürfelt**
- **300 g Paprikaschoten (rot, gelb und grün), Stielansatz, Samen und Scheidewände entfernt, klein gewürfelt**
- **150 ml Gemüsebrühe**
- **Salz, Pfeffer**
- **200 g Tomaten, enthäutet, Samen entfernt, gewürfelt**
- **fein geschnittene Petersilie**

1 Den Fisch kalt abspülen, mit Küchenpapier trocken tupfen. Den Ofen auf 200 °C/Umluft 180 °C vorheizen.

2 Für das Paprikagemüse in einer Pfanne mit hohem Rand das Öl erhitzen und die Speckwürfel darin ausbraten. Die Zwiebel- und die Paprikawürfel kurz mitbraten. Die Gemüsebrühe zugießen, aufkochen lassen, mit Salz und Pfeffer abschmecken. Die Tomatenwürfel und die Petersilie untermischen.

3 Die Hälfte des Gemüses in eine feuerfeste Form füllen, die Fischfilets darauflegen und mit dem restlichen Gemüse bedecken. Die Form mit Alufolie abdecken und den Fisch im Ofen in etwa 20 Minuten garen.

◀ Kabeljaufilet auf Paprikagemüse

Fischkoteletts auf Letscho

Letscho, das würzige Mischgemüse, wird nicht nur auf dem Balkan gern gegessen. Im Original wird es mit Schweineschmalz oder Speck zubereitet. Kinder mögen vor allem die Variation mit dem pürierten Gemüse. Man isst Salzkartoffeln oder Weißbrot dazu.

- **4 Fischkoteletts, je 200 g (oder 4 Fischfilets, je 180 g)**
- **Zitronensaft**
- **Salz, Pfeffer**
- **1 Knoblauchzehe, durchgepresst**

Letscho

- **6 EL Öl**
- **2 große Zwiebeln, in Ringe geschnitten**
- **2 Paprikaschoten, Stielansatz, Samen und Scheidewände entfernt, in Streifen geschnitten**
- **4 Strauchtomaten, enthäutet, geviertelt, Stielansatz entfernt (oder Tomaten aus der Packung)**
- **Salz**
- **1 Prise Zucker**
- **1 TL Paprikapulver edelsüß**

1 Die Fischkoteletts kalt abspülen, mit Küchenpapier trocken tupfen. Mit Zitronensaft, Salz, Pfeffer und Knoblauch würzen.

2 Für das Gemüse das Öl in einem flachen Topf erhitzen und die Zwiebelringe darin ohne Farbe anschwitzen. Erst die Paprikastreifen mitschwitzen, dann die Tomaten zufügen. Mit Salz, Zucker und Paprika würzen und in etwa 20 Minuten ohne Zugabe von Flüssigkeit weich schmoren. Den Ofen auf 200 °C/Umluft 180 °C vorheizen.

3 Die Hälfte des Gemüses in einer feuerfesten Form verteilen. Die Fischstücke auf das Gemüse legen und mit dem restlichen Gemüse bedecken. Im Ofen in etwa 20 Minuten garen, je nach Dicke der Fischstücke.

Variation

Das Gemüse weich dünsten, wie oben beschrieben, durch ein Sieb streichen oder pürieren. Die Form mit der Hälfte des Gemüsepürees füllen, die Fischstücke darauflegen, mit dem restlichen Püree bestreichen und den Fisch garen, wie links beschrieben.

Fisch in 3-Käse-Sauce

Resteverwertung

Ob Flussfisch oder Meeresfisch – mit einer feinen Käsesauce überbacken, können Sie aus Resten vom Vortag ein feines Gericht zaubern. Dazu passen Kartoffeln oder Nudeln und Blattspinat als Beilage.

- **600–750 g Reste von gekochtem Fisch**
- **30 g Butter für die Form**
- **3 EL Zitronensaft**
- **Salz, Pfeffer**
- **1 EL Kapern**
- **6 halbierte Cocktailtomaten**

3-Käse-Sauce

- **100 g Sahne**
- **1 Schuss Weißwein**
- **50 g Kräuterfrischkäse**
- **50 milder Gorgonzola, zerdrückt**
- **50 g geriebener Parmesan**
- **Salz, 1 Prise Cayennepfeffer**

1 Eine Auflaufform mit Butter ausstreichen. Die Fischreste bei Bedarf von Haut und Gräten befreien, in kleine Stücke zerpflücken und in die Form füllen. Mit Zitronensaft beträufeln, salzen, pfeffern und die Kapern untermischen. Die Tomaten in der Form verteilen. Den Ofen auf 220 °C/Umluft 200 °C vorheizen.

2 Für die Sauce in einem Topf die Sahne mit dem Wein und dem gesamten Käse verrühren und bei mäßiger Hitze langsam schmelzen. Mit Salz und Cayennepfeffer abschmecken, über den Fisch gießen. Im Ofen 10–15 Minuten gratinieren.

Fischfilet mit Petersilien-Mandel-Kruste

Zander, Steinbeißer, Goldbarsch, Kabeljau, Seelachs.

Die Butter anrühren, den Fisch damit bedecken und in den Ofen schieben: geht schnell, schmeckt fein und gelingt immer. Dazu passt ein saftiger Risotto und Blattsalat.

- **750 g Fischfilet**
- **Salz**
- **Butter für die Form**

Petersilien-Mandel-Kruste

- **80 g weiche Butter**
- **Salz, Pfeffer**
- **50 g Semmelbrösel**
- **1 Knoblauchzehe, durchgepresst**
- **2 EL Zitronensaft**
- **1 Bund Petersilie, fein geschnitten**
- **2 EL gehackte Mandeln**

1 Das Fischfilet kalt abspülen, mit Küchenpapier trocken tupfen. In gleichmäßige Portionsstücke schneiden und salzen. Nebeneinander in eine gebutterte Auflaufform legen. Den Ofen auf 220 °C/Umluft 200 °C vorheizen.

2 Für die Petersilien-Mandel-Kruste die Butter schaumig rühren, alle anderen Zutaten untermischen. Die Buttermischung auf die Fische streichen/legen und leicht andrücken. Im Ofen etwa 12 Minuten goldgelb überbacken.

Variation

Fischfilet mit Parmesankruste: Fügen Sie 3 EL geriebenen Parmesan und 1 EL mittelscharfen Senf zur Buttermischung und lassen Sie die Mandeln und nach Belieben auch die Petersilie weg.

Lachsfilet mit Kräutern und Zitrone

Oder Scholle, Zander, Steinbeißer.

Unten und oben Lachsfilet, dazwischen reichlich Kräuter. Der Fisch liegt zwischen Zitronenscheiben in einer zugedekkten feuerfesten Form und gart »wie von allein«. Ein schnelles und praktisches Gericht, auch wenn Sie Gäste erwarten. 2 große Lachsstücke sind ideal dafür, doch die Schichtung hält auch, wenn Sie Portionsstücke verwenden. Servieren Sie Reis dazu und beträufeln Sie ihn beim Anrichten mit der feinen Bratflüssigkeit.

- **750 g Lachsfilet**
- **Salz (Meersalz)**
- **Butter für die Form**
- **1 Zitrone, in sehr dünne Scheiben geschnitten**

Kräuter-Zitronen-Füllung

- **1/2 Bund Kräuter (Koriander, Petersilie), fein geschnitten**
- **Saft von 1 Zitrone**
- **2 Schalotten, gewürfelt**
- **1 Knoblauchzehe, durchgepresst**
- **2 EL Olivenöl**

1 Das Lachsfilet kalt abspülen, mit Küchenpapier trocken tupfen, quer in zwei Hälften teilen und salzen. Eine feuerfeste Form mit Butter ausstreichen und mit der Hälfte der Zitronenscheiben auslegen. Den Ofen auf 200 °C/Umluft 180 °C vorheizen.

2 Für die Kräuter-Zitronen-Füllung alle Zutaten vermischen. Eine Hälfte des Lachsfilets auf die Zitronenscheiben in der Form legen, die Füllung darauf verstreichen. Mit dem übrigen Lachsfilet bedecken und dieses mit den restlichen Zitronenscheiben belegen. Einen Deckel auflegen oder die Form mit Alufolie verschließen. Etwa 20 Minuten im Ofen garen.

Lachsfilet in Blätterteig mit Morchelrahmsauce

Für 6 Personen

Das attraktive Fischgericht macht nur wenig Mühe – und es gelingt immer. Ein ganzes Lachsfilet wird in einer schützenden Hülle aus Blätterteig gebraten. Der Fisch bleibt saftig, und der kross gebackene Blätterteig gibt eine zusätzliche Geschmacksvariante. Das Tüpfelchen auf dem i ist die feine Morchelrahmsauce dazu.

- **800 g Lachsfilet im Ganzen, ohne Haut**
- **Zitronensaft, Salz, Pfeffer**
- **1 Bund Dill, fein geschnitten**
- **etwa 30 große Spinatblätter**
- **Salz**
- **300 g TK-Blätterteig, aufgetaut (oder ausgerollter Blätterteig aus der Kühltheke)**

Morchelrahmsauce

- **20 g getrocknete Spitzmorcheln**
- **200 ml lauwarmes Wasser**
- **20 g Butter**
- **Salz, Pfeffer**
- **1 EL Zitronensaft**
- **1 EL Cognac, 1 EL Madeira**
- **250 g Sahne**
- **5 EL Fisch- oder Kalbsfond**

1 Das Lachsfilet kalt abspülen, mit Küchenpapier trocken tupfen. Mit Zitronensaft, Salz, Pfeffer und Dill würzen, mit Frischhaltefolie bedecken und kalt stellen.

2 Den Spinat waschen, die Stiele entfernen, in kochendem Salzwasser einmal aufwallen lassen, abgießen und sofort in Eiswasser abschrecken, um den Garprozess zu stoppen und die grüne Farbe zu erhalten. Die abgetropften Spinatblätter auf einem Küchentuch oder auf Küchenpapier einzeln abtropfen lassen. Das Backblech mit Backpapier auslegen. Den Ofen auf 200 °C/Umluft 180 °C vorheizen.

1 Das gewürzte Lachsfilet auf den mit Spinat ausgelegten Blätterteig legen.

2 Mit Spinat vollständig bedecken und in den Blätterteig einschlagen.

3 Den Blätterteig zu einem Rechteck ausrollen, in der Mitte mit der Hälfte der Spinatblätter auslegen. Den Fisch darauflegen und vollkommen mit den restlichen Spinatblättern bedecken. In den Blätterteig einhüllen, den Teig an den beiden Enden einschlagen und andrücken. Mit der Teignaht nach unten auf das Backblech legen. Etwa 45 Minuten im Ofen backen.

4 Für die Sauce die Morcheln in dem lauwarmen Wasser zugedeckt 1–2 Stunden einweichen. Das Einweichwasser durch Filterpapier in ein Gefäß abgießen und beiseitestellen. Die Morcheln mit der Hand ausdrücken, jede einzeln unter fließendem Wasser gründlich waschen, um sie von Sandkörnern zu befreien. In Streifen schneiden und fein hacken. In einem Saucentopf die Butter zerlassen und die Morcheln andünsten, salzen, pfeffern, den Zitronensaft, Cognac und Madeira zugeben. Nach und nach die Sahne und immer wieder etwas Morchelwasser und Fischfond zugießen, bis alles verbraucht ist. Etwa 30 Minuten sämig einkochen, dabei immer wieder rühren.

5 Den Fisch vor dem Anrichten kurz abdämpfen lassen. Mit einem scharfen Messer in Portionen teilen, auf vorgewärmten Tellern anrichten, mit der Morchelrahmsauce servieren.

Lachsfilet in Blätterteig

Filets, Koteletts, Tranchen, gegrillt

Siehe Grundlagen der Fischküche, Seite 26.

Fischfilet vom Grill mit Balsamradicchio

Fischfilets und -koteletts von Fischen mit festem, fetthaltigem Fleisch sind am besten geeignet, z.B. Thunfisch, Schwertfisch, Lachs. Durch die starke Hitze des Grills bildet sich außen rasch eine schmackhafte Röstschicht, während das Fleisch im Inneren saftig bleibt. Auf dem Holzkohlengrill sind Alufolie oder Aluschalen bewährte Hilfsmittel, um Teilstücke von großen Fischen vor dem Austrocknen zu schützen. Die Garzeit verlangt allerdings Fingerspitzengefühl. Wird der Fisch zu lange gegrillt, ist er außen lederig und innen trocken. Der Backofen muss die volle Hitze erreicht haben, wenn Sie den Rost mit dem Grillgut hineinschieben.

- **4 Fischfilets, je 200 g**
- **Öl für den Rost, Salz**

Marinade

- **4 EL Zitronensaft**
- **Pfeffer**
- **fein geschnittene Kräuter (Petersilie, Dill, Zitronenmelisse)**
- **Knoblauch, zerdrückt (nach Belieben)**
- **6 EL Öl**

Balsamradicchio

- **2 EL Olivenöl**
- **1 Zwiebel, in Streifen geschnitten**
- **50 g Parmaschinken, klein geschnitten**
- **250 g Radicchiosalat, geviertelt, Strunk entfernt, in grobe Streifen geschnitten**
- **3 EL Balsamessig**

1 Die Filets kalt abspülen, mit Küchenpapier trocken tupfen und parieren.

2 Für die Marinade den Zitronensaft mit allen anderen Zutaten verrühren, den Knoblauch verwenden Sie nach Geschmack. Die Filets damit bestreichen und 30–60 Minuten marinieren.

3 Für den Balsamradicchio in einem Topf das Olivenöl erhitzen, die Zwiebel mit dem Parmaschinken darin anschwitzen. Den Salat zufügen und etwa 2 Minuten braten (er wird dabei leicht braun). Mit dem Balsamessig ablöschen.

4 Den Grill einschalten (mittlere bis volle Hitze). Den Rost ölen. Die Fischfilets salzen, auf den Grillrost legen (evtl. auf Alufolie) und im Ofen auf der mittleren Schiene 5–7 Minuten grillen. Einmal wenden. Mit dem Balsamradicchio servieren.

Lachskoteletts mit Süßkartoffeln vom Grill

- **4 Lachskoteletts, je 250 g**
- **Meersalz**
- **grob gemahlener Pfeffer**
- **Öl für den Fisch und den Rost**

Süßkartoffeln

- **400 g Süßkartoffeln**
- **2 EL Olivenöl**
- **1 TL Currypulver**
- **1/2 TL Koriandersamen, zerstoßen**

1 Die Lachskoteletts kalt abspülen, mit Küchenpapier trocken tupfen. Die Enden mit einem Holzspieß zusammenstecken (siehe Foto), damit sie beim Grillen nicht austrocknen.

2 Die Süßkartoffeln schälen und quer in 1 cm dicke Scheiben schneiden. In einer Pfanne das Öl erhitzen und die Kartoffelscheiben bei geringer Hitze auf jeder Seite 3–4 Minuten braten. Den Curry mit dem Koriander vermischen und die gebratenen Kartoffelscheiben damit bestreuen. Den Grill einschalten (mittlere Stufe). Den Rost ölen.

3 Die Lachskoteletts und die Kartoffelscheiben mit Meersalz und Pfeffer würzen und mit Öl bepinseln. Im Ofen auf der mittleren Schiene auf jeder Seite 3–4 Minuten grillen. Servieren Sie eine pikante Sauce dazu, z.B. das Knoblauchöl oder Aioli (Seite 209, 210).

Lachskoteletts mit Süßkartoffeln vom Grill

Gegrillte Steinbeißerbäckchen asiatisch

Gegrillte Steinbeißerbäckchen asiatisch

Oder Rochenbäckchen, Seeteufelbäckchen.

Ob Asienfan oder nicht – diese Marinade schmeckt fein und unaufdringlich. Servieren Sie Reis zu den Bäckchen, nach Belieben mit Kurkuma oder Safran abgeschmeckt.

- **600 g Steinbeißerbäckchen**
- **Salz**

Marinade

- **Saft und abgeriebene Schale von 1 Limette oder Zitrone**
- **1 Knoblauchzehe, gewürfelt**
- **1 Stück Ingwerwurzel, klein gehackt**
- **1 EL fein geschnittenes Koriandergrün**
- **4 EL Sesamöl (aus gerösteter Sesamsaat)**

Gemüse

- **3 EL Erdnuss- oder Sesamöl**
- **2 Frühlingszwiebeln, in Ringe geschnitten**
- **1 Knoblauchzehe, in Scheiben geschnitten**
- **1 rote Chilischote, Samen entfernt, in Ringe geschnitten**
- **600 g zartes Gemüse: weißer oder grüner Spargel, Möhren, Zuckerschoten, Lauch, Shiitake (Pilze), je nach Art geputzt bzw. geschält und in kleine Stücke geschnitten**
- **120 g Cocktailtomaten, halbiert, Stielansatz entfernt**

Sauce für das Gemüse

- **½ TL Speisestärke**
- **4 EL helle Sojasauce**
- **1 EL Austernsauce**
- **etwa 120 ml Gemüsebrühe**

1 Die Steinbeißerbäckchen kalt abspülen und abtropfen lassen. Bei Bedarf von den feinen Häutchen befreien.

2 Für die Marinade alle Zutaten in einem flachen Gefäß vermischen, die Bäckchen darin wenden und zugedeckt im Kühlschrank 1 Stunde marinieren.

3 Für das Gemüse im Wok (ersatzweise in einer hohen Pfanne) das Öl erhitzen, die Frühlingszwiebeln und den Knoblauch darin ohne Farbe anschwitzen, die Chilischote mitschwitzen. Nacheinander den Spargel, die Möhren und die Zuckerschoten zugeben und 4 Minuten pfannenrühren, zuletzt den zarten Lauch und die Pilze 2 Minuten mitrühren. Die Cocktailtomaten einlegen.

4 Für die Sauce die Speisestärke in der Soja- und Austernsauce glatt rühren, über das Gemüse träufeln. Nach und nach die Gemüsebrühe zugießen, gut durchrühren und 5 Minuten köcheln lassen. Das Gemüse soll noch Biss haben. Den Grill einschalten (mittlere Stufe).

5 Die Bäckchen aus der Marinade nehmen und in der Fettpfanne des Ofens (oder in einer beschichteten ofenfesten Pfanne) auf jeder Seite 2 Minuten grillen (mittlere Schiene). Salzen und mit dem Gemüse und Reis auf vorgewärmten Tellern anrichten.

Gegrillte Schwertfischsteaks mit Linsenragout

- 4 Schwertfischsteaks, je 150 g
- abgeriebene Zitronenschale
- 1 Schalotte, fein gewürfelt
- 1 Knoblauchzehe, gewürfelt
- gemischte Kräuter (Kerbel, Thymian, Petersilie), fein geschnitten
- Salz, Pfeffer
- 3 EL Öl

Linsenragout

- 200 g Linsen
- 30 g Butter
- 100 g Suppengemüse, in sehr feine Würfel oder Ringe geschnitten
- 1 EL Tomatenmark
- 500 ml Gemüsebrühe
- Gewürzsäckchen (2 Lorbeerblätter, 3 Zweige Thymian, 1 Stückchen Zitronenschale, 1 TL Kümmel)
- Salz, Pfeffer
- Essig zum Abschmecken

Meerrettichsahne

- 2 EL Joghurt
- 5 EL saure Sahne
- 3 EL geriebener Apfel
- 1 EL frisch geriebener Meerrettich
- Salz, Pfeffer
- 1 Prise Zucker

1 Den Fisch kalt abspülen, mit Küchenpapier trocken tupfen. Zitronenschale, Schalotte, Knoblauch, Kräuter, Salz und Pfeffer mit dem Öl vermischen und die Steaks damit bestreichen. Kalt gestellt 30 Minuten marinieren.

2 Für das Linsenragout die Linsen in kaltem Wasser ohne Salz zum Kochen bringen, 15 Minuten leise kochen, abgießen und abtropfen lassen. In einem Topf die Butter zerlassen, das Suppengemüse darin anschwitzen, das Tomatenmark einrühren und kurz mitschwitzen. Die Linsen dazugeben, mit der Gemüsebrühe aufgießen. Die Gewürze in ein Stoffsäckchen füllen (Sie können auch einen Beutel für Tee nehmen), zubinden und zu den Linsen geben. Zugedeckt etwa 20 Minuten köcheln lassen, bis die Linsen weich sind. Mit Salz, Pfeffer und einem Spritzer Essig abschmecken.

Gegrilltes Schwertfischsteak mit Linsenragout

3 Für die Meerrettichsahne alle Zutaten verrühren und abschmecken. Den Grill einschalten (starke Hitze).

4 Die Schwertfischsteaks aus der Marinade nehmen, auf den geölten Rost oder auf Alufolie legen und 8–10 Minuten auf der mittleren Schiene grillen, einmal wenden. Den Fisch mit den Linsen auf vorgewärmten Tellern anrichten, die Meerrettichsahne dazu servieren.

Marinierte ▶ Thunfischsteaks vom Grill

Marinierte Thunfischsteaks vom Grill

Die Thunfischsteaks sollten mindestens 2 cm dick sein, damit sie schön saftig bleiben. Sie werden gern »medium« gegrillt. Das feste Thunfischfleisch eignet sich auch hervorragend für den Gartengrill.

- **4 Thunfischsteaks, je 250 g**
- **Meersalz**

Marinade

- **1 Chilischote, Samen entfernt, in feine Ringe geschnitten**
- **1 Stückchen Ingwerwurzel, in feine Streifen geschnitten**
- **2 Knoblauchzehen, gewürfelt**
- **1 EL fein geschnittenes Koriandergrün**
- **100 ml Olivenöl**

Paprika-Tomaten-Salsa

- **1 große grüne Paprikaschote, Stielansatz, Samen und Scheidewände entfernt, klein gewürfelt**
- **1 große Fleischtomate, Stielansatz entfernt, klein gewürfelt**
- **1 kleine weiße Zwiebel, gewürfelt**
- **1 Knoblauchzehe, gewürfelt**
- **fein geschnittene Petersilie**
- **Basilikumblätter**
- **1–2 EL Essig**
- **Salz, Pfeffer**
- **1 Prise Zucker**
- **3 EL Olivenöl**

1 Für die Marinade alle Zutaten mit dem Öl in einer flachen Schale vermischen und die Steaks darin wenden. Zugedeckt im Kühlschrank 1 Stunde marinieren. (Gesalzen werden sie erst vor dem Grillen.)

2 Für die Salsa die Paprika-, Tomaten- und Zwiebelwürfel mit dem Knoblauch, der Petersilie und den Basilikumblättern in eine Schüssel füllen. Den Essig mit Salz, Pfeffer, Zucker und Olivenöl verrühren; die Salsa damit anmachen.

3 **Grillen im Backofen:** Den Grill einschalten (mittlere Hitze). Die Thunfischsteaks aus der Marinade nehmen, mit Küchenpapier abtupfen, salzen, auf den geölten Rost legen. Auf der mittleren Einschubleiste von jeder Seite 3–4 Minuten grillen; die Steaks sollen gerade gar oder innen noch leicht rosa sein.
Grillen auf dem Gartengrill: Über sanfter Holzkohlenglut werden die Thunfischsteaks genauso gegrillt wie im Backofen, einmal wenden. Am Grillrand können Sie dabei die vorgekochten Kartoffeln auf Spießchen mitgrillen.

4 Die saftigen Thunfischsteaks auf vorgewärmten Tellern anrichten und die erfrischende Salsa sowie Butterkartoffeln dazu servieren.

Filets, Koteletts, Tranchen in der Folie

Siehe Grundlagen der Fischküche, Seite 27.

100-Grad-Fischfilet

Forelle, Lachs, Goldbrassen, Wolfsbarsch, Steinbeißer, Kingklip.

Fisch garen bei Niedrigtemperatur: Das ist genial einfach und sorgt für ein wunderbares Aroma. Variieren Sie bei den Kräutern. Die Klarsichtfolie – sie hält mehr aus als 100 Grad – schützt das zarte Fischfilet vor dem Austrocknen.

- **8 Fischfilets, je etwa 100 g**
- **Zitronensaft, grobes Meersalz, Pfeffer**
- **1 Bund Petersilie, fein geschnitten**
- **4 EL Öl oder zerlassene Butter**

1 Die Fischfilets kalt abspülen, mit Küchenpapier trocken tupfen. Den Ofen auf 100 °C/Umluft 80 °C vorheizen.

2 Die Fischfilets mit Zitronensaft beträufeln, mit grobem Meersalz und Pfeffer würzen. Beide Seiten mit Petersilie bestreuen oder in die Petersilie drücken. Die Filets nebeneinander in eine flache, feuerfeste Form legen und mit Öl oder Butter beträufeln. Die Form mit Frischhaltefolie abdecken. Im Ofen in etwa 25 Minuten garen, je nach Größe und Dicke der Filets.

Fischfilet en papillote

Fisch im Papier gebraten, das ist mehr als ein Gag. Sobald die Päckchen geöffnet werden, entströmt der intensive Duft von Fisch und Kräutern. Und beim Servieren haben Sie keinerlei Stress – schneiden Sie die Päckchen erst bei Tisch mit der Schere auf.

- **750 g Fischfilet, in 4 Portionen geteilt**
- **Zitronensaft**
- **Salz, Pfeffer**
- **4 Thymianzweige, klein geschnitten**

Außerdem

- **100 g Champignons in Scheiben**
- **2 Frühlingszwiebeln, in sehr dünne Scheiben geschnitten**
- **8 Cocktailtomaten, halbiert**
- **Salz, Pfeffer**
- **2 TL trockener Weißwein (nach Belieben)**
- **40 g Butterflöckchen**

1 Die Fischfilets kalt abspülen, mit Küchenpapier trocken tupfen und in ein flaches Gefäß legen. Den Zitronensaft mit Salz und Pfeffer verrühren, über die Fischfilets gießen, mit dem Thymian bestreuen und 20 Minuten marinieren. Den Ofen auf 200 °C/Umluft 180 °C vorheizen.

2 Für jedes Päckchen 2 Blatt Butterbrotpapier mit Wasser bepinseln – das macht sie geschmeidig – und aufeinanderlegen. Den Fisch, die Champignons, die Frühlingszwiebeln und die Tomaten darauf verteilen. Mit Salz und Pfeffer würzen, mit dem Wein beträufeln und mit den Butterflöckchen belegen.

3 Das Papier zu einer Rolle formen und die Enden fest zusammendrehen. Oder rechteckige Päckchen packen und mit Küchengarn zusammenbinden. Die Päckchen auf den Grillrost legen und 20 Minuten im Ofen garen.

Fischfilet en papillote

Heilbutt mit Zitronensauce

- **4 Tranchen Heilbutt, je 200–250 g**
- **Salz, Pfeffer**
- **30 g zerlassene Butter**
- **4 Zitronenscheiben**

Zitronensauce

- **30 g Butter**
- **1 Schalotte, gewürfelt**
- **1 Gläschen Wermut (Noilly Prat) oder Cognac**
- **50 ml trockener Weißwein**
- **300 ml Fischfond (Seite 204), ersatzweise Fleischbrühe**
- **150 g Sahne**
- **1 EL Zitronensaft**
- **Salz, Pfeffer**
- **1 Prise Cayennepfeffer**
- **1 Prise Zucker**
- **Schnittlauchröllchen**

1 Den Fisch kalt abspülen, mit Küchenpapier trocken tupfen. Auf beiden Seiten salzen und pfeffern. Den Ofen auf 200 °C/Umluft 180 °C vorheizen.

2 Für jede Fischtranche ein entsprechend großes Stück Alufolie mit Butter bestreichen. Die Fischstücke darauflegen, mit der Butter beträufeln und mit den Zitronenscheiben belegen. Locker in die Folie einschlagen und gut verschließen. Die Päckchen auf ein Backblech oder den Grillrost legen und im Ofen 15–18 Minuten garen.

3 In der Zwischenzeit die Sauce zubereiten. Dafür im Saucentopf die Butter zerlassen und die Schalotte darin anschwitzen. Mit dem Wermut ablöschen und einkochen. Den Weißwein und den Fischfond zugießen und bei mittlerer Hitze auf ein Drittel einkochen. Die Sahne einrühren und sämig einkochen (etwa 10 Minuten). Nach Wunsch kann man die Sauce zusätzlich mit etwas Mehlbutter binden. Die Sauce mit dem Zitronensaft, Salz, Pfeffer, Cayennepfeffer und Zucker abschmecken. Die Schnittlauchröllchen untermischen.

4 Die Fischtranchen aus der Folie nehmen und auf vorgewärmten Tellern anrichten. Den konzentrierten Saft, der sich in der Folie gesammelt hat, in die Sauce rühren. Den Fisch mit der Sauce umgießen.

Meeresfrüchte

Meeresfrüchte – das sind im Wesentlichen die essbaren Schalen- und Krustentiere – waren schon immer Favoriten der klassischen Kochkunst. Längst sind sie in der Alltagsküche angekommen. Was man früher nur am Meer genießen konnte, ist heute auch fern der Küste praktisch jederzeit erhältlich. Vor allem die populären Garnelen oder Gambas, Scampi und Muscheln kommen – weil erschwinglich – häufig auf den Tisch. Kühl- und Gefrierschrank erlauben eine gewisse Vorratshaltung. Schnell greift man zur Packung und veredelt einen Salat oder eine Suppe mit einer Handvoll Flusskrebsfleisch oder Garnelen. Hier finden Sie auch Anregungen für Vorspeisen und das kalte Büfett. Für den richtigen Umgang mit Meeresfrüchten werden in diesem Kapitel in Bildfolgen alle wichtigen Handgriffe bis ins Detail erklärt. Muscheln, Garnelen & Co. haben nur kurze Garzeit, die Rezepte sind daher durchwegs Schnellrezepte. Hinweisen möchten wir auf schonendes, langsames Auftauen bei tiefgefrorener Ware.
Das Foto zeigt – von links unten im Uhrzeigersinn – Austern, Hummer, Jakobsmuschel, Miesmuschel, Venusmuschel, Wellhornschnecke, Languste und Kaisergranat (Scampo).

Krustentiere

Die Artenvielfalt der Krebs- oder Krustentiere ist enorm. Doch was die Biologie kennt, lässt sich für ein Kochbuch auf zwei wesentliche Gruppen reduzieren: die schwimmenden Krebse, das sind die Garnelen (auch Shrimps oder Prawns genannt), und die kriechenden Krebse (auch Panzerkrebse genannt), das sind die Hummer, Langusten und Scampi. Die kriechenden Krebse zeichnen sich durch ihre kräftigen Scheren aus. Jedoch ist allen Krustentieren gemeinsam, dass sie zu Recht zur feinen Küche gehören.
Im Gegensatz zu Hummer und Languste, die sogar lebend gehandelt werden, kann man Garnelen nur an der Küste frisch genießen. Angeboten wird in der Regel Tiefkühl- bzw. aufgetaute Ware bzw. Garnelenschwänze aus der Kühltheke, die meist bereits geschält sind. Häufig werden Garnelenschwänze vor dem Einfrieren glaciert, also mit einer dünnen Eisschicht überzogen, um sie später aus einer TK-Schüttelpackung einzeln entnehmen zu können.

Frischemerkmale

Dass Krustentiere genauso wie Fische eine besonders leicht verderbliche und im verdorbenen Zustand sogar für die Gesundheit gefährliche Ware sind, weiß jeder. Doch wie lässt sich bei einem importierten lebenden Tier der Frischezustand feststellen? Abgesehen davon, dass sich ein gewisses Vertrauen in die Aussagen des Händlers entwickeln muss, können Sie den Zustand auch einigermaßen per Augenschein beurteilen:

- **Lebende Hummer und Langusten bewegen sich und zeigen sich nach Berührung noch lebhafter.**
- **Bei Langusten muss der Schwanz eingerollt sein. Bei Berührung an den Stirnhörnern zappeln sie besonders lebhaft.**
- **Die Schale gekochter Garnelen ist hart und fest, das Fleisch ist kernig und weiß bis rötlich. Das Fleisch roher Garnelen ist glasig weiß und elastisch.**
- **Ganz generell sollten Garnelen einen angenehmen Geruch von Meer verströmen.**

Auftauen von Garnelen

- Geben Sie dem Auftauen Zeit: aus der Verpackung nehmen, auf einem mit Küchenpapier ausgelegten tiefen Teller oder in einer Schüssel im Kühlschrank langsam auftauen lassen.
- Nach dem Auftauen kalt überbrausen und mit Küchenpapier trocken tupfen; das hilft auch, um eventuelle Konservierungsstoffe wegzuspülen.
- Glacierte, also mit einer Eisschicht überzogene Garnelen möglichst im Sieb auftauen, damit sie nicht im Auftauwasser schwimmen und auslaugen.
- Nicht gefroren zubereiten. Der austretende Saft verhindert das Anbraten und verwässert jede Sauce.
- Nicht in der Mikrowelle oder im heißen Wasser auftauen – wertvolle Geschmacksstoffe gehen dabei verloren.

Garnelen schälen

Es klingt vielleicht kompliziert. Aber spätestens nach der dritten Garnele haben Sie Routine, wenn Sie einfach den dargestellten Arbeitsfotos folgen.

1 Kopfteil abtrennen: Die Garnele am Kopf- und Schwanzteil fassen und das Schwanzteil einfach abdrehen.

2 Die Unterseite des Schwanzteils mit einer Schere bis vor das letzte Schalensegment aufschneiden.

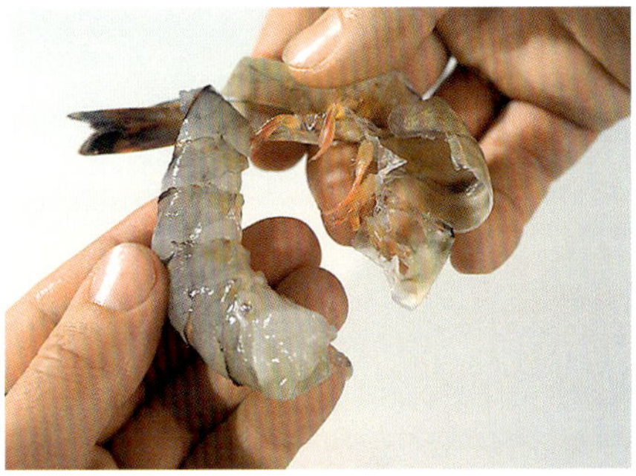

3 Mit den Fingern die Schale anheben und ablösen, das letzte Segment mit dem Schwanzfächer bleibt daran.

4 Das an der abgedrehten Fläche herausragende Darmende fassen und den Darm vorsichtig herausziehen.

5 Oder: Die Garnele auf dem Rücken mit einem Messer aufschneiden, den Darm frei legen und entfernen.

Eine Garnele – viele Namen
Im Englischen heißt sie **Shrimp** oder **Prawn,** wobei Shrimps meist kleiner als Prawns sind. Die Franzosen nennen sie **Crevette,** die Italiener **Gamberetto** und die Spanier **Gamba.** Falsch ist die Bezeichnung Scampi, denn ein Scampo ist keine Garnele, sondern ein Krebs mit Scheren aus der Hummerfamilie. Gleichwohl lassen sich alle Rezepte für Garnelen auf die edlen Scampi anwenden.

Garnelenspieße

Oder Scampi.

- **pro Person 3–4 rohe Riesengarnelen, in der Schale**
- **Zitronenscheiben (nach Belieben)**

Marinade

- **4 EL Zitronensaft**
- **1 Messerspitze Cayennepfeffer**
- **2 Knoblauchzehen, zerdrückt**
- **fein geschnittene Petersilie**
- **4 EL Öl**

1 Die Garnelen im Sieb kalt überbrausen, abtropfen lassen, mit Küchenpapier trocken tupfen. An der Unterseite die Schale aufschneiden, damit die Marinade eindringen kann.

2 Alle Zutaten für die Marinade verrühren und die Garnelen darin 1 Stunde im Kühlschrank marinieren.

3 Den Grill vorheizen (mittlere Hitze). Nach Belieben die Garnelen im Wechsel mit Zitronenscheiben auf Spieße stecken. Oder die Garnelen in eine Grillschale oder eine flache, feuerfeste Form legen, leicht salzen. Im Ofen nahe den Grillstäben 6–8 Minuten grillen, einmal wenden. Die Garnelen sind gar, wenn sie sich leicht aus der Schale lösen lassen. Gut schmecken dazu Aioli und Weißbrot.

Garnelenspieße, in Knoblauchöl gebraten

Garnelenspieße (geschälte rohe Garnelen) aus der Kühltruhe mit einem Gewicht von 100 g sind ein attraktives Angebot, wenn Sie es gerade besonders eilig haben. In der Stielpfanne etwas Öl mit einer in Scheiben geschnittenen Knoblauchzehe erhitzen. Die Garnelen salzen, pfeffern und von jeder Seite 2–3 Minuten braten. Mit Petersilie bestreuen und auf Salat anrichten.

Gegrillte Garnelen mit Tomaten

Oder Scampi.

- **16 rohe Riesengarnelen, geschält**
- **4 Fleischtomaten**

Basilikumöl

- **2 Knoblauchzehen, durchgepresst**
- **4 EL fein geschnittene Basilikumblättchen**
- **8 EL Olivenöl, Salz, Pfeffer**

1 Die Garnelen kalt überbrausen, abtropfen lassen, mit Küchenpapier trocken tupfen. Die Tomaten in 1 cm dicke Scheiben schneiden.

2 Für das Basilikumöl den Knoblauch mit dem Basilikum und dem Öl verrühren, mit Salz und Pfeffer würzen. Den Grill vorheizen (mittlere Hitze).

3 Die Garnelen und die Tomatenscheiben nacheinander in dem Öl wenden, etwas abtropfen lassen und auf das Grillblech oder in eine Grillschale legen. Im Ofen nahe den Grillstäben 6–8 Minuten grillen, die Garnelen und die Tomaten einmal wenden.

4 Die Garnelen mit den Tomaten auf Tellern anrichten und mit dem restlichen Basilikumöl beträufeln.

Gegrillte Garnelen mit Tomaten

Garnelen in Knoblauchöl
Gambas al ajillo

Da werden Urlaubserinnerungen wach! In Spanien serviert man die köstlichen, scharfwürzigen Gambas in kleinen, feuerfesten Tonschalen. Das aromatische Öl tunkt man mit Weißbrot aus.

- **1 kg rohe Garnelen in der Schale**
- **8 EL Olivenöl**
- **1 kleine Chilischote, Samen entfernt, in Ringe geschnitten**
- **4 Knoblauchzehen, in feine Scheibchen geschnitten**
- **Salz**

1 Die Garnelen kalt abspülen, schälen, die Schwanzfächer bleiben daran. Den Darm entfernen.

2 In 4 feuerfeste Portionsschälchen oder -töpfchen je 2 EL Olivenöl, einen Ring Chilischote, die Garnelen und den Knoblauch verteilen, salzen. Auf dem Herd das Öl langsam zum Sieden bringen und die Garnelen 8 Minuten garen; die Schälchen hin und wieder bewegen. Sofort servieren.

Ausgebackene Garnelen

Lassen Sie den Schwanzfächer daran, wenn Sie die Garnelen selbst schälen – das sieht nicht nur hübsch aus, Sie können die Garnelen beim Panieren auch besser fassen.

- **600 g rohe Riesengarnelen, in der Schale**
- **Fett zum Ausbacken**

Zum Panieren

- **Mehl**
- **2 Eier, mit etwas Milch verrührt und gesalzen**
- **Semmelbrösel**

1 Die Garnelen aus der Schale lösen, dabei den Schwanzfächer daranlassen. Am Rücken so einschneiden, dass die beiden Hälften noch zusammenhängen (in »Schmetterlinge« schneiden); dabei, falls noch vorhanden, den Darm entfernen. Die Garnelen flach ausbreiten. Salzen ist nicht nötig, weil die Panade gesalzen ist.

2 Für die Panade drei Teller mit dem Mehl, der Eiermischung und den Semmelbröseln bereitstellen.

3 Zum Ausbacken etwa fingerhoch Fett in der Pfanne erhitzen. Die Garnelen einzeln am Schwanzfächer fassen, im Mehl wenden, durch die Eimischung ziehen, abtropfen lassen und in den Semmelbröseln wenden. In der Pfanne im heißen Fett auf beiden Seiten goldbraun ausbacken. Auf Küchenpapier abtropfen lassen und warm halten, bis alle Garnelen ausgebacken sind.

Garnelen in Knoblauchöl

Scharfe Garnelen in Kokossauce

Garnelen in Sherrysahne

Die in der Schale gebratenen Garnelen geben der Sauce einen kräftigen Geschmack. Ein Trick für die Sauce: Ersetzen Sie einen Teil der Butter durch Krebsbutter aus der Dose.

- **600 g rohe Garnelen, in der Schale**
- **2 EL Olivenöl zum Anbraten**

Sherrysahne

- **30 g Butter**
- **2 Schalotten, gewürfelt**
- **6 EL trockener Sherry**
- **200 ml Fischfond (Seite 204 oder Glas), ersatzweise Hühnerbrühe**
- **200 g Sahne**
- **Salz**
- **1 Prise Cayennepfeffer**

1 Die Garnelen im Sieb mit kaltem Wasser überbrausen, abtropfen lassen und mit Küchenpapier trocken tupfen.

2 In einer Pfanne das Olivenöl erhitzen und die Garnelen unter beständigem Wenden scharf anbraten. Die Hitze reduzieren und 1–2 Minuten nachgaren. Die Garnelen aus der Pfanne nehmen und nach kurzem Abkühlen aus den Schalen lösen.

3 Für die Sherrysahne in der gleichen Pfanne die Butter zerlassen und die Schalotten darin farblos anschwitzen. Mit dem Sherry ablöschen und verdampfen lassen. Den Fond zugießen und in etwa 10 Minuten sämig einkochen. Die Sahne einrühren und unter häufigem Umrühren auf die Hälfte bis ein Drittel einkochen. Die Sauce mit Salz und Cayennepfeffer abschmecken.

4 Die Garnelen in der Sauce erwärmen. Reis oder Nudeln sind eine passende Beilage.

Scharfe Garnelen in Kokossauce

Nehmen Sie mehr oder weniger Chilischoten, je nachdem, wie viel Schärfe Ihr Gaumen verträgt. Anstelle der Kokosmilch können Sie auch mit Sahne aufgießen.

- **500 g rohe Garnelen, geschält**
- **2 EL Erdnussöl**
- **1 kleine Zwiebel, gewürfelt**
- **2 Knoblauchzehen, gewürfelt**
- **5 g frischer Galgant (etwa 2 cm), geschält, fein gehackt**
- **2 Chilischoten, Stielansatz und Samen entfernt, klein geschnitten**
- **200 ml Kokosmilch**
- **Salz, Pfeffer, gemahlener Koriander**

1 Die Garnelen im Sieb kalt überbrausen, abtropfen lassen und mit Küchenpapier trocken tupfen.

2 Das Öl in einer Pfanne oder im Wok erhitzen, die Zwiebel, den Knoblauch, Galgant und Chili zugeben und 1–2 Minuten rühren, bis die Zwiebeln leicht Farbe genommen haben.

3 Die Garnelen zufügen und kurz, aber gründlich, unter das aromatisierte Öl mischen. Die Hitze reduzieren und die Kokosmilch zugießen. Mit Salz, Pfeffer und Koriander abschmecken, durchrühren und 3–4 Minuten köcheln lassen. Heiß servieren und Brot oder Reis dazu reichen.

Garnelen in scharfer Tomatensauce

Die kleinen Chilischoten sind zugleich die schärfsten. Sie geben der Tomatensauce eine angenehme bis feurige Schärfe. Fein dosiert verwenden!

- **600 g geschälte Garnelen, roh oder gekocht**
- **Saft von 1 Zitrone**

Tomatensauce

- **4 EL Olivenöl**
- **200 g Zwiebeln, gewürfelt**
- **2 Knoblauchzehen, gewürfelt**
- **1 Stange Bleichsellerie, in Scheiben geschnitten, das Grün fein geschnitten**
- **je 1 grüne und gelbe Paprikaschote, Stielansatz, Samen und Scheidewände entfernt, gewürfelt**
- **500 g Tomaten, enthäutet, gewürfelt (Packung)**
- **Salz, 1/2 TL Zucker**
- **1 Lorbeerblatt**
- **2 Thymianzweige**
- **1/2 Bund Petersilie, fein geschnitten**
- **3–4 kleine frische Chilischoten, Stielansatz und Samen entfernt, in Ringe geschnitten**

1 Die Garnelen in einem Sieb kalt überbrausen, abtropfen lassen, mit Küchenpapier trocken tupfen. Mit Zitronensaft beträufeln.

2 Für die Tomatensauce in einem Schmortopf das Öl erhitzen, die Zwiebeln und den Knoblauch darin anschwitzen. Den Bleichsellerie und die Paprikawürfel zugeben und etwa 5 Minuten dünsten, anschließend die Tomatenwürfel einrühren und 10 Minuten köcheln lassen. Mit Salz und Zucker würzen, das Lorbeerblatt und die Kräuter untermischen. Die Chilischoten nach und nach einrühren; dabei immer wieder die Schärfe der Sauce prüfen und die nächs-

Garnelen in scharfer Tomatensauce

ten Chiliringe erst hinzufügen, wenn die gewünschte Schärfe noch nicht erreicht ist. Die Sauce weitere 5 Minuten köcheln lassen, abschmecken.

3 Die Garnelen in die Sauce einlegen. Rohe Garnelen lässt man etwa 5 Minuten darin ziehen, bereits gekochte müssen nur erwärmt werden. Breite Nudeln schmecken gut dazu.

Krabbenbällchen

Ergibt etwa 35 Stück.

Feine Nordseekrabben werden mit zartem Brandteig vermischt, zu Bällchen geformt und schwimmend in Fett ausgebacken. Dazu serviert man eine leichte Joghurtsauce, z. B. Kräutercreme oder eine mit Mayonnaise und Joghurt angerührte Tatarensauce (Seite 209). Da freuen sich auch die Kinder!

- **250 g Nordseekrabben (Granat)**
- **Mehl zum Bestauben**
- **fein geschnittene Petersilie**
- **Fett zum Frittieren (etwa 750 g)**

Brandteig

- **250 ml Wasser, 60 g Butter**
- **1/2 TL Salz, 1 Prise Pfeffer**
- **200 g Mehl**
- **4–5 Eier**

1 Zunächst den Brandteig zubereiten. Dafür in einem Topf das Wasser mit der Butter erhitzen, mit Salz und Pfeffer würzen und einmal aufkochen. Den Topf zurückziehen und das Mehl auf einmal hineinschütten. Mit dem Rührlöffel auf der Herdplatte unter beständigem Rühren bei milder Hitze abbrennen, bis sich die Masse als Kloß vom Topfboden löst und eine weiße Haut den Topfboden überzieht. Die Masse in eine Rührschüssel umfüllen. Zunächst 1 Ei mit dem

Rührlöffel einarbeiten, bis es sich völlig mit dem Mehlkloß verbunden hat. Dann die restlichen Eier, eines nach dem anderen, einarbeiten, bis der Teig glänzend und glatt ist und weich vom Löffel fällt.

2 Die Krabben in einem Sieb kalt überbrausen, abtropfen lassen, mit Küchenpapier trocken tupfen und halbieren. In einem trockenen Sieb mit Mehl bestauben, überschüssiges Mehl abschütteln und zusammen mit der Petersilie unter den Brandteig mischen.

3 Zum Frittieren in einem schweren Topf das Fett auf 180 °C erhitzen (oder die Fritteuse einsetzen). Mit einem Teelöffel kleine Häufchen von der Brandteig-Krabben-Masse abstechen und in dem heißen Fett portionsweise goldbraun frittieren. Mit dem Schaumlöffel herausheben und auf Küchenpapier abtropfen lassen. Warm servieren.

Krabbenbällchen

Flusskrebse im Dillsud

Eine Einladung zu Flusskrebsen ist etwas ganz Besonderes. Das gemeinsame Knacken und Pulen und nicht zuletzt der Schnaps sind immer ein geselliges Erlebnis. Die Bestände bei uns sind seit der Krebspest im 19. Jahrhundert weit gehend ausgestorben, sie erholen sich aber langsam wieder. Frische Flugware kommt aus dem Süden der USA und aus der Türkei praktisch zu jeder Jahreszeit.

- **pro Person 12 lebende Flusskrebse**
- **reichlich Salzwasser**
- **1 Zitrone, in Scheiben geschnitten**
- **1 Bund Dill**
- **Kümmel (nach Belieben)**

1 Die Krebse gründlich waschen und bürsten. Das Kochwasser so reichlich bemessen, dass die Krebse gut bedeckt sind. Das Wasser mit allen Zutaten zum Kochen bringen. Die Krebse nacheinander mit dem Kopf voran in den sprudelnd kochenden Sud werfen, zugedeckt 2 Minuten lebhaft kochen und weitere 8 Minuten ziehen lassen. Die nun krebsroten Krebse aus dem Sud heben, abtropfen lassen und in einer Terrine anrichten.

2 Den Sud durchseihen, bei starker Hitze kurz einkochen, über die Krebse gießen. Man serviert sie warm oder kalt.

3 **Krebse essen:** Verzehrt wird nur das Schwanzfleisch – und mit Geduld auch das Scherenfleisch. Alles andere können Sie, sauber geputzt, für einen Krebsfond verwenden.
Die Scheren mit den Fingern abdrehen, aufknacken und das Fleisch herauslösen. Das Schwanzteil vom Körper abdrehen, an der Unterseite aufbrechen, das Schwanzfleisch auslösen und den Darm entfernen. Zum Reinigen der Finger stellt man Schälchen mit warmem Wasser und Zitronenscheiben auf den Tisch. Man isst Weißbrot mit Butter dazu.

Hummer

Hummer kommen lebend meist aus Nordamerika zu uns, gut verpackt mit zusammengebundenen Scheren in belüfteten Klimakisten. Die Frische eines Hummer erkennen Sie daran, dass er sich lebhaft bewegt. Häufig gibt es so genannte Portionshummer mit einem Gewicht von 500–600 g. Sie haben allerdings mehr davon, wenn Sie schwerere Exemplare von 1–1,2 kg wählen, die Fleischausbeute ist größer (etwa 1/3 des Lebendgewichts) und Sie können zu zweit davon essen.

Hummer kochen

Hummer wird gekocht, um ihn zu töten und anderweitig zuzubereiten oder um ihn frisch gekocht zu verzehren. Für die kalte Küche lässt man ihn im Sud erkalten. Auf alle Fälle muss so viel Flüssigkeit im Topf sein, dass alle Exemplare gut bedeckt sind – notfalls nacheinander garen oder zwei Töpfe verwenden. Werden mehrere Hummer gekocht, das nächste Tier erst dann kopfüber einwerfen, wenn das Wasser wieder sprudelnd kocht.

Den Hummer kopfüber in kochendes Wasser werfen; er färbt sich beim Kochen leuchtend rot.

- **pro Person 500–600 g Hummer**
- **reichlich Salzwasser**
- **Zitronenscheiben**
- **Zitronenspalten und Dillspitzen zum Garnieren**

1 In einem großen Topf reichlich Salzwasser zum Kochen bringen. Den Hummer am Rücken fassen (die Gummiringe an den Scheren lassen!) und kopfüber in das sprudelnde Wasser werfen. Den Hummer zugedeckt 1–2 Minuten lebhaft kochen. Wird er für weitere Rezepte verwendet, können Sie ihn herausnehmen; er ist inzwischen auch kräftig rot geworden.

2 Zum Fertiggaren die Hitze reduzieren und den Hummer gar kochen. Garzeit: 12 Minuten für die ersten 500 g, 12 Minuten für weiter 500 g und 5 Minuten für alle weiteren 500 g, die er mehr wiegt. Gern wird eine weiße Buttersauce (Seite 208) dazu serviert.

Languste kochen

Eine Languste wird genauso in reichlich Salzwasser mit Zitronenscheiben gekocht und zubereitet wie Hummer. Ihr Fleisch schmeckt ähnlich gut wie das des Hummers, ist aber ein wenig trockener. Damit man sie später dekorativ anrichten kann, wird empfohlen, die Languste vor dem Kochen auf ein Brett zu binden, damit der gekrümmte Schwanz gestreckt wird. Alle Rezepte für Hummer passen auch für Languste.
Aus dem großen Schwanz wird das Fleisch meist im Ganzen ausgelöst und in Scheiben geschnitten. Dafür das Schwanz- vom Kopfteil abdrehen, das Schwanzteil durch Druck anknacken und von der Unterseite aufbrechen oder mit einer Küchenschere aufschneiden.

Kalter Hummer / Kalte Languste

Für kalte Gerichte lässt man den Hummer oder die Languste im Sud erkalten. Durch das Nachgaren im sich allmählich abkühlenden Sud ist die Garzeit um etwa 15 % kürzer. Nehmen Sie den Hummer oder die Languste erst dann aus dem Sud, wenn Sie das Fleisch auslösen, z. B. für ein kaltes Büfett oder für einen Cocktail oder Salat.

1 **Hummer/Languste halbieren:** Von der Mitte aus das Schwanzteil spalten.

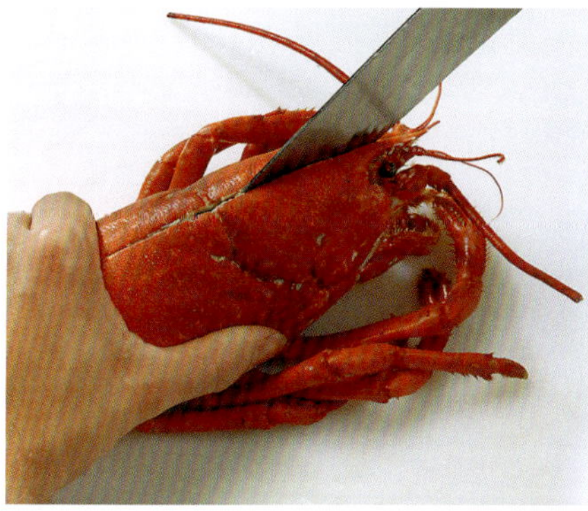

2 Den Körper drehen und ebenso das Kopfteil spalten (zwischen den Augen hindurch).

3 Vorsichtig den sichtbar frei liegenden Darm entfernen, er darf nicht abreißen.

Hummer essen

Hummer kochen ist nicht schwer, ihn zerteilen dagegen sehr … Man braucht außer einem kräftigen Messer noch Spezialwerkzeuge: eine Hummerzange zum Aufbrechen der Scheren und eine schlanke Hummergabel mit 2 Hakenzinken, um das Fleisch aus den dünnen Beinen auszulösen (es ist allerdings erlaubt, das Fleisch aus den Beinen bei Tisch auszusaugen).

Hummer anrichten: Klassisch legt man die beiden Hälften mit der Schale nach unten auf eine Platte und setzt die aufgebrochenen Scheren vor den Körper. Garniert wird mit Zitronenspalten und Dillspitzen.

Gebratener Hummer

Gebratener Hummer

Wer sich die Prozedur mit dem lebenden Hummer ersparen will, kauft vorgegarten, tiefgefrorenen Hummerschwanz in der Schale. Langsam auftauen lassen, den Schwanz halbieren und auf beiden Seiten braten. Klassisch reicht man zum warmen Hummer eine feine Sauce, z. B. Holländische Sauce, Weiße Buttersauce oder eine Mayonnaise-Sauce.

- **2 lebende Hummer, je 1–1,2 kg**
- **reichlich Salzwasser**

Zum Braten

- **6 EL Olivenöl**
- **40 g Butter**
- **Salz, 1 Prise Cayennepfeffer**

1 Die Hummer kopfüber in reichlich kochendes Salzwasser einlegen und 2 Minuten vorgaren. Anschließend ausbrechen und den Schwanz spalten, wie links gezeigt.

2 Die Bratpfanne sollte so groß sein, dass 2 Hummerhälften darin Platz haben. Öl und Butter in der Pfanne erhitzen, die Hummerhälften auf der Schalenseite anbraten, wenden und auch die Fleischseite braten. Dabei immer wieder mit der Bratbutter beschöpfen. Gleichzeitig die angeklopften Scheren mitbraten. Garzeit etwa 15 Minuten.

3 Die Hummerhälften mit der Schnittfläche nach oben anrichten. Salz, mit Cayennepfeffer vermischt, darüberstreuen.

Gegrillte Hummer- oder Langustenschwänze

Vorgegarte halbierte Hummer- und Langustenschwänze kann man in der Grillpfanne auf dem Herd grillen oder unter dem Strahlungsgrill des Ofens. Die Grillschale und die Hummer- oder Langustenschwänze mit Öl bestreichen. Auf der Fleischseite beginnend, jede Seite 6 Minuten grillen.

Scampi, in der Schale gebraten

Oder Riesengarnelen.

Vieles wird als Scampi bezeichnet, was den Namen gar nicht verdient. Die feinen Scampi oder Kaisergranat mit ihren hummerartigen Scheren werden oft mit großen Garnelen verwechselt. Achten Sie auf die Farbe: Der echte Scampo ist schon vor dem Garen rot.

- **pro Person 4–5 Scampischwänze in der Schale**
- **2 EL Öl + 40 g Butter**
- **1 Schuss Cognac**
- **500 ml Fischfond (Seite 204)**
- **60 g kalte Butterflöckchen**
- **Petersilie und Estragon, fein geschnitten**
- **Salz, Pfeffer**

1 Die Scampi in einem Sieb kalt überbrausen, abtropfen lassen, mit Küchenpapier trocken tupfen. Mit einem scharfen Messer längs halbieren und den Darm entfernen.

2 In einer großen Pfanne das Öl mit der Butter erhitzen, die Scampihälften auf der Schalenseite etwa 2 Minuten anbraten und dabei leicht bewegen; wenden und die Fleischseite braten (etwa 1 Minute). Die Scampi aus der Pfanne nehmen und warm stellen.

3 Das Fett aus der Pfanne abgießen. Die Röststoffe mit einem Schuss Cognac ablöschen, den Fischfond zugießen und bei guter Hitze auf die Hälfte einkochen. Die kalten Butterflöckchen einschwenken. Die Kräuter einrühren, mit Salz und Pfeffer abschmecken. Die Scampi in der Sauce schwenken und anrichten. Die feine Sauce tunkt man mit Brot auf.

Muscheln

Jakob, Mies, Venus, Herz und Auster

Muscheln sind Weichtiere, geschützt in einem Gehäuse von zwei harten Schalen. Schließmuskeln bewirken, dass sich die Schalen öffnen und schließen. Auch fern der Küste kauft man Muscheln vorzugsweise lebend. Tiefgefroren werden sie gegart angeboten, in der Schale oder das ausgelöste Fleisch. Muscheln kommen heutzutage aus so genannten Muschelgärten; bei Austern spricht man eher von Austernparks oder -bänken. Früher hatten die Muscheln Saison nur von September bis April, also in den Monaten mit einem »r« im Namen. Heute werden lebende Muscheln praktisch das ganze Jahr über importiert.

Frischemerkmale

Nur lebende Frischmuscheln sind genießbar. Kennzeichen: Die beiden Schalen sind durch den Schließmuskel fest geschlossen. Bei abgestorbenen Muscheln mit erschlafften Schließmuskeln klaffen die Schalen auseinander, der Saft ist ausgelaufen. Offene Muscheln sind abgestorben und müssen aussortiert werden.

- Rohe Muscheln müssen geschlossen sein. Geöffnete sind abgestorben und müssen aussortiert werden.
- Die Muschel ist einen winzigen Spalt geöffnet, und das macht Sie unsicher? Wenn sie sich unter dem Wasserstrahl schließt, ist sie in Ordnung.
- Gekochte Muscheln müssen offen sein. Nun müssen geschlossene Exemplare aussortiert werden.
- Es ist von Vorteil, die Muscheln vor der Zubereitung 1 Stunde in Salzwasser zu legen, damit sie noch vorhandenen Sand »ausspucken«.
- Beim Abgießen des Muschelsuds den sandigen Bodensatz im Topf zurücklassen und den Sud durch ein feines Haarsieb abseihen.
- Immer eine Schüssel oder einen Teller für die Muschelschalen und ein Schälchen mit warmem Wasser und einer Zitronenspalte zum Reinigen der Finger bereitstellen.
- Es gibt gegarte ausgelöste Muscheln sowohl in der Kühltheke als auch in der Tiefkühltruhe und es gibt sogar gegarte gefrorene Muscheln in der Schale.
- Am besten schmecken Muscheln – wen wundert es – am Meer und in Meerwasser gekocht.

Miesmuscheln dämpfen

Nach dieser Grundzubereitung kann man auch andere Muscheln garen, z. B. Herzmuscheln oder Venusmuscheln. Der Topf zum Dämpfen muss so groß sein, dass die Muscheln ausreichend Platz haben und sich hin und her bewegen lassen. Salzen ist nicht nötig, da die Muscheln Meerwasser mitbringen.

- **4 kg Miesmuscheln**

Zum Dämpfen

- **2 EL Öl**
- **1–2 Zwiebeln, gewürfelt**
- **2 Knoblauchzehen, gewürfelt**
- **2–3 Möhren gewürfelt**
- **1/2 Stange Lauch, in Ringe geschnitten**
- **1 Lorbeerblatt**
- **einige Petersilienstängel**
- **500 ml trockener Weißwein (oder halb Wein, halb Wasser)**

1 Die Muscheln putzen: Jede einzelne Muschel unter fließendem Wasser abbürsten, die Bartbüschel entfernen und nochmals gründlich waschen. Bereits geöffnete Exemplare aussortieren – sie sind verdorben.

2 In einem großen Topf das Öl erhitzen, die Zwiebeln, den Knoblauch und das Gemüse kurz angehen lassen. Das Lorbeerblatt und die Kräuter einlegen. Die Muscheln tropfnass in den Topf geben, den Wein zugießen und im geschlossenen Topf bei starker Hitze zum Kochen bringen. Etwa 6 Minuten flott kochen, die Muscheln garen im Dampf des zugegossenen Weins; dabei den Topf mehrmals rütteln, damit alle Muscheln gleichmäßig garen. Sobald die Schalen sich öffnen, sind die Muscheln gar.

1 Nach dem Waschen die Bartfäden, mit denen sich die Tiere an Pfähle oder Felsen heften, entfernen.

2 Das klein geschnittene Gemüse in einem großen Topf in dem heißen Öl ohne Farbe angehen lassen.

3 Alle Muscheln auf einmal in den Topf geben, die Flüssigkeit zugießen und zugedeckt dämpfen.

3 Die Muscheln mit dem Schaumlöffel herausnehmen und auf tiefe Teller verteilen; geschlossene Muscheln wegwerfen, sie sind verdorben. Vorsichtig etwas Sud über die Muscheln schöpfen (den sandigen Bodensatz im Topf zurücklassen).

4 Miesmuscheln essen: Stellen Sie Teller für die Schalen auf den Tisch. Aus der ersten Muschelschale zieht man das Fleisch mit der Gabel heraus. Dann die leere Muschelschale nehmen und damit das Fleisch der anderen Muscheln wie mit einer Zange greifen und herausziehen. Im Rheinland isst man dunkles Brot und Butter dazu.

4 Im aufsteigenden Dampf öffnen sich die Muscheln. Geschlossene Exemplare aussortieren.

5 Die erste Muschel mit der Gabel herausziehen und die leere Schale als »Besteck« benutzen.

Austern

Kenner schätzen die rohe Auster, natur in der halben Schale serviert. Man rechnet im Durchschnitt ein halbes Dutzend pro Person.
Die Austern unter fließendem Wasser abbürsten und gründlich waschen. Unmittelbar vor dem Servieren mit dem Austernmesser öffnen. Dazu legt man sie mit der gewölbten Seite in eine gefaltete Serviette, fährt mit dem Messer (Austernmesser) in die kleine Scharnieröffnung im Gelenk, hält mit der anderen Hand die Auster fest und bricht die Schalen auf. Die obere Schale entfernen und die Auster von der unteren (gewölbten) Schale lösen; dabei möglichst keinen Saft verschütten. Die untere Schale mit der Auster auf gestoßenes Eis setzen und mit Zitronenspalten garnieren. Oder die Auster zur weiteren Verwendung aus der unteren Schale vorsichtig lösen.

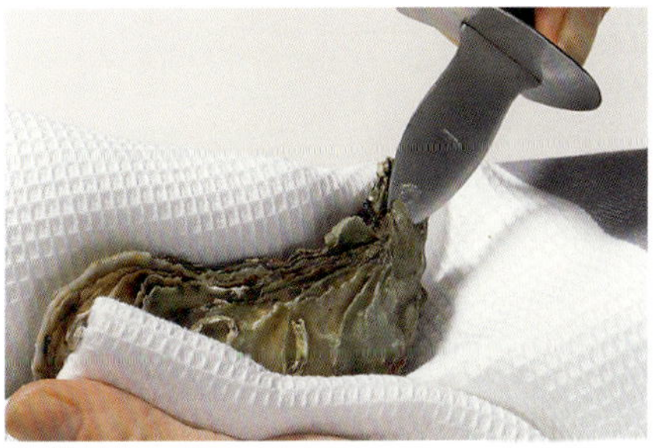

1 **Austern öffnen:** Die Auster mit der gewölbten Schale nach unten in einem Tuch halten, mit dem Austernbrecher in das Scharnier stechen, durchtrennen.

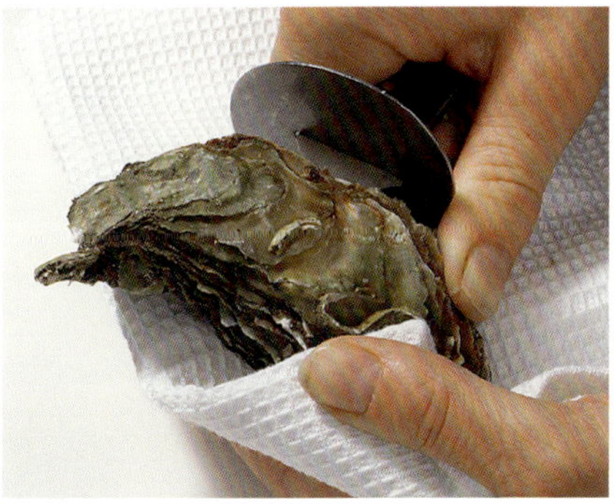

2 Mit der Klinge zwischen den Schalenhälften rundum fahren, um diese voneinander zu trennen.

Überbackene Austern

- **pro Person 6 Austern**
- **grobes Salz oder Alufolie für das Blech**
- **krause Petersilie zum Garnieren**

Zum Überbacken

- **Zitronensaft**
- **Semmelbrösel, mit etwas Cayennepfeffer und fein geschnittener Petersilie vermischt**
- **zerlassene Butter zum Beträufeln**

1 Die Austern unter fließendem kalten Wasser abbürsten und gründlich waschen. Ein Backblech oder die Fettpfanne des Ofens mit einer dicken Lage grobem Salz ausstreuen oder mit leicht zerknüllter Alufolie auslegen.

2 Die Austern öffnen, wie unten beschrieben, und aus der Schale lösen. Die gewölbte Schalenhälfte waschen und abtrocknen. Die Austern wieder in ihre Schalenhälften legen und auf das Blech setzen. Den Ofen auf 230 °C/Umluft 210 °C vorheizen.

3 Zum Überbacken die Austern mit Zitronensaft beträufeln und mit den gewürzten Semmelbröseln bestreuen; zerlassene Butter darüberträufeln. Im Ofen etwa 3 Minuten überbacken.

4 Die Austern auf einer Serviette anrichten und mit Petersilie garnieren.

3 Die obere flache Schale anheben und abtrennen. Dabei behutsam vorgehen damit das Austernwasser nicht ausläuft.

Muscheln à la Provence

Gratinierte Muscheln sind auch eine attraktive Vorspeise. Dafür genügt oft schon die halbe Rezeptmenge.

- **2 kg Miesmuscheln**
- **Zitronenschnitze zum Servieren**

Sud

- **1 Bund Suppengrün, grob geschnitten**
- **2 Zwiebeln, in Ringe geschnitten**
- **1 Lorbeerblatt**
- **5 Pfefferkörner**
- **500 ml trockener Weißwein (oder halb Wein, halb Fischfond)**

Zum Gratinieren

- **frische Kräuter, fein geschnitten (Petersilie, Sellerieblätter, Thymian, Basilikum)**
- **3 Knoblauchzehen, durchgepresst**
- **etwa 5 EL Semmelbrösel**
- **4 EL Olivenöl**

1 Die Muscheln gründlich waschen und abbürsten, die Bartfäden entfernen. Geöffnete Muscheln wegwerfen.

2 Für den Sud im Suppentopf alle angegebenen Zutaten erhitzen und 5 Minuten köcheln lassen. Die Muscheln dazugeben, zugedeckt etwa 6 Minuten dämpfen, bis alle Muscheln geöffnet sind, dabei den Topf hin und wieder rütteln. Die Muscheln aus dem Sud nehmen, nicht geöffnete Exemplare wegwerfen. Den Sud durch ein Haarsieb gießen und dabei den sandigen Bodensatz im Topf zurücklassen.

3 Den Ofen auf 220 °C/Umluft 200 °C vorheizen. Von den Muscheln die jeweils leere Schalenhälfte abtrennen. Die Schalen mit dem Muschelfleisch nebeneinander in eine ofenfeste Form oder in die Fettpfanne des Ofens legen.

4 Zum Gratinieren die Kräuter mit dem Knoblauch und den Semmelbröseln vermischen und über die Muscheln streuen. Etwas Muschelsud und das Olivenöl darüberträufeln. Im Ofen in 10–15 Minuten goldbraun gratinieren. Mit Zitronenschnitzen servieren.

Muscheln à la Provence

Muschelragout unter der Blätterteighaube

Saftige Ragouts aus Meeresfrüchten, mit Blätterteig überbacken, haben eine lange Tradition. In diesem Rezept wird das ausgelöste Fleisch der kleinen Herzmuscheln verwendet. Das Fleisch von größeren Muscheln, z.B. Miesmuscheln, muss man vorher klein schneiden. Falls Sie frische Muscheln in der Schale kaufen und diese vorher dämpfen, verwenden Sie den gehaltvollen Muschelsud für die Sauce.

- **400 g ausgelöstes Herzmuschelfleisch**
- **Zitronensaft**
- **2 EL fein geschnittene Petersilie**

Sauce

- **40 g Butter, 2 Schalotten, gewürfelt**
- **1 Knoblauchzehe, gewürfelt**
- **1 Stange Bleichsellerie, in Streifen geschnitten**
- **1 Möhre, klein gewürfelt**
- **1/3 Stange Lauch, in Ringe geschnitten**
- **1 Chilischote, Samen entfernt, klein geschnitten**
- **120 g Champignons, in Scheiben geschnitten**
- **200 ml Fischfond (Seite 204 oder Glas), ersatzweise Gemüsebrühe**
- **Salz, Pfeffer**

- **270 g ausgerollter Blätterteig aus der Kühltheke, 2 Eigelb zum Bestreichen**

1 Das Gemüse-Herzmuschel-Ragout in feuerfeste Förmchen füllen.

2 Eine runde Blätterteigscheibe auflegen und die Ränder fest andrücken.

1 Das Muschelfleisch im Sieb kalt überbrausen, abtropfen lassen. Mit Zitronensaft und Petersilie marinieren.

2 Für die Sauce in einem flachen Topf die Butter zerlassen, die Schalotten und den Knoblauch darin anschwitzen. Zunächst das Gemüse und die Chilischote zugeben und unter beständigem Wenden andünsten, nach etwa 5 Minuten die Champignons kurz mitdünsten. Den Fond zugießen, mit Salz und Pfeffer würzen und 5 Minuten garen.

3 Die Herzmuscheln untermischen und erhitzen. Die Sauce abschmecken, bei Bedarf nachwürzen. Das Muschelragout in 4 feuerfeste Förmchen verteilen. Den Ofen auf 200 °C/Umluft 180 °C vorheizen.

4 Den Blätterteig ausbreiten. 4 Kreise ausstechen, jeweils etwa 2 cm größer als der Durchmesser der Förmchen. Die Ränder mit verquirltem Eigelb bestreichen und 5 Minuten antrocknen lassen. Den Blätterteig auf die Förmchen stülpen, die Ränder fest andrücken und darauf achten, dass der Teig intakt bleibt. Nur so kann der Blätterteig durch den beim Backen entstehenden Dampf aufgehen. Die Teigoberfläche mit Eigelb bestreichen. Die Förmchen auf ein Gitter setzen und das Ragout im Ofen in 12–15 Minuten goldgelb überbacken.

Muschelragout unter der Blätterteighaube

Muscheln in scharfer Tomatensauce

- 3 kg Miesmuscheln
- 1 Lorbeerblatt

Scharfe Tomatensauce

- 3 EL Olivenöl
- 2 Schalotten, gewürfelt
- 1–2 Knoblauchzehen, gewürfelt
- 2 Chilischoten, Stielansatz und Samen entfernt, in Ringe geschnitten
- 500 g passierte Tomaten (Packung)
- 150 ml trockener Weißwein
- Pfeffer
- 1 Messerspitze Zucker

1 Die Muscheln gründlich waschen und abbürsten, die Bartbüschel entfernen. Geöffnete Exemplare wegwerfen.

2 Für die Sauce in einem großen Topf das Olivenöl erhitzen, die Schalotten und den Knoblauch darin anschwitzen. Die Chilischoten und die Tomaten zugeben, den Wein zugießen, mit Pfeffer und Zucker würzen und unter Rühren aufkochen.

3 Die Muscheln und das Lorbeerblatt in den Topf geben, den Deckel auflegen und die Sauce etwa 6 Minuten flott kochen, bis sich in dem aufsteigenden Dampf alle Muscheln geöffnet haben.

4 Die Muscheln mit dem Schaumlöffel herausheben (geschlossene Exemplare wegwerfen) und auf Tellern anrichten. Die Tomatensauce darüberschöpfen.

Muscheln in scharfer Tomatensauce

Muscheln asiatisch

Die Muscheln garen im eigenen Meerwasser, das sie in den geschlossenen Schalen mitbringen.

- **3–4 kg Miesmuscheln**
- **3 EL Öl**
- **3 Zwiebeln, in Scheiben geschnitten**
- **3 Knoblauchzehen**
- **1 Stück Ingwerwurzel, in Scheiben geschnitten**
- **3 Stängel Zitronengras, in Scheiben geschnitten**
- **Saft von 1 Limette**
- **einige Stängel Koriandergrün**

1 Die Muscheln gründlich waschen und abbürsten, die Bartbüschel entfernen. Geöffnete Exemplare wegwerfen.

2 Das Öl in einem großen Topf erhitzen, die Zwiebeln und den Knoblauch darin anschwitzen. Die Ingwer- und Zitronengrasscheiben einlegen, mit dem Limettensaft ablöschen, das Koriandergrün zugeben.

3 Die Muscheln in den Topf füllen und den Deckel auflegen. Die Muscheln im eigenen Saft bei guter Hitze etwa 6 Minuten dämpfen, bis sich alle geöffnet haben; dabei den Topf immer wieder rütteln, damit die Muscheln gleichmäßig garen.

4 Die Muscheln mit dem Schaumlöffel herausnehmen (geschlossene Exemplare wegwerfen) und auf tiefen Tellern anrichten. Die Garflüssigkeit vorsichtig über die Muscheln gießen – am besten durch ein Haarsieb – und dabei den sandigen Bodensatz zurücklassen.

Jakobsmuscheln pochiert

Fern der Küste sind Jakobsmuscheln in der Regel ausgelöst und ohne ihre dekorative Schale im Handel – das Auslösen übernimmt in jedem Fall der Fischhändler für Sie. Freuen Sie sich, wenn an den Nüsschen – so heißt das weiße Muschelfleisch – der sichelförmige orangefarbene Corail (Rogen) hängt. Er schmeckt ebenfalls sehr fein.

- **12 ausgelöste Jakobsmuscheln**

Sud

- **375 ml Wasser**
- **125 ml trockener Weißwein**
- **1/2 EL Meersalz**
- **1/2 Lorbeerblatt**
- **1 Zitronenscheibe**
- **200 g Gemüse: Möhre, Bleichsellerie mit Grün, Lauch, Zwiebel, in feine Streifen (Julienne) geschnitten**
- **2 Stängel Petersilie**

Zitronenbutter

- **60 g Butter**
- **1 Zitrone, geschält, in Würfelchen geschnitten**

1 Die Jakobsmuscheln kalt abspülen, mit Küchenpapier trocken tupfen.

2 Für den Sud das Wasser mit dem Wein, Salz, Lorbeerblatt und der Zitronenscheibe aufkochen. Das Gemüse und die Petersilie zugeben und etwa 5 Minuten köcheln lassen. Die Jakobsmuscheln einlegen und zugedeckt bei gleich bleibend milder Hitze 5–6 Minuten pochieren.

3 Inzwischen für die Zitronenbutter die Butter im Saucentopf zerlassen und die Zitronenwürfelchen darin schwenken.

4 Die Jakobsmuscheln mit dem Seihlöffel aus dem Sud heben und auf vorgewärmten Tellern mit dem Gemüse anrichten. Etwas Sud über die Muscheln schöpfen und die Butter mit den Zitronenwürfeln darüberträufeln. Dazu schmeckt aufgebackenes Baguette oder Knoblauchbrot.

1 **Jakobsmuscheln öffnen:** Die Muschel mit der flachen Schalenhälfte nach oben halten. Mit einem stabilen kurzen Messer zwischen die Schalen fahren und den inneren Muskel durchtrennen.

2 Die obere Schale abheben. Mit dem Messer unterhalb des grauen Randes entlangfahren und die Muschel aus der Schale lösen.

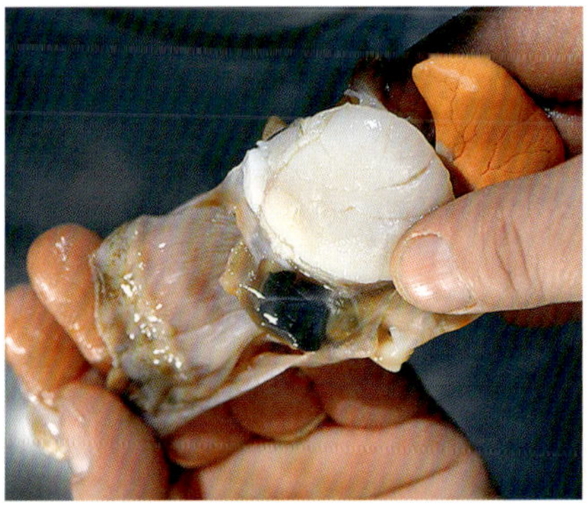

3 Den grauen Rand abziehen, sodass das weiße Muskelfleisch (Nüsschen) und der orangefarbene Corail (Rogen) getrennt vorliegen.

Jakobsmuscheln in Tomatensauce mit Basilikum

Das weiße, überaus zarte Fleisch der Jakobsmuschel in der roten Tomatensauce ist auch eine feine Vorspeise. Als Vorspeise reicht die Rezeptmenge für etwa 6–8 Personen.

- **12 ausgelöste Jakobsmuscheln**
- **40 g Butter, Salz, Pfeffer**

Tomatensauce

- **20 g Butter**
- **3 Schalotten, gewürfelt**
- **50 ml trockener Weißwein**
- **3 Tomaten, enthäutet, Samen entfernt, gewürfelt**
- **3 Stängel Basilikum, die Blättchen abgezupft und grob geschnitten**
- **2 EL Crème fraîche**
- **3 EL Sahne**
- **20 g kalte Butterflöckchen**

1 Die Jakobsmuscheln kalt abspülen, mit Küchenpapier trocken tupfen.

2 In einer Pfanne mit hohem Rand die Butter zerlassen, die Muscheln auf beiden Seiten 2–3 Minuten anbraten, salzen und pfeffern. Aus der Pfanne nehmen und warm stellen.

3 Für die Sauce in der gleichen Pfanne die Butter erhitzen und die Schalotten darin anschwitzen. Mit dem Weißwein ablöschen, kurz einkochen und dabei den Bratrückstand vom Pfannenboden lösen. Die Tomaten einrühren, das Basilikum zugeben und etwa 5 Minuten einkochen. Die Crème fraîche und die Sahne einrühren und nochmals aufkochen lassen. Die kalten Butterflöckchen in die Sauce rühren, abschmecken und bei Bedarf nachwürzen.

4 Die Muscheln in der Sauce erwärmen und in einer flachen, vorgewärmten Schüssel anrichten. Reis oder Nudeln schmecken gut dazu.

Jakobsmuscheln gratiniert

- **12 ausgelöste Jakobsmuscheln**
- **Zitronensaft**
- **Salz, Cayennepfeffer**

Sauce

- **1 EL Olivenöl**
- **1–2 Schalotten, gewürfelt**
- **2 Knoblauchzehen, gewürfelt**
- **1 Schuss Cognac**
- **300 ml trockener Weißwein**
- **Salz, Pfeffer**

Zum Überbacken

- **Olivenöl für die Förmchen**
- **3 EL Semmelbrösel**
- **1 Bund Petersilie, fein geschnitten**
- **4 EL Olivenöl**

1 Die Jakobsmuscheln kalt abspülen, mit Küchenpapier trocken tupfen. Mit Zitronensaft beträufeln, mit Salz und Cayennepfeffer würzen.

2 Für die Sauce in einem kleinen Topf das Olivenöl erhitzen, die Schalotten und den Knoblauch darin anschwitzen. Mit dem Cognac ablöschen und verdampfen lassen. Den Wein zugießen und auf die Hälfte einkochen. Mit Salz und Pfeffer abschmecken. Den Ofen auf 220 °C/Umluft 200 °C vorheizen.

3 Zum Überbacken 4 ofenfeste Förmchen oder eine flache Auflaufform mit Olivenöl ausstreichen. Große Muscheln quer halbieren, kleine Muscheln im Ganzen einlegen. Die Semmelbrösel mit der Petersilie mischen und über den Muscheln verteilen. Mit je 1 EL Olivenöl beträufeln. Die Muscheln mit der Sauce umgießen. Im Ofen auf der mittleren Schiene etwa 10 Minuten gratinieren. Die Muscheln in den Förmchen servieren. Die feine Sauce tunkt man mit Weißbrot auf.

Jakobsmuscheln, mit Champagnersauce überbacken

In der eigenen Schale serviert, sehen Jakobsmuscheln besonders attraktiv aus. Mit einem einfachen Trick bleiben die Muscheln beim Überbacken gerade stehen: Setzen Sie sie auf ein mit einer dicken Lage grobkörnigem Salz ausgestreutes Backblech; am besten erwärmen Sie das Salzbett schon 5 Minuten im Ofen, bevor Sie die Muscheln daraufsetzen. Selbstverständlich können Sie auch feuerfeste Förmchen verwenden. Ofenfeste Jakobsmuschelschalen werden auch in Haushaltswarengeschäften angeboten.

- **4 große ausgelöste Jakobsmuscheln**
- **Salz**
- **10 g Butter**
- **250 ml Champagner (oder trockener Sekt, Prosecco oder auch ein Riesling)**

Champagnersauce

- **10 g Butter**
- **1 Schalotte, gewürfelt**
- **Champagner-Pochiersud zum Aufgießen**
- **200 ml Sahne**
- **1 Eigelb, mit 3 EL Sahne verrührt**
- **Salz, weißer Pfeffer**

Spinatbett

- **30 g Butter**
- **250 g Spinat, blanchiert und abgetropft (oder TK-Blattspinat)**
- **Salz, Pfeffer**
- **frisch geriebene Muskatnuss**

Außerdem

- **4 große Jakobsmuschelschalen**
- **40 g geriebener Käse**

1 Die Jakobsmuscheln kalt abspülen, mit Küchenpapier trocken tupfen, quer halbieren und salzen. In einer Kasserolle die Butter zerlassen, die Muscheln hineinsetzen und mit dem Champagner bedecken. Langsam erhitzen und vorsichtig in 1–2 Minuten »absteifen«. Herausnehmen und abtropfen lassen. Den Pochiersud stark einkochen und für die Sauce verwenden.

2 Für die Champagnersauce die Butter zerlassen und die Schalottenwürfel darin farblos anschwitzen. Mehrmals mit dem Pochiersud ablöschen und wieder verdampfen lassen. Die Sahne dazugießen und auf die Hälfte einkochen. Die Eigelbsahne einrühren und die Sauce legieren. Mit Salz und Pfeffer milde abschmecken.

3 Für das Spinatbett die Butter zerlassen und den Spinat darin schwenken. Mit Salz, Pfeffer und Muskatnuss würzen. Den Ofen auf 220 °C/Umluft 200 °C vorheizen.

4 Die Muschelschalen säubern. Den Spinat darin verteilen. Die Muscheln darauflegen, mit der Sauce überziehen und mit dem Käse bestreuen. Im Ofen in wenigen Minuten nach Sicht goldgelb überbacken.

Jakobsmuscheln, mit Champagnersauce überbacken

Tintenfische

Tintenfische gehören zu den Weichtieren, sie sind so genannte Kopffüßler und heißen Tintenfische, weil sie aus einer Farbstoffdrüse eine dunkle Flüssigkeit ausstoßen, um sich zu tarnen.
Das Angebot vorbereiteter Ware in der Tiefkühltheke ist groß, besonders beliebt sind Tintenfischringe und die Tuben von Sepien oder Kalmaren zum Füllen.
Das Geheimnis zarter Sepien oder Kalmare liegt in der Garzeit. Kurz ist gut! Hart und zäh werden sie nur bei zu langer Garzeit.

Frittierte Tintenfischringe

Kalmare und Sepien kauft man geputzt und küchenfertig. Zum Ausbacken in Fett schneidet man den sackförmigen Körper und die Arme in gleichmäßig starke Streifen oder Ringe. Hier wurde die Blitzversion mit tiefgefrorenen Tintenfischringen favorisiert. Wichtig ist schonendes Auftauen im Kühlschrank und sorgfältiges Trockentupfen vor dem Eintauchen in den Backteig. Innen weiß und zart und außen knusprig und braun kommen sie aus dem Backfett. Ein schmackhaftes und preiswertes Essen, das auch Kindern schmeckt.

- **600 g TK-Tintenfischringe**

Bierteig

- **150 g Mehl**
- **1 Messerspitze Salz, 1 EL Öl**
- **2 Eier, getrennt**
- **180–200 ml Bier (oder Wein, Milch)**

- **Fett zum Frittieren (Pflanzenfett oder hitzebeständiges Öl)**
- **evtl. Mehl zum Bestauben**

1 Vorab für den Bierteig das Mehl in eine Schüssel füllen und in die Mitte eine Mulde drücken. Das Salz, das Öl und die Eigelbe darin verrühren. Das Bier unter Rühren langsam zugießen und alles zu einem glatten, dickflüssigen Teig verarbeiten. 20 Minuten quellen lassen. Erst kurz vor dem Frittieren die Eiweiße mit 1 Prise Salz steif schlagen und unterziehen.

2 Die Tintenfischringe im Sieb kalt abspülen, abtropfen lassen und mit Küchenpapier sorgfältig trocken tupfen.

3 In einem Topf so viel Fett oder Öl auf 180 °C erhitzen, dass das Frittiergut darin schwimmen kann (oder die volle Fritteuse einsetzen). Die Tintenfischringe evtl. mit Mehl bestauben, damit der Backteig gut und gleichmäßig haftet. Die Ringe nacheinander einzeln mit der Tranchiergabel aufnehmen, durch den Teig ziehen, etwas abtropfen lassen und schwimmend im heißen Fett goldbraun frittieren, dabei einmal wenden. Mit dem Schaumlöffel herausnehmen und auf Küchenpapier abtropfen lassen. Warm stellen, bis alle Ringe gebacken sind.

Tintenfischringe in Safransauce

Eine Spezialität aus dem Baskenland. Die kräftige Sauce tunkt man mit Weißbrot auf.

- **800 g Tintenfischringe**
- **4 EL Olivenöl**
- **3 Schalotten, gewürfelt**
- **3 Knoblauchzehen, gewürfelt**
- **fein geschnittene Petersilie**
- **700 g Tomaten, enthäutet, geviertelt, Samen entfernt, gewürfelt**
- **einige Safranfäden, 1 Thymianzweig**
- **125 ml trockener Weißwein**
- **2 cl Cognac, Salz, Pfeffer**

1 Die Tintenfischringe unter fließendem Wasser abspülen, abtropfen lassen. Mit Küchenpapier trocken tupfen.

2 Das Olivenöl in einer Pfanne erhitzen, die Schalotten und den Knoblauch darin farblos anschwitzen. Die Tintenfischringe und die Petersilie zugeben und anbraten. Die Tomaten, den Safran, Thymian, Wein und Cognac untermischen, mit Salz und Pfeffer würzen. Den Deckel auflegen und 25–30 Minuten bei gleich bleibender Hitze schmoren.

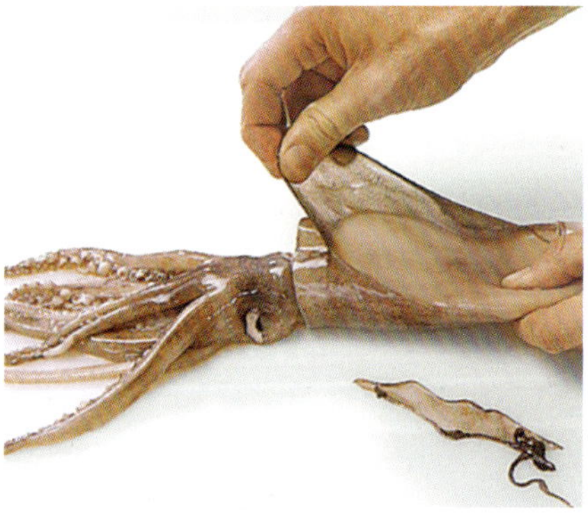

1 **Arme abtrennen:** Den Kalmar fest packen und die Haut zu den Armen hin abziehen.

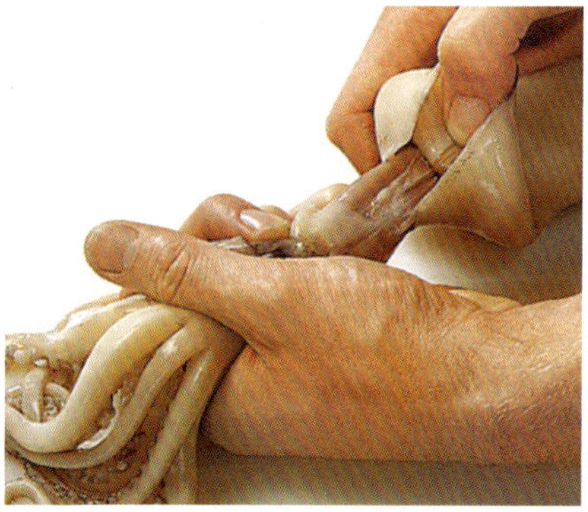

2 Die Arme mit der linken Hand fassen und aus dem Körperbeutel herausziehen.

3 Knapp über den Augen mit einem scharfen Messer abtrennen.

Gefüllter Kalmar mit gegrilltem Fenchel

- 4 mittelgroße Tintenfischtuben (Kalmar)
- Fenchelsamen, im Mörser zerstoßen
- 2 Fenchelknollen, geputzt, in dünne Scheiben geschnitten
- Salz
- 2 EL Olivenöl

Füllung

- 20 g Butter
- 2 Schalotten, gewürfelt
- 1 Knoblauchzehe, gewürfelt
- 200 g Blattspinat, blanchiert, abgetropft, gehackt
- Salz, Pfeffer
- frisch geriebene Muskatnuss
- 100 g gekochter Reis
- 2 Eier

Zum Anrichten

- 50 g Butter
- 2–3 Knoblauchzehen, in Scheiben geschnitten
- fein geschnittenes Fenchelgrün
- 1 Spritzer Zitronensaft

Gefüllter Kalmar mit gegrilltem Fenchel

Tintenfischringe in Safransauce

1 Die Kalmare kalt abspülen, mit Küchenpapier trocken tupfen.

2 Für die Füllung die Butter zerlassen, die Schalotten und den Knoblauch darin anschwitzen. Den Spinat zugeben und etwa 3 Minuten dünsten. Mit Salz, Pfeffer und Muskatnuss würzen. Den Reis und die Eier untermischen. Den Grill einschalten (mittlere Hitze).

3 Die Kalmare mit der Spinat-Reis-Mischung nicht zu prall füllen und in die Fettpfanne des Ofens legen, mit Fenchelsamen bestreuen. Die Fenchelscheiben ziegelartig dazulegen, Kalmare und Fenchelscheiben salzen und mit dem Öl beträufeln. Auf der mittleren Schiene im Ofen 8–10 Minuten grillen.

4 Zum Anrichten die Butter zerlassen und den Knoblauch darin ohne Farbe anschwitzen, mit Fenchelgrün und Zitronensaft abschmecken.

5 Die Kalmare in dicke Scheiben schneiden und mit dem Fenchel auf einer vorgewärmten Platte dekorativ anrichten. Die Knoblauchbutter über die Kalmare gießen.

Fischgerichte

Ein saftiges Nudel- oder Reisgericht, kombiniert mit Fisch und Meeresfrüchten, ist schnell gemacht und wird gern gegessen. Während der Reis oder das Nudelwasser kocht, ist im Handumdrehen ein Sößchen gerührt, oft mit Tomaten, Wein oder Sahne vollendet und mit Kräutern oder speziellem Gewürz abgeschmeckt. Schon eine kleine Menge Garnelen gibt einem Nudelgericht den unvergleichlichen Geschmack von Meer und Urlaub. Unser Favorit sind Nudeln mit Garnelen in scharfer Sauce, bekannt als Tagliatelle piccanti (siehe Seite 136): Die Zutaten dafür kann man jederzeit zu Hause haben, die Tagliatelle sind blitzschnell aufgetischt – und edel schmecken sie auch noch …
Das Foto zeigt Tagliatelle mit verschiedenen Meeresfrüchten.

Nudeln mit Garnelen in scharfer Sauce
Tagliatelle piccanti

Chilischoten gibt es in sehr unterschiedlicher Schärfe. Dosieren Sie die Chilis vorsichtig und prüfen Sie die Schärfe der Sauce, bevor Sie die nächste Schote zugeben.

- **500 g rohe Garnelen, geschält**
- **400 g breite Nudeln (Tagliatelle oder Pappardelle)**
- **Salz**

Scharfe Sauce

- **2 + 2 EL Olivenöl**
- **2–3 frische Chilischoten, Stielansatz und Samen entfernt, in feine Streifen geschnitten**
- **3 Knoblauchzehen, in Scheiben geschnitten**
- **fein geschnittene Petersilie**
- **4 EL trockener Weißwein**
- **Salz**

1 Die Garnelen kalt überbrausen, mit Küchenpapier trocken tupfen. Die Nudeln in reichlich Salzwasser bissfest kochen, abseihen und abtropfen lassen.

Die Garnelen in dem heißen, scharf gewürzten Öl anbraten.

2 Inzwischen für die scharfe Sauce in einer Pfanne 2 EL Öl erhitzen, die Chilis und den Knoblauch darin anschwitzen. Die Garnelen und die Petersilie zugeben, etwa 2 Minuten braten. Den Wein angießen und die Garnelen mit Salz abschmecken.

3 Die gut abgetropften Nudeln in einer vorgewärmten Schüssel mit den Garnelen und dem restlichen Öl vermischen und heiß servieren.

Nudeln mit Garnelen und Zitronen-Basilikum-Sauce

Dieses erfrischende Nudelgericht mit Garnelen schmeckt auch gut mit gewürfeltem Fischfilet, z. B. Lachs. Da Zitronen in Säure- und Saftgehalt sehr unterschiedlich sind, verträgt die Sauce manchmal etwas mehr Zitronensaft.

- **300 g rohe Garnelen, geschält**
- **10 g Butter**
- **400 g Nudeln (schmale Bandnudeln, Spaghetti)**
- **Salz**
- **2 Zitronen, filetiert, zum Garnieren**

Nudeln mit Garnelen in scharfer Sauce

Grüne Nudeln mit Fisch und Oliven

Zitronen-Basilikum-Sauce

- 20 g Butter
- 2 Schalotten, gewürfelt
- 1 Knoblauchzehe, in Scheiben geschnitten
- 1 Schuss trockener Weißwein
- Saft und Zesten von 1 Zitrone
- 100 g Sahne
- 200 g Crème fraîche
- Salz, Pfeffer
- 1 Prise Cayennepfeffer
- 1 Prise Zucker
- 1 Bund Basilikum, die Blätter in feine Streifen geschnitten

1 Die Garnelen im Sieb kalt überbrausen, mit Küchenpapier trocken tupfen. In einer Pfanne die Butter zerlassen und die Garnelen 2 Minuten darin schwenken. Beiseite stellen.

2 Die Nudeln in reichlich Salzwasser bissfest kochen, abseihen und abtropfen lassen. Etwas Nudelwasser auffangen.

3 Inzwischen für die Sauce in einem Topf die Butter zerlassen, die Schalotten und den Knoblauch darin anschwitzen. Mit dem Wein ablöschen. Zitronensaft und -zesten, die Sahne und Crème fraiche einruhren. Mit Salz, Pfeffer, Cayennepfeffer und Zucker würzen. 5 Minuten köcheln lassen. Das Basilikum einrühren.

4 Die Garnelen in der Sauce erwärmen, bei Bedarf etwas Nudelwasser zugeben. Die Nudeln mit der Sauce vermischen, auf vorgewärmten Tellern anrichten und mit den Zitronenfilets garnieren.

Grüne Nudeln mit Fisch und Oliven

Waller, Zander, Schellfisch, Steinbeißer, Lachs.

- 350 g Fischfilet
- Salz, Pfeffer
- 3 EL Olivenöl
- 1 Knoblauchzehe, ungeschält halbiert
- 1 Rosmarinzweig
- 400 g grüne Bandnudeln
- Salz
- 100 g schwarze Oliven

Sauce

- 1 Schalotte, gewürfelt
- 1 Schuss trockener Wermut (Noilly Prat)
- 100 ml trockener Weißwein
- Salz, 1 Prise Cayennepfeffer
- 40 g eiskalte Butterflöckchen

1 Das Fischfilet kalt abspülen, mit Küchenpapier trocken tupfen. In mundgerechte Stücke schneiden, salzen und pfeffern. In einer Pfanne das Olivenöl erhitzen, die Fischstücke mit dem Knoblauch und dem Rosmarinzweig darin auf allen Seiten kurz anbraten (etwa 2 Minuten). Herausnehmen und zugedeckt warm stellen; den Knoblauch und den Rosmarin entfernen.

2 Gleichzeitig die Nudeln in reichlich Salzwasser bissfest kochen, abseihen und abtropfen lassen.

3 Für die Sauce in dem in der Fischpfanne verbliebenen Öl die Schalotte anschwitzen, mit dem Wermut ablöschen und verdampfen lassen. Den Wein zugießen und kurz einkochen. Mit Salz und dem Cayennepfeffer abschmecken. Für die Bindung die Butterflöckchen nach und nach mit dem Schneebesen einschwingen, die Sauce dann nicht mehr kochen lassen.

4 Die Fischstücke mit den Oliven in der Sauce erwärmen. Mit den Nudeln auf Portionstellern anrichten.

Nudeln mit Lachs und Gurkensauce

- 400 g Lachsfilet
- 400 g breite Nudeln (Tagliatelle)
- Salz
- 40 g Butter zum Braten
- Pfeffer

Gurkensauce

- 1 Salatgurke, geschält
- 2 EL Olivenöl
- 1/2 Zwiebel, gewürfelt
- 1 Knoblauchzehe, gewürfelt
- 200 g Sahne
- Salz, Cayennepfeffer
- 1 EL fein geschnittener Dill
- 1 Spritzer Zitronensaft

1 Das Lachsfilet kalt abspülen, mit Küchenpapier trocken tupfen. In 2 cm große Würfel schneiden.

2 Die Nudeln in reichlich Salzwasser bissfest kochen, abgießen und abtropfen lassen.

3 Inzwischen für die Sauce die Gurke längs halbieren und den Samenstrang mit einem Löffel herausschaben. Eine Hälfte der Gurke in grobe Stücke schneiden und mit dem Stabmixer pürieren. Die andere Hälfte in Würfelchen schneiden und beiseitestellen.

4 In einem flachen Topf das Olivenöl erhitzen, die Zwiebel und den Knoblauch darin farblos anschwitzen. Das Gurkenpüree und die Sahne zugeben, mit Salz und Cayennepfeffer würzen. Im offenen Topf cremig einkochen. Den Dill und den Zitronensaft einrühren, die Gurkenwürfelchen dazugeben und in der Sauce erhitzen.

5 Für den Fisch in einer Pfanne die Butter erhitzen, die Lachswürfel etwa 1 Minute rundum braten, mit Salz und Pfeffer würzen. Mit den Nudeln und der Gurkensauce auf vorgewärmten Tellern servieren.

Lachsstreifen mit Spinat und Nudeln

Feiner Lachs mit Nudeln ist zu einem Klassiker der Gastronomie geworden. Die Sahnesauce verdankt ihre Bindung dem sanften Einkochen.

- 350 g Lachsfilet
- Zitronensaft
- Salz, Pfeffer
- 400 g schmale Bandnudeln
- Salz

Nudeln mit Lachs und Gurkensauce

Nudeln mit Räucherlachs und Kräutersauce

Rahmsauce mit Spinat

- 20–30 g Butter
- 2 Schalotten, gewürfelt
- 100 ml trockener Weißwein
- 200 g Sahne
- Salz, Pfeffer
- Cayennepfeffer
- frisch geriebene Muskatnuss
- 80–100 g Spinat, geputzt, gewaschen, grob geschnitten (TK-Blattspinat aufgetaut und geschnitten)
- 1 EL Kräuterfrischkäse (nach Belieben)

1 Den Lachs in kurze Streifen schneiden, mit Zitronensaft, Salz und Pfeffer würzen.

2 Die Nudeln in Salzwasser bissfest kochen, abseihen und abtropfen lassen.

3 Inzwischen für die Rahmsauce in einem Topf die Butter zerlassen und die Schalotten darin anschwitzen. Mit dem Wein ablöschen und auf die Hälfte einkochen. Die Sahne zugießen, sämig einkochen. Mit Salz, Pfeffer, Cayennepfeffer und Muskatnuss abschmecken; den Spinat in der Sauce zusammenfallen lassen und 5 Minuten köcheln. Nach Belieben den Kräuterfrischkäse einrühren.

4 Die Lachsstreifen in der Sauce 1–2 Minuten knapp unter dem Siedepunkt garziehen lassen. Mit den Nudeln vermischen und servieren.

Nudeln mit Räucherlachs und Kräutersauce

- 200 g Räucherlachsscheiben
- 400 g schmale Bandnudeln (Fettuccine)
- Salz

Für die Kräutersauce

- 10 g Butter
- 1 Schalotte, gewürfelt
- 1 Knoblauchzehe, gewürfelt
- 1 frische Chilischote, Samen entfernt, klein geschnitten
- 100 ml Fisch- oder Gemüsefond
- 200 g Sahne
- 100 g Doppelrahmfrischkäse
- 12 schwarze Oliven
- Salz, Pfeffer
- 2 EL fein geschnittene Kräuter (Petersilie, Basilikum, Dill)

1 Die Lachsscheiben in Streifen schneiden. Die Nudeln in reichlich Salzwasser bissfest kochen, abseihen und abtropfen lassen.

2 Inzwischen für die Kräutersauce in einem kleinen Topf die Butter zerlassen, die Schalotte mit dem Knoblauch und der Chilischote darin anschwitzen. Den Fond und die Sahne zugießen und erhitzen. Den Frischkäse und die Oliven einrühren, die Sauce 10 Minuten köcheln lassen. Die Lachsstreifen in der Sauce erwärmen. Mit Salz und Pfeffer würzen, die Kräuter einstreuen.

3 Die abgetropften Nudeln mit der Sauce vermischen.

Vongole San Daniele

Der milde Geschmack von luftgetrocknetem Schinken passt gut zum Meeresaroma dieses feinen Nudelgerichts; anstatt San Daniele können Sie auch Parma- oder Serranoschinken verwenden. Gekochte Venusmuscheln in der Schale gibt es auch tiefgefroren zu kaufen; die Garzeit ist dann noch kürzer als bei den frischen.

- **800 g Venusmuscheln (Vongole)**
- **1 EL Meersalz**
- **4 EL Olivenöl**
- **1/2 Zwiebel, gewürfelt**
- **2 Knoblauchzehen, gewürfelt**
- **2 Stangen Bleichsellerie, in Scheiben geschnitten**
- **120 g San-Daniele-Schinken, klein geschnitten**
- **2 EL fein geschnittene Petersilie**
- **fein geschnittene Basilikumblättchen**

- **300–400 g Spaghettini**
- **Salz**
- **Basilikumblättchen zum Garnieren**

1 Die Venusmuscheln waschen, bereits geöffnete Exemplare wegwerfen. Die Muscheln wässern, damit sie den Sand »ausspucken« können. Dazu eine entsprechend große Schüssel mit Wasser füllen und einen tiefen Teller umgekehrt hineinlegen. Dem Wasser 1 EL Meersalz zufügen und die Muscheln auf den Teller legen; 2–3 Stunden an einen kühlen Ort stellen. Der Sand sammelt sich unter dem Teller, und die Muscheln sind praktisch sandfrei. Die Muscheln kalt überbrausen.

2 Das Öl in einem Topf erhitzen. Die Zwiebel, den Knoblauch und den Sellerie farblos darin anschwitzen. Den Schinken und die Kräuter kurz mitschwitzen. Die abgetropften Muscheln zugeben, den Deckel auflegen und die Muscheln in etwa 6 Minuten in dem aufsteigenden Dampf garen, bis sie sich geöffnet haben. Noch geschlossene Muscheln aussortieren.

3 Inzwischen die Spaghettini in reichlich Salzwasser bissfest kochen, abseihen, abtropfen lassen und auf vorgewärmten Tellern anrichten. Die Muscheln darübergeben und mit Basilikumblättchen garnieren.

Spaghetti mit Sardellensauce

Verwenden Sie für die Sardellensauce die aromatischen und nur mild gesalzenen spanischen Anchovis. Die Sauce keinesfalls salzen, da die Anchovis und das Nudelwasser genügend Salz enthalten. Wie bei allen Fischsaucen wird kein Parmesan dazu serviert.

- **400 g Spaghetti**
- **Salz**

Sardellensauce

- **etwa 10 spanische Anchovis in Öl (Dose oder Glas)**
- **1 Bund Petersilie, grob geschnitten**
- **2–3 Knoblauchzehen, geschält**
- **1 Schuss Nudelwasser**
- **Pfeffer**
- **2–3 EL Kapern**

1 Die Spaghetti in reichlich Salzwasser bissfest kochen. Abseihen und abtropfen lassen, dabei etwas Nudelwasser auffangen.

2 Inzwischen für die Sardellensauce die Anchovis (mitsamt dem Öl) mit der Petersilie und dem Knoblauch mit dem Stabmixer pürieren und mit einem Schuss Nudelwasser aufmixen. Mit Pfeffer abschmecken. Die Kapern untermischen und alles in einem kleinen Topf erwärmen.

3 Die frisch abgetropften Spaghetti in einer vorgewärmten Schüssel (oder portionsweise auf Tellern) sofort mit der Sauce vermischen und servieren.

Vongole San Daniele

Nudeln mit Thunfischragout

Nudeln mit Thunfischragout

Auf den Punkt gegarter Thunfisch ist butterweich und saftig. Die angebratenen Fischwürfel werden in der Sauce erhitzt und behalten auch unter einem Berg Nudeln noch ihre feste Konsistenz.

- **400 g frisches Thunfischfilet**
- **2 EL Olivenöl**
- **Salz (Meersalz), Pfeffer**
- **400 g breite Nudeln (Pappardelle)**

Sauce

- **20 g Butter**
- **2 Frühlingszwiebeln, in Ringe geschnitten**
- **2 Knoblauchzehen, gewürfelt**
- **1 Chilischote, Stielansatz und Samen entfernt, in Ringe geschnitten**
- **100 g Zucchini, gewürfelt**
- **1 TL Tomatenmark**
- **1 Packung gewürfelte Tomaten (360 g)**
- **100 ml trockener Weißwein**
- **Salz, Pfeffer**
- **20 kleine schwarze Oliven**
- **1 EL fein geschnittene Kräuter**

1 Den Thunfisch kalt abspülen, mit Küchenpapier trocken tupfen. In kleine Würfel schneiden. Das Öl in einer Schmorpfanne erhitzen, die Thunfischwürfel darin nur kurz anbraten, salzen, pfeffern und herausnehmen.

2 Für die Sauce in der gleichen Pfanne die Butter zerlassen, die Frühlingszwiebeln und den Knoblauch darin glasig schwitzen. Die Chiliringe und die Zucchiniwürfel kurz mitschwitzen. Das Tomatenmark unterrühren und kurz durchrösten, aber nicht schwarz werden lassen. Die Tomatenwürfel einrühren und einige Minuten dünsten. Mit dem Wein ablöschen, salzen, pfeffern und 5 Minuten kochen. Die Oliven und die Kräuter in die Sauce geben und weitere 5 Minuten bei milder Hitze köcheln lassen.

3 Inzwischen die Nudeln in Salzwasser bissfest kochen, abseihen und abtropfen lassen. Eine Tasse Nudelwasser für die Sauce auffangen.

4 Den Thunfisch in der Sauce erwärmen. Das Ragout abschmecken, bei Bedarf nachwürzen. Falls das Ragout noch etwas Flüssigkeit braucht, gießen Sie einige Löffel von dem Nudelwasser dazu. Auf vorgewärmten Tellern mit den Nudeln anrichten.

Fischrisotto

Bereiten Sie einen Risotto zu wie üblich. In den letzten 5 Minuten kommen die marinierten Fischwürfel dazu. Ganz einfach – und doch ein besonderes Gericht.

- **400 g Fischfilet (Kabeljau, Goldbarsch)**
- **Saft von 1 Zitrone,**
- **Salz, Pfeffer**
- **1/2 Bund Petersilie, fein geschnitten**

Risotto

- **40 g Fett (Butterschmalz, Olivenöl)**
- **1 kleine Zwiebel, gewürfelt**
- **1 Knoblauchzehe, gewürfelt**
- **200 g Risottoreis (Arborio, Vialone), ersatzweise Milchreis**
- **100 ml trockener Weißwein**
- **etwa 500 ml heiße Fleisch- oder Gemüsebrühe**
- **1 Stange Lauch, in dünne Streifen geschnitten**
- **Salz, Pfeffer**
- **30 g Butter**

Außerdem

- **fein geschnittene Petersilie**
- **frisch geriebener Parmesan**

1 Die Zwiebel in dem heißen Fett ohne Farbe anschwitzen.

2 Den Reis einstreuen und unter Rühren glasig werden lassen.

1 Das Fischfilet kalt abspülen, mit Küchenpapier trocken tupfen, in Würfel schneiden. Den Zitronensaft mit Salz, Pfeffer und Petersilie verrühren und die Fischwürfel darin wenden.

2 Für den Risotto im heißen Fett die Zwiebel und den Knoblauch anschwitzen. Den Reis zugeben und unter beständigem Rühren glasig werden lassen.

3 Portionsweise die heiße Brühe dazugießen und vom Reis aufnehmen lassen.

4 Immer wieder umrühren, bis ein cremigweicher Risotto entsteht.

Mit dem Wein ablöschen. Nach und nach mit der Brühe aufgießen, dabei ständig rühren und die nächste Flüssigkeitsmenge erst dazugießen, wenn die vorherige vom Reis ganz aufgenommen wurde. Nach etwa 25 Minuten ist der Reis gar. Der Risotto soll saftig sein. In den letzten 5 Minuten die Lauchstreifen zufügen. Salzen, pfeffern und die Butter unterziehen. Auf der ausgeschalteten Kochfläche kurz ausquellen lassen.

3 Die Fischwürfel vorsichtig unter den Reis heben und zugedeckt bei geringer Hitze etwa 5 Minuten ziehen lassen. Den Risotto mit der Petersilie und dem Parmesan bestreuen.

Muschelrisotto

In der erwärmten Marinade können sich die Aromastoffe gut entfalten. Flusskrebsfleisch aus der Kühltheke ist eine prima Alternative.

- **250 g TK-Muschelfleisch, aufgetaut**
- **frisch geriebener Parmesan**

Marinade

- **2 EL Zitronensaft**
- **Salz, Pfeffer**
- **fein geschnittene Petersilie**
- **3–4 EL Olivenöl**

Risotto

- **4 EL Olivenöl (oder halb Öl, halb Butter)**
- **1 kleine Zwiebel, gewürfelt**
- **1 Knoblauchzehe, klein geschnitten**
- **250 g Risottoreis (Arborio, Vialone), ersatzweise Milchreis**
- **einige Safranfäden**
- **125 ml trockener Weißwein**
- **etwa 700 ml heiße Hühner- oder Fleischbrühe**
- **Salz, Pfeffer**
- **20 g kalte Butter**

1 Die Muscheln kalt überbrausen, abtropfen lassen und mit Küchenpapier trocken tupfen.

2 Für die Marinade alle Zutaten verrühren, erwärmen und über die Muscheln geben. Marinieren, bis der Reis fertig ist.

3 Für den Risotto in einem Topf das Öl erhitzen und die Zwiebel mit dem Knoblauch darin anschwitzen. Den Reis einstreuen und unter beständigem Rühren glasig werden lassen; die Reiskörner sollen vollständig von Fett überzogen sein. Den Safran einstreuen, mit dem Wein ablöschen. Nach und nach unter beständigem Rühren die heiße Brühe zugeben; die nächste Menge erst zugießen, wenn die vorherige vom Reis vollständig aufgenommen wurde. Garzeit etwa 25 Minuten. Mit Salz und Pfeffer abschmecken. Die kalte Butter unterrühren. Kurz ausquellen lassen.

4 Die Muscheln aus der Marinade heben, vorsichtig unter den Reis mischen und heiß werden lassen. Den Parmesan auf den Tisch stellen.

Fischcurry mit Joghurtsauce

Seelachs, Kabeljau, Steinbeißer.

Ein Schnellgericht, das mit jedem festfleischigen Fischfilet gelingt. Mit den roten Chilischoten gibt man der Joghurtsauce eine sanfte bis feurige Schärfe, je nach Gusto. Dosieren Sie sorgfältig!

- **600 g Fischfilet**
- **2 EL Öl zum Anbraten**
- **Salz, Pfeffer**

Joghurtsauce

- **2 EL Öl**
- **1–4 rote Chilischoten (je nach gewünschter Schärfe), Samen entfernt, in Streifen geschnitten**
- **je 1/2 rote und grüne Paprikaschote, Samen und Scheidewände entfernt, in Würfelchen geschnitten**
- **100 ml Fischfond (Glas), ersatzweise Gemüsebrühe**

Fischcurry mit Joghurtsauce

- **1 TL Kurkuma**
- **3 TL schwarze Senfsamen, im Mörser mit 1 EL Öl fein zerstoßen**
- **1 TL Kreuzkümmel**
- **300 g Joghurt**
- **Zitronenmelisse, in Streifen geschnitten**
- **Salz**

1 Das Fischfilet kalt abspülen, mit Küchenpapier trocken tupfen, in Würfel schneiden.

2 Für die Joghurtsauce in einer Pfanne das Öl erhitzen, die Chilistreifen und die Paprikawürfel darin anschwitzen. Mit dem Fischfond aufgießen, die Kurkuma, Senfsamen und Kreuzkümmel einstreuen und bei geringer Hitze 5 Minuten köcheln lassen. Den Joghurt einrühren und erwärmen, jedoch nicht mehr kochen. Die Zitronenmelisse einstreuen, die Sauce mit Salz abschmecken und bei Bedarf nachwürzen.

3 Für den Fisch das Öl in einer Pfanne erhitzen und die Fischstücke darin 3–4 Minuten unter mehrmaligem Wenden braten. Den Fisch salzen, pfeffern und unter die Sauce mischen. Servieren Sie körnig gekochten Reis dazu.

Ostsee-Pannfisch

- **750 g Fischfilet (Kabeljau, Goldbarsch)**
- **Zitronensaft, Salz, Pfeffer**
- **30 + 30 g Butter**
- **1–2 Zwiebeln, gewürfelt**
- **500 g gekochte Kartoffeln (vorwiegend festkochend), in Scheiben geschnitten**
- **4 Eier**
- **50 g geriebener Käse (Gouda)**
- **frische Kräuter, fein geschnitten**

1 Das Fischfilet kalt abspülen, mit Küchenpapier trocken tupfen. In Würfel schneiden, mit Zitronensaft, Salz und Pfeffer würzen.

2 In einer großen Pfanne 30 g Butter erhitzen und die Fischwürfel rundum in nur 2–3 Minuten anbraten. Aus der Pfanne nehmen und warm stellen.

3 In derselben Pfanne die restliche Butter zerlassen und die Zwiebeln darin leicht anschwitzen. Die Kartoffeln zugeben, salzen und unter mehrmaligem Wenden goldgelb braten. Die Fischwürfel darauf verteilen. Die Eier aufschlagen und so über den Fisch und die Kartoffeln gleiten lassen, dass die Eigelbe ganz bleiben. Mit dem Käse bestreuen, einen Deckel auflegen und bei milder Hitze stocken lassen. Mit frischen Kräutern bestreuen.

Ostsee-Pannfisch

Gemüse-Fisch-Topf

Zunächst wird der Fisch in der Gemüsebrühe pochiert, anschließend das Gemüse und die Kartoffeln. Ein einfaches Gericht, zu dem ein Knoblauchbrot gut passt.

- **400 g Kabeljaufilet**
- **1 l Gemüsebrühe, 1 Lorbeerblatt**
- **450 g TK-Suppengemüse**
- **200 g Kartoffeln, geschält, klein gewürfelt**
- **Salz, Pfeffer**
- **1/4 TL Paprikapulver edelsüß**
- **1 EL fein geschnittener Dill**

1 Das Fischfilet kalt abspülen, mit Küchenpapier trocken tupfen.

2 In einem Topf die Gemüsebrühe mit dem Lorbeerblatt aufkochen, das Kabeljaufilet einlegen und in etwa 5 Minuten bei gleichmäßiger Hitze zugedeckt knapp unter dem Siedepunkt garziehen lassen. Den Fisch herausheben und auf eine Platte legen.

3 In der Brühe das Suppengemüse und die Kartoffeln in etwa 15 Minuten gar kochen. Mit Salz, Pfeffer und Paprikapulver abschmecken.

4 Den Fisch in kleine Stücke zerteilen und in dem Gemüsetopf erwärmen. Mit dem Dill bestreuen. Dazu passt frisch aufgebackenes Baguette oder ein Knoblauchbrot.

Labskaus

Labskaus ist ein altes Seemannsgericht aus gepökeltem Rindfleisch und Zwiebeln, Kartoffelpüree und Gewürzen, die vermischt und mit einem Spiegelei garniert werden. Dazu werden eingelegte Rote Beten, Bismarckheringe oder Matjesfilets und Salzgurken serviert. Heute gibt es je nach Region für die Zubereitung zahlreiche Varianten: Mal kommen Hering und/oder Rote Bete in die Labskausmasse, mal werden sie separat dazu gereicht. Das Ausprobieren des Rezeptes birgt eine positive Überraschung; folgen Sie in der Art der Zubereitung Ihrem persönlichen Geschmack.

- **500 g gepökelte Rinderbrust (vorbestellen) oder Corned Beef**
- **1 Lorbeerblatt**
- **1 kg Kartoffeln, am Vortag in der Schale gekocht**
- **3 Matjesfilets**
- **200 g Rote Bete, gekocht, klein gewürfelt**
- **2 große Zwiebeln, gewürfelt**
- **2 EL Öl**
- **Salz, Pfeffer**

Zum Garnieren

- **4 Eier**
- **1 EL Butter**
- **1 Salzgurke, in Scheiben geschnitten**

1 Das Pökelfleisch in einem Topf mit Wasser bedecken, das Lorbeerblatt einlegen, aufkochen und zugedeckt bei mäßiger Hitze in etwa 1 1/2 Stunden weich kochen. Das Fleisch aus der Brühe nehmen, abkühlen lassen und in Würfel schneiden. Oder das Corned Beef grob würfeln.

2 Die Kartoffeln pellen. Zusammen mit den Fleischwürfeln oder dem Corned Beef, den Matjesfilets und der Roten Bete durch den Fleischwolf drehen.

3 In einer Pfanne oder einem Topf die Zwiebelwürfel in dem heißen Öl glasig schwitzen. Die Labskausmasse dazugeben und unter ständigem Rühren erhitzen, mit Salz und Pfeffer abschmecken. Sollte die Masse zu fest sein, rührt man etwas von der Pökelbrühe darunter; sie sollte weich und dickbreiig sein wie Kartoffelpüree.

4 Zum Garnieren die Eier in heißer Butter zu Spiegeleiern braten. Den Labskaus auf 4 Teller verteilen, je 1 Spiegelei daraufsetzen und mit den Gurkenscheiben garnieren.

Einfache Variante

1/3 durchgedrehte Zwiebeln in Öl anschwitzen, mit 1/3 zerkleinertem Corned Beef gründlich erhitzen und 1/3 Kartoffelpüree untermischen. Würzen und mit dem Saft von eingelegten Roten Beten »färben«. Heringsfilets, in Scheiben geschnittene eingelegte Rote Beten und Salzgurken separat dazu servieren.

Labskaus

Glasnudeln mit Garnelen aus dem Wok

- 250 g Glasnudeln
- 250 g rohe Garnelen ohne Schale
- 2 EL asiatische Fischsauce
- Salz, Pfeffer
- Koriandergrün zum Garnieren

Außerdem

- 3 EL Erdnuss- oder Sesamöl
- 2 Frühlingszwiebeln, in Ringe geschnitten
- 1 Knoblauchzehe, gewürfelt
- 50 ml Fischfond (Seite 204 oder Glas), ersatzweise Gemüsebrühe
- Salz, Pfeffer
- 1 Prise brauner Zucker

1 Die Glasnudeln in einer Schüssel mit kochend heißem Wasser übergießen und 10 Minuten ziehen lassen. Das Wasser abgießen, die Nudeln mit der Schere in kurze Stücke schneiden.

2 Die Garnelen in einem Sieb kalt abspülen, abtropfen lassen. In einer Schüssel mit der Fischsauce beträufeln, leicht salzen und pfeffern.

3 Das Sesamöl in einer Pfanne oder im Wok erhitzen und die Frühlingszwiebeln mit dem Knoblauch darin anschwitzen. Die Garnelen zugeben und 2 Minuten pfannenrühren. Die Glasnudeln dazugeben und durchschwenken. Den Fischfond angießen, mit Salz, Pfeffer und braunem Zucker (bei Bedarf weiterer Fischsauce) würzen und abschmecken.

4 Auf vorgewärmten Tellern anrichten und mit Koriandergrün garnieren.

Fisch aus dem Wok

Verschiedene Zutaten mit unterschiedlicher Garzeit – da ist ein Wok besonders praktisch. Was schon angebraten ist, wird kurz an den Rand geschoben und dann wieder beigemischt. Selbstverständlich ist der Wok kein Muss. Sie können sich auch mit einer Stielpfanne mit hohem Rand behelfen.

- 500 g Fischfilet (Goldbarsch, Kabeljau, Seelachs, Schellfisch)
- 1 EL Speisestärke, 5 EL Sojasauce

Pilze und Gemüse

- 10 g Mu-Err-Trockenpilze
- 400 g Gemüse: Zucchini, Chinakohl, Lauch, Möhre, Brokkoli
- 50 g Egerlinge
- 5 EL Öl, Salz, Pfeffer

Glasnudeln mit Garnelen aus dem Wok

Glasnudeln mit Krabben oder Flusskrebsen

1 Das Fischfilet kalt abspülen, trocken tupfen, in Würfel schneiden. Die Speisestärke mit der Sojasauce glatt rühren und unter die Fischwürfel mischen. 30 Minuten marinieren.

2 Pilze und Gemüse vorbereiten: Die Trockenpilze mit kochendem Wasser übergießen und 30 Minuten quellen lassen. Das Wasser abgießen, die Pilze ausdrücken, unter fließendem Wasser gründlich waschen, abtropfen lassen und sehr fein schneiden. Die Zucchini und den Chinakohl in Streifen, den Lauch in Ringe schneiden; die Möhre stifteln oder grob raspeln; den Brokkoli in Röschen teilen, blanchieren und kalt überbrausen. Die Egerlinge in Scheibchen schneiden.

3 Das Öl im Wok erhitzen. Das Gemüse, die Mu-Err-Pilze und die Egerlinge nacheinander darin kurz pfannenrühren und jeweils an den Rand schieben. Alles wieder vermischen, mit Salz und Pfeffer würzen und unter beständigem Rühren in wenigen Minuten knapp weich dünsten. Erneut an den Rand schieben.

4 Die Fischwürfel mit der Marinade in den Wok geben und vorsichtig anbraten. Etwas Wasser zugießen, wieder alles vermischen und noch 3–5 Minuten behutsam pfannenrühren. Mit Salz oder Sojasauce abschmecken und mit Reis servieren. Stellen Sie zum Nachwürzen Sojasauce auf den Tisch.

Glasnudeln mit Krabben oder Flusskrebsen

- 300 g gekochte, geschälte Nordseekrabben (Granat) oder Flusskrebsfleisch
- 100 g Glasnudeln
- fein geschnittenes Selleriegrün zum Garnieren

Außerdem

- 4 EL Pflanzenöl
- 3 Knoblauchzehen, gewürfelt
- 3 Stangen Bleichsellerie, in Scheiben geschnitten
- 2 Frühlingszwiebeln, in 1 cm breite Stückchen geschnitten
- 250 g junge Möhren, längs halbiert, in Scheiben geschnitten
- 1 Chilischote, Samen entfernt, fein geschnitten
- 2 Gläschen trockener Sherry
- 3 EL Sojasauce
- 6 EL Gemüsebrühe
- Salz
- 1 Prise Zucker

1 Die Nordseekrabben oder Flusskrebse in einem Sieb kalt überbrausen, abtropfen lassen.

2 Die Glasnudeln in einer Schüssel mit kochendem Wasser überbrühen und etwa 10 Minuten ziehen lassen. Die Nudeln in ein Sieb abseihen, eiskalt abschrecken und gut abtropfen lassen. Mit der Küchenschere mehrmals durchschneiden.

3 Zum Braten im Wok oder in einer Pfanne mit hohem Rand das Öl erhitzen. Den Knoblauch, das Gemüse und die Chilischote darin 3 Minuten pfannenrühren. Die Nudeln und die Krabben oder Flusskrebse untermischen und erhitzen. Den Sherry mit der Sojasauce, der Gemüsebrühe, Salz und Zucker verrühren, einrühren und einmal aufwallen lassen. Das Gericht mit dem Selleriegrün bestreuen und servieren.

Karpfenpörkölt

Lassen Sie den Fisch vom Fischhändler filetieren, auf Wunsch wird er die Filets auch enthäuten. Die Karkassen, also Kopf (ohne Kiemen), Gräten und Schwanz des Fisches, nehmen Sie mit für eine kräftige Fischbrühe.

- **1 Spiegelkarpfen von etwa 1,4 kg, küchenfertig, filetiert**
- **Salz, Pfeffer**
- **1 Stückchen Zitronenschale**

Fischbrühe

- **die Karkassen des Karpfens**
- **1 Zwiebel, grob geschnitten**
- **1 Tomate, halbiert**
- **100 g Fenchelknolle, grob geschnitten**
- **1/2 Stange Lauch, grob geschnitten**
- **1 Knoblauchzehe, angedrückt**
- **1 Zweig Thymian**
- **1 Petersilienstängel**
- **1 Lorbeerblatt**
- **1/2 TL Kümmel**

Pörkölt

- **40 g Butter**
- **2 Zwiebeln, in Streifen geschnitten**
- **1 rote Paprikaschote, geschält, Stielansatz, Samen und Scheidewände entfernt, in Streifen geschnitten**
- **1 EL Paprikapulver edelsüß**
- **400 g Fleischtomaten, enthäutet, Samen entfernt, in Streifen geschnitten**
- **1 Schuss Rotwein**
- **1 Spritzer Zitronensaft**
- **etwa 500 ml reduzierte Fischbrühe**
- **Salz, Pfeffer**

Außerdem

- fein geschnittene Petersilie zum Bestreuen

1 Die Karpfenfilets in mundgerechte Stücke schneiden. Die Karkassen unter fließendem kalten Wasser wässern (den Kopf gespalten, die Gräten klein geschnitten).

2 Für die Fischbrühe die Karkassen in einem Topf knapp mit kaltem Wasser bedecken. Alle übrigen Zutaten dazugeben, aufkochen und etwa 20 Minuten köcheln lassen. Den Topfinhalt durch ein Sieb in einen sauberen Topf ablaufen lassen. Die Brühe erneut aufkochen und auf die Hälfte reduzieren (etwa 500 ml).

3 Für das Pörkölt in einem großen Schmortopf die Butter zerlassen, die Zwiebeln darin ohne Farbe anschwitzen, die Paprikastreifen mitschwitzen. Das Paprikapulver darüberstreuen und nur kurz anschwitzen. Die Tomaten, den Wein und den Zitronensaft zugeben. Die reduzierte Fischbrühe einrühren, mit Salz und Pfeffer würzen. Zugedeckt etwa 30 Minuten köcheln lassen.

4 Die Karpfenfilets salzen und pfeffern und mit der Zitronenschale in die Brühe geben. Halb zugedeckt in etwa 4 Minuten garen. Das Pörkölt abschmecken und bei Bedarf nachwürzen. Mit Petersilie bestreuen.

Schwertfischpfanne mit Meeresalgen

Rote Tomaten, grüne Meeresalgen, helle Kartoffeln und dazwischen der Fisch: kräftige Farben, kräftiger Geschmack. Geeignet ist fester Fisch, auch Thunfisch oder Zander.

◀ Karpfenpörkölt

- 4 Scheiben Schwertfisch, je 200 g
- Salz
- 3 EL Olivenöl
- 10 g Pinienkerne
- 12 schwarze Oliven ohne Stein
- 100 ml trockener Weißwein
- 2 Tomaten, enthäutet, Samen entfernt, gewürfelt
- 400 g gekochte Kartoffeln (festkochend), in dicke Scheiben geschnitten
- 100 g Meeresalgen
- fein geschnittene Petersilie

1 Die Schwertfischsteaks kalt abspülen und mit Küchenpapier trocken tupfen. Salzen.

2 In einer großen Pfanne mit hohem Rand das Olivenöl erhitzen und die Schwertfischsteaks auf einer Seite 2 Minuten anbraten. Die Pinienkerne und die Oliven einlegen, nur kurz mitbraten und sofort mit dem Wein ablöschen (Vorsicht: spritzt!).

3 Den Fisch wenden. Die Tomatenwürfel, die Kartoffelscheiben und die Algen zugeben und zugedeckt kurz köcheln lassen, bis alles gut erhitzt ist. Vorsichtig salzen, denn die Algen bringen den salzigen Geschmack vom Meer. Mit Petersilie bestreuen.

Florentiner Fisch

- 500 g Fischfilet (Kabeljau, Goldbarsch)
- Zitronensaft
- Salz, Pfeffer
- Butter für die Form
- 3 Tomaten, enthäutet, in Scheiben geschnitten

Spinat

- 500 g Spinat, Salz
- 20 g Butter
- 2 Schalotten, gewürfelt
- 3 EL Sahne
- Pfeffer
- frisch geriebene Muskatnuss

Käsesauce

- 20 g Butter
- 20 g Mehl
- 250–300 ml Milch
- 100 g Hartkäse (Emmentaler), frisch gerieben
- Salz, Pfeffer

1 Das Fischfilet kalt abspülen, mit Küchenpapier trocken tupfen. Den Fisch in 4 Portionen teilen, mit Zitronensaft, Salz und Pfeffer würzen.

2 Den Spinat verlesen, waschen und abtropfen lassen. In kochendem Salzwasser 1 Minute blanchieren, im Sieb abtropfen lassen (TK-Spinat nur auftauen und ausdrücken). In einem flachen Topf die Butter zerlassen, die Schalotten darin anschwitzen, den Spinat zugeben und mit der Sahne erhitzen. Mit Salz, Pfeffer und Muskatnuss würzen. Den Ofen auf 200 °C/Umluft 180 °C vorheizen.

3 Eine feuerfeste Form mit Butter ausstreichen und den Spinat einfüllen. Die Tomatenscheiben und den Fisch auf dem Spinat verteilen. Die Form mit Alufolie abdecken und den Fisch im Ofen auf der mittleren Schiene 10 Minuten vorgaren.

4 Inzwischen für die Käsesauce in einem Topf die Butter zerlassen, das Mehl einrühren und hell anschwitzen. Nach und nach mit der Milch aufgießen und mit dem Schneebesen glatt rühren. Bei schwacher Hitze 5 Minuten köcheln lassen. Den geriebenen Käse einrühren, mit Salz und Pfeffer vorsichtig abschmecken. Die Sauce vom Herd nehmen.

5 Nach 10 Minuten Garzeit die Form aus dem Ofen nehmen und die Folie entfernen. Die Käsesauce gleichmäßig über den Fisch gießen und das Gericht in der offenen Form in 8–10 Minuten goldgelb überbacken; dafür kann die Hitze auf 220 °C/Umluft 200 °C erhöht werden.

Kartoffelgratin mit Fisch und Garnelen

Fischstücke, Garnelen und vorgekochte Kartoffeln werden mit Käse und Sahne überbacken. Bei diesem edlen Gratin können Sie beliebig variieren: zusätzliche Garnelen und weniger Fisch – oder umgekehrt; oder Sie ergänzen das Gericht mit blanchiertem buntem Gemüse. Gut schmeckt ein Blattsalat dazu.

- **1 halbierte Knoblauchzehe und 30 g Butter für die Form**
- **500 g pochierter Fisch**
- **500 g gekochte, geschälte Garnelenschwänze**
- **600 g festkochende Kartoffeln, gekocht, gepellt und in dicke Scheiben geschnitten**
- **3 Strauchtomaten, enthäutet, Samen entfernt, in Streifen geschnitten**
- **2 Frühlingszwiebeln, in feine Ringe geschnitten**
- **Salz, Pfeffer, 150 g geriebener Käse**

Sahneguss

- **200 g saure Sahne**
- **100 g süße Sahne**
- **gemischte Kräuter (Dill, Schnittlauch, Petersilie), fein geschnitten**

1 Eine große, feuerfeste Form mit Knoblauch einreiben und mit zerlassener Butter ausstreichen. Den Ofen auf 220 °C/Umluft 200 °C vorheizen.

2 Den Fisch enthäuten, entgräten und in kleine Stücke zerpflücken. Die Garnelen kalt überbrausen, abtropfen lassen. Fisch und Garnelen abwechselnd mit den Kartoffeln, den Tomaten und den Frühlingszwiebeln in die Form schichten, salzen und pfeffern. Den Käse darüberstreuen.

3 Für den Sahneguss saure und süße Sahne vermischen, die Kräuter einrühren und über die eingeschichteten Zutaten gießen. Im Ofen 30–40 Minuten gratinieren.

Fischauflauf mit Gemüse

Ein feiner Auflauf, der aufnimmt, was auch immer übrig geblieben ist: Reste von Kochfisch und Gemüse, gekochter Reis, Nudeln, Kartoffeln. Die Käsesauce verbindet alle Zutaten.

- **600 g pochierter Fisch (Reste)**
- **3 EL Zitronensaft**
- **Salz, Pfeffer**
- **2 EL fein geschnittene Kräuter**

- **30 g Butter für die Form**
- **500 g vorgegartes oder blanchiertes Gemüse (z. B. Spargel, Blumenkohl, Spinat, Brokkoli)**

Kartoffelgratin mit Fisch und Garnelen

Käsesauce

- 30–40 g Butter
- 30–40 g Mehl
- etwa 500 ml Milch
- Salz, Pfeffer
- 1 Prise Cayennepfeffer
- frisch geriebene Muskatnuss
- 3 EL Sahne
- 50 g geriebener Käse

Zum Überbacken

- 2 EL Semmelbrösel
- 30 g Butterflöckchen

1 Den Fisch von Haut und Gräten befreien, in mundgerechte Stücke teilen. Mit Zitronensaft, Salz, Pfeffer und den Kräutern würzen.

2 Eine feuerfeste Form mit Butter ausstreichen. Abwechselnd den Fisch und das Gemüse in die Form schichten. Den Ofen auf 220 °C/Umluft 200 °C vorheizen.

3 Für die Käsesauce aus Butter und Mehl eine helle Einbrenne anrühren, nach und nach mit der Milch aufgießen und unter beständigem Rühren aufkochen. Bei schwacher Hitze 10 Minuten köcheln lassen, dabei immer wieder umrühren. Mit Salz, Pfeffer, Cayennepfeffer und Muskatnuss würzen, die Sahne und den Käse einrühren.

4 Die Käsesauce über den Fisch und das Gemüse gießen. Die Semmelbrösel darüberstreuen und mit den Butterflöckchen belegen. Im Ofen in etwa 15 Minuten überbacken.

Räucherfisch-Reis-Auflauf

Der würzige Fisch mit seinem kräftigen Geschmack von Rauch verbindet sich mit dem neutralen Reis und der aromatischen Schnittlauchsauce zu einem delikaten und saftigen Gericht. Sie können zusätzlich Spargelspitzen, geschnittene Pilze oder gedünstete grüne Erbsen untermischen.

- 500 g Räucherfisch (Heilbutt, Butterfisch)
- 150 g Reis, Salz

Kräutersauce

- 30 g Butter, 30 g Mehl
- 500 ml Gemüsebrühe
- Salz, Pfeffer, Cayennepfeffer
- 1 TL Zitronensaft
- 2 Bund Kräuter (von einer Art oder gemischt), fein geschnitten
- 5 EL Sahne

- 20 g Butter für die Form
- 2 EL geriebener Parmesan

1 Den Räucherfisch von Haut und Gräten befreien und in mundgerechte Stücke zerpflücken. Den Reis in kochendem Salzwasser in etwa 20 Minuten körnig weich kochen, abtropfen.

2 Für die Kräutersauce in einem Topf aus Butter und Mehl eine helle Einbrenne anrühren, nach und nach mit der Gemüsebrühe aufgießen und mit dem Schneebesen glatt rühren. Bei schwacher Hitze 10 Minuten köcheln lassen, dabei immer wieder umrühren. Mit Salz, Pfeffer, einer Spur Cayennepfeffer und dem Zitronensaft würzen. Die Kräuter mit der Sahne zugeben und 3 Minuten ziehen lassen. Den Ofen auf 220 °C/Umluft 200 °C vorheizen.

3 Eine gebutterte Auflaufform abwechselnd mit Räucherfisch und Reis füllen. Mit der Kräutersauce übergießen und mit dem Parmesan bestreuen. Im Ofen etwa 20 Minuten gratinieren.

Räucherfisch-Sauerkraut-Auflauf

- 500 g Räucherfisch (Butterfisch, Makrele, Heilbutt)

Sauerkraut

- 1 EL ÖL, 100 g Speckwürfel
- 1 Zwiebel, gewürfelt
- 1 TL Zucker
- 400 g Sauerkraut, abgetropft
- 1 Lorbeerblatt, 3 Wacholderbeeren
- 100 ml trockener Weißwein

Kartoffelpüree

- 750 g mehlig kochende Kartoffeln, geschält, halbiert, Salz
- gut 100 ml heiße Milch

- Butter für die Form
- 30 g Butterflöckchen

1 Den Räucherfisch von Haut und Gräten befreien, in kleine Stücke zerpflücken.

2 Für das Sauerkraut in einem Topf das Öl erhitzen und die Speckwürfelchen darin hell ausbraten. Die Zwiebel zufügen und leicht anschwitzen, den Zucker einstreuen und unter Rühren langsam goldgelb werden lassen. Das Sauerkraut mit einer Gabel auflockern, dazugeben und unter beständigem Wenden andünsten. Das Lorbeerblatt und die Wacholderbeeren einlegen, den Wein zugießen und das Sauerkraut zugedeckt 15 Minuten dünsten.

3 Für das Kartoffelpüree in einem Topf die Kartoffeln in Salzwasser weich kochen, abgießen, zerstampfen oder durchdrücken und mit der Milch verrühren. Den Ofen auf 200 °C/Umluft 180 °C vorheizen.

4 Eine Auflaufform mit Butter ausstreichen. Das Sauerkraut in die Form füllen, den Räucherfisch darauf verteilen, mit dem Kartoffelpüree abdecken und mit den Butterflöckchen belegen. 20 Minuten im Ofen überbacken.

Zarzuela

Typisch für den spanischen Fischtopf ist die Verwendung verschiedener Fische und Meeresfrüchte. Die kräftige Brühe tunkt man mit Weißbrot auf.

- **12 rohe Garnelen, geschält**
- **350 g Tintenfischringe**
- **350 g Kabeljaufilet**
- **400 g Miesmuscheln**

Zum Dünsten

- **6 EL Olivenöl**
- **1 Zwiebel, gewürfelt**
- **4 Knoblauchzehen, gewürfelt**
- **250 g Fleischtomaten, enthäutet, Stielansatz und Samen entfernt, gewürfelt**
- **Salz, Pfeffer**
- **250 ml Weißwein**
- **1 Gläschen Cognac**
- **Saft von 1 Zitrone**

- **fein geschnittene Petersilie**
- **Zitronenachtel zum Garnieren**

1 Die Garnelen, die Tintenfischringe und das Fischfilet kalt abspülen, mit Küchenpapier trocken tupfen. Das Fischfilet in Portionsstücke schneiden. Die Miesmuscheln waschen und entbarten, geöffnete Muscheln aussortieren.

2 Zum Dünsten in einem großen Schmortopf das Olivenöl erhitzen und die Zwiebel darin goldgelb anschwitzen. Die Tintenfischringe, die Garnelen, die Miesmuscheln und den Kabeljau zufügen und unter häufigem Wenden dünsten, bis sich nach etwa 5 Minuten die Muscheln öffnen. Noch geschlossene Exemplare aussortieren und wegwerfen.

3 Den Knoblauch und die Tomaten in die Pfanne geben, mit Salz und Pfeffer würzen. Den Wein und den Cognac angießen und bei geringer Hitze 10 Minuten köcheln lassen. Den Zitronensaft zufügen, abschmecken und bei Bedarf nachwürzen. Mit der Petersilie bestreuen, mit den Zitronenachteln garnieren.

Paella Valenciana

Für 6–8 Personen

Die Rezeptmenge ist berechnet für eine große Paellapfanne, wie man sie in Spanien kennt. Dort gibt es ein spezielles Zubehör für den Gasherd, damit der Pfannenboden gleichmäßig erhitzt wird. Notfalls verteilt man die Rezeptmenge auf zwei Pfannen.

- **125–150 ml Olivenöl**
- **pro Person 1 Scampo (Langostino) in der Schale**
- **pro Person 1–2 rohe Garnelen (Gambas) in der Schale**
- **250 g Tintenfischringe**
- **200 g Hühnerbrust, in Würfel geschnitten**
- **je 150 g grüne und rote Paprikaschote, Stielansatz, Samen und Scheidewände entfernt, klein gewürfelt**
- **1 Zwiebel, gewürfelt**
- **2 Knoblauchzehen, gewürfelt**
- **pro Person 3–5 Miesmuscheln, gewaschen und entbartet**
- **pro Person 2–4 Venusmuscheln, gewaschen**
- **300 g passierte Tomaten**
- **500 g spanischer Rundkornreis**
- **1 gute Prise Safranfäden**
- **1,2 l heißer Fischfond (Seite 204)**
- **Salz, Pfeffer**

1 Das Öl in einer Pfanne mit hohem Rand (Paellapfanne) erhitzen, die Scampi und Garnelen darin rundum anbraten und wieder herausnehmen. Die Tintenfischringe und die Hühnerbrust braun anbraten. Die Paprika-, Zwiebel- und Knoblauchwürfel kurz mitbraten. Die beiden Muschelarten einlegen und – sobald sie sich öffnen – wieder herausnehmen (nicht geöffnete Muscheln wegwerfen!). Die passierten Tomaten unterrühren und alles 3 Minuten köcheln lassen. Den Ofen auf 170 °C/ Umluft 150 °C vorheizen.

◀ Zarzuela

2 Bei mittlerer Hitze den Reis und die Safranfäden unterrühren, den Fischfond zugießen, zum Kochen bringen und etwa 8 Minuten köcheln lassen. Mit Salz und Pfeffer würzen. An der Pfanne rütteln, damit der Reis sich setzt. Im vorgewärmten Ofen in etwa 10 Minuten fertig garen. Die Langostinos oder Scampi, Garnelen und Muscheln 5 Minuten vor beendeter Garzeit dekorativ auf dem Reis verteilen und erwärmen.

Fischfondue

Für ein gelungenes Fischfondue braucht man (mindestens) dreierlei: guten Fisch, nette Leute und viel Zeit. Nicht von ungefähr ist Fondue ein beliebtes, geselliges Gericht an Festtagen wie Weihnachten und Silvester.

Welcher Fisch ist dafür geeignet? Fester, frischer Fisch wie Thunfisch, Schwertfisch, Lachs, Seeteufel, Seezunge, Steinbeißer, Rotbarbe, Petersfisch, Zander, Kabeljau, Tintenfischringe. Garnelenschwänze und Jakobsmuschelfleisch zum Fondue sind ein optischer und kulinarischer Genuss.

Nimmt man Brühe oder Öl? Für Fischfondue ist Brühe eindeutig vorzuziehen. Ob Sie eine Fischbrühe oder gar einen Fischfond verwenden, bleibt Ihnen überlassen. Gern wird in Gemüsebrühe und Wein gegart. Am Ende des Essens haben Sie in jedem Fall eine feine Brühe.

Andere Zutaten: Gut passt klein geschnittenes Gemüse wie Fenchel, Möhre, Lauch, Brokkoli, Blumenkohl, Zucchini, Bleichsellerie oder Champignons; auch die zarten Zuckerschoten oder Babyspinat sind im Nu gar. Baguette gehört unbedingt dazu, und dünne Glasnudeln sind die ideale Einlage zur Fischsuppe am Schluss.

Geschirr: Beliebt ist der asiatische Feuertopf, denn man hat den besseren »Rundumblick« auf das Kochgeschehen. Aber ein herkömmlicher Fonduetopf tut es auch. Praktisch sind die kleinen Fonduesiebe anstelle der Fonduegabeln.

Anrichten: Drapieren Sie die rohen Fischstücke dekorativ auf Platten, etwa eine Reihe weißer Fisch, eine Reihe Thunfisch, eine Reihe Lachs.

- **pro Person 200–250 g Fischfilet (auch Garnelen, Jakobsmuschelfleisch)**
- **zartes Gemüse, sehr klein geschnitten, bei Bedarf vorgegart (blanchiert)**
- **etwa 2 l Flüssigkeit (Fischfond oder 2/3 Gemüsebrühe, 1/3 Wein)**

Saucen (wahlweise)

- **Mayonnaise-Saucen (Seite 208/209)**
- **Kräutercreme (Seite 209)**
- **Zitronen-Ölsauce (Seite 210)**
- **Sahnemeerrettich, Apfelmeerrettich (Seite 210)**
- **Dijonsenf, mit Feigenkonfitüre verrührt**
- **Knoblauchbutter (Seite 210)**

Für die Suppe

- **100 g Glasnudeln**

1 Vorab die Saucen zubereiten.

2 Die Fischfilets kalt abspülen, mit Küchenpapier trocken tupfen. In mundgerechte Stücke schneiden und dekorativ auf Tellern oder Platten anrichten.

3 Das Gemüse je nach Art in dünne Scheiben oder Würfel schneiden und in Schüsseln verteilen.

4 Die Flüssigkeit in einem Topf auf dem Herd zum Kochen bringen, dann in den Fonduetopf umfüllen. Die Flamme des Rechauds entzünden und den Fonduetopf daraufstellen. Fisch und Gemüse in die Siebe geben und im Fonduetopf garen.

5 Für die Suppe gegen Ende des Essens die Glasnudeln in einer Schüssel mit kochendem Wasser übergießen, 5 Minuten stehen lassen, das Wasser abgießen. Die Nudeln mit der Küchenschere klein schneiden. Portionsweise in Suppentassen füllen und mit der Fonduebrühe übergießen.

Suppen

Fischsuppe – da denkt man an die berühmte Spezialität aus Marseille mit viel frischem Fisch und Knoblauchbrot dazu. Doch Fischsuppen gibt es zahlreiche – viele davon mit reichlich Gemüse –, und schnell gemacht sind sie auch. Vor allem die edlen legierten Fischsuppen leben von einer guten, eingekochten Fischbrühe, dem Fond aus Abgängen und Abschnitten von frischem Fisch. Ein Tipp für den Urlaub in südlichen Ländern: Suchen Sie im Lebensmittelgeschäft nach Fischbrühwürfeln; sie sind geradezu ideal für die Zubereitung einer kräftigen Fischsuppe. In Deutschland sind sie weniger verbreitet, jedoch bei manchen Fischhändlern zu finden. Fischfond bzw. Fischbrühe kann auch manchmal durch Hühnerbrühe ersetzt werden; Hauptsache, die Suppeneinlage ist Fisch.
Das Foto zeigt einen Muschel-Fisch-Topf mit Kartoffeln und Gemüse.

Gebundene Forellensuppe

Die Suppe schmeckt mit jedem Flussfisch. Voraussetzung für die Qualität ist jedoch ein gepflegter Fischfond, der für die Forellensuppe natürlich aus Gräten, Haut und Abschnitten von Forellen zubereitet wird. Angereichert mit zarten Forellenklößchen ist die Suppe ein Festessen!

- **1 l Fischfond aus Forellenkarkassen (Seite 204)**
- **30 g Butter**
- **1 EL gewürfelte Zwiebel**
- **20 g Mehl**
- **1–2 Tomaten, enthäutet, Samen entfernt, gewürfelt**
- **Salz, Pfeffer**
- **50 ml trockener Weißwein**
- **1 Eigelb, mit 6 EL Sahne verrührt**
- **20 g kalte Butterflöckchen**
- **fein geschnittene Petersilie**

Einlage

- **200 g Fischfleisch (Forelle), klein gewürfelt, oder Fischklößchen (Seite 160) aus Forellenfleisch**

1 Den Fischfond nach Rezept zubereiten und stark einkochen; abkühlen lassen.

2 Im Suppentopf die Butter zerlassen und die Zwiebel darin glasig schwitzen. Das Mehl einrühren und hell mitschwitzen. Nach und nach mit dem Fischfond aufgießen und unter ständigem Rühren aufkochen. Die Tomatenwürfel zugeben, mit Salz und Pfeffer würzen und den Wein zugießen. 10 Minuten köcheln lassen.

3 Die Fischwürfel für die Einlage etwa 1 Minute in der Suppe ziehen lassen, wieder herausnehmen und warm stellen, bis die Suppe fertig ist.

4 Die Eigelbsahne unter Rühren in die Suppe einlaufen lassen, die Butterflöckchen bei schwacher Hitze nach und nach mit dem Schneebesen einschwingen, dann nicht mehr kochen. Bei Bedarf nachwürzen. Das Fischfleisch wieder einlegen und die Suppe mit Petersilie bestreuen.

Legierte Fischsuppe

Legierte Fischsuppe Fischvelouté

Die gebundene Fischsuppe – in der klassischen Küche Fischvelouté genannt – ist die Grundzubereitung für leichte Fischsuppen und Saucen. Unabdingbar für das Gelingen ist ein kräftiger, stark eingekochter Fond aus den Abgängen (Karkassen) von weißfleischigem Fluss- oder Seefisch, z. B. Forelle, Hecht, Seezunge. Ihre samtige, zarte Konsistenz verdankt die Suppe der Bindung aus Eigelb und viel frischer Sahne. Die feine Suppe kann mit in Streifen geschnittenen Kräutern oder Gemüsejulienne serviert werden. Mit einer Einlage, z. B. gewürfeltem Fischfleisch, Fischklößchen, Garnelen, Muschelfleisch oder Croûtons, wird sie reichhaltiger.

- **750 ml Fischfond (Seite 204)**
- **30 g Butter**
- **20 g Mehl**
- **Salz, Pfeffer**
- **ein Schuss trockener Weißwein (Riesling)**
- **2 Eigelb**
- **100–200 g Sahne**
- **1 EL fein geschnittene Petersilie (nach Belieben)**

1 Den Fischfond nach Rezept zubereiten und stark einkochen; abkühlen lassen.

2 In einem flachen Topf aus Butter und Mehl eine helle Einbrenne rühren. Nach und nach mit dem Fond aufgießen und unter ständigem Rühren aufkochen. Mit Salz und Pfeffer würzen und einen Schuss Wein zugießen. 10 Minuten köcheln lassen.

3 Die Eigelbe mit der Sahne verquirlen und unter Rühren in die Suppe einlaufen lassen, dann nicht mehr kochen. Bei Bedarf nachwürzen. Für eine besonders samtige Konsistenz gießt man die Suppe durch ein feines Sieb und mixt sie mit dem Stabmixer auf. Nach Belieben mit Petersilie bestreuen.

Legierte Muschelsuppe

Statt frischer Muscheln in der Schale können Sie 200 g ausgelöste, tiefgekühlte Muscheln oder Muscheln aus dem Glas verwenden. Den Fischfond vermischen Sie dann mit etwas Weißwein. Auch mit Garnelen- oder Flusskrebsfleisch können Sie nach diesem Rezept eine feine Suppe zubereiten.

- **1 kg Miesmuscheln**

Sud

- **3 Schalotten, halbiert**
- **1/2 Bund Petersilie**
- **2 Dillzweige**
- **1/4 Lorbeerblatt**
- **200 ml trockener Weißwein**

Suppe

- **30 g Butter**
- **1 Möhre, in feine Streifen geschnitten**
- **2 Stangen Bleichsellerie, fein geschnitten**
- **etwa 750 ml Fischfond (Seite 204), ersatzweise Hühner- oder Gemüsebrühe**
- **2 Eigelb**
- **200 g Sahne**
- **Salz**
- **Cayennepfeffer oder Curry oder Safran**
- **1 EL fein geschnittene Petersilie**

Legierte Muschelsuppe

1 Die Muscheln unter fließendem Wasser sorgfältig abbürsten und entbarten. Geöffnete Muscheln aussortieren und wegwerfen.

2 Für den Sud alle Zutaten in einen Suppentopf füllen, die Muscheln dazugeben, zugedeckt bei starker Hitze zum Kochen bringen und 5 Minuten flott kochen, dabei den Topf mehrmals rütteln. Sobald sich die Muscheln öffnen, sind sie gar.

3 Die Muscheln aus dem Sud nehmen und das Muschelfleisch aus den Schalen lösen (nicht geöffnete Exemplare aussortieren und wegwerfen). Den Muschelsud durch ein mit einem Nesseltuch ausgelegtes Sieb gießen und dabei den sandigen Bodensatz zurücklassen.

4 Für die Suppe in einem Topf die Butter zerlassen. Die Möhre und den Bleichsellerie darin leicht anschwitzen, ohne dass sie Farbe nehmen. Den Fischfond mit dem abgeseihten Muschelsud vermischen (zusammen etwa 1 Liter Flüssigkeit) und das Gemüse damit ablöschen, kurz einkochen. Die Eigelbe mit 5 EL Sahne glatt rühren und beiseitestellen. Die restliche Sahne in die Suppe einrühren und kurz einkochen.

5 Das Muschelfleisch in der Suppe erwärmen. Mit Salz und – je nach Geschmack – mit Cayennepfeffer oder Curry oder Safran abschmecken. Die Eigelbsahne einrühren, dabei die Suppe nicht mehr kochen lassen. Mit der Petersilie bestreuen.

Krebsrahmsuppe mit Knoblauchbrot

- 750 ml Krustentierfond (Seite 205)
- 250 ml Fischfond (Seite 204), ersatzweise Hühnerbrühe
- 100 g Crème double
- 1 Spritzer Zitronensaft
- Salz, Pfeffer
- Cayennepfeffer
- 4 EL halb steif geschlagene Sahne

- kleine Garnelen, gekocht und geschält (oder Krebsfleisch) als Einlage
- fein geschnittene Petersilie zum Bestreuen

Knoblauchbrot

- 4 Scheiben Weißbrot
- halbierte Knoblauchzehen
- natives Olivenöl extra zum Beträufeln

1 Den Krustentierfond und den Fischfond nach Rezept zubereiten. Zusammen in einen Topf füllen und um ein Drittel einkochen. Die Crème double löffelweise einrühren, aufkochen und mit Zitronensaft, Salz, Pfeffer und Cayennepfeffer abschmecken.

2 Die Garnelen im Sieb kalt überbrausen, abtropfen lassen und in der Suppe erwärmen. Erst kurz vor dem Anrichten die Schlagsahne unterziehen und die Suppe mit Petersilie bestreuen.

3 Für das Knoblauchbrot, das zur Suppe serviert wird:
Version 1: Das Weißbrot toasten oder im Ofen trocken rösten. Die gerösteten Brotscheiben mit dem Knoblauch einreiben und Öl darüberträufeln.
Version 2: 4–6 EL Butterschmalz oder Öl erhitzen, in Scheiben geschnittenen Knoblauch (Menge je nach Geschmack) darin goldgelb rösten und wieder herausnehmen. Die Brotscheiben in dem aromatisierten Fett auf beiden Seiten goldgelb rösten (auf die gleiche Weise können Sie auch Knoblauch-Croûtons rösten).

Kartoffelsuppe mit Fisch und Krabben

Kartoffelsuppe mit Fisch und Krabben

Anstatt Nordseekrabben können Sie auch Flusskrebse nehmen. Beim Fischfilet passt jeder Konsumfisch, etwa Seelachs oder Kabeljau.

- **300 g Fischfilet**
- **150 g Nordseekrabben (Granat), gekocht, geschält**
- **Zitronensaft**

◀ Krebsrahmsuppe mit Knoblauchbrot

Kartoffelsuppe

- **1 kleine weiße Zwiebel**
- **1/2 Stange Lauch**
- **1 Möhre**
- **1 Stückchen Knollensellerie**
- **250 g Kartoffeln**
- **30 g Butter**
- **Salz, Pfeffer**
- **1–2 EL Mehl**
- **150 ml trockener Weißwein**
- **800 ml Fischfond (Seite 204), ersatzweise Hühnerbrühe**
- **1 Eigelb, mit 100 ml Sahne verrührt**
- **1 Prise Cayennepfeffer**
- **fein geschnittene Petersilie oder Dill**

1 Das Fischfilet und die Krabben kalt überbrausen, mit Küchenpapier trocken tupfen. Das Fischfilet in Würfel schneiden. Fisch und Krabben mit Zitronensaft beträufeln.

2 Für die Kartoffelsuppe die Zwiebel, das Gemüse und die Kartoffeln in kleine Würfel schneiden. Die Butter im Suppentopf zerlassen, zuerst die Zwiebel darin anschwitzen, dann das Gemüse und die Kartoffeln kurz mitschwitzen. Mit Salz und Pfeffer würzen. Mit dem Mehl bestauben und kurz anrösten. Langsam den Wein und den Fischfond unter beständigem Rühren zugießen und zugedeckt bei milder Hitze 10–15 Minuten köcheln lassen.

3 Das Fischfilet und die Krabben in die Suppe einlegen und in 3–4 Minuten garziehen lassen. Die Eigelbsahne unter die fertige Suppe rühren, dann nicht mehr kochen. Die Suppe mit Cayennepfeffer würzen, abschmecken und bei Bedarf nachwürzen. Mit Petersilie oder Dill bestreuen.

Fischklößchen

Fischklößchen sind eine feine Einlage für legierte und klare Fischsuppen. Das Fleisch aller Flussfische ist dafür geeignet, aber auch Seefisch wie Kabeljau oder Schellfisch.

Fischfarce

- **400 g Fischfleisch ohne Haut und Gräten**
- **2 TL Salz**
- **Pfeffer**
- **frisch geriebene Muskatnuss**
- **2 EL Zitronensaft**
- **1 Eiweiß**
- **etwa 400 g Sahne (je nach Bindefähigkeit des Fischfleisches)**

1 Die Zutaten und auch die Geräte müssen kalt sein! Das Fischfleisch würfeln, mit allen Zutaten im Blitzhacker oder mit dem Stabmixer sehr fein pürieren. Durch ein Haarsieb streichen und für 1 Stunde in den Kühlschrank auf Eis oder ein Kühlelement stellen, das ist wichtig für die Bindung. Die Fischfarce soll zwar dick, aber streichfähig und gut formbar sein.

2 Aus der Masse mit zwei Teelöffeln Klößchen formen, in kochendes Salzwasser einlegen und bei reduzierter Hitze zugedeckt in etwa 5 Minuten garziehen lassen (nicht kochen!).

Fischfarce mit Panade

Die Fischfarce kann man mit einer so genannten Panade, das ist ein Brandteig, strecken. Dafür 125 ml Milch mit 25 g Butter und 1 Prise Salz aufkochen, von der Kochstelle nehmen. 75 g Mehl auf einmal einrühren, wieder auf die Kochstelle setzen und unter beständigem Rühren »abbrennen«. Den Topf vom Herd nehmen und abkühlen lassen. Die Eier, eines nach dem anderen, unterrühren, erkalten lassen. Beide Massen – Fischfarce und Panade – nach völligem Erkalten miteinander vermischen. Durch ein feines Sieb streichen und kalt stellen.

Emdener Fischklößchensuppe

Für 6 Personen

Eine feine, klare Suppe mit viel Gemüse. Die Fischklößchen sind ein Blitzrezept!

Fischklößchen

- **500 g Fischfilet, z. B. Goldbarsch, Zander**
- **6 EL Semmelbrösel**
- **1 Ei**
- **Salz**
- **fein geschnittene Petersilie**

Suppe

- **20 g Butter**
- **3 Frühlingszwiebeln, in Ringe geschnitten**
- **2 kleine Möhren, in Scheiben geschnitten**
- **1/2 Stange Lauch, in Ringe geschnitten**
- **1,5 l Fischbrühe (Seite 204), ersatzweise Fleisch- oder Gemüsebrühe**
- **1 Lorbeerblatt**
- **Salz, Pfeffer, Cayennepfeffer**
- **1 Spritzer Zitronensaft**

1 Für die Klößchen das Fischfilet kalt abspülen, mit Küchenpapier trocken tupfen. Mit dem Stabmixer fein pürieren und mit den restlichen Zutaten vermischen. 20 Minuten kalt stellen.

2 Für die Suppe die Butter im Suppentopf zerlassen und das Gemüse darin 4–5 Minuten anschwitzen. Mit der Brühe aufgießen, das Lorbeerblatt einlegen und etwa 10 Minuten köcheln lassen. Mit Salz, Pfeffer, Cayennepfeffer und Zitronensaft abschmecken und die Petersilie einstreuen.

3 Für die Klößchen in einem Topf reichlich Salzwasser zum Kochen bringen. Mit zwei angefeuchteten Esslöffeln aus der Farce Klößchen formen, in das siedende Wasser gleiten und in etwa 5 Minuten garziehen lassen. Mit dem Schaumlöffel herausnehmen, abtropfen lassen und in der Suppe servieren.

1 Die Farce mit einem Löffel abstechen und mit einem zweiten Löffel längliche Klößchen formen.

2 Die Klößchen portionsweise in siedendes Salzwasser (oder Fond) gleiten und garziehen lassen.

Emdener ▶ Fischklößchensuppe

Kartoffelrahmsuppe mit Lachs

Die Kartoffeln für diese Suppe werden teils püriert, teils als Einlage gegessen. Besonders hübsch sieht es aus, wenn Sie mit einem Melonenausstecher kleine Kartoffelkugeln formen und nur die Reste pürieren.

- **300 g Lachsfilet**
- **Zitronensaft**
- **Pfeffer**
- **300 g Kartoffeln**

Suppe

- **1 l Hühnerbrühe**
- **100 g weißer Lauch, in Ringe geschnitten**
- **ein Schuss trockener Weißwein**
- **150 g Sahne**
- **Salz, 1 Prise Cayennepfeffer**

1 Das Lachsfilet kalt abspülen, in kleine Würfel schneiden, mit Zitronensaft beträufeln und mit etwas Pfeffer würzen. Die Kartoffeln schälen, in kleine Würfel schneiden und in kaltes Wasser legen.

2 In einem Suppentopf die Hühnerbrühe zum Kochen bringen. Die Hälfte der Kartoffelwürfel und den Lauch einlegen und in etwa 10 Minuten weich kochen. Mit dem Stabmixer pürieren.

3 Die restlichen Kartoffelwürfel aus dem Wasser nehmen und in weiteren 10 Minuten in der Suppe kochen. Den Wein und die Sahne einrühren, gut durchkochen. Mit Salz und Cayennepfeffer abschmecken. Zum Schluss die Lachswürfel in 2 Minuten in der Suppe garziehen lassen.

Lachs-Gemüsesuppe

- 200 g Lachsfilet
- Zitronensaft

Suppe

- 750 ml Fischfond (Seite 204), ersatzweise Hühnerbrühe
- 1–2 Lorbeerblätter
- 500 g vorwiegend festkochende Kartoffeln, geschält, gehobelt
- 1–2 Möhren, gehobelt
- 1/3 Stange Lauch, in dünne Scheiben geschnitten
- 200 g grüne Erbsen (TK)
- 125 g Sahne
- Salz, Pfeffer, Cayennepfeffer
- Kerbelblättchen zum Garnieren

1 Das Lachsfilet kalt abspülen, in 3 cm große Würfel schneiden und mit Zitronensaft beträufeln.

2 Den Fischfond mit den Lorbeerblättern im Suppentopf zum Kochen bringen. Die Kartoffeln und das Gemüse einlegen und in etwa 8 Minuten fast gar kochen. Die Sahne einrühren und die Suppe gut durchkochen. Mit Salz, Pfeffer und einer Prise Cayennepfeffer abschmecken.

3 Die Lachswürfel in der Suppe in etwa 2 Minuten garziehen lassen. Die Suppe anrichten und mit Kerbelblättchen garnieren.

Flussfisch-Gemüsesuppe

Die Suppe kann mit jedem Flussfisch zubereitet werden. Lachs (oder Lachsforelle) sollte jedoch immer dabei sein – allein schon der Farbe wegen.

- 200 g Lachsfilet
- 200 g Zander- oder Forellenfilet
- Zitronensaft

◀ Lachs-Gemüsesuppe

Flussfisch-Gemüsesuppe

Suppe

- 40 g Butter
- 2 Schalotten, gewürfelt
- 1/2 Knoblauchzehe, gehackt
- 150 g Gemüse: Bleichsellerie, Fenchel, Lauch, Möhre, Petersilienwurzel, in feine Streifen geschnitten
- 1 Tomate, enthäutet, Samen entfernt, gewürfelt
- 1–2 EL Cognac oder Noilly Prat
- 100 ml trockener Weißwein
- 1 l Fischbrühe (Seite 204), ersatzweise Fleischbrühe
- Salz
- 1 Prise Cayennepfeffer

Zum Anrichten

- 2–3 EL Olivenöl
- 2 Knoblauchzehen, halbiert
- pro Person 1–2 Weißbrotscheiben
- fein geschnittene Petersilie

1 Die Fischfilets kalt abspülen, mit Küchenpapier trocken tupfen. In kleine Würfel schneiden und mit Zitronensaft beträufeln.

2 Für die Suppe im Suppentopf die Butter zerlassen und die Schalotten, den Knoblauch und das Gemüse darin hell anschwitzen. Die Tomatenwürfel einige Minuten mitschwitzen. Mit dem Cognac oder Noilly Prat und dem Wein ablöschen. Die Brühe zugießen und das Gemüse in 5–8 Minuten bissfest kochen. Mit Salz und Cayennepfeffer abschmecken.

3 Die Fischwürfel in die Suppe einlegen und in etwa 2 Minuten knapp unter dem Siedepunkt garziehen lassen.

4 Vor dem Anrichten in einer Pfanne das Olivenöl mit dem Knoblauch erhitzen und die Brotscheiben darin rösten. Das Brot in den Suppentellern anrichten und die Fischsuppe darüberschöpfen. Mit Petersilie bestreuen.

Bouillabaisse

Ob mit Gräten wie im französischen Original oder mit Filets – verwenden Sie auf alle Fälle Stücke oder Filets von verschiedenen Fischen, etwa Knurrhahn, Heilbutt, Scholle, Rotzunge, Wolfsbarsch, Petersfisch, Seeteufel, Schellfisch, Seeaal, Wittling (Merlan). Wählen Sie sowohl Fische mit festem als auch solche mit zartem Fleisch. Die Flüssigkeitsmenge richtet sich danach, ob Sie das Gericht »suppig« oder eher reichhaltig servieren möchten.

Fisch

- **1 kg Tranchen oder 750 g Filet von verschiedenen Meeresfischen, in Portionsstücke geschnitten**
- **250 g rohe Garnelen, geschält**
- **Saft von 1 Zitrone**
- **Kräuter der Provence**

Suppe

- **6 EL Olivenöl**
- **200 g weißer Lauch, in Ringe geschnitten**
- **2 Schalotten, in Würfel geschnitten**
- **1/2 Fenchelknolle, in feine Scheiben geschnitten**
- **250 g Tomaten, enthäutet, Samen entfernt, gewürfelt**
- **2 Knoblauchzehen, gewürfelt**
- **1–1,5 l Fischfond (Seite 204), ersatzweise Fleisch- oder Hühnerbrühe**
- **250 ml trockener Weißwein**
- **1 Lorbeerblatt**
- **Salz, Pfeffer**
- **Cayennepfeffer**
- **einige Safranfäden**

Zum Anrichten

- **8 Baguettescheiben**
- **halbierte Knoblauchzehen**

1 Den Fisch und die Garnelen kalt abspülen und mit Küchenpapier trocken tupfen. Mit Zitronensaft und Kräutern der Provence 30 Minuten marinieren.

2 Im Suppentopf das Öl erhitzen. Den Lauch, die Schalotten und den Fenchel 15 Minuten darin dünsten, ohne dass sie Farbe nehmen. Die Tomaten und den Knoblauch 5 Minuten mitdünsten. Mit dem Fischfond und dem Wein aufgießen. Das Lorbeerblatt einlegen, die Brühe mit Salz, Pfeffer, Cayennepfeffer und Safran würzen und gut durchkochen.

3 Die Fischstücke und Garnelen einlegen: Zuerst die Fische mit festem Fleisch, dann solche mit zartem Fleisch und zuletzt die Garnelen. Garzeit – bei reduzierter Hitze knapp unter dem Siedepunkt – etwa 6 Minuten.

4 Die Weißbrotscheiben toasten oder im Ofen trocken rösten, mit Knoblauch abreiben, in die Suppenteller legen und die Fischsuppe darüberschöpfen.
Oder: Das geröstete Brot mit der klassischen scharfen Würzpaste Rouille (Seite 209) bestreichen und separat zur Suppe servieren.

Bouillabaisse

Fischtopf mit Safran

Das Anbraten der Fische und eine Spur Safran machen das besonders köstliche Aroma dieses Fischtopfes mit hellem Gemüse aus.

- **400 g Filet von verschiedenen Fischen, z. B. Seeteufel, Kabeljau, Zander, Lachs**
- **1 EL Olivenöl + 20 g Butter**
- **Salz**

Gemüse

- **1 Fenchelknolle**
- **1/2 Stange Lauch, nur das Weiße**
- **2 Stangen Bleichsellerie**

Suppe

- **750 ml Fischfond (Seite 204), ersatzweise Fleischbrühe**
- **einige Safranfäden**
- **Salz, Pfeffer, 1 Prise Cayennepfeffer**
- **30 g Butterflöckchen**
- **frisches Basilikum- oder Koriandergrün**

Zum Anrichten

- **pro Person 1–2 Scheiben Baguette, getoastet oder geröstet und mit halbierten Knoblauchzehen abgerieben**

1 Vorab das Gemüse putzen. Die Fenchelknolle vierteln, den Strunk entfernen, in dünne Streifen schneiden. Den Lauch in Ringe und den Bleichsellerie in dünne Scheiben schneiden. Das Gemüse nacheinander in Salzwasser etwa 2 Minuten blanchieren, abgießen, kalt überbrausen und abtropfen lassen.

2 Die Fischfilets kalt abspülen, mit Küchenpapier trocken tupfen und in Würfel schneiden. Das Öl mit der Butter in einer Pfanne erhitzen und die Fischwürfel darin rundum 1–2 Minuten anbraten. Salzen, herausnehmen und warm stellen. Das blanchierte Gemüse im verbliebenen Bratfett schwenken.

3 Für die Suppe den Fischfond mit dem Safran aufkochen, mit Salz, Pfeffer und Cayennepfeffer abschmecken. Die Butterflöckchen nacheinander mit dem Stabmixer einmixen und die Kräuter zugeben, dann nicht mehr kochen.

4 Den Fisch und das Gemüse in vorgewärmten Suppentellern anrichten, die heiße Suppe darüberschöpfen. Das Knoblauchbrot dazu servieren.

Fisch-Gemüsetopf mit Knoblauchpaste

Auch wer kein großer Fischesser ist, wird diese Fischsuppe mit viel Gemüse mögen. Der Clou daran ist die an Pesto erinnernde Knoblauchpaste, die sich jeder selbst in die Suppe rührt. Anstelle von Seeteufel können Sie anderes festes Fischfleisch nehmen.

- **300 g Seeteufelfilet, sorgfältig enthäutet**
- **12 rohe Riesengarnelen, geschält**
- **Zitronensaft, Salz, Pfeffer**

Gemüsetopf

- **750 ml Gemüsebrühe**
- **100 ml trockener Weißwein**
- **200 g vorwiegend festkochende Kartoffeln, geschält, gewürfelt**
- **2 Möhren, gewürfelt**
- **2 Petersilienwurzeln, gewürfelt**
- **2 Stangen Bleichsellerie, in Scheiben geschnitten**
- **3 Frühlingszwiebeln, in Ringe geschnitten**
- **200 g Champignons, geviertelt**
- **Salz Pfeffer**

Knoblauchpaste

- **7 EL Olivenöl**
- **Salz, 3 Knoblauchzehen**
- **75 g alter Gouda, klein gewürfelt**
- **50 g Pinienkerne, trocken geröstet**
- **16 Basilikumblättchen**

1 Den Fisch und die Garnelen kalt abspülen und trocken tupfen. Mit Zitronensaft, Salz und Pfeffer würzen.

2 Für den Gemüsetopf die Gemüsebrühe mit dem Wein zum Kochen bringen. Die Kartoffeln, das Gemüse und die Champignons einlegen und 10 Minuten kochen lassen. Die Fischwürfel und die Garnelen dazugeben und bei reduzierter Hitze in etwa 5 Minuten garziehen lassen. Die Suppe mit Salz und Pfeffer abschmecken.

3 Für die Knoblauchpaste das Olivenöl mit dem Salz und dem Knoblauch mit dem Stabmixer sämig rühren. Den Käse, die Pinienkerne und die Basilikumblättchen zugeben und nur kurz pürieren.

4 Die Paste rührt man in den Fischtopf; oder man stellt sie in einem Schälchen auf den Tisch, jeder nimmt sich davon und schöpft die Suppe darüber.

Fisch-Gemüsetopf mit Knoblauchpaste

Rügener Aalsuppe

- 1 Aal von etwa 750 g, küchenfertig, enthäutet

Aalbrühe

- das Rückgrat vom Aal
- 1 l Salzwasser, 1 Lorbeerblatt
- 2 Nelken, 2 Piment- und 6 Pfefferkörner

Suppe

- 30 g Butter, 50 g Speckwürfel
- 1 Zwiebel, in Streifen geschnitten
- 200 g Suppengemüse, in Streifen geschnitten
- 1 EL Mehl, 1 l Aalbrühe
- ein Schuss trockener Weißwein
- 1 Spritzer Zitronensaft, Salz, Pfeffer

Zum Anrichten

- 4 EL Crème fraîche
- 1 EL fein geschnittene Petersilie
- in Butter geröstete Brotwürfelchen

1 Den Fisch kalt abspülen, mit Küchenpapier trocken tupfen. Den Aal beiderseits am Rückgrat entlang einschneiden und die Filets ablösen.

2 Für die Aalbrühe das Rückgrat klein schneiden und im Salzwasser zum Kochen bringen. Die Gewürze zugeben und zugedeckt 15 Minuten köcheln lassen. Die Brühe durchseihen.

3 Für die Suppe in einem Topf die Butter zerlassen und die Speckwürfel darin ausbraten. Die Zwiebel und das Suppengemüse zugeben, anschwitzen, mit dem Mehl bestauben und kurz anrösten. Die Aalbrühe langsam dazugießen und unter mehrmaligem Rühren 10 Minuten kochen lassen. Mit dem Wein, Zitronensaft, Salz und Pfeffer abschmecken.

4 Die Aalfilets in kleine Stücke schneiden und in etwa 15 Minuten in der Suppe garziehen lassen. Die Suppe in vorgewärmte Suppenteller schöpfen, je einen Klecks Crème fraîche daraufsetzen und mit Petersilie bestreuen. Die gerösteten Brotwürfelchen darüber verteilen.

Hamburger Aalsuppe

Für 6 Personen

Schinkenbrühe

- 1 Schinkenknochen (750 g)
- 2 l Wasser
- Suppengemüse: 120 g Sellerieknolle, 2 Möhren, 1 Petersilienwurzel, 1 Stange Lauch, klein geschnitten
- 100 g TK-Erbsen
- Mehlbutter: 30 g Butter, mit 1 EL Mehl verknetet
- 1 Bund Petersilie, gehackt
- frische Kräuter (Thymian, Salbei, Basilikum), fein geschnitten

Aal

- 1 junger Aal (etwa 750 g), küchenfertig, enthäutet
- 500 ml Wasser
- Salz
- 250 ml Essig
- 1 Zwiebel, in Ringe geschnitten
- 5 Pfefferkörner

Trockenobst

- 250 ml trockener Weißwein
- 1 EL Zucker
- 1 Stückchen Zitronenschale
- 100 g getrocknete Apfelringe
- 150 g Backpflaumen

Schwemmklößchen

- 125 ml Wasser
- 25 g Butter
- 1 Prise Salz
- 75 g Mehl, 2 Eier
- 1 Prise frisch geriebene Muskatnuss

1 Für die Schinkenbrühe den Schinkenknochen im Suppentopf in kaltem Wasser ohne Salz zusetzen, zum Kochen bringen und 2 Stunden kochen. 15 Minuten vor beendeter Garzeit das Suppengemüse einlegen und mitkochen. Den Schinkenknochen herausnehmen. Die TK-Erbsen unaufgetaut einlegen, die Mehlbutter in die Schinkenbrühe einrühren und weitere 10 Minuten kochen. Die Kräuter einstreuen.

2 Den Aal kalt abspülen und in 3 cm lange Stücke schneiden. Aus Wasser, Salz, Essig, Zwiebel und Pfefferkörnern einen Sud kochen und die Aalstücke knapp unter dem Siedepunkt etwa 20 Minuten darin pochieren.

3 Für das Trockenobst in einem dritten Topf den Weißwein mit dem Zucker und Zitronenschale zum Kochen bringen. Zuerst die Apfelringe 10 Minuten darin kochen, dann die Backpflaumen zugeben und weich kochen. Bei Bedarf etwas Wasser nachgießen, damit das Trockenobst in genügend Flüssigkeit garen kann. Die Zitronenschale entfernen.

4 Für die Schwemmklößchen in einem kleinen Topf das Wasser mit der Butter und dem Salz aufkochen. Den Topf zur Seite ziehen, das Mehl auf einmal dazugeben, einrühren und den Topf wieder auf die Kochstelle setzen. Bei reduzierter Hitze unter beständigem Rühren »abbrennen«, bis sich die Masse vom Topfboden löst. Den Topf wieder von der Kochstelle nehmen und 2 Minuten abkühlen lassen. Die Eier, eines nach dem anderen, unterrühren, mit Muskatnuss würzen und zu einem glatten Teig rühren. Mit einem Teelöffel Klößchen abstechen, in die Schinkenbrühe einlegen und in etwa 10 Minuten garziehen lassen.

5 **Anrichten:** Alle Zutaten in den drei Töpfen sollen heiß und die Suppenterrine vorgewärmt sein. Zuerst das Trockenobst mit dem Sud in die Terrine füllen, darauf die Schinkenbrühe mit den Schwemmklößchen. Zum Schluss kommen die Aalstücke dazu, wenn man es nicht vorzieht, sie gleich in den Suppentellern anzurichten.

Rügener Aalsuppe ▶

Fränkische Karpfensuppe
Karpfen im Zwiebelsud

Das Rezept für dieses einfache, herzhafte Suppengericht stammt aus Oberfranken. Die Karpfenzucht ist dort ein bedeutender Wirtschaftszweig.

- **1 Karpfen von etwa 1,5 kg, küchenfertig**

Zwiebelsud

- **die Karkassen vom Karpfen (Kopf ohne Kiemen, Gräten und Schwanzstück)**
- **2 l Wasser**
- **125 ml Essig**
- **250 ml trockener Weißwein**
- **2 EL Salz**
- **2 TL Zucker**
- **2 Lorbeerblätter**
- **8 Pfefferkörner, gestoßen**
- **600 g Zwiebeln, in Scheiben geschnitten**

Zum Anrichten

- **pro Person 1–1 1/2 Semmeln, in Würfel geschnitten**
- **100–150 g Butter**

1 Den Fisch filetieren und alle feinen Gräten entfernen. Auf Wunsch macht das auch der Fischhändler. Die Karkassen unter fließendem kaltem Wasser wässern. Das Fischfleisch in 4 Portionen teilen.

2 Für den Sud in einem Topf die angegebenen Zutaten ohne die Zwiebeln 20 Minuten kochen und in einen Suppentopf abseihen. Die Zwiebeln darin in etwa 10 Minuten weich kochen; sie geben der Suppe Bindung. Die Karpfenstücke in den heißen Zwiebelsud einlegen und zugedeckt in 3–5 Minuten garziehen lassen.

3 Zum Anrichten die Semmelwürfel in der heißen Butter goldgelb braten. Sofort in die vorgewärmten Suppenteller verteilen und den sehr heißen Zwiebelsud mit dem Fisch darüberschöpfen; es soll zischen, wenn die Semmelwürfel begossen werden.

Bergens Fiskesuppe

Die leichte Fischsuppe aus Norwegen mit einer kräftige Brühe aus Fischkarkassen und viel Fisch und Gemüse als Einlage ist ein Festessen. Als Ersatz für den Fischfond darf bei uns schon auch mal eine Fleisch-, Hühner- oder Gemüsebrühe genommen werden.

- **300 g Kabeljaufilet**
- **300 g Lachsfilet**
- **Zitronensaft**

Suppe

- **1 l Fischfond (Seite 204)**
- **2–3 Möhren, klein gewürfelt**
- **2–3 Stangen Bleichsellerie, in feine Scheiben geschnitten**
- **1/2 Stange Lauch, in feine Ringe geschnitten, Salz, Pfeffer**
- **2 Eigelb zum Legieren**

Zum Anrichten

- **4 EL saure Sahne**
- **fein geschnittene Petersilie**

1 Die Fischfilets kalt abspülen, mit Küchenpapier trocken tupfen und mit Zitronensaft beträufeln.

2 Den Fischfond mit dem klein geschnittenen Gemüse im Suppentopf erhitzen und etwa 3 Minuten kochen.

Die Fischfilets einlegen, die Hitze reduzieren und ohne Deckel in etwa 8 Minuten garziehen lassen. Den Fisch herausheben. Die Suppe mit Salz und Pfeffer abschmecken.

3 Zum Legieren die Eigelbe verschlagen und esslöffelweise mit einer halben Tasse Suppe verrühren. In die heiße, nicht mehr kochende Suppe einrühren.

4 Den Fisch mit einer Gabel in blättrige Stücke teilen und wieder in die Suppe geben. In vorgewärmte Teller schöpfen, mit einem Klecks saurer Sahne garnieren und mit Petersilie bestreuen.

Bergens Fiskesuppe

Wiener Fischbeuschelsuppe

Ein altes Rezept, das man manchmal sucht und kaum noch findet. Der Rezepttitel mag für manche etwas ungewöhnlich klingen: Fisch und Beuschel (österreichisch und bayerisch für Innereien). Hier werden die Innereien des Karpfens verwendet, und zwar Rogen oder Milch. Eine gehaltvolle, säuerlich würzige und feine Suppe. Lassen Sie sich überraschen.

- **1 Karpfen von 1,2–1,4 kg**

Sud

- **die Karkasse vom Karpfen (Kopf ohne Kiemen, Gräten, Schwanzstück)**
- **1,5 l Wasser**
- **6 EL Essig**
- **1 Zwiebel, in Scheiben geschnitten**
- **1 Lorbeerblatt**
- **Salz**
- **8 Pfefferkörner, gestoßen**
- **frische Petersilie und Thymian**

Für Karpfenrogen oder Karpfenmilch

- **30 g Butter**
- **einige EL Sud**

Suppe

- **40 g Butterschmalz**
- **40 g Mehl**
- **1 TL Zucker**
- **1 Schalotte, klein geschnitten**
- **150 g Gemüse: Sellerie, Möhre, Lauch, in feine Streifen geschnitten**
- **6 EL trockener Weißwein**
- **2–3 EL saure Sahne**
- **fein geschnittene Petersilie**
- **Salz, Pfeffer, Zitronensaft**

- **pro Person 1–2 kleine Scheiben Weißbrot**

1 Lassen Sie den Karpfen vom Fischhändler küchenfertig vorbereiten und filetieren. Außer den Filets nehmen Sie auch die Eingeweide sowie die Karkasse mit.

2 Für den Sud die Karkasse unter fließendem kaltem Wasser wässern. Das Wasser mit der Karkasse und den angegebenen Zutaten in einem Topf langsam erhitzen und 20 Minuten leise kochen. Den Sud abseihen. Das anhaftende Fleisch von den Gräten lösen (die Karpfenfilets werden für die Suppe nicht verwendet, siehe Hinweis).

3 **Karpfenrogen:** Den Rogen kurz wässern, in einem feinen Sieb abtropfen lassen und anschließend durch das Sieb drücken, um die Häutchen zu entfernen. Den Rogen in der heißen Butter angehen lassen und so viel Sud zugießen, dass er gut mit Flüssigkeit bedeckt ist. Kurz durchkochen, bis der Rogen hart und gelb ist. Mit dem Schneebesen durchschlagen und beiseite stellen.
Karpfenmilch: Falls der Karpfen ein Milchner war, die Milch wässern, enthäuten, im Sud kurz pochieren und in kleine Stücke schneiden.

4 Für die Suppe aus dem Butterschmalz, Mehl und Zucker eine hellbraune Einbrenne anrühren. Die Schalotte und das Gemüse zugeben und kurz mitschwitzen. Nach und nach mit dem abgeseihten Sud aufgießen, den Weißwein zugeben und 30 Minuten kochen, dabei gelegentlich umrühren. Das von den Gräten abgelöste Fischfleisch und den Karpfenrogen oder die Karpfenmilch in der Suppe kurz ziehen lassen. Die saure Sahne und die Petersilie unterrühren, dann nicht mehr kochen. Die Suppe mit Salz, Pfeffer und Zitronensaft säuerlich pikant abschmecken.

5 Die Weißbrotscheiben toasten oder rösten und in den Teller anrichten. Die Suppe darüberschöpfen.

Hinweis

Das Karpfenfilet kann man anderweitig verwenden. Oder man gart es, in mundgerechte Stücke geschnitten, mit dem Beuschel in der Suppe, die dann reichhaltiger wird.

Scharfe Flusskrebs-Gemüsesuppe

Noch reichhaltiger wird die Krebssuppe, wenn man zusätzlich in Würfel geschnittenes Fischfilet, z. B. Lachs oder Forelle, in der Suppe garziehen lässt. Anstelle von Flusskrebsfleisch kann man natürlich auch rohe, geschälte Garnelen nehmen. Die scharfwürzige Suppe mit Knoblauch und Chili ist auch eine ideale Mitternachts- oder Katerfrühstückssuppe.

- **200 g Flusskrebsfleisch (Packung)**
- **Zitronensaft**

Gemüsesuppe

- **40 g Butter**
- **2 Frühlingszwiebeln, in Ringe geschnitten**
- **1–2 Knoblauchzehen, gewürfelt**
- **2 rote Chilischoten, Stielansatz und Samen entfernt, in Ringe geschnitten**
- **200 g Gemüse: Petersilienwurzel, Möhre, Bleichsellerie, Lauch, Fenchel, in feine Streifen geschnitten**
- **100 ml trockener Weißwein**
- **1 l Fischfond (Seite 204), ersatzweise Hühnerbrühe**
- **1 Lorbeerblatt**
- **Salz, Pfeffer (nach Belieben)**
- **fein geschnittener frischer Dill**

1 Die Flusskrebse im Sieb kalt abspülen und abtropfen lassen. Mit Zitronensaft marinieren.

2 Im Suppentopf die Butter zerlassen und die Frühlingszwiebeln mit dem Knoblauch und den Chiliringen darin anschwitzen. Das Gemüse zugeben und unter häufigem Rühren mitschwitzen. Mit dem Wein ablöschen, den Fond zugießen, das Lorbeerblatt einlegen und aufkochen. Die Suppe mit Salz und nach Belieben mit Pfeffer würzen und das Gemüse in 8–10 Minuten knapp weich kochen.

3 Die Krebse in der Suppe erwärmen, abschmecken und bei Bedarf nachwürzen. Mit dem Dill bestreuen.

Reisnudel-Gemüsesuppe mit Garnelen

In diese leicht scharfe asiatische Suppe können Sie fast jedes Gemüse schnippeln, auch TK-Gemüse. Die Garnelen in der Suppe sehen besonders attraktiv aus, wenn Sie beim Schälen das letzte Segment mit dem Schwanzfächer daran belassen.

- **8–12 rohe, geschälte Garnelen, je nach Größe**
- **50 g asiatische Reisnudeln**
- **Korianderblätter zum Garnieren**

Suppe

- **600 ml Fischfond**
- **2–3 EL helle Sojasauce**
- **2 EL Fischsauce**
- **2 EL Limettensaft**
- **2 Kaffirlimettenblätter**
- **je 1 kleine Möhre und Petersilienwurzel, in Stifte geschnitten**
- **1 Stange Bleichsellerie, in Scheiben geschnitten**
- **1/2 Stange Zitronengras, in feine Ringe geschnitten**
- **1 Chilischote, Samen und Scheidewände entfernt, in Streifen geschnitten**
- **1 Strauchtomate, Stielansatz und Samen entfernt, gewürfelt**
- **Salz, Pfeffer**

1 Die Garnelen kalt überbrausen und abtropfen lassen. Die Reisnudeln in einer Schüssel mit reichlich kochendem Wasser übergießen, 10 Minuten quellen

Reisnudel-Gemüsesuppe mit Garnelen

lassen, abgießen und abtropfen lassen; nach Belieben mit der Schere klein schneiden.

2 Für die Suppe den Fischfond mit der Sojasauce, der Fischsauce, dem Limettensaft und den Kaffirlimettenblättern aufkochen. Das gesamte Gemüse 4–5 Minuten darin köcheln lassen. Mit Salz und Pfeffer abschmecken, bei Bedarf mit Sojasauce nachwürzen. Die Nudeln in der Suppe erhitzen.

3 Die Garnelen einlegen und in 2 Minuten garziehen lassen. Die Suppe in Schälchen anrichten, dabei die Garnelen gleichmäßig verteilen. Mit Korianderblättern garnieren.

Asiatische Tomaten-Fischsuppe

Schmecken Sie die rote, scharfe Suppe aus Tomatensaft und Fischfond mit Zitronensaft leicht säuerlich ab. Filets aller Fische sind als Einlage geeignet.

- **600 g Fischfilet, Zitronensaft**
- **2 Tomaten, enthäutet, Samen entfernt, in Streifen geschnitten**
- **4 Stängel Koriandergrün, fein geschnitten**

Suppe

- **2 EL Sesamöl**
- **3 Stängel Zitronengras, in feine Ringe geschnitten**
- **2–3 Chilischoten, Stielansatz und Samen entfernt, in Ringe geschnitten**
- **2 Knoblauchzehen, gewürfelt**
- **30 g Ingwerwurzel, geschält, gerieben**
- **1 Möhre, in Streifen geschnitten**
- **100 g rote Paprikaschote, geschält, Stielansatz, Samen und Scheidewände entfernt, in Streifen geschnitten**
- **500 ml Fischfond (Seite 204 oder Glas), ersatzweise Hühnerbrühe**
- **700 ml Tomatensaft, ungewürzt**
- **1 EL Fischsauce, 1/2 TL Currypulver**
- **Salz, Zitronensaft**

Asiatische Tomaten-Fischsuppe

1 Die Fischfilets kalt abspülen, mit Küchenpapier trocken tupfen. In mundgerechte Stücke teilen, mit Zitronensaft beträufeln und kalt stellen.

2 Für die Suppe in einem Topf das Sesamöl erhitzen und das Zitronengras darin anschwitzen. Nacheinander die Chilischoten, den Knoblauch, den Ingwer sowie die Möhren- und die Paprikastreifen zugeben und kurz mitschwitzen. Den Fischfond und den Tomatensaft zugießen und 10 Minuten köcheln lassen. Mit Fischsauce, Curry, Salz und Zitronensaft abschmecken.

3 Die Tomatenstreifen und die Fischstücke in die Suppe geben und in etwa 3 Minuten garziehen lassen. Die Suppe anrichten und mit dem Koriandergrün bestreuen.

Vorspeisen und

kalte Fischküche

Die Klassiker der kalten Küche unserer Zeit sind leichte, bekömmliche Gerichte aus tagesfrischem Gemüse und Salaten, kombiniert mit frischen Meeresfrüchten und Fischen. Frische und Qualität der Zutaten sind ausschlaggebend für die Güte und das Gelingen der feinen Kompositionen. Neben frischen Meeresfrüchten können in der kalten Fischküche auch tiefgekühlte Marktangebote verwendet werden – vorausgesetzt, sie werden sachgemäß und vor allem langsam aufgetaut.
Im Foto von links nach rechts: Tatar von Lachs, Glattbutt, Garnelen und Thunfisch.

Crostini mit Käsecreme und Räucherfisch

Crostini, frisch geröstete und belegte Brotscheiben, werden im Lokal als »Gruß aus der Küche« und zu Hause als Fingerfood zum Aperitif serviert. Diese Crostini werden mit einer Frischkäsecreme bestrichen und mit Lachstatar oder Renkenfiletstückchen belegt.

- **1 Baguette**

Käsecreme

- **300 g Frischkäse, 8 EL Sahne**
- **2 TL Zitronensaft**
- **Salz, Pfeffer**
- **2 EL fein geschnittener Dill**

Lachs-Crostini

- **120 g geräucherter Lachs**
- **1 kleine Frühlingszwiebel**
- **1 Spritzer Zitronensaft**
- **Salz, Pfeffer**
- **Schnittlauchröllchen**
- **2 EL Öl**

Renken-Crostini

- **1 geräuchertes Renkenfilet, etwa 150 g**
- **8 kleine Dillzweige**
- **2 Zitronenscheiben, geviertelt**

1 Das Baguette in gleich große und etwa 1 cm dicke Scheiben schneiden. Sie brauchen für Lachs- und Renken-Crostini je etwa 8 Scheiben. Geröstet (oder getoastet) werden sie erst unmittelbar vor dem Servieren.

2 Für die Käsecreme den Frischkäse mit der Sahne glatt rühren. Mit dem Zitronensaft, Salz und Pfeffer abschmecken, den Dill unterrühren.

3 Für die Lachs-Crostini den Lachs und die Frühlingszwiebel sehr fein würfeln. Mit Zitronensaft, Salz und Pfeffer abschmecken, die Schnittlauchröllchen und das Öl untermischen. Die 8 frisch gerösteten Brotscheiben gleichmäßig mit der Käsecreme bestreichen und das Lachstatar darauf verteilen.

4 Für die Renken-Crostini das Renkenfilet enthäuten und in 8 gleich große Stückchen schneiden. 8 frisch geröstete Brotscheiben gleichmäßig mit der Käsecreme bestreichen und je 1 Stück Renkenfilet darauflegen. Mit den Zitronenstückchen und Dillzweigen garnieren.

Schnelle Lachsspiralen

Ein ideales Fingerfood, das frisch gebacken oder aufgewärmt am besten schmeckt. Sie können wahlweise ausgerollten Blätterteig aus der Kühltheke verwenden oder TK-Blätterteig. Letzteren rollen Sie auf der bemehlten Arbeitsfläche zu einem Rechteck von etwa 40 x 25 cm aus. Besonders hübsch sehen die Lachsspiralen aus, wenn Sie sie mit einem gewellten Teigrädchen schneiden.

1 Eine Teighälfte mit Lachs belegen, die andere darauflegen.

2 In Streifen schneiden und diese wie eine Spirale aufdrehen.

- 300 g Blätterteig, ausgerollt
- 150 g Räucherlachsscheiben
- 1 Eigelb, mit 2 EL Sahne verrührt, zum Bestreichen

1 Die Teigplatte quer halbieren, sodass 2 Hälften von 20 x 25 cm Größe entstehen. Die eine Hälfte mit den Lachsscheiben belegen, die andere Teighälfte darauflegen und leicht andrücken. Die gefüllte Teigplatte mit dem Teigrädchen in 2 cm breite Streifen schneiden und diese spiralförmig aufdrehen. Die Spiralen nach Belieben quer halbieren.

2 Den Ofen auf 220 °C/Umluft 200 °C vorheizen. Ein Backblech mit Backpapier auslegen. Die Lachsspiralen auf das Blech legen und mit der Eigelbsahne bestreichen. Etwa 12 Minuten backen.

Büsumer Krabbenbrot

- 300 g geschälte Nordseekrabben (Granat)
- 8 Eier
- Salz, Pfeffer
- 30 g Butter

- 4 Scheiben Vollkornbrot
- Butter zum Bestreichen
- fein geschnittener Dill

1 Die Krabben im Sieb kalt überbrausen, abtropfen lassen und mit Küchenpapier trocken tupfen. Die Brotscheiben mit Butter bestreichen.

2 Die Eier in eine Schüssel aufschlagen, mit Salz und Pfeffer würzen und mit einer Gabel gut vermengen.

3 Die Butter in einer Pfanne zerlassen und die Krabben darin kurz anbraten. Die Eier dazugeben, mit den Krabben vermischen und bei mittlerer Hitze stocken lassen, die Eimasse soll saftig sein und glänzen.

4 Das Rührei auf den Broten verteilen und mit Dill bestreuen. Sofort servieren.

Büsumer Krabbenbrot

Gravlax

Dillgebeizter Lachs mit süßsaurer Senfsauce ist eine skandinavische Spezialität. Nach dieser Art können Sie auch eine große Lachsforelle ab 1 kg Gewicht beizen (siehe Steps rechts). Der Fisch muss absolut frisch sein!

- **2 Lachsseiten, je 500 g, mit Haut**

Beize

- **4 EL grobes Salz**
- **4 EL Zucker**
- **1 EL zerstoßene weiße Pfefferkörner**
- **1–2 Bund frischer Dill, fein geschnitten**

1 Die Lachsseiten kalt abspülen, mit Küchenpapier trocken tupfen, sauber parieren. Die Lachsseiten mit der Hautseite nach unten auf Frischhaltefolie legen.

2 Für die Beize das Salz mit dem Zucker und dem Pfeffer mischen, das Fischfleisch damit einreiben und auf eine Lachsseite gleichmäßig den Dill streuen. Die beiden Lachsfilets bündig aufeinanderlegen, die Hautseiten nach außen. Den Fisch fest in zwei oder drei Lagen Frischhaltefolie einwickeln und auf eine tiefe Platte legen – es bildet sich Flüssigkeit! Mit einem Brett leicht beschweren. Im Kühlschrank 2 Tage beizen; alle 12 Stunden wenden, damit die Beizflüssigkeit gleichmäßig in den Fisch eindringen kann.

3 Zum Servieren den Fisch aus der Folie nehmen, die beiden Filets mit der Hautseite nach unten auf ein Brett legen und den Dill großzügig abschaben. Mit einem langen, dünnen Messer (Lachsmesser) schräg in sehr dünne Scheiben schneiden – wie Räucherlachs. Auf einer Platte oder auf Portionstellern anrichten. In Skandinavien reicht man zu Gravlax eine spezielle Senfsauce (siehe rechts) und Kartoffeln. Aber auch frisch getoastetes Brot und Butter passen dazu.

Süßsaure Senfsauce

Je 1 1/2 EL Dijonsenf, Zucker und Essig mit 1/2 TL Salz, 1 Prise Pfeffer und 1 TL Wasser sämig rühren. 6 EL Öl in dünnem Strahl einlaufen lassen und unterrühren. Mit fein gewiegtem Dill abschmecken.

Gravlax

Gebeizte Lachsforelle

Filets von Lachsforellen (oder von Forellen, Saiblingen, Renken) sind schnell in Beize eingelegt. Nach 2 Tagen haben Sie etwas »Selbstgemachtes« anzubieten, das sich sehen und schmecken lassen kann. Eine Alternative zum Gravlax, bei dem Sie eine ganze Lachsseite verwenden müssten.

- 2 große Lachsforellenfilets, mit Haut

Gewürzmischung

- 1 TL Pfefferkörner
- 1 TL Korianderkörner
- 1 TL Wacholderbeeren
- 2 EL grobes Salz, 2 EL Zucker

- 1/2 Bund Kräuter (Koriandergrün, Petersilie, Dill), fein geschnitten
- 1 EL Gin (nach Belieben)

1 **Gebeizte Lachsforelle:** Ein Filet mit der Hautseite nach unten in eine Form legen, beide Filets würzen.

2 Das Filet in der Form mit Dill bestreuen und das zweite Filet auflegen, Hautseite nach oben.

3 Abdecken, mit einem Brett und Gewicht beschweren, 2 Tage marinieren, zwischendurch wenden.

1 Vorab für die Beize die Pfeffer- und Korianderkörner mit den Wacholderbeeren im Mörser zerreiben. Mit dem Salz und dem Zucker vermischen.

2 Ein Filet mit der Hautseite nach unten auf eine Platte legen. Die Gewürzmischung und die Kräuter aufstreichen, nach Belieben mit Gin beträufeln. Das andere Filet mit der Fleischseite darauflegen. Den Fisch fest in 2–3 Lagen Klarsichtfolie einschlagen und auf eine tiefe Platte legen. Leicht beschweren. Im Kühlschrank 2 Tage beizen; alle 12 Stunden wenden, damit die sich bildende Flüssigkeit gleichmäßig in den Fisch eindringen kann.

3 Den Fisch aus der Folie nehmen, die Gewürze und die Kräuter abschaben. Die Filets mit einem scharfen, langen Messer (Lachsmesser) schräg in hauchdünne Scheiben schneiden und dabei von der Haut ablösen. Dazu schmeckt Preiselbeerschmand – Schmand, mit der doppelten Menge Preiselbeeren aus dem Glas verrührt, mit Pfeffer und Zitronensaft milde abgeschmeckt – oder eine Kräutersauce. Oder Sie reichen kleine Kartoffeln und Salat dazu.

Geräuchertes Makrelenfilet mit Pfeffersahne

- 2 geräucherte Makrelenfilets
- Gartenkresse

Pfeffersahne

- 100 g saure Sahne
- 100 g Crème fraîche
- 1–2 EL grüne Pfefferkörner
- 1 Spritzer Zitronensaft
- Salz

- fein geschnittener Dill
- 8 halbierte Cocktailtomaten zum Garnieren

1 Von den Makrelenfilets die Haut entfernen und die Filets quer halbieren. Auf 4 Tellern je eine Portion Gartenkresse anrichten und die Makrelenfilets darauf platzieren.

2 Für die Pfeffersahne die saure Sahne mit der Crème fraîche verrühren. Die Pfefferkörner untermischen, mit Zitronensaft und Salz abschmecken.

3 Die Sauce über die Makrelenfilets gießen und mit dem Dill bestreuen. Mit den Cocktailtomaten garnieren.

Lachscarpaccio mit Trüffelöl

Ursprünglich ist Carpaccio eine italienische Vorspeise aus rohem, hauchdünn geschnittenem Rindfleisch, dessen Rot an die kräftigen Farben des venezianischen Malers Carpaccio erinnert. Inzwischen nennt man auch ähnlich zubereitete Speisen Carpaccio.

- **400 g Wildlachsfilet, enthäutet**
- **Schnittlauchstängel zum Garnieren**

Marinade

- **Zitronensaft**
- **Salz, Pfeffer, 2 EL Trüffelöl**

1 Das Lachsfilet leicht anfrieren, dann lässt es sich besser schneiden. Das Filet mit einem langen, scharfen Messer in sehr dünne Scheiben schneiden.

2 In einem tiefen Teller alle Zutaten für die Marinade verrühren. Die Scheiben mit beiden Seiten durch die Marinade ziehen. Auf Portionstellern anrichten und mit zwei gekreuzten Schnittlauchstängeln garnieren.

Carpaccio von Rotbarsch

Gern wird Carpaccio auch vom Schwertfisch, Thunfisch oder Lachs zubereitet. Das Fischfilet muss absolut frisch sein und von Topqualität. Verlangen Sie Sushi-Qualität.

- **300 g Rotbarschfilet**

Vinaigrette

- **1 EL Balsamessig**
- **Salz, Pfeffer**
- **3 EL Olivenöl**

Pochierte Lachsschnitten auf Salat

Zum Garnieren

- 1/2 Paprikaschote, Stielansatz, Samen und Scheidewände entfernt, in sehr feine Würfelchen geschnitten
- 100 g Zucchini, in feine Streifen geschnitten
- 100 g Champignons, blättrig geschnitten
- gehackte Walnüsse
- Friséesalatblätter

1 Das Fischfilet kalt abspülen und mit Küchenpapier trocken tupfen. Etwa für 1 Stunde ins Gefrierfach legen, damit es sich besser schneiden lässt.

2 Für die Vinaigrette in einer kleinen Schüssel alle Zutaten verrühren.

3 Das angefrorene Fischfilet mit einem sehr dünnen, langen, scharfen Messer (am besten einem Lachsmesser) schräg zur Fleischfaser in hauchdünne Scheiben schneiden und sofort leicht überlappend auf gekühlten Tellern oder einer Platte anrichten. Sollten die Scheiben etwas dick geraten sein, legen Sie sie zwischen 2 Blätter Klarsichtfolie und streichen sie mit einem kräftigen Messer so glatt, dass sie fast durchsichtig sind.

4 Zum Garnieren die Paprikawürfelchen, Zucchinistreifen, Champignonscheiben und Walnüsse in der Mitte der Teller oder der Platte verteilen, die Salatblätter als Sträußchen an den Rand setzen. Die Vinaigrette über das Carpaccio und die Garnitur träufeln. Dazu passen Toastbrot mit Salzbutter und ein eisgekühlter Aquavit.

◀ Carpaccio von Rotbarsch

Pochierte Lachsschnitten auf Salat

Sie möchten ein feines, leichtes Sommergericht oder eine Vorspeise anbieten und es muss ganz fix gehen? Das ist Ihr Rezept! Den Lachs können Sie im Voraus pochieren und einige Stunden kalt stellen. Vor dem Servieren wird er auf Sommersalat angerichtet und mit der Sauce überzogen.

- 600 g Lachsfilet, ohne Haut

Weinsud

- je 125 ml Weißwein und Wasser
- 1 Zitronenscheibe
- Salz, 1 Prise Zucker, Pfefferkörner
- 1 Schalotte, gewürfelt,
- je 1 Zweig Thymian und Dill

Sauce

- 100 g Mayonnaise, 125 g saure Sahne
- 1 TL Senf, Salz, Pfeffer
- 1 Prise Zucker

Zum Anrichten

- Friséesalat oder anderer grüner Salat
- 6 Cocktailtomaten, halbiert
- 1 EL Kapern

1 Das Lachsfilet kalt abspülen, mit Küchenpapier trocken tupfen und in 4 Portionen teilen.

2 Für den Sud in einem flachen Topf alle Zutaten aufkochen, die Lachsschnitten einlegen (sie sollen gerade mit Flüssigkeit bedeckt sein) und zugedeckt knapp unter dem Siedepunkt etwa 5 Minuten pochieren; einmal wenden. Die Lachsschnitten herausnehmen, abtropfen und erkalten lassen.

3 Für die Sauce die Mayonnaise mit der sauren Sahne glatt rühren, mit Senf, Salz, Pfeffer und Zucker feinwürzig abschmecken.

4 Den Lachs auf einer Platte oder Portionstellern auf Salatblättern anrichten. Den Fisch mit der Sauce überziehen und mit den Tomaten und Kapern garnieren.

Forellenmousse

Oder Räucherlachs, Stremellachs, Saibling, Renke (Felchen), Makrele.

Die Forellenmousse können Sie in Portionsschalen, Sektkelchen oder auch in kleinen Gefäßen für Fingerfood servieren. Oder Sie lassen die Masse in einer Schüssel erkalten und stechen dann mit einem nassen Löffel Nocken ab, die Sie auf Portionstellern oder auf einer Platte anrichten, garniert mit Feld- oder Friséesalat oder Gartenkresse.

- **250 g geräuchertes Forellenfilet**
- **100 ml trockener Weißwein**
- **100 g saure Sahne**
- **1–2 EL Zitronensaft**
- **Salz, Pfeffer**
- **fein geschnittener Dill**
- **2 Blatt Gelatine, kalt eingeweicht**
- **2 EL Weißwein, erhitzt**
- **150 g Sahne, steif geschlagen**

Zum Garnieren

- **4 TL Schmand**
- **Dillspitzen**

1 Das Forellenfilet in Stücke schneiden, mit dem Wein und der sauren Sahne im Mixer oder mit dem Stabmixer pürieren. Mit dem Zitronensaft, Salz und Pfeffer abschmecken und den feinen Dill untermengen.

2 Die Gelatine ausdrücken, in dem heißen Wein auflösen und langsam mit dem Schneebesen unter die Forellenmasse rühren. 15 Minuten im Kühlschrank anziehen lassen, bis sie zu stocken beginnt.

3 Die Masse mit dem Schneebesen durchziehen und die Schlagsahne portionsweise untermischen. Die Forellenmousse in Portionsschälchen anrichten und 1–2 Stunden kalt stellen. Vor dem Servieren mit dem Schmand und Dillspitzen garnieren.

1 Das zerkleinerte Forellenfilet im Mixer mit den anderen Zutaten pürieren.

2 Die Gelatine unter das Forellenpüree mischen, kalt stellen.

3 Sobald das Püree zu stocken beginnt, die Sahne untermischen.

4 Die Forellenmousse in Schälchen füllen und kalt stellen.

Mousse von Räucherlachs und Garnelen

- **150 g Räucherlachs**
- **100 g gekochte Garnelen, geschält**
- **100 ml Fischfond (Seite 204 oder Glas), ersatzweise Fleischbrühe**
- **50 g Schmand**
- **2 EL Zitronensaft**
- **Salz, 1 Prise Cayennepfeffer**
- **50 ml trockener Weißwein**
- **2 Blatt Gelatine, kalt eingeweicht**
- **200 g Sahne, steif geschlagen**

- **Dillspitzen zum Garnieren**

1 Den Räucherlachs klein schneiden. Die Garnelen im Sieb kalt überbrausen, abtropfen lassen, mit Küchenpapier trocken tupfen. 4 Garnelen zum Garnieren beiseite- und kühl stellen.

2 Den Lachs und die Garnelen mit dem Fischfond und dem Schmand im Blitzhacker oder mit dem Stabmixer pürieren. Mit dem Zitronensaft, Salz und Cayennepfeffer abschmecken.

3 Den Wein erhitzen, die Gelatine ausdrücken und im heißen Wein auflösen. Langsam unter das Püree rühren. Im Kühlschrank anziehen lassen, bis es zu stocken beginnt. Die Masse mit dem Schneebesen durchziehen, portionsweise die Schlagsahne untermischen.

4 Die Mousse in Gläser oder Schälchen füllen und kalt stellen. Mit Dillspitzen und den beiseitegestellten Garnelen garnieren.

Lachsmousse auf Spinat mit Rieslingsauce

Streichen Sie die Portionsförmchen für die Lachsfarce gut mit weicher Butter aus, dann geht das Stürzen »wie geschmiert«. Wie immer beim Pochieren im Wasserbad müssen es nicht unbedingt spezielle feuerfeste Förmchen sein; Gefäße wie z. B. Porzellantassen erfüllen die gleichen Dienste.

Lachsfarce

- **200 g Lachsfilet, ohne Haut**
- **50 g Butter in Scheiben**
- **1 ganzes Ei + 1 Eigelb**
- **75 g Sahne**
- **1 EL Crème fraîche**
- **Salz, Cayennepfeffer**
- **1 TL Zitronensaft**

- **Butter für die Förmchen**

Rieslingsauce

- **1–2 Schalotten, klein gewürfelt**
- **200 ml trockener Riesling**
- **1 EL Essig**
- **100 ml Fischfond (Seite 204 oder Glas)**
- **6 EL Sahne**
- **Salz, weißer Pfeffer**
- **80 g kalte Butter in Stückchen**
- **3 EL halb steif geschlagene Sahne**

Spinat

- **250 g TK-Blattspinat, aufgetaut**
- **20 g Butter**
- **Salz, Pfeffer**

Zum Garnieren (nach Belieben)

- **gekochte Garnelen oder Flusskrebse**
- **100 g Champignonscheiben, in Butter gebraten**
- **20 g schwarze Trüffel, gehobelt**

1 Für die Lachsfarce müssen die Zutaten und auch die Geräte kalt sein. Das Lachsfilet kalt abspülen, mit Küchenpapier trocken tupfen, in Würfel schneiden. Die Lachswürfel im Mixer fein pürieren. Nach und nach die Butter, das Ei und das Eigelb und zum Schluss die Sahne und die Crème fraîche einmixen. Das Püree in eine kalte Schüssel umfüllen, mit Salz, Cayennepfeffer und Zitronensaft abschmecken. Auf Eis oder ein Kühlelement stellen und im Kühlschrank mindestens 1 Stunde kühlen, das ist wichtig für die Bindung.

Die gestockte Lachsmousse auf den Spinat stürzen. Mit einem Flusskrebs garnieren.

2 Den Ofen auf 170 °C/Umluft 150 °C vorheizen. Die Förmchen gut buttern und die Lachsfarce in die Förmchen füllen. Zum Pochieren die Förmchen in ein mit heißem Wasser gefülltes Gefäß (Auflaufform, Fettpfanne) stellen und im Ofen 15–20 Minuten garen.

3 Für die Rieslingsauce im Saucentopf die Schalottenwürfelchen mit dem Wein, dem Essig und dem Fischfond aufkochen und auf etwa 5 EL reduzieren. Die Sahne zugießen, kurz einkochen, durchpassieren und zurück in den Topf gießen. Die Butterstückchen nacheinander einschwenken und die geschlagene Sahne unterziehen.

4 Den gut ausgedrückten Spinat in der heißen Butter schwenken und zusammenfallen lassen. Mit Salz und Pfeffer würzen, 5 Minuten dünsten.

5 Den Spinat auf 4 vorgewärmten Tellern anrichten. Die Mousse aus dem Wasserbad nehmen und vorsichtig auf den Spinat stürzen. Mit der Rieslingsauce übergießen. Für eine besonders festliche Optik garnieren Sie das Gericht mit Garnelen oder Flusskrebsen, Champignons und/oder Trüffel.

Thunfischmousse mit Kapernpüree

Die Mousse und das Kapernpüree können Sie gut am Vortag zubereiten. Die leichte Thunfischmousse erinnert im Geschmack an Vitello tonnato und ist ebenso wie dieses ein ideales Gericht an heißen Tagen.

Thunfischmousse

- **300 g Thunfisch aus der Dose (im eigenen Saft)**
- **4 Sardellenfilets**
- **1 EL mittelscharfer Senf**
- **1 EL Zitronensaft**
- **100 g Joghurt**
- **250 g Mascarpone**
- **2 EL Kapern, abgetropft**
- **2 EL grob geschnittene Petersilie**
- **Salz, Pfeffer**
- **3 Blatt Gelatine, kalt eingeweicht**

Kapernpüree

- **5 EL Öl**
- **3 EL Kapern, abgetropft**
- **1 mehlig kochende Kartoffel, in der Schale frisch gekocht**
- **1–2 Tomaten, enthäutet, Samen entfernt, in Würfelchen geschnitten**
- **Salz, Pfeffer**

- **Petersilienblättchen zum Anrichten**

1 Den Thunfisch abtropfen lassen, den Saft auffangen und beiseitestellen.

2 Alle Zutaten von Thunfisch bis Petersilie im Mixer oder mit dem Stabmixer fein pürieren. Die Masse mit Salz und Pfeffer abschmecken. Den Thunfischsaft erwärmen. Die Gelatine ausdrücken, in 2 EL erhitztem Saft auflösen und unter die Thunfischmasse rühren. Im Kühlschrank 2 Stunden kalt stellen.

Thunfischmousse mit Kapernpüree

3 Für das Kapernpüree in einer kleinen Pfanne das Öl erhitzen und die Kapern darin 5 Minuten dünsten. Die Kartoffel pellen, zusammen mit den Kapern und dem Öl mit der Gabel zerdrücken. Die Tomatenwürfel untermischen. Das Püree mit Salz und Pfeffer abschmecken.

4 Zum Anrichten einen Esslöffel in kaltes Wasser tauchen, Nocken von der Mousse abstechen und auf Portionsteller oder eine Platte setzen. Das Kapernpüree daneben anrichten. Mit Petersilienblättchen garnieren.

Garnelenmousse

Die Garnelenmousse verdankt ihren unvergleichlichen Geschmack den pürierten Garnelen und einem konzentrierten Fond aus Krebs- oder Garnelenschalen. Eine schnelle Variante für den selbst gemachten Fond ist ein Fond aus Krebssuppen- oder Krustentierpaste.

- **250 ml Krebsfond (Seite 205 oder Krebssuppenpaste)**
- **250 g gekochte Garnelen, geschält**
- **3 EL Zitronensaft**
- **Salz, 1 Prise Cayennepfeffer**
- **3 Blatt Gelatine, kalt eingeweicht**
- **2 EL Weißwein, erhitzt**
- **200 g Sahne, steif geschlagen**

Zum Garnieren

- **Salatblätter, Dillspitzen**
- **halbierte Cocktailtomaten**
- **Garnelenschwänzchen (nach Belieben)**

1 Den Krebsfond nach Rezept zubereiten und erkalten lassen. Für einen Fond aus Krebssuppen- oder Krustentierpaste nach Packungsanleitung verfahren.

2 Die Garnelen mit dem Krebsfond und dem Zitronensaft im Blitzhacker oder mit dem Stabmixer pürieren. Mit Salz und Cayennepfeffer abschmecken; das Püree darf kräftig gewürzt sein, da noch reichlich Schlagsahne hinzukommt.

3 Die Gelatine ausdrücken, in dem heißen Wein (oder einem Rest Krebsfond) auflösen und langsam mit dem Schneebesen unter die Garnelenmasse rühren. Im Kühlschrank (möglichst in einer Metallschüssel) etwa 15 Minuten ruhen lassen, bis die Masse zu stocken beginnt. Das Garnelenpüree mit dem Schneebesen durchschlagen, die Schlagsahne nach und nach locker unterziehen. Zugedeckt einige Stunden kalt stellen.

4 Zum Servieren Portionsteller mit Salatblättern auslegen. Von der Mousse mit einem in kaltes Wasser getauchten Löffel Nocken abstechen und je 2 Nocken auf dem Salat anrichten. Mit Dillspitzen, halbierten Cocktailtomaten und nach Belieben mit Garnelenschwänzchen garnieren.

Gratinierte Hechtklößchen

Lassen Sie den Hecht für die Klößchen vom Fischhändler entgräten. Die Abgänge (Kopf ohne Kiemen, Schwanz und Gräten) nehmen Sie mit und kochen daraus einen kräftigen Fond. Die Masse ergibt, je nach Ausformung, 12–18 Klößchen. Als Vorspeise ist sie ausreichend für 6 Personen.

- **1 Rezept Fischfarce aus Hechtfleisch (siehe Fischterrine, Seite 185)**

Zum Pochieren

- **etwa 2 l Flüssigkeit (Fischfond, mit Wasser und Weißwein vermischt)**
- **Salz, 1 Stängel Dill**

Für die Sauce

- **40 g Butter**
- **40 g Mehl**
- **375 ml Pochiersud, durchgeseiht**
- **100–150 ml trockener Weißwein**
- **100 g Sahne**
- **Salz, weißer Pfeffer, Cayennepfeffer**
- **30 g kalte Butter, in Scheiben**

1 Die Hechtfarce zubereiten, wie im Rezept Fischterrine beschrieben. Das Fischpüree soll dick und gut formbar sein. Im Kühlschrank 1 Stunde auf Eis stellen (wichtig!).

2 Aus den Abgängen, die beim Filetieren des Fisches angefallen sind, einen Fond kochen und durchseihen (Rezept Seite 204).

3 Zum Pochieren den Fond mit so viel Wasser und Weißwein auffüllen, dass die Klößchen darin schwimmen können; sie gehen beim Pochieren stark auf! In einem weiten, flachen Topf die Pochierflüssigkeit zum Kochen bringen, salzen und den Dill einlegen.

4 Aus dem Fischpüree mit zwei Teelöffeln kleine Klößchen formen, in die nur leicht siedende Pochierflüssigkeit einlegen und bei verminderter Hitze in etwa 5 Minuten garziehen lassen (nicht kochen!). Mit dem Schaumlöffel herausnehmen, abtropfen lassen, mit Pergamentpapier oder Alufolie abdecken und warm stellen. Den Sud durchseihen und 375 ml davon für die Sauce beiseitestellen. Den Ofen auf 220 °C/Umluft 200 °C vorheizen.

5 Für die Sauce aus Butter und Mehl eine helle Einbrenne anrühren. Nach und nach mit dem Pochiersud und dem Wein aufgießen und unter Rühren 10 Minuten kochen. Die Sauce durchpassieren, die Sahne zugießen und noch einmal gut durchkochen. Mit Salz, Pfeffer und einer Spur Cayennepfeffer abschmecken. Die kalte Butter nach und nach mit dem Schneebesen einschwingen.

6 Die Hechtklößchen in eine Gratin- oder Auflaufform setzen, mit der Sauce übergießen und im Ofen 5–8 Minuten gratinieren. Servieren Sie Reis dazu.

Fischsoufflé

- **600 g Fischfilet, ohne Haut, z. B. Kabeljau**
- **75 g gekochte Garnelen, geschält**
- **Zitronensaft**

Sud

- **375 ml Wasser**
- **250 ml trockener Weißwein**
- **1 Zwiebel, halbiert**
- **1 Lorbeerblatt**
- **1 Bund Suppengrün**
- **6 Pfefferkörner**
- **Salz**

Sauce

- **40 g Butter**
- **40 g Mehl**
- **120 g Sahne**
- **150 g Gouda, gewürfelt**
- **3 Eigelb, mit 5 EL Sahne verrührt**
- **1 Bund Schnittlauch, fein geschnitten**
- **Salz**
- **je 1 Prise Cayennepfeffer**
- **frisch geriebene Muskatnuss**
- **3 Eiweiß**

- **Butter für die Förmchen**

1 Das Fischfilet und die Garnelen kalt abspülen, mit Küchenpapier trocken tupfen. Das Fischfilet in 1 cm große Würfel schneiden und mit Zitronensaft beträufeln.

2 Für den Sud das Wasser und den Wein mit allen anderen Zutaten aufkochen und 10 Minuten köcheln lassen. Die Fischstücke einlegen und 2 Minuten knapp unter dem Siedepunkt pochieren. Aus dem Sud nehmen und beiseitestellen. Den Sud durchseihen und 250 ml davon für die Sauce abmessen.

3 Für die Sauce aus der Butter und dem Mehl eine helle Einbrenne anrühren. Nach und nach mit dem abgemessenen Sud aufgießen und glatt rühren. Die Sahne dazugießen und etwa 10 Minuten köcheln lassen, dabei mehrmals umrühren. Den Käse in der Sauce langsam schmelzen lassen. Den Topf zur Seite ziehen.

4 Die Eigelbsahne und 2 EL von dem Schnittlauch in die Sauce rühren, mit dem Salz, Cayennepfeffer und Muskatnuss abschmecken. Die Eiweiße mit einer Prise Salz steif schlagen, den Eischnee und die Fischstückchen locker unter die Sauce heben. Den Ofen auf 200 °C/Umluft 180 °C vorheizen.

5 Souffléförmchen oder eine Auflaufform mit weicher Butter ausstreichen und die Masse einfüllen, jedoch nur bis zu drei Vierteln der Formhöhe. Die Garnelen auf der Oberfläche verteilen. Im Ofen etwa 20 Minuten backen. Mit dem restlichen Schnittlauch bestreuen und sofort servieren.

Fischsoufflé

Fischterrine mit 3 Farben

Lachsfarce

- **150 g Lachsfilet**
- **150 g Sahne**
- **Salz, Pfeffer**
- **Cayennepfeffer**
- **1 TL Zitronensaft**

Hechtfarce

- **300 g Hechtfilet**
- **300 g Sahne**
- **Salz, Cayennepfeffer**
- **1 TL Zitronensaft**

Spinatfarce

- **40 g TK-Blattspinat, aufgetaut und fest ausgedrückt**
- **4 Petersilienstängel, die Blättchen abgezupft und klein geschnitten**
- **Salz, Pfeffer**

- **Butter für die Terrinenform**

1 Für die Lachsfarce das Lachsfleisch würfeln, mit allen Zutaten im Blitzhacker oder mit dem Stabmixer fein pürieren. Abschmecken und durch ein Haarsieb streichen.

2 Für die Hechtfarce das Hechtfleisch würfeln, mit allen Zutaten pürieren, abschmecken. Die Hälfte davon abnehmen und durch ein Haarsieb streichen.

3 Für die Spinatfarce das restliche Hechtpüree mit dem Spinat und der Petersilie pürieren, abschmecken. Die fertigen Farcen im Kühlschrank auf Eis stellen und 1 Stunde kühlen (wichtig!).

4 Den Ofen auf 150 °C/Umluft 130 °C vorheizen. Die Terrinenform mit Butter ausstreichen. Zuerst die grüne Farce in die Form füllen und glatt streichen, anschließend die rote und zum Schluss die weiße Farce. Die Form mehrmals auf die Tischplatte stoßen und mit dem Deckel schließen. Zugedeckt im heißen Wasserbad im Ofen 1 Stunde pochieren.

Fischterrine

Lachs, Hecht, Steinbutt, Zander, Kabeljau.

Eine Fischterrine schmeckt so gut wie der Fisch, der dafür verwendet wird. Fische mit feinem weißem Fleisch, z.B. Hecht, Steinbutt, oder das rote Fleisch von Lachs mit seinem vollen Geschmack sind die Favoriten. Verwendet wird das schiere Fischfleisch ohne Haut und Gräten. Alle Zutaten müssen eiskalt und auch die Geräte sollen kalt sein; das ist wichtig für die Bindung. Warm oder kalt serviert, ist die Fischterrine immer ein feines, attraktives Entree.

- **400 g Fischfleisch, ohne Haut und Gräten**
- **etwa 2 TL Salz, Pfeffer**
- **frisch geriebene Muskatnuss**
- **2 EL Zitronensaft**
- **etwa 400 g Sahne (je nach Bindefähigkeit des Fischfleisches)**

- **Butter für die Form**

1 Für die Farce das Fischfleisch würfeln und mit allen Zutaten im Blitzhacker oder mit dem Stabmixer sehr fein pürieren. Abschmecken und durch ein Haarsieb streichen. Die Farce im Kühlschrank auf Eis 1 Stunde kühlen (wichtig!).

2 Den Ofen auf 150 °C/Umluft 130 °C vorheizen. Die Terrinenform mit Butter ausstreichen. Die Farce in die Form füllen und glatt streichen. Die Form mehrmals auf die Tischplatte stoßen, um Luftbläschen zu entfernen, und mit dem Deckel (oder Alufolie) schließen. Die Terrine in ein Gefäß mit heißem Wasser stellen (auch die Fettpfanne des Ofens ist geeignet) und im Ofen 1 Stunde pochieren.

3 Die Terrine kurz abdämpfen lassen, vorsichtig stürzen. Warm oder kalt servieren. Zur warmen Terrine reicht man eine warme Sauce, z.B. Nantua- oder Krebssauce, zur kalten Terrine passt eine Mayonnaisensauce (Seite 207 und 208).

1 Auch der Mixbecher der Küchenmaschine ist für die Zubereitung der Farce geeignet.

2 Zum Entfernen spürbarer Rückstände wird die Farce durch ein Sieb gestrichen.

3 In einem Bräter mit heißem Wasser kommt die Terrine in den Ofen.

Hechtterrine mit Lachs

Ein schmales, sauber pariertes und gleichmäßig dickes Stück Lachsfilet (etwa 200 g) mit Zitronensaft, Salz, Pfeffer und Dill marinieren. Eine Fischfarce aus Hechtfleisch zubereiten und kalt stellen. Die Hälfte der Farce in die Terrinenform füllen, den Lachs in die Mitte legen und die restliche Farce darüberfüllen und glatt streichen. Die Form schließen und pochieren.

Fischterrine mit Champignons

Etwa 100 g gehackte Champignons in Butter dünsten und alle Flüssigkeit verdampfen lassen. Salzen, pfeffern und erkaltet unter die Fischfarce mischen.

Fischterrine mit Pistazien oder Garnelen

Pistazien oder klein gehackte vorgegarte Garnelen unter die Fischfarce mischen.

Lachsterrine

Lachs-Spinat-Roulade

Die Teigplatte aus der Spinatmasse wird nach dem Backen halbiert und ergibt 2 Rouladen. Sie können die Roulade gut am Vortag zubereiten, sie wird erst kurz vor der Verwendung in Scheiben geschnitten. Mit Zahnstochern ideal als Fingerfood!

Spinat-Eier-Masse

- **250 g TK-Blattspinat, aufgetaut, abgetropft**
- **4 Eigelb, Salz, Pfeffer**
- **frisch geriebene Muskatnuss**
- **4 Eiweiß, mit 1 Prise Salz steif geschlagen**

Füllung

- **300 g Kräuterfrischkäse**
- **1 TL Zitronensaft**
- **Salz, Pfeffer**
- **250 g Räucherlachs in Scheiben**

1 Ein Backblech mit Backpapier auslegen. Den Ofen auf 200 °C/Umluft 180 °C vorheizen.

2 Für die Spinat-Eier-Masse den Spinat mit den Händen kräftig ausdrücken. Den Spinat mit den Eigelben vermischen, mit Salz, Pfeffer und Muskatnuss würzen. Mit dem Stabmixer fein pürieren. Den Eischnee unterziehen. Die Masse auf das Backblech streichen und 15–20 Minuten backen.

1 Die gebackene Spinatplatte mit der Frischkäsefüllung bestreichen.

2 Die Lachsscheiben auflegen, die Platte längs halbieren, die Hälften aufrollen.

3 Die gebackene Teigplatte auf ein frisches Backpapier auf die Arbeitsfläche stürzen, das obere Backpapier rasch abziehen. Mit dem unteren Papier der Länge nach aufrollen und erkalten lassen.

4 Für die Füllung den Frischkäse mit dem Zitronensaft, Salz und Pfeffer glatt rühren. Die Teigplatte abrollen, die Käsemasse darauf verstreichen und mit den Lachsscheiben belegen. Mit einem scharfen Messer die Teigplatte längs halbieren und die Hälften der Länge nach einrollen. Jede Roulade in Frischhaltefolie wickeln und kalt stellen. Erst kurz vor dem Verzehr schräg in daumendicke Scheiben schneiden.

Lachs-Spinat-Roulade im Käsemantel

Das Besondere an dieser Roulade ist der Mantel aus geschmolzenem Käse, der die Schichten aus Spinat, Räucherlachs, Frischkäse und Sahnemeerrettich umhüllt. In Backpapier eingerollt, bleibt die Roulade frisch; sie kann gut am Vortag gebacken werden. Und: Sie ist schnell gemacht.

- **300 g geriebener Käse (Emmentaler, Gouda)**

Spinatmasse

- **1 Paket TK-Blattspinat (etwa 400 g), aufgetaut, abgetropft**
- **4 Eier**
- **1 Knoblauchzehe, durchgepresst**
- **Salz, Pfeffer**
- **frisch geriebene Muskatnuss**

Belag

- **200 g Kräuterfrischkäse, raumtemperiert**
- **250 g Räucherlachs in Scheiben**
- **50 g Sahnemeerrettich**

1 Den Ofen auf 160 °C/Umluft 140 °C vorheizen. Ein Backblech mit Backpapier auslegen. Den geriebenen Käse gleichmäßig auf dem Backpapier verteilen, im Ofen in etwa 5 Minuten schmelzen lassen, bis sich eine geschlossene Platte gebildet hat. Etwas abkühlen lassen.

2 Für die Spinatmasse den Spinat mit den Händen kräftig ausdrücken und mit einer Gabel lockern. In einer Schüssel mit den Eiern, dem Knoblauch, Salz, Pfeffer und Muskatnuss vermischen oder alles mit dem Stabmixer pürieren. Die Masse auf der Käseplatte glatt streichen und weitere 15 Minuten bei gleicher Temperatur im Ofen backen, bis die Spinatmasse etwas fest geworden ist. Das Blech aus dem Ofen nehmen, leicht abkühlen lassen.

3 Den Kräuterfrischkäse glatt rühren und auf dem Spinat verstreichen. Mit den Lachsscheiben belegen und zuletzt den Lachs mit dem Sahnemeerrettich bestreichen. Die Platte mit dem Backpapier vom Blech ziehen und auf der Arbeitsfläche der Länge nach vorsichtig zusammenrollen. Fest in das Backpapier einwickeln und erkalten lassen.

4 Vor dem Servieren die Rolle auspacken und schräg in fingerdicke Scheiben schneiden.

Räucherfischroulade

Die feine Roulade mit Räucherlachs und pürierten geräucherten Forellenfilets ist gleichermaßen warm und kalt eine attraktive Vorspeise. Aufgerollt mit Blätterteig und in Folie verpackt, können Sie die Roulade vorbereiten und bis zum Backen einige Stunden im Kühlschrank aufbewahren.

- **300 g Blätterteig aus der Kühltheke, rechteckig ausgerollt**
- **250 g geräuchertes Forellenfilet**
- **100 g Sahne**
- **1 EL Zitronensaft**
- **150 g Räucherlachs in Scheiben**

- **1 Eigelb, mit 1 EL Sahne verrührt, zum Bestreichen**

1 Das Backblech mit Backpapier auslegen. Den Ofen auf 220 °C/Umluft 200 °C vorheizen. Den Blätterteig auf der Arbeitsfläche ausbreiten.

2 Das Forellenfilet mit der Sahne und dem Zitronensaft mit dem Stabmixer pürieren. Das Püree auf den Blätterteig streichen. Die Lachsscheiben flach auf der Forellenmasse auslegen. Den Blätterteig längs vorsichtig aufrollen und auf das Backblech legen, mit dem Schluss nach unten. Mit der Eigelbsahne bestreichen und auf der mittleren Schiene im Ofen etwa 25 Minuten backen.

3 Die Roulade aus dem Ofen nehmen und abdämpfen lassen. Noch warm in fingerdicke Scheiben schneiden und servieren. Oder die Roulade erkalten lassen und kurz vor dem Verzehr in Scheiben schneiden.

Garnierte Lottebäckchen

Oder Rochenbäckchen, Steinbeißerbäckchen.

Das rohe Gemüse für die Garnitur soll sehr fein geschnitten sein – verwenden Sie den Gurkenhobel. Bunter Blattsalat oder Salat von Babyspinat ist eine gute Alternative.

- **400–500 g Lotte-/Seeteufelbäckchen**
- **Salz, Pfeffer**
- **1 EL Öl + 40 g Butter**

Garnitur

- **2 Stangen Bleichsellerie, sehr fein geschnitten**
- **1 Fenchelknolle, Wurzelansatz und Stängel entfernt, in sehr dünne Scheiben geschnitten**
- **Salz**
- **Zitronensaft**
- **Olivenöl**
- **Parmesan**

1 Die Lottebäckchen (siehe Seite 89) von den feinen Häutchen befreien, mit Salz und Pfeffer würzen.

2 In einer Pfanne das Öl mit der Butter erhitzen und die Bäckchen portionsweise rundum bei guter Hitze je nach Größe etwa 5 Minuten braten.

3 **Anrichten:** Die Bleichsellerie- und Fenchelscheiben auf einer runden Platte als Rand auslegen, salzen, mit Zitronensaft und Olivenöl beträufeln und Parmesan darüberhobeln (oder mit dem Messer fein abschaben). Die gebratenen Lottebäckchen in die Mitte setzen.

Forellen in Weinmarinade

Am besten schmecken die Forellen, wenn man sie über Nacht in der Marinade liegen lässt und am nächsten Tag kalt zu heißen Pellkartoffeln isst. Ein erfrischendes Sommergericht.

- **4 Forellen, je 300 g, küchenfertig**

Marinade

- **600 ml trockener Weißwein**
- **300 ml Weißweinessig**
- **2 Zwiebeln, in Scheiben geschnitten**
- **1–2 Möhren, in Scheiben geschnitten**
- **1 TL Salz, 1 TL Zucker**
- **2 Nelken, 2 Lorbeerblätter**
- **2 Wacholderbeeren, angedrückt**
- **1 TL schwarze Pfefferkörner**
- **1 Zitrone, in Scheiben geschnitten**
- **frischer Thymian und Estragon**

Forellen in Weinmarinade

1 Die Forellen kalt abspülen, mit Küchenpapier trocken tupfen. In eine große, feuerfeste Form legen.

2 Für die Marinade den Wein mit dem Essig und den Zwiebel- und Möhrenscheiben aufkochen und 3 Minuten köcheln lassen. Alle anderen Zutaten zugeben.

3 Die heiße Marinade über die Fische gießen. Zugedeckt bei ganz schwacher Hitze knapp unter dem Siedepunkt etwa 8 Minuten mehr ziehen als kochen lassen. Vom Herd nehmen und im Sud über Nacht erkalten lassen.

4 Die Fische behutsam aus der Marinade heben. Am besten richten Sie die Forellen enthäutet und entgrätet auf Tellern an und reichen in der Sauciere etwas von der durchgeseihten kalten Marinade dazu.

Marinierte Forellenfilets

- **8 Forellenfilets, mit Haut**
- **2 EL Öl**

Marinade

- **8 EL japanische Sojasauce**
- **1 Prise Zucker**
- **Pfeffer**

- **frisch geraspelter Meerrettich zum Bestreuen**

1 Zum Braten der Filets das Öl in einer Pfanne erhitzen, die Filets mit der Hautseite nach unten einlegen und 2 Minuten braten. Wenden und bei ausgeschalteter Hitze fertig braten.

2 Für die Marinade alle Zutaten verrühren. Die Filets in einem gut schließenden Gefäß mit der Marinade begießen und zugedeckt über Nacht einwirken lassen.

3 Die Filets in Portionsstücke teilen, mit dem Meerrettich bestreuen und auf einer Platte anrichten.

Marinierte Sardinen

Sardine und Sardelle – die schnelle Vorspeise vereint zwei, die zwar aus der gleichen Familie kommen, aber völlig unterschiedlich konserviert wurden.

- **200 g Ölsardinen ohne Haut und Gräten (Dose)**
- **1 Zitronenscheibe, 1 cm dick**

Marinade

- **2 eingelegte Sardellenfilets**
- **je 1 EL fein geschnittene Minzeblättchen und Petersilie**
- **4 EL Balsamessig**
- **2 EL Olivenöl**
- **Salz, Pfeffer**

- **Basilikumblättchen zum Garnieren**

1 Den Rand der Zitronenscheibe mit einem Messer einzacken und in die Mitte einer runden Servierplatte legen. Die Sardinen aus dem Öl nehmen und abtropfen lassen. Sternförmig um die Zitronenscheibe auf dem Teller anordnen.

2 Für die Marinade die Sardellenfilets abtropfen lassen, fein hacken und mit den Kräutern, dem Essig und dem Olivenöl gut verrühren. Mit Salz und Pfeffer abschmecken. Die Sardinen damit bedecken. Mit Basilikumblättchen garnieren.

Marinierte Sardinen

Fischsalat

Fischsalat ist mehr als Resteverwertung. Auch andere Dressings passen dazu, z.B. ein Sahnedressing oder eine leichte Mayonnaise aus dem Saucenkapitel (Seite 208).

- **400 g pochierter Fisch (Reste), ohne Haut und Gräten**
- **1 Essiggurke, gewürfelt**
- **1 EL gewürfelte Zwiebel**
- **1 Tomate, geviertelt**
- **1 EL Kapern**

Dressing

- **1 TL Senf**
- **2 EL Essig**
- **Salz**
- **1 Prise Cayennepfeffer**
- **1 Prise Zucker**
- **2 EL Öl**
- **2 EL saure Sahne**

- **1 EL fein geschnittene Kräuter**

1 Das Fischfleisch in kleine Stückchen zerpflücken und in eine Schüssel füllen. Die Essiggurke, Zwiebel, Tomate und die Kapern dazugeben.

2 Für das Dressing alle Zutaten verrühren und behutsam unter die Salatzutaten mischen. Mit den Kräutern bestreuen und zugedeckt im Kühlschrank durchziehen lassen.

Thunfischsalat mit roten Bohnen

Thunfischsalat mit roten Bohnen

Der Salat mit roten Kidneybohnen und Thunfisch wird in den Mittelmeerregionen gern gegessen – als Mittagsimbiss an heißen Tagen. Man kennt ihn in zahlreichen Abwandlungen, vor allem mit Maiskörnern (300-g-Dose, abgetropft), Oliven und frischen Salatblättern der Saison. Wenn Sie Thunfisch in Öl verwenden, brauchen Sie weniger Öl für die Marinade.

- **500 g Kidneybohnen (Dose)**
- **150 g Thunfisch (Dose), im eigenen Saft oder in Öl, abgetropft**
- **1 EL gewürfelte Zwiebel**

Marinade

- **5 EL Essig**
- **Salz, Pfeffer**
- **1 EL Chilisauce**
- **6 EL Öl**

1 Die Bohnen in ein Sieb abgießen, mit kaltem Wasser überbrausen, abtropfen lassen. Mit dem Thunfisch (nach Belieben zusätzlich Mais) und den Zwiebelwürfeln in eine Schüssel füllen.

2 Für die Marinade alle Zutaten verrühren, über den Salat gießen und gut vermischen. Zugedeckt kalt stellen und durchziehen lassen.

Sommersalat mit Räucheraal

Stückchen von geräuchertem Aal in knackigem Salat geben dem sommerlichen Gericht einen dezenten, leichten Rauchgeschmack. Die schnelle, sehr erfrischende Gurken-Vinaigrette werden Sie immer wieder machen!

- **400 g Räucheraal**

Sommersalat

- **100 g Zuckerschoten**
- **2 Frühlingszwiebeln, in feine Ringe geschnitten**
- **100 g Cocktailtomaten, halbiert, Stielansatz entfernt**
- **1/2 gelbe Paprikaschote, Stielansatz, Samen und Scheidewände entfernt, in dünne Streifen geschnitten**
- **einige Friséeblätter, geputzt, gewaschen, trocken geschleudert**

Gurken-Vinaigrette

- **1 kleine Salatgurke von etwa 200 g**
- **2–3 EL Weißweinessig**
- **Salz, Pfeffer, 1 Prise Zucker**
- **4–5 EL Öl**

- **1 EL fein geschnittene Kräuter (Dill, Petersilie) zum Bestreuen**

1 Den Aal enthäuten. An beiden Seiten des Rückgrats einschneiden, die Filets ablösen und in etwa 2 cm breite Stücke schneiden.

2 Für den Sommersalat die Zuckerschoten putzen, die Enden abschneiden, schräg in 2 cm breite Stückchen schneiden. In Salzwasser etwa 4 Minuten blanchieren, in Eiswasser abschrecken, abtropfen lassen. Die Zuckerschoten mit den anderen Zutaten dekorativ auf 4 Portionstellern anrichten.

3 Für die Vinaigrette die Gurke halbieren und den Samenstrang mit einem Löffel herausschaben. Aus einer Gurkenhälfte mit dem Kugelausstecher Kugeln ausstechen (oder in kleine Würfel schneiden). Die restliche Gurke in grobe Würfel schneiden, mit dem Essig, Salz, Pfeffer und Zucker vermischen und kurz durchziehen lassen. Mit dem Stabmixer pürieren und dabei das Öl einlaufen lassen.

4 Die Gurkenkugeln (oder -würfel) auf dem angerichteten Salat verteilen und die Kräuter darüberstreuen. Mit der Gurken-Vinaigrette beträufeln und die Aalstückchen auf dem Salat anrichten.

Sommersalat mit Räucheraal

Meeresfrüchtesalat

»Frutti di mare« kann man durchaus auch nördlich der Alpen genießen. Mischungen, meist aus Tintenfischringen, Garnelen, Mies- und Venusmuscheln, gibt es fertig zu kaufen, z. B. in Lake im Glas, tiefgefroren oder als Packung aus der Kühltheke.
Sie finden hier zwei Varianten für die Sauce: einmal eine würzige Kräuter-Vinaigrette und als Alternative ein eher mildes Sahne-Joghurt-Dressing.

- **200 g gemischte Meeresfrüchte (TK-Ware, Glas, Kühltheke)**

Kräuter-Vinaigrette

- **2 EL Essig**
- **Salz, Pfeffer**
- **6 EL Öl**
- **1 EL gewürfelte Zwiebel**
- **fein geschnittene frische Kräuter**

Sahne-Joghurt-Dressing

- **1–1 1/2 EL Essig oder Zitronensaft**
- **Salz, Pfeffer**
- **1/2 TL Zucker**
- **2 TL Senf**
- **4 EL saure Sahne**
- **3 EL Joghurt**
- **3 EL Öl**

1 Die Meeresfrüchte mit kaltem Wasser überbrausen, abtropfen lassen, mit Küchenpapier trocken tupfen.

2 Für die Vinaigrette alle Zutaten verrühren und unter die Meeresfrüchte mischen. Den Salat im Kühlschrank durchziehen lassen.

3 Alternativ für das Sahne-Joghurt-Dressing alle Zutaten nacheinander verrühren, zuletzt das Öl mit dem Schneebesen darunterschlagen. Mit den Meeresfrüchten vermischen und kalt stellen.

Garnelencocktails

Meeresfrüchte in einer leichten Sauce, kombiniert mit knackigem Gartengemüse und/oder leichten Früchten, sind als erfrischender Cocktail oder Salat ein Klassiker – gern auch beim Sonntagsbrunch. Lassen Sie Ihre Fantasie spielen und variieren Sie nach Lust und Laune (und nach Ihren Vorräten). Hart gekochte Eier passen fast immer dazu, auch Spargelspitzen, Pilze, Maiskölbchen oder Palmenherzen aus der Konserve. Als fruchtige Einlagen sind beliebt: Apfel und Birne, Melone, exotische Früchte wie Ananas, Mango oder halbierte Physalis.

Shrimps- oder Flusskrebscocktail

- 250 g gekochte Shrimps oder Flusskrebse
- 1 Mango, in Würfel geschnitten
- 50 g Sojabohnensprossen
- 5 Mu-Err-Pilze, eingeweicht, gebrüht, in dünne Streifen geschnitten
- 1 Stange Bleichsellerie, in dünne Scheiben geschnitten
- 1 Chilischote, Stielansatz und Samen entfernt, klein gewürfelt

Sauce

- 100 g Mayonnaise
- 100 g Sahne
- 2 EL Chilisauce oder Tomatenketchup
- 1 TL Paprikapulver edelsüß
- 1 TL grüne Pfefferkörner, zerdrückt
- Salz, Zucker
- Zitronensaft

1 Die Shrimps oder Flusskrebse kalt überbrausen, abtropfen lassen und mit Küchenpapier trocken tupfen. Mit allen anderen Zutaten in eine Schüssel füllen und vermischen.

2 Für die Sauce alle Zutaten verrühren und gründlich unter die Salatzutaten mischen. Kalt gestellt durchziehen lassen. Den Salat nochmals abschmecken, bei Bedarf mit Salz, Zucker und Zitronensaft nachwürzen.

Garnelen-Gurken-Cocktail

- 250 g gekochte Garnelen
- 1/2 Salatgurke, geschält, Samen entfernt, gewürfelt
- 100 g Cocktailtomaten, halbiert

Sauce

- 150 g Mayonnaise
- 100 g Sahne
- 150 g Joghurt
- 1 TL Senf
- Salz, Pfeffer, 1 Prise Zucker
- 1 EL Essig
- klein geschnittene frische Kräuter (Dill, Koriander, Petersilie)

1 Die Garnelen kalt überbrausen, abtropfen lassen und mit Küchenpapier trocken tupfen.

2 Für die Sauce alle Zutaten verrühren und mit den Garnelen, den Gurkenwürfeln und den Tomaten vermischen. Kalt gestellt durchziehen lassen.

Glasnudelsalat mit Garnelen

Asiatischer Glasnudelsalat ist ein beliebter Partysalat. Hier wird er mit gebratenen Garnelen und viel Gemüse vermischt. Auch Cashewkerne passen sehr gut dazu.

Garnelen

- 250 g rohe Garnelen, geschält
- 2 EL Öl
- Salz, Pfeffer
- Ingwerpulver, Chinagewürz
- 6–8 EL Sojasauce

Eine hübsche Idee für eine Portionsvorspeise ist es, den Cocktail in einer ausgehöhlten Avocado anzurichten. Das ausgelöste Fruchtfleisch kann nach Belieben püriert und unter die Sauce gemischt werden.

Tintenfischsalat

Glasnudelsalat

- **4 EL Öl**
- **500 g Gemüse: Zwiebeln, Lauch, Möhre, Zucchini, in Ringe oder kleine Würfel geschnitten**
- **1 Chilischote, Stielansatz und Samen entfernt, in Ringe geschnitten**
- **100 g Pilze (Champignons, Shiitake), geviertelt**
- **3–4 EL Essig, 250 g Glasnudeln**

- **1 kleiner Kopf Römischer Salat (oder Chinakohl)**
- **50 g Sojabohnensprossen**

1 Die Garnelen in einem Sieb kalt überbrausen und mit Küchenpapier trocken tupfen. In einer Pfanne das Öl erhitzen und die Garnelen darin auf jeder Seite 1–2 Minuten braten. In eine Salatschüssel füllen, mit Salz, Pfeffer, Ingwerpulver, Chinagewürz und Sojasauce würzen.

2 Für den Salat in derselben Pfanne das Öl erhitzen und das Gemüse mit den Chiliringen darin anbraten. Die Pilze zugeben und unter beständigem Wenden bissfest garen. Alles zu den Garnelen geben, mit dem Essig beträufeln und vermengen.

3 Die Glasnudeln mit kochendem Wasser übergießen und 3 Minuten quellen lassen. Das Wasser abgießen und die Nudeln mit einer Schere klein schneiden. Die Glasnudeln unter die Garnelen und das Gemüse mischen und 2 Stunden ziehen lassen.

4 Vor dem Servieren den Römischen Salat waschen, in feine Streifen schneiden und mit den Sprossen unter den Glasnudelsalat mischen. Den Salat abschmecken, bei Bedarf mit Salz, Sojasauce und Essig nachwürzen.

Tintenfischsalat

Variieren Sie beliebig mit dem Gemüse; auch Chiliöl anstatt der Chilischote gibt eine feine Note. Mit Reis, Nudeln oder Couscous wird aus dem Tintenfischsalat ein leichtes Sommergericht.

- **400 g TK-Tintenfischringe, aufgetaut**
- **2 + 2 EL Öl zum Braten**
- **Salz, Pfeffer**
- **300 g Zucchini, in 5 cm lange Streifen geschnitten**
- **6 Cocktailtomaten, halbiert**

Dressing

- **1 kleine Zwiebel, fein gewürfelt**
- **40 g schwarze Oliven ohne Stein, in Streifen geschnitten**
- **1 Chilischote, Stielansatz und Samen entfernt, in Ringe geschnitten**
- **1/2 rote Paprikaschote, Stielansatz, Samen und Scheidewände entfernt, klein gewürfelt**
- **Salz, Pfeffer**
- **4–5 EL Olivenöl**
- **1 EL fein geschnittene Kräuter (Petersilie, Thymian, Basilikum)**
- **3 EL Balsamessig**

- **Basilikumblättchen zum Garnieren**

1 Die Tintenfischringe kalt abspülen und mit Küchenpapier trocken tupfen.

2 In einer Pfanne 2 EL Öl erhitzen, die Tintenfischringe darin unter beständigem Wenden etwa 8 Minuten braten, salzen und pfeffern und wieder herausnehmen. Das restliche Öl in die Pfanne geben und die Zucchini darin in etwa 4 Minuten bissfest braten, salzen und pfeffern. Beides in eine Schüssel füllen und die Tomaten untermischen.

3 Für das Dressing alle Zutaten vermischen, über die Salatzutaten gießen, alles gründlich vermischen und 1 Stunde durchziehen lassen. Den Tintenfischsalat anrichten und mit Basilikumblättchen garnieren.

Matjes

Matjes sind die jungen, noch nicht geschlechtsreifen Heringe. Gefangen werden sie zwischen Mai und Juli, wenn sich die Jungfische einen Fettgehalt von mindestens 12 % angefuttert haben. Der hohe Fettanteil, der den Matjes so besonders zart macht, kann im Laufe der Saison auf 20 % und mehr ansteigen. Ein besonderes Reifeverfahren in Kombination mit Salz und körpereigenen Enzymen macht die Filets noch zarter und gibt dem Matjes seinen unvergleichlichen Geschmack.
Seit der Nematodenkrise in den 1970er- und 80er-Jahren hat die Fischindustrie die Wahl zwischen Tiefgefrieren – was den Reifeprozess unterbricht – oder stärkerem Salzen. Am besten prüfen Sie die Filets vorher und wässern sehr salzhaltige Exemplare einige Stunden in kaltem Wasser oder kalter Milch.
Matjes werden mit sehr unterschiedlichem Gewicht als Einzel- oder Doppelfilets angeboten, in Öl oder Lake eingelegt oder »frisch« verkauft, was aber tiefgefroren, aufgetaut und weitergereift bedeutet. Egal ob aufgetaut oder eingelegt: Matjes sollten immer silbrig schimmern. Tun sie das nicht, sind sie leider nicht mehr frisch.

Matjes Hausfrauenart

Hering in Rahmsauce, dafür können Sie gleich gut die feinen Matjes wie auch Salzheringe nehmen. Nur stark gesalzene Exemplare müssen vorher gewässert werden.

- **8 Matjesfilets, bei Bedarf gewässert**
- **2 Essiggurken, klein gewürfelt**
- **1–2 Äpfel, klein gewürfelt**
- **1 Zwiebel, in Halbringe geschnitten**
- **1 Lorbeerblatt**

Rahmsauce

- **400 g Sahne (süße oder saure Sahne oder eine Mischung aus beiden)**
- **Salz, Pfeffer**
- **1 Prise Zucker**
- **1 Spritzer Zitronensaft**

1 Die Filets kalt abspülen, nach Belieben ganz lassen oder in mundgerechte Stücke schneiden. Mit den übrigen Zutaten in einen Heringstopf oder eine Schüssel füllen.

2 Für die Sauce die Sahne mit dem Salz, Pfeffer, Zucker und Zitronensaft abschmecken und über die Heringe gießen. Zugedeckt einige Stunden im Kühlschrank marinieren. Man isst Pellkartoffeln oder Schwarzbrot dazu.

Matjes mit Kräutersahne und Ei

- **8 Matjesfilets, bei Bedarf gewässert**

Kräutersahne

- **300 g saure Sahne**
- **Salz, Pfeffer**
- **1 TL Dijonsenf**
- **4 hart gekochte Eier, grob gehackt**
- **3 Gewürzgurken, klein gewürfelt**
- **1 Bund Kräuter, fein gewiegt (Schnittlauch, Petersilie, Zitronenmelisse, Dill)**

1 Die Matjesfilets kalt abspülen und mit Küchenpapier trocken tupfen. Auf 4 Tellern auslegen.

2 Für die Kräutersahne die saure Sahne mit Salz und Pfeffer würzen und mit dem Senf abschmecken. Die Eier, die Gurkenwürfel und die Kräuter untermischen. Die Kräutersahne gleichmäßig über die Matjesfilets verteilen. Servieren Sie Schwarzbrot oder frisch gekochte Kartoffeln dazu.

Matjeshappen in Dillmarinade

- **350 g Matjesfilets, bei Bedarf gewässert**

Marinade

- **2 kleine Zwiebeln, in feine Ringe geschnitten**
- **2 EL fein geschnittener frischer Dill**
- **4 Wacholderbeeren, angedrückt**
- **6 Pimentkörner**
- **1/2 TL schwarze Pfefferkörner**
- **100 g brauner Kandiszucker**
- **350 ml Weißweinessig (6 % Säure)**
- **50 ml Wasser**

1 Die Matjesfilets kalt abspülen, abtropfen lassen und in 3 cm große Stücke schneiden.

2 Den Fisch im Wechsel mit den Zwiebelringen, dem Dill, den Gewürzen und dem Kandiszucker in ein entsprechend großes Glas schichten. Den Essig mit dem Wasser vermischen und darübergießen, sodass alle Zutaten gut bedeckt sind. Das Glas verschließen und die Matjeshappen 2 Tage kalt gestellt durchziehen lassen. Reichen Sie frisch gekochte Kartoffeln oder Brot dazu.

Matjeshappen ▶ in Dillmarinade

Schlesisches Häckerle

- 8 Matjesfilets in Öl
- 200 g säuerliche Äpfel, geschält und klein gewürfelt
- 1/2 Zwiebel, fein gewürfelt
- 3 hart gekochte Eier, geschält und fein gewürfelt

Sahnesauce

- 120 g saure Sahne
- 1 TL mittelscharfer Senf
- Salz
- Pfeffer
- 1 Prise Zucker

- fein geschnittene Petersilie zum Bestreuen

1 Die Matjesfilets kalt abspülen, mit Küchenpapier trocken tupfen und sehr klein würfeln oder hacken. Mit den Apfel- und Zwiebelwürfeln und den Eiern in einer Schüssel vermischen, 1 Esslöffel gehacktes Ei für die Garnitur beiseitestellen.

2 Für die Sahnesauce die saure Sahne mit dem Senf verrühren, mit Salz, Pfeffer und Zucker abschmecken. Über das Häckerle gießen, zudecken und 30 Minuten kalt gestellt durchziehen lassen. Mit dem gehackten Ei und Petersilie bestreuen und servieren. Dazu Roggenbrot oder Pellkartoffeln mit Butter reichen.

Matjestatar

Verwenden Sie für das Matjestatar die besonders zarten, kleinen und nur mild gesalzenen Matjesfilets, die meist als Doppelfilets angeboten werden. Diese müssen auch nicht gewässert werden.

- etwa 10 Matjesfilets
- 1 kleine Zwiebel, fein gewürfelt
- 2 Gewürzgurken, fein gewürfelt
- 1/2 säuerlicher Apfel, geschält, klein gewürfelt
- 1 EL Öl
- 2 EL Schnittlauchröllchen
- Salz (bei Bedarf), Pfeffer

1 Die Matjesfilets kalt abspülen, trocken tupfen, mit einem scharfen Messer in kleine Würfel schneiden und fein hacken. Die Zwiebel-, Gewürzgurken- und Apfelwürfelchen dazugeben. Das Ganze mit dem Öl beträufeln, die Schnittlauchröllchen zufügen und alles gut vermischen. Bei Bedarf salzen, mit Pfeffer abschmecken.

Schlesisches Häckerle

1 Die Matjesfilets unter fließendem kaltem Wasser abspülen und trocken tupfen.

2 Zum Hacken der Matjeswürfelchen die lange Messerklinge mit der Spitze auf die Arbeitsfläche drücken und das andere Ende wie ein Wiegemesser betätigen.

2 Das Matjestatar können Sie auf gebuttertem Pumpernickel oder kleinen Vollkornbrötchen als Fingerfood servieren oder in einer Schüssel, mit Zwiebelringen garniert, anrichten.

Matjestatar

Matjes mit Speck-Bohnen-Salat

- 350 g Matjesfilet, bei Bedarf gewässert

Speck-Bohnen-Salat

- 200 g festkochende Kartoffeln, frisch gekocht
- 250 g grüne Bohnen, geputzt
- Salz
- 1 Zweig Bohnenkraut
- 100 g Speckwürfel
- 100 g Cocktailtomaten, geviertelt
- 1 kleine weiße Zwiebel, in Ringe geschnitten

Dressing

- 3 EL Weißweinessig
- 1 EL Zitronensaft
- einige EL Bohnensud
- Salz, Pfeffer
- fein geschnittenes Bohnenkraut
- 6 EL Öl

1 Die Matjesfilets kalt überbrausen, mit Küchenpapier trocken tupfen und quer in 2 cm breite Streifen schneiden.

2 Für den Speck-Bohnen-Salat die Kartoffeln abdämpfen lassen, pellen und in kleine Würfel schneiden. Die Bohnen in Salzwasser mit dem Bohnenkrautzweig in etwa 10 Minuten weich kochen. Sofort kalt abschrecken, abtropfen lassen und schräg in 3–4 cm lange Stücke schneiden. Die Speckwürfel ohne zusätzliches Fett knusprig ausbraten. Alle Salatzutaten in eine Schüssel füllen und die Matjesstreifen dazugeben.

3 Für das Dressing den Essig mit dem Zitronensaft, Bohnensud, Salz und Pfeffer verrühren, über den Salat gießen und mit Bohnenkraut bestreuen. Kurz durchziehen lassen. Erst kurz vor dem Servieren den Salat mit dem Öl beträufeln und durchmischen.

Matjes mit Speck-Bohnen-Salat

Matjes mit Sellerie und Äpfeln in Sahnesauce

- 8 Matjesfilets in Öl
- 3 Stangen Bleichsellerie, in 5 cm lange Stücke und dann in Streifen geschnitten
- 1 säuerlicher Apfel, das Kerngehäuse entfernt, in dünne Spalten geschnitten
- 1 weiße Zwiebel, in Ringe geschnitten
- 100 g süßsauer eingelegter Kürbis, gewürfelt
- fein geschnittenes Selleriegrün

Sahnesauce

- 200 g saure Sahne
- 50 g Joghurt
- Salz, Pfeffer
- 1 Prise Zucker
- 1 Spritzer Zitronensaft

1 Die Matjesfilets gut abtropfen lassen. Zusammen mit dem Bleichsellerie, den Apfelspalten, den Zwiebelringen und den Kürbiswürfeln in einer Schüssel dekorativ anrichten. Mit dem Selleriegrün bestreuen.

2 Für die Sahnesauce die saure Sahne mit dem Joghurt vermischen, mit Salz, Pfeffer, Zucker und Zitronensaft abschmecken. Die Sauce über die angerichteten Matjes gießen. Pellkartoffeln schmecken gut dazu.

Matjes mit Sellerie und Äpfeln in Sahnesauce

Marinierte Salzheringe mit Speckstippe

- 600 g Filets von Salzheringen

Marinade

- 1–2 Zwiebeln, in Ringe geschnitten
- 4 Gewürzgurken, in Scheiben geschnitten
- 200 g saure Sahne
- 125 g süße Sahne
- 100 ml Milch
- Essig nach Geschmack
- 1/2 TL Zucker

Für die Speckstippe

- 40 g Butter
- 150 g Speckwürfel
- 1/2 Zwiebel, gewürfelt

- Schnittlauchröllchen zum Bestreuen

1 Nur sehr salzige Heringe müssen gewässert werden. Die Salzheringe kalt abspülen, abtropfen lassen und trocken tupfen.

2 Für die Marinade alle Zutaten vermischen, mit Essig und Zucker abschmecken. In eine flache Form oder eine Schüssel füllen, die Heringsfilets einlegen und zugedeckt 3–4 Stunden im Kühlschrank marinieren.

3 Für die Speckstippe die Butter in einer Pfanne zerlassen und die Speckwürfel mit der Zwiebel darin ausbraten.

4 Die Fischfilets aus der Marinade nehmen und aufrollen. Auf 4 Tellern mit den festen Zutaten aus der Marinade und der Speckstippe anrichten. Mit den Schnittlauchröllchen bestreuen. Frisch gekochte Pellkartoffeln sind die beste Beilage dazu.

Marinierte Salzheringe mit Speckstippe

Dillhappen

- **600 g Matjesfilets, bei Bedarf gewässert**
- **4 Gewürzgurken, fein gewürfelt**
- **1 Zwiebel, in Scheiben geschnitten, blanchiert**

Dillsauce

- **100 g Sahne**
- **100 g Crème fraîche**
- **100 g Joghurt**
- **Salz, Pfeffer**
- **1 EL mittelscharfer Senf**
- **1 TL Zucker**
- **1/2 Bund Dill, fein geschnitten**

1 Die Matjesfilets kalt abspülen, trocken tupfen und in 2–3 cm große Stücke schneiden. Mit den Gurkenwürfeln und den Zwiebelscheiben in eine Schüssel füllen.

2 Für die Dillsauce die Sahne mit der Crème fraîche und dem Joghurt verrühren, mit Salz, Pfeffer, Senf und Zucker würzig abschmecken, den Dill untermischen. Die Sauce über die Matjeshappen gießen und vermischen. Zugedeckt kalt stellen und einige Stunden durchziehen lassen.

Matjessalat

- **6 Matjesfilets**
- **3 hart gekochte Eier, gewürfelt**
- **1 Zwiebel, gewürfelt**
- **2 Essiggurken, gewürfelt**
- **1 Apfel, geschält, gewürfelt**
- **fein geschnittene Petersilie**

Dressing

- **100 g Mayonnaise**
- **100 g Joghurt**
- **Salz, Pfeffer, 1 TL Senf**

1 Sehr salzige Matjesfilets einige Stunden wässern. Abtropfen lassen, mit Küchenpapier trocken tupfen und in kleine Stücke schneiden. Mit allen anderen Salatzutaten in eine Schüssel füllen.

2 Für das Dressing die Mayonnaise mit dem Joghurt glatt rühren, mit Salz, Pfeffer und Senf abschmecken. Den Salat damit anmachen, kalt stellen.

Heringssalat mit Kartoffeln

Der herzhafte Kartoffel-Heringssalat mit Gemüse, Äpfeln und Essiggurke galt in den 1960er-Jahren als beliebter Silvestersalat und war ein Favorit zur Faschings-/Karnevalszeit. Manchmal gab es auch noch heiße Würstchen dazu.

- **500 g festkochende Kartoffeln, ungeschält**
- **2 Möhren, 1/2 Sellerieknolle**
- **8 Matjes- oder Salzheringsfilets, bei Bedarf gewässert, in Streifen geschnitten**
- **2 säuerliche Äpfel, geschält, gewürfelt**
- **2 Essiggurken, gewürfelt**

Marinade

- **125 ml Fleischbrühe**
- **1 Zwiebel, gewürfelt**
- **3 EL Essig**
- **Salz, 1/2 TL Zucker**
- **1–2 TL Senf, 4 EL Öl**

1 Die Kartoffeln, die Möhren und den Sellerie weich kochen oder in einem Topf mit Siebeinsatz weich dämpfen; die Kartoffeln pellen, das Gemüse schälen und alles in kleine Würfel schneiden. Mit den Heringsstreifen, Apfel- und Gurkenwürfeln in eine Schüssel füllen.

2 Für die Marinade die Fleischbrühe mit der Zwiebel aufkochen. Mit dem Essig, Salz, Zucker und Senf verrühren und den Salat damit anmachen. Bei Bedarf noch etwas Fleischbrühe zugeben, der Salat soll schön saftig sein. Vollständig abkühlen lassen.

3 Den Salat vor dem Servieren abschmecken, bei Bedarf nachwürzen. Zuletzt das Öl untermischen.

Roter Heringssalat

Der Partysalat der 1950er-Jahre! Bis heute liebt man ihn auf dem kalten Büfett, vor allem, wenn es am Nachmittag schon viel Süßes gab … Natürlich können Sie dafür auch die feinen, milden Matjesfilets nehmen.

- **4 Salzheringsfilets**
- **250 g Rote Bete, gekocht, klein gewürfelt**
- **250 g Äpfel, geschält, Kerngehäuse entfernt, klein gewürfelt**
- **1 Zwiebel, gewürfelt**
- **1–2 Kartoffeln, gekocht, klein gewürfelt**

Dressing

- **125 g Mayonnaise**
- **2 EL Joghurt**
- **1 EL Senf**
- **Salz, Pfeffer**
- **1 Prise Zucker**

1 Sehr salzige Filets mindestens 2 Stunden wässern. Abtropfen lassen, mit Küchenpapier trocken tupfen und in 2 cm breite Streifen schneiden. Alle Salatzutaten in eine Schüssel füllen.

2 Für das Dressing die Mayonnaise mit dem Joghurt glatt rühren, mit Senf, Salz, Pfeffer und Zucker abschmecken. Den Salat mit dem Dressing anmachen und mindestens 1 Stunde kalt gestellt durchziehen lassen.

Saucen und Fonds

Warme Saucen

Ein wichtiger Bestandteil der guten Fischküche sind die feinen Saucen. Sie sollen den Eigengeschmack der Fischspeisen erhalten und unterstreichen. Fischsaucen leben zuallererst von ihrer Basis, und das sind die Fonds. Brühen aus Fischkarkassen ergeben diesen Fond.
Die Kunst ist es nun, Fisch und Sauce gleichzeitig auf den Tisch zu bringen. Das Fischgericht hat meist nur kurze Garzeit, während die Sauce eine gewisse Zeit zum Einkochen und für die Bindung braucht. Besser ist es, die Sauce warm zu halten, als den fertig gegarten Fisch beim Warten austrocknen und erkalten zu lassen. Beginnen Sie deshalb schon vorher mit der Zubereitung und halten Sie die Sauce warm, bis der Fisch angerichtet wird. Kurz vor dem Servieren stellen Sie dann die Sauce fertig.

Fischbrühe, Fischfond

Zum Garen von Fisch, für Suppen und Saucen.

Verwenden Sie die Karkassen von weißfleischigen Fischen, etwa Forelle, Saibling, Hecht, Zander, Seezunge, Steinbutt.

- **500 g Karkassen von rohen Fischen (Köpfe ohne Kiemen, Gräten) und Fischabgänge**
- **20 g Butter**
- **1/2 Stange Bleichsellerie**
- **150 g Suppengemüse: Zwiebel, Möhre, Lauch, in Scheiben geschnitten**
- **30 g Champignons**
- **250 ml trockener Weißwein**
- **1 l Wasser**
- **1 TL Salz, 1 Lorbeerblatt**
- **Petersilie und 1 Zweig Thymian**

1 Die Fischabgänge zu dem angedünsteten Gemüse und den Pilzen geben, mit Wein und Wasser aufgießen.

2 Die beim Kochen der Brühe aufsteigenden Trübstoffe mit einem Schaumlöffel von der Oberfläche abschöpfen.

3 Ein Sieb mit einem Passiertuch auslegen und die Brühe schöpflöffelweise durchlaufen lassen (nicht ausdrücken).

4 Brühe oder Fond in größeren Mengen kochen und portionsweise einfrieren, dann ist eine exzellente Sauce schnell zubereitet.

1 Die Fischkarkassen unter fließendem kaltem Wasser gründlich wässern, abtropfen lassen.

2 In einem Topf die Butter zerlassen, das Gemüse und die Champignons darin andünsten, ohne dass sie Farbe nehmen. Die Fischabgänge zugeben, mit dem Wein und dem Wasser aufgießen, Salz, Lorbeerblatt und Kräuter hinzufügen. Aufkochen, abschäumen, 20 Minuten köcheln lassen. Bei zu langem Kochen wird die Brühe »leimig«. Die Brühe abseihen.

3 Für einen konzentrierten Fond lässt man die Brühe bei starker Hitze im offenen Topf um ein Drittel bis zur Hälfte einkochen.

Für die schnelle Variante gibt es Fischfond in Gläsern und Fischpaste für Saucen und Suppen. Sie sind auch eine gute Alternative, wenn man nur eine kleine Menge benötigt.

Krebsfond / Krustentierfond

Für Saucen und Suppen.

Aus den Karkassen von Scampi, Garnelen und Krebsen kann man einen ausgezeichneten Fond kochen, den man auch auf Vorrat herstellen und portionsweise einfrieren kann. Eine Alternative zum selbst gemachten ist ein Fond aus Krebssuppen- oder Krustentierpaste, die es in guter Qualität zu kaufen gibt. Auch ein Löffel Krebsbutter aus der Dose (die Dose kann man einfrieren) verfeinert manche Suppe oder Sauce.

- **200 g Krebskarkassen**
- **2 EL Öl zum Anbraten**
- **1 Gläschen Cognac**
- **125 ml trockener Weißwein**
- **20 g Butter, 2 Schalotten, gewürfelt**
- **200 g Suppengemüse: Möhre, Bleichsellerie, Lauch, grob geschnitten**
- **1 EL Tomatenmark**
- **1 Knoblauchzehe, in Scheiben geschnitten**
- **1 Tomate, geviertelt, 1 Lorbeerblatt**
- **2 Wacholderbeeren, zerdrückt**
- **Salz, Pfeffer**
- **je 1 Zweig frischer Estragon und Thymian**

1 Die Krebskarkassen gründlich reinigen, unter fließendem Wasser waschen, abtropfen lassen. In einem großen Topf das Öl erhitzen und die Karkassen darin bei starker Hitze anbraten, dabei ständig umrühren, sie sollen nicht zu dunkel werden. Mit dem Cognac und dem Wein ablöschen, aufkochen lassen und beiseitestellen.

2 In einem zweiten Topf die Butter erhitzen, die Schalotten und das Suppengemüse darin andünsten. Das Tomatenmark und den Knoblauch zugeben und unter Rühren anziehen lassen. Die Tomate kurz mitdünsten. Die Gewürze und die Kräuter zugeben. Das Gemüse unter die Krebskarkassen mischen, mit kaltem Wasser bedecken und zum Kochen bringen. 40 Minuten köcheln lassen, zwischendurch mehrmals abschäumen.

Krebsfond: Die angebratenen Karkassen mit dem angedünsteten Gemüse vermischen, das Wasser zugießen.

Köcheln lassen und dabei immer wieder abschäumen. Den Fond durch ein feines Sieb ablaufen lassen.

Krebsrahmsauce: Den eingekochten Fond mit Crème fraîche/Crème double aufmixen und abschmecken.

3 Den Fond durch ein Haarsieb ablaufen lassen (besser noch durch ein mit einem Passiertuch ausgelegtes Sieb und die festen Bestandteile mit dem Tuch ausdrücken). Mit Salz und Pfeffer milde abschmecken.

> Ein Tipp aus der Praxis: Immer wieder kleine Mengen Krebsschalen sammeln und einfrieren. So bekommt man mit der Zeit eine ausreichende Menge zusammen für einen guten Fond.

Hummer- oder Langustenfond

Die Zubereitung ist die gleiche wie bei Krebsfond. Man verwendet gereinigte, stark zerkleinerte Karkassen von gekochtem Hummer oder Languste.

Krebsrahmsauce

Die mit stark eingekochtem Krebs-/Krustentierfond und mit Crème fraîche aufgeschlagene Sauce ist die einfachste Variante der Krebssauce. Man reicht sie zu Krustentieren, gedünstetem und pochiertem Fisch, gern auch zu Fisch in Blätterteig. Schlagen Sie auch die Rezepte Nantuasauce und Krebssauce (Seite 207) nach.

- **etwa 400 ml Krebsfond (links)**
- **1 Becher Crème fraîche oder Crème double**
- **Salz, 1 Prise Cayennepfeffer**

1 Den passierten Krebsfond auf die Hälfte einkochen.

2 Die Crème fraîche oder Crème double mit dem Stabmixer einrühren und schaumig aufschlagen. Mit Salz und Cayennepfeffer abschmecken.

Hummer- oder Langustenrahmsauce

Sie wird mit einem Fond aus Hummer- oder Langustenkarkassen zubereitet wie Krebsrahmsauce.

Weißwein-Sahnesauce

Zu pochiertem Fisch.

Die Weißwein-Sahnesauce ist ein Klassiker in der Fischküche und die wichtigste Sauce überhaupt. Sie begleitet vor allem pochierte Fische aus dem Sud. Sie ist auch die Grundsauce für Abwandlungen, beispielsweise mit Kräutern, Krebsbutter oder Safran.

- **30 g Butter, 2 Schalotten, gewürfelt**
- **4 EL trockener Wermut (Noilly Prat)**
- **100 ml trockener Weißwein**
- **400 ml Fischfond (Seite 204 oder Glas)**
- **200 g Sahne**
- **Salz, Pfeffer, 1 Prise Cayennepfeffer**
- **1 Prise Zucker**

1 Im Saucentopf die Butter zerlassen und die Schalotten darin ohne Farbe andünsten. Mit dem Wermut ablöschen, verdampfen lassen. Den Weißwein und den Fischfond zugießen und im offenen Topf bei starker Hitze auf ein Drittel einkochen (wichtig!).

2 Die Sahne dazugießen und noch einmal etwa 10 Minuten einkochen, bis die Sauce die gewünschte Konsistenz hat. Falls Sie eine stärker gebundene Sauce möchten, rühren Sie ein Stückchen Mehlbutter ein und lassen alles noch einmal durchkochen. Die Sauce mit Salz, Pfeffer, Cayennepfeffer und Zucker abschmecken.

Legierte Weißweinsauce

Zu pochiertem und gedünstetem Fisch, zum Gratinieren von Fischgerichten.

- **40 g Butter, 40 g Mehl**
- **350 ml Fischfond (Seite 204 oder Glas)**
- **150 ml trockener Weißwein**
- **100 g Sahne**
- **Salz, Pfeffer**
- **2 Eigelb, mit 2 EL Sahne verrührt**
- **30 g kalte Butterflöckchen**

1 In einem Topf die Butter zerlassen, das Mehl unter ständigem Rühren mit dem Schneebesen hell anschwitzen. Nach und nach mit dem Fischfond aufgießen und unter Rühren durchkochen. Den Wein zugießen und die Sauce bei milder Hitze auf zwei Drittel einkochen. Die Sahne zufügen und noch einmal 5 Minuten einkochen.

2 Die Sauce vom Herd nehmen, mit Salz und Pfeffer würzen. Die Eigelbsahne einrühren, dann nicht mehr kochen! Nach und nach die Butterflöckchen mit dem Schneebesen einrühren.

Senf-Sahnesauce

Zu pochiertem Fisch.

Die Mischung aus scharfem Dijonsenf und süßem Senf gibt der Sauce den angenehm runden Senfgeschmack. Aufgegossen wird mit gleich viel Fond und Sahne. Eine leichte Sauce zu gekochtem Fisch, gut auch für Fischreste. Das Rezept können Sie als Basis verwenden für eine Sauce mit Kräutern, Kapern oder Garnelen.

- **1–2 Schalotten, fein gewürfelt**
- **1 gehäufter EL scharfer Senf (Dijonsenf)**
- **1/2 EL süßer Senf**
- **200 ml Fischfond (Seite 204 oder Glas), ersatzweiße Fleischbrühe**
- **200 g Sahne, Salz, Pfeffer**
- **1 Prise Cayennepfeffer, 1 Prise Zucker**
- **20 g kalte Butterflöckchen**

1 In einem kleinen Topf die Schalotten mit dem Senf verrühren. Den Fond eingießen, aufkochen und auf die Hälfte einkochen. Die Sahne einrühren und köcheln lassen, bis die Sauce leicht sämig ist (etwa 10 Minuten).

2 Die Sauce vom Herd nehmen, mit Salz, Pfeffer, Cayennepfeffer und Zucker abschmecken. Kurz vor dem Servieren die Butterflöckchen mit dem Schneebesen einrühren.

Aufgeschlagene Fischsauce

Zu gebratenem, gedünstetem und pochiertem Fisch.

- **1 EL Öl**
- **1 Schalotte, klein gewürfelt**
- **3 EL trockener Wermut (Noilly Prat)**
- **50 ml trockener Weißwein**
- **60 ml Fischfond (Seite 204 oder Glas)**
- **2 Eigelb**
- **50 g eiskalte Butterflöckchen**
- **Salz, Pfeffer**
- **1 TL frischer, fein geschnittener Estragon**

1 In einem kleinen Topf das Öl erhitzen und die Schalottenwürfel darin ohne Farbe anschwitzen. Den Wermut, den Wein, den Fischfond und die Eigelbe mit dem Schneebesen einrühren. Auf dem Wasserbad aufschlagen, bis die Masse cremig ist.

2 Den Topf vom Wasserbad nehmen. Die Butterflöckchen nach und nach darunterschlagen. Mit Salz, Pfeffer und dem Estragon abschmecken.

Holländische Sauce
Sauce hollandaise

Zu gedünstetem und pochiertem Fisch.

Eine Buttersauce wie die klassische Hollandaise hat rohe Eier und ist daher leicht verderblich. Nicht lange warm halten und auch nicht wieder erwärmen. Und: nicht kochen, sonst gerinnt sie.

- **3 Eigelb**
- **1 EL Fleisch- oder Fischbrühe**
- **1 EL Weißwein**
- **1 EL Zitronensaft**
- **Salz, Pfeffer**
- **1 Prise Zucker**
- **125 g Butter, lauwarm zerlassen**

1 Die Eigelbe mit den Flüssigkeiten in eine Wasserbadschüssel füllen.

2 Auf dem heißen, nicht kochenden Wasserbad dickcremig schlagen.

3 Vom Wasserbad nehmen und die Butter löffelweise unterrühren.

1 Die Eigelbe mit der Brühe, dem Wein, Zitronensaft und den Gewürzen auf dem heißen (nicht kochenden) Wasserbad dickcremig schlagen.

2 Vom Wasserbad nehmen und die zerlassene Butter löffelweise darunterschlagen. Die Sauce abschmecken, bei Bedarf nachwürzen.

Einfache Holländische Sauce

Zu pochiertem und gedünstetem Fisch. Feine Sauce zu Garnelen.

Diese feine Sauce ist »schlanker« als die aufgeschlagene Buttersauce gleichen Namens.

- **1/2 EL Speisestärke**
- **250 ml Fischfond (Seite 204 oder Glas), ersatzweise Hühnerbrühe**
- **2 EL Weißwein**
- **2 Eigelb**
- **50 g kalte Butterflöckchen**
- **Salz**
- **1 Prise Cayennepfeffer**
- **1 Prise Zucker**
- **2 EL Sahne**

1 In einer Wasserbadschüssel die Speisestärke mit dem Fond und dem Wein glatt rühren, die Eigelbe darunterschlagen. Die Schüssel auf das heiße (nicht kochende) Wasserbad setzen, das Wasserbad knapp unter dem Siedepunkt halten. Unter beständigem Rühren eine dickcremige Masse schlagen; vom Wasserbad nehmen.

2 Die Butterflöckchen nach und nach unter die Sauce schlagen. Mit Salz, Cayennepfeffer und Zucker abschmecken, die Sahne unterrühren.

Dillsauce

Die Sauce auf dem Wasserbad zubereiten und 1/2 Bund fein geschnittenen Dill darin ziehen lassen.

Nantuasauce

Nantuasauce ist eine klassische Krebssauce. Eine einfache Béchamelsauce wird mit Sahne aufgegossen, eingekocht und mit Krebsbutter abgebunden. Eine feine (und farbige!) Sauce zu pochiertem Fisch und Krustentieren.

- **30–40 g Butter, 30–40 g Mehl**
- **etwa 500 ml Milch (oder halb Milch, halb Brühe)**
- **100 g Sahne, Salz, Pfeffer**
- **frisch geriebene Muskatnuss**
- **30 g Krebsbutter (Dose)**
- **100 g Flusskrebsfleisch oder kleine, geschälte Garnelen (nach Belieben)**

1 In einem Topf die Butter zerlassen, das Mehl einrühren und hell anschwitzen. Nach und nach unter beständigem Rühren mit der Milch aufgießen, glatt rühren und bei schwacher Hitze 10 Minuten köcheln lassen. Die Sahne einrühren und bei geringer Hitze etwa 5 Minuten einkochen. Mit Salz, Pfeffer und Muskatnuss abschmecken.

2 Den Topf von der Kochstelle ziehen, nach und nach die Krebsbutter einrühren. Nach Belieben das Krebsfleisch oder die Garnelen in der Sauce erwärmen.

Krebssauce

Zu gekochtem Fisch und Krustentieren.

Die feine kleine Sauce verdankt ihr besonderes Aroma einem Löffel Krebsbutter. Unverzichtbar für das Gelingen sind beste Zutaten und ein starkes Einkochen.

- **20 g Krebsbutter (Dose)**
- **2 Schalotten, gewürfelt**
- **1 Schuss trockener Wermut (Noilly Prat) oder Cognac**
- **100 ml Fischfond (Seite 204 oder Glas)**
- **150 g Sahne, Salz, Cayennepfeffer**

1 In einem Topf die Krebsbutter zerlassen und die Schalotten darin anschwitzen. Mit dem Wermut ablöschen. Den Fischfond und die Sahne zugießen und die Sauce auf die Hälfte einkochen. Mit Salz und Cayennepfeffer abschmecken.

2 Kurz vor dem Servieren die Sauce mit dem Stabmixer aufmixen, das gibt ihr eine samtige, schaumige Konsistenz.

Weiße Buttersauce
Beurre blanc

Ob Fischfilet oder ganzer Fisch, ob gedämpft, gedünstet oder gegrillt, die Weiße Buttersauce gehört in Frankreich fast immer dazu.

- **2 Schalotten, gewürfelt**
- **150 ml trockener Weißwein**
- **2 EL Weinessig**
- **50 ml Fischfond (Seite 204 oder Glas), ersatzweise Hühnerbrühe**
- **150 g eiskalte Butter in Scheiben**
- **Salz, weißer Pfeffer**
- **1 Prise Zucker**

1 In einem kleinen Topf die Schalottenwürfel mit dem Wein, dem Essig und dem Fischfond bei starker Hitze so lange einkochen, bis nur noch 4 Esslöffel davon übrig bleiben. Durch ein Sieb in eine kleine Kasserolle abseihen.

2 Die Reduktion wieder erhitzen und die Butterscheiben nach und nach mit dem Schneebesen bei schwacher Hitze einrühren (»einmontieren«), bis die Flüssigkeit mit der Butter homogen verbunden ist, dabei nicht kochen lassen. Die Sauce mit Salz, Pfeffer und Zucker abschmecken, mit dem Stabmixer aufschlagen.

Braune Butter
Nussbutter

Zu pochiertem und gebratenem Fisch.

- **pro Person 30 g Butter**

1 Im Saucentopf die Butter zerlassen und aufschäumen lassen. Sobald sie braun wird und ein nussiges Aroma verströmt, den Topf vom Herd nehmen.

2 Die goldbraune Butter sofort über ein Fischgericht gießen oder in einer vorgewärmten Sauciere servieren.

Braune Rotweinbutter

Zu gebratenem, geschmortem und gegrilltem Fisch.

- **150 g Butter**
- **40 ml Rotweinessig**
- **1 EL fein geschnittene Petersilie**

1 Im Saucentopf die Butter aufschäumen lassen. Sobald sie braun wird, den Rotweinessig und die Petersilie einrühren und bei mäßiger Hitze etwa 1 Minute köcheln lassen und reduzieren.

2 Die feinsäuerliche Butter sofort über ein Fischgericht gießen oder in einer vorgewärmten Sauciere servieren.

Zitronenbutter

Zu gebratenem und pochiertem Fisch.

- **1 Zitrone**
- **60 g Butter**

1 Die Zitrone schälen, in 1 cm dicke Scheiben schneiden und die Samenkerne entfernen. Das Zitronenfleisch in Würfelchen schneiden.

2 Die Butter im Saucentopf zerlassen und die Zitronenwürfelchen darin schwenken. Mit den Zitronenwürfelchen über den angerichteten Fisch gießen.

Mehlbutter

Legen Sie sich einen kleinen Vorrat an Mehlbutter, zu einer Rolle geformt und in Folie gewickelt, ins Tiefkühlfach. Man verwendet sie teelöffelweise für nur leicht zu bindende Saucen.

1 Gleiche Mengen Mehl und Butter miteinander verkneten.

2 Mit dem Schneebesen in die heiße Sauce rühren und nur kurz aufkochen.

Kalte Saucen

Mayonnaise-Saucen

Für warme und kalte Fischgerichte, zu paniertem und gebackenem Fisch.

Basis für diese Saucen ist Mayonnaise, selbst gemacht oder Fertigprodukt. Die Mayonnaise können Sie ohne Weiteres bis zur Hälfte mit Joghurt oder saurer Sahne »schlank« strecken.

1 **Mayonnaise:** 1 Eigelb mit Salz, Pfeffer, Zucker, 1 EL Essig und 1 TL Senf verrühren.

2 125 ml Öl zunächst tropfenweise zugeben und mit dem Handrührgerät einarbeiten.

3 Das weitere Öl in dünnem Strahl einrühren, bis eine dicke, glatte Masse entstanden ist.

Remouladensauce

100 g Mayonnaise und 1 EL Essiggurke, 1 TL Kapern, 1 Sardelle, 1 EL Petersilie; alles fein gewiegt.

Tatarensauce

100 g Mayonnaise und 1 TL Kapern, 1 hart gekochtes Ei, 1 Gewürzgurke, 1 TL Zwiebel, 1 EL Petersilie; alles fein gewiegt.

Senfmayonnaise

100 g Mayonnaise kräftig mit Senf und einer Prise Zucker abschmecken.

Kräutermayonnaise

100 g Mayonnaise, 100 g Joghurt, 1–2 durchgepresste Knoblauchzehen (nach Belieben) und reichlich fein geschnittene Kräuter von einer Sorte oder gemischt (Petersilie, Schnittlauch, Estragon, Dill, Zitronenmelisse).

Aioli

Zu gegrilltem Fisch und Garnelen.

Eine Sauce für Knoblauchfans, die nicht nur zu Fisch gut schmeckt.

- **1 Eigelb**
- **1 EL Zitronensaft**
- **Salz, Pfeffer**
- **4–6 Knoblauchzehen, durchgepresst**
- **250 ml Öl**

1 Mit dem Schneebesen oder dem Handrührgerät das Eigelb mit dem Zitronensaft, Salz und Pfeffer sämig rühren, den Knoblauch zugeben.

2 Das Öl zuerst tropfenweise (wichtig!) zugeben, dann in dünnem Strahl bei laufendem Gerät unterrühren, bis die Masse cremig steif geworden ist.

1 **Rouille:** Die Chilischoten mit dem Knoblauch, Salz und Safran im Mörser zerreiben.

2 Die gekochte Kartoffel zugeben und alles zu einer homogenen Masse verreiben.

3 Das Eigelb vollständig einarbeiten, danach die Masse in eine Rührschüssel umfüllen.

4 Wie bei der Mayonnaise erst tropfenweise, dann in dünnem Strahl das Öl unterrühren.

Rouille

Klassische Würzpaste zur Bouillabaisse.

- **2 frische, kleine rote Chilischoten**
- **4 Knoblauchzehen, geschält**
- **Salz, einige Safranfäden**
- **1 mehlig kochende Kartoffel, in der Schale gekocht**
- **1 Eigelb**
- **100 ml Olivenöl**

1 Die Chilischoten von Samen und Scheidewänden befreien. Zusammen mit dem Knoblauch, Salz und Safran im Mörser fein zerreiben. Die inzwischen kalte gepellte Kartoffel zugeben und zu einer homogenen Masse reiben. Das Eigelb untermischen.

2 Die Masse in eine Rührschüssel füllen. Mit dem Schneebesen oder dem elektrischen Handrührgerät das Öl zuerst tropfenweise, dann in dünnem Strahl zugeben und zu einer pastenartigen Konsistenz rühren. Man serviert die Rouille separat in Schälchen; jeder nimmt sich davon in den Teller und schöpft die Suppe darüber.

Kräutercreme

Zu frittiertem und gegrilltem Fisch, zu Fischfondue.

- **150 g Joghurt**
- **100 g Crème fraîche oder Schmand**
- **2 EL Mayonnaise**
- **1 EL Senf**
- **Salz, Pfeffer, 1 Prise Zucker**
- **1 Bund frische Kräuter (Petersilie, Estragon, Dill, Zitronenmelisse, Estragon, Bärlauch), fein geschnitten**

1 Den Joghurt mit der Crème fraîche, der Mayonnaise und dem Senf glatt rühren. Mit Salz, Pfeffer und 1 Prise Zucker abschmecken. Die Kräuter untermischen.

Zitronen-Ölsauce

Zu pochiertem Fisch, Garnelen, Tintenfischen.

- **Saft von 1 Zitrone**
- **1 Prise Salz**
- **1 EL fein geschnittene Petersilie**
- **6 EL Olivenöl**

1 Den Zitronensaft mit Salz und Petersilie verrühren.

2 Das Öl nach und nach zugeben und zu einer sämigen Sauce rühren.

Knoblauchöl

Zu gegrilltem Fisch und Scampi.

- **6 EL Olivenöl**
- **4 Knoblauchzehen, in Scheiben geschnitten**
- **1/2 Chilischote, Samen entfernt, in Ringe geschnitten (nach Belieben)**
- **1 TL fein geschnittene Petersilie**

1 In einer kleinen Pfanne das Olivenöl erhitzen, die Knoblauchscheiben und nach Belieben die Chiliringe darin bei schwacher Hitze 2 Minuten dünsten, ohne dass sie Farbe nehmen. Die Petersilie untermischen.

Apfelmeerrettich

Zu pochiertem, gebratenem, gebackenem und frittiertem Fisch.

- **2 EL Joghurt**
- **5 EL saure Sahne**
- **3 EL geriebener Apfel**
- **1 EL frisch geriebener Meerrettich**
- **Salz, Pfeffer**
- **1 Prise Zucker**

1 Die Sauce schmeckt nur mit frisch geriebenem Meerrettich wirklich gut. Den Joghurt mit der Sahne, dem geriebenen Apfel und dem Meerrettich verrühren. Mit Salz, Pfeffer und Zucker abschmecken.

Sahnemeerrettich

Zu pochiertem, gebratenem, gebackenem und frittiertem Fisch; zu kaltem geräuchertem Fisch; zu Fischfondue.

- **200 g Sahne**
- **3 EL frisch geriebener Meerrettich**
- **1 Spritzer Zitronensaft**
- **Salz, 1 Prise Zucker**
- **Cayennepfeffer**

1 Sahnemeerrettich schmeckt am besten frisch aufgeschlagen. Die Sahne steif schlagen, den Meerrettich untermischen. Mit Zitronensaft, Salz, Zucker und Cayennepfeffer abschmecken.

Preiselbeer-Sahnemeerrettich

5 EL Preiselbeeren (Glas) mit 2 TL Senf glatt rühren und unter den Sahnemeerrettich mischen.

Buttermischungen

Zu gegrilltem Fisch, als Ergänzung zu warmen Saucen.

Wer eine selbst gemachte Buttermischung im Kühlschrank oder Tiefkühlfach vorrätig hat, ist fein dran. Und sie ist schnell gemacht: Alle Zutaten mit dem Stabmixer oder dem elektrischen Handrührgerät unter die raumtemperierte Butter mischen. Mithilfe von Pergamentpapier oder Frischhaltefolie zu einer Rolle formen und kalt stellen. Jeweils mit dem Messer Portionen abschneiden.

Kräuterbutter

2 EL fein gewiegte Kräuter (Petersilie, Schnittlauch, Estragon, Zitronenmelisse, Borretsch, Bärlauch), 1 TL Zitronensaft, Salz und 1 durchgepresste Knoblauchzehe unter 100 g schaumig gerührte Butter mischen.

Knoblauchbutter

2–4 durchgepresste Knoblauchzehen, 1 fein gewürfelte Schalotte, fein gewiegte Petersilie, Salz, Pfeffer und 1 TL Zitronensaft unter 100 g schaumig gerührte Butter mischen.

Sardellenbutter

50 g fein gewiegte Sardellenfilets oder 2 TL Sardellenpaste unter 100 g schaumig gerührte Butter mischen.

Senfbutter

1 hart gekochtes, gehacktes Eigelb und 1–2 EL Senf unter 100 g schaumig gerührte Butter mischen.

Garnelenbutter / Krebsbutter

Einige Garnelen- oder Krebsschalen (von gegarten Tieren), im Mörser fein zerstoßen (wichtig wegen der Farbe!), 1 TL Zitronensaft, 50 g fein gehacktes Garnelenfleisch, Salz und Pfeffer durch ein feines Sieb passieren und unter 100 g schaumig gerührte Butter mischen.
(Krebsbutter kann man in guter Qualität in Dosen kaufen.)

Zitronengrasbutter

1 Stängel Zitronengras (Außenblätter entfernt, das Innere fein gehackt), abgeriebene Limettenschale, fein gehackte Ingwerwurzel, 1/2 Bund fein geschnittene Petersilie und 1 EL Fischsauce (Asialaden) mit dem Stabmixer fein pürieren und unter 100 g schaumig gerührte Butter mischen.

Seafood-Lexikon

Die wichtigsten Arten für die deutsche Küche

Süßwasserfische

Aal oder Flussaal

Anguilla anguilla – engl. Eel; franz. Anguille; ital. Anguilla; span. Anguila.

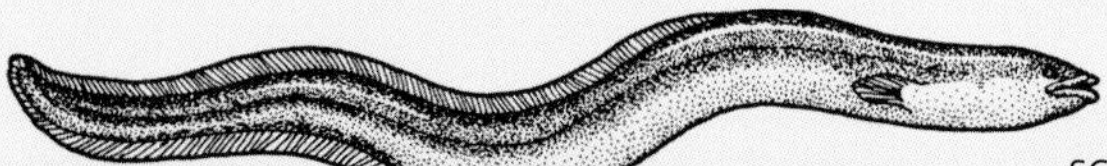

Aal

Der Aal bewohnt die Flüsse und Seen mit Zugang zum Meer. Heute wird er vielerorts, wo er ursprünglich nicht heimisch war, durch künstliche Besatzmaßnahmen verbreitet. Der lang gestrekkte, schlangenförmige Körper mit schleimiger Haut ist mit einem Flossensaum umgeben. Männliche Aale können bis zu 50 cm, weibliche bis zu 1 m lang werden. Man unterscheidet zwischen dem **Breitkopfaal**, der als Raubfisch nach Krebsen, Fröschen und Kleinfischen jagt und einen Fettgehalt von etwa 12 % aufweist, und dem **Spitzkopfaal**, der sich von Kleintieren ernährt und dessen Fleisch wesentlich fettreicher ist.
Der Aal ist ein Wanderfisch, dessen Biologie noch nicht genau erforscht ist. Nach 4–10 Jahren Aufenthalt im Süßwasser ist er geschlechtsreif, er wandelt sich zum *Blankaal* mit dunklem Rücken und silbrigem Bauch und wandert, einem Naturtrieb folgend, zum Laichen in den Atlantischen Ozean. Die Laichplätze liegen im Gebiet der Sargassosee vor dem amerikanischen Kontinent zwischen den Bermudas und den Westindischen Inseln. Die Aale kehren nicht wieder in die Flüsse zurück; sie gehen nach dem Ablaichen im Atlantik zugrunde. Während ihrer Wanderung vom Atlantik an die europäischen Küsten entwickeln die Jungaale ihre typische Aalgestalt. Wenn sie in die Süßwasserzuflüsse einwandern und die Flüsse hinaufsteigen, sind sie etwa fingerlang und bleistiftdick, noch fast durchsichtig *(Glasaal)*. Während der Wachstumsperiode im Süßwasser nennt man sie *Gelbaal*.
Der Aal ist ein hochwertiger Speisefisch mit allerdings ziemlich fettem Fleisch. Am besten schmecken Jungaale mit einem Gewicht von 500–750 g. Der frische Aal wird gern »blau« gekocht oder »grün« in Dillsauce zubereitet. Man kann ihn frittieren, grillen und vorzüglich zu Ragouts (Matrosengerichten) verwenden. Sehr geschätzt ist der geräucherte Aal, dessen Anteil am Handel etwa 80 % erreicht.

Äsche

Thymallus thymallus – engl. Grayling; franz. Ombre; ital. Temolo.

Die Äsche kommt in kühlen, klaren, schnell fließenden Gewässern in fast ganz Europa vor. Leider sind die Bestände durch die Verschmutzung der Flüsse teilweise sehr stark zurückgegangen. Man erkennt sie an ihrer ungewöhnlich hohen und langen, violettrot und schwarz marmorierten Rückenflosse (Fahne). Der Kopf ist klein, keilförmig, mit spitzer Schnauze und kurzer Mundspalte. Zwischen Rücken- und Schwanzflosse hat sie die kleine Fettflosse ohne Flossenstrahlen – ein Merkmal der Lachsfische. Die Schuppen sind klein, hart und mitunter schwer zu entfernen. Die Äsche erreicht eine mittlere Länge von 25–50 cm. Laichzeit ist von März bis Juni.
Die Äsche hat sehr feines, wohlschmeckendes Fleisch, das einen charakteristischen, an Thymian erinnernden Geruch aufweist; daher der wissenschaftliche Name *Thymallus*. Den Thymiangeschmack unterstreicht man bei der Zubereitung noch durch Beigabe von frischem Thymian. Kleine Äschen bereitet man wie Forelle zu, die großen können wie Lachsforelle verwendet werden.

Äsche

Barsch

siehe Flussbarsch

Brachsen oder Blei

Abramis brama – engl. Bream; franz. Brème.

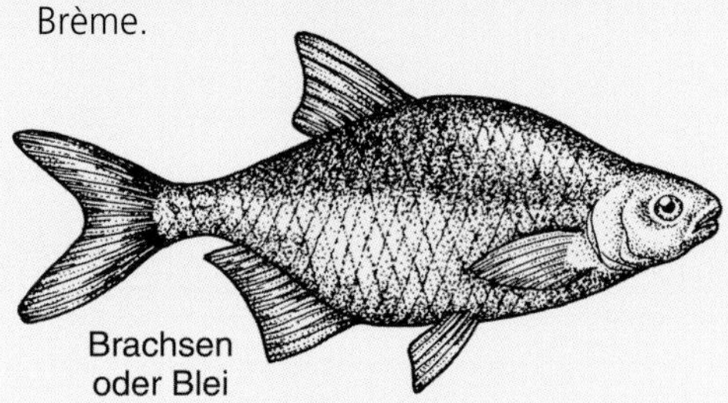

Brachsen oder Blei

Der Brachsen oder Blei zählt zu den so genannten Weißfischen. Er lebt vor allem in größeren Seen und langsam fließenden Gewässern mit schlammigem Grund. Auffallend ist der hochrückige, seitlich stark zusammengedrückte Körper. Die bleifarbene bis schwärzliche Rückenfärbung hat diesem Fisch den Namen eingebracht. Brachsen erreichen eine mittlere Länge von 30–75 cm und ein Gewicht von 8–9 kg. Laichzeit ist von Mai bis Juli.
Das Fleisch größerer Exemplare ist am schmackhaftesten. Ein Nachteil sind die zahlreichen feinen Gräten. Es ist daher zweckmäßig, den Fisch zu filetieren. Im Übrigen kann man Brachsen zubereiten wie Karpfen. Sehr kleine Fische werden am besten frittiert.

Flussbarsch

Perca fluviatilis – engl. Perch; franz. Perche; ital. Pesce persico; span. Perca.

Der Flussbarsch ist auch unter dem Namen *Egli* bekannt, am Bodensee heißt er *Kretzer*. Bis in 1000 m Höhe ist er in fließenden und stehenden Gewässern Mitteleuropas verbreitet. Auffallend ist der hohe und ziemlich breite Rücken, der zwei Flossen trägt, die vordere mit Stachelstrahlen und einem schwarzen

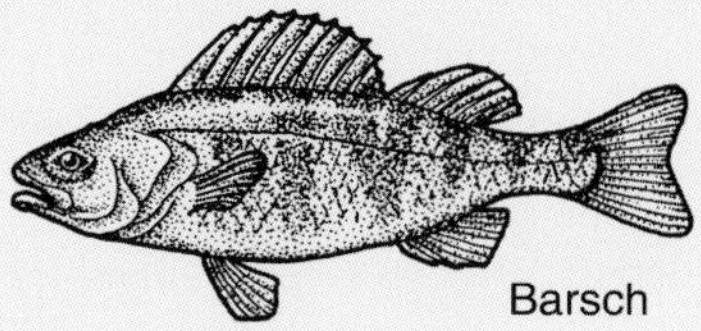
Barsch

Punkt am Flossenende, die hintere mit weichen Strahlen. Der Körper ist mit Kammschuppen bedeckt, die fest in der Haut sitzen. Der Barsch ist ein sehr farbenprächtiger Fisch, am Rücken dunkelgrau bis blau oder olivgrün, am Bauch hell bis weiß; breite, dunkle Querbinden am Oberkörper. Er erreicht eine mittlere Länge von 15–30 cm, maximal bis 45 cm. Laichzeit ist je nach Wohngewässer von März bis Juni.
Kleine Barsche bereitet man wie Forelle zu, vor allem auch auf Müllerinart gebraten. Die sehr kleinen Exemplare schmecken am besten frittiert. Größere werden filetiert und gebraten oder pochiert und mit einer feinen Sauce serviert. Als Eglifilet kann man sie auf vielen Speisekarten finden.
Seit einiger Zeit wird im Handel **Viktoria(see)barsch** angeboten. Dabei handelt es sich um den bis zu 2 m langen und bis zu 80 kg schweren **Nilbarsch** – *Lates niloticus* –, der im Viktoriasee ausgesetzt wurde und dem Fisch seinen Namen gab. Er besitzt festes, zartes weißes Fleisch, das bei uns in Filetform angeboten wird und zum Braten hervorragend geeignet ist.

Forelle

Die Forelle gilt neben dem Saibling als der edelste Süßwasserfisch. Sie gehört zur großen Gruppe der Salmoniden (Lachsfische) und kommt in verschiedenen Formen vor. Alle Forellenarten haben auf dem Schwanzstiel zwischen Rücken- und Schwanzflosse die für diese Gattung typische Fettflosse, eine kleine Hautfalte ohne Flossenstrahlen.

Forelle

Bachforelle
Salmo trutta fario – engl. Brook trout; franz. Truite; ital. Trota fario; span. Trucha.

Die Bachforelle lebt ständig in kalten, klaren, schnell fließenden und sauerstoffreichen Bächen und Flüssen sowie in Seen mit Kies- und Geröllgrund in ganz Europa. In den Alpen trifft man sie bis in über 2500 m Höhe an. Sie ist ein Standfisch, der sich nie längere Zeit von seinem Standort entfernt. Die Bestände können heute oft nur durch Besatz aufrechterhalten werden. Die Bachforelle ist eine besondere Rasse der Lachsforelle (siehe rechts). Ihr Körper ist torpedoförmig, die Schwanzflosse bei jungen Tieren eingebuchtet, bei alten fast gerade. Sie erreicht eine mittlere Länge von 25–40 cm; in nahrungsarmen Gewässern oft nur 15–20 cm.
Der Rücken ist je nach Wohngewässer olivgrün bis bräunlich, die Seiten sind heller mit dunklen Tupfen. Entlang und unterhalb der Seitenlinie befinden sich rote, hell umrandete Flecken. Die Bachforelle passt sich in der Farbe der jeweiligen Umgebung an und erhält dadurch wieder verschiedene Namen, die auch Rückschlüsse auf eine besondere Fleischqualität zulassen *(Wald-, Gebirgs-, Steinforelle).* Die Schuppen sind sehr klein. Laichzeit ist von Oktober bis Januar.
Weißes, besonders delikates Fleisch haben Bachforellen aus schnell fließenden Gewässern, also Stein- und Gebirgsforellen. Lebendfrische Bachforellen werden vorzugsweise blau gekocht. Gelagerte Fische sollte man besser braten (auf Müllerinart) oder panieren und in Fett ausbacken. Man kann sie außerdem im Ofen braten, in Flüssigkeit pochieren und mit einer delikaten Sauce servieren.

Seeforelle
Salmo trutta lacustris.

Die Seeforelle, auch als *Blauforelle, Grundforelle* oder *Goldlachs* bekannt, bewohnt die großen, tiefen Seen der Alpen und des Voralpengebiets bis in 1800 m Höhe, zum Beispiel Chiemsee, Walchensee, Bodensee, auch Stauseen. Aber auch in Skandinavien und Schottland, Wales und Irland ist sie verbreitet. Die Farbe des Rückens ist meist blaugrün oder braungrau. Die Flanken weisen unterschiedlich große, unregelmäßig geformte schwarze Flecken auf mit braunen bis rötlichen Punkten. Die Seeforelle erreicht eine mittlere Länge von 40–80 cm. Laichzeit ist von Oktober bis Dezember.
Das Fleisch der Seeforelle ist sehr fein und wohlschmeckend. Kleine Fische bereitet man wie Bachforelle zu, große wie Lachs. Die Seeforelle eignet sich gut für kalte Gerichte.

Lachsforelle oder Meerforelle
Salmo trutta trutta – engl. Sea trout, Salmon trout; franz. Truite de mer; ital. Trota salmonata; span. Trucha del mar.

Die Lachs- oder Meerforelle ist ein Wanderfisch. Nach 2–4 Jahren Aufenthalt im Süßwasser wandern die Jungfische ins Meer ab, wo sie sich in Küstennähe aufhalten. Zwischen Juli und November steigen die geschlechtsreifen Tiere zum Ablaichen in die Flüsse auf. Die Lachsforelle unterscheidet sich vom Lachs durch die stumpfe Schnauze und die gedrungene Körperform. Sie erreicht ein durchschnittliches Gewicht von 1–5 kg und eine durchschnittliche Länge von 80–100 cm. Laichzeit ist von Dezember bis März. Die heute im Handel angebotenen Lachsforellen stammen meist aus skandinavischen Zuchten.
Die Lachsforelle hat ein äußerst delikates, leicht rötliches Fleisch. Sie wird gern als ganzer Fisch pochiert, geschmort oder gebraten, häufig auch gefüllt. Ihr feines Fleisch eignet sich besonders gut für kalte Gerichte. Lachsforelle gibt es auch geräuchert im Handel.

Regenbogenforelle
Oncorhynchus mykiss – engl. Rainbow trout; franz. Truite arc en ciel; ital. Trota arcobaleno, Trota iridea; span. Trucha arco iris.

Die Regenbogenforelle stammt ursprünglich aus Amerika. Sie wurde Ende des 19. Jahrhunderts in Europa eingeführt. Dank ihrer Widerstandskraft gegen Krankheiten und ihres schnellen Wachstums bei intensiver Fütterung ist sie heute der bedeutendste Fisch in allen europäischen Forellenzuchtbetrieben. Meist wird sie bis zur Größe einer Portionsforelle herangezogen. In freien Gewässern kann sie eine Größe von bis zu 60 cm erreichen. Charakteristisch sind der in den Regenbogenfarben schillernde Seitenstreifen vom Kopf bis zum Schwanz und die vielen kleinen schwarzen Flecken auf Kopf, Körper, Rücken-, Fett- und Schwanzflosse; die roten, hell umrandeten Flecken an der Seitenlinie wie bei der Bachforelle fehlen ihr. Laichzeit ist von Dezember bis Mai.
Die Regenbogenforelle ist ein sehr beliebter Speisefisch und von großer wirtschaftlicher Bedeutung. Das Fleisch kann durch sachgemäße Fütterung sehr wohlschmeckend und von guter Qualität sein. Man verwendet sie wie die Bachforelle.
Achtung: Im Handel werden Regenbogenforellen häufig als Lachsforellen angeboten, die durch mit einem Carotinoid angereichertes Futter zur ihrer Lachsfarbe kommen. Wenngleich sie laut Lebensmittelrecht als »lachsfarbene Forelle« oder als »lachsfarbene Regenbogenforelle« angeboten werden müssten, kann der Laie sie durch das fehlende rote Band auf den Flanken von der echten Lachsforelle unterscheiden.

Hecht

Esox lucius – engl. Pike; franz. Brochet; ital. Luccio; span. Lucio.

Der Hecht kommt in Mitteleuropa in allen Binnengewässern vor, die seinen Ansprüchen genügen. Er ernährt sich fast ausschließlich von Fischen und gehört zu den gefräßigsten Raubfischen. Junghechte setzt man auch in Karpfenabwachsteiche ein. Sie sorgen dafür, dass die Nahrungskonkurrenten der Karpfen, die so genannten Unkrautfische, kurzgehalten werden. Typisch ist der lange Kopf mit weiter Mundspalte und starker Bezahnung. Die Färbung des lang gestreckten Körpers ist, je nach Wohngewässer und Alter, unterschiedlich; der Rücken bräunlich oder olivgrün, die Seiten heller mit dunklen Querstreifen. Ein alter Hecht kann 25 kg schwer werden und eine Länge von 1 m erreichen. Am schmackhaftesten ist jedoch das Fleisch bei einem Gewicht von 2–3 kg. Laichzeit ist von Februar bis Mai. Das Fleisch junger Hechte ist weiß, fest, sehr wohlschmeckend und hat nur wenige Gräten. Das Fleisch alter Tiere ist jedoch grobfaserig, trocken und von zahlreichen feinen Gräten durchzogen. Hecht wird gern im Ganzen zubereitet und mit einer feinen Sauce serviert. Man kann ihn dünsten, in Scheiben schneiden und in Fett ausbacken, in Alufolie zubereiten oder pochieren. Da das Fleisch mager ist, wird der Hecht auch gern mit Speck gespickt. Das Fleisch älterer Tiere, das in der Küche sonst weniger geschätzt ist, eignet sich vorzüglich für feine Farcen (Hechtklößchen, Hechtterrine).

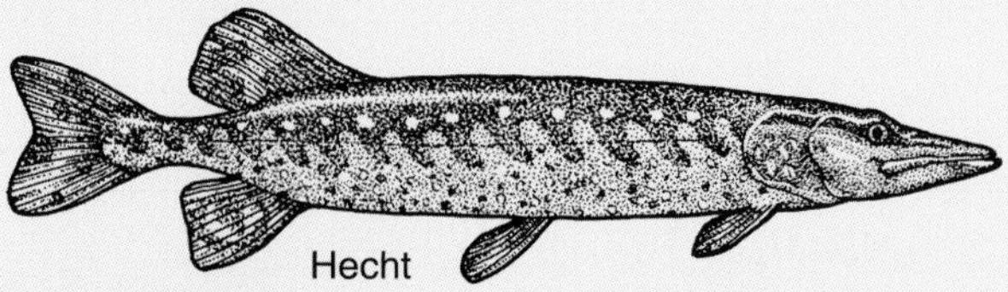
Hecht

Huchen

Hucho hucho – engl. Huchen; franz. Huchone.

Der Huchen, auch *Donaulachs* genannt, gehört zur Familie der Lachsfische. Man findet ihn nur im Stromgebiet der oberen und mittleren Donau, wo er in kühlen, schnell fließenden, sauerstoffreichen Gewässern mit kiesigem Untergrund lebt. Leider trifft man ihn heute nur noch selten an. Man führt dies, genauso wie den Rückgang der anderen Edelfischbestände, auf die zunehmende Verschmutzung der Gewässer zurück. Der Huchen hat einen lang gestreckten, runden Körper und einen langen, abgeflachten Kopf mit weiter Mundspalte. Die Farbe des Rückens ist bräunlich oder grünlich grau. Typisch ist die Färbung der Seiten in rötlichem Kupferglanz mit vielen dunklen Flecken; regional wird er daher auch Rotfisch genannt. Er erreicht eine mittlere Länge von 60–120 cm, maximal 150 cm. Laichzeit ist von März bis April.
Der Huchen hat weißes, festes, wohlschmeckendes Fleisch. Es kann wie Lachs zubereitet werden. Filets werden gern wie Schnitzel in der Pfanne gebraten. Besonders gut geeignet ist das Fleisch auch für Gerichte aus durchgedrehtem Fischfleisch.

Karpfen

Cyprinus carpio – engl. Carp; franz. Carpe; ital. Carpa; span. Carpa.

Der Karpfen lebt in stehenden oder langsam fließenden, warmen Gewässern mit Schlamm- oder Sandgrund und Pflanzenbewuchs. Als Teichfisch wurde er schon im frühen Mittelalter in Europa eingeführt. Er hat einen auffallend hohen Rücken und eine sehr lange Rückenflosse. Durch Zucht und Auslese wurden aus der Stammform, dem Schuppenkarpfen, verschiedene Karpfenstämme gezüchtet, sowohl hochrückige als auch

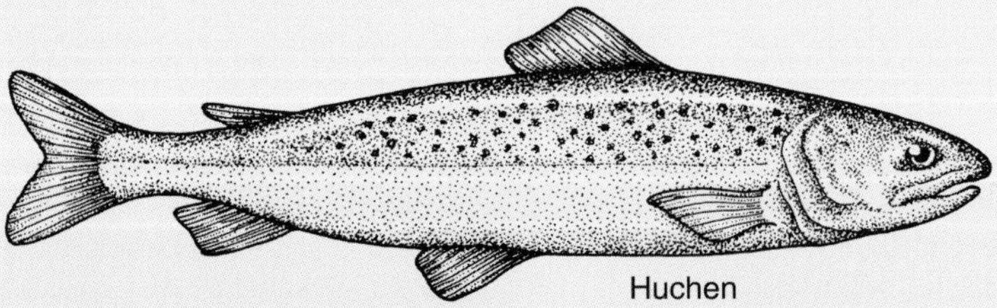
Huchen

gestreckte, breitrückige Formen. Nach der Beschuppung unterscheidet man: **Schuppenkarpfen** – mit vollständigem Schuppenkleid, **Spiegelkarpfen** – mit nur wenigen großen, unregelmaßig verteilten Spiegelschuppen, **Zeilkarpfen** – mit einer Reihe gleich großer Schuppen entlang der Seitenlinie, **Nackt-** oder **Lederkarpfen** – schuppenlos oder mit nur wenigen Schuppen. Der Karpfen hat als wichtiger Zuchtfisch der Teichwirtschaft große wirtschaftliche Bedeutung. Bei zusätzlicher Fütterung werden die Fische im dritten Sommer 1–2 kg schwer und bis zu 40 cm lang. Die Laichzeit ist von Mai bis Juli.
Der Karpfen ist ein beliebter Speisefisch. Sein Fleisch ist sehr schmackhaft, doch etwas fett und ziemlich grätenreich. Im Herbst werden die Karpfenteiche abgelassen und die Fische regelrecht »geerntet«. Alle Teichkarpfen sollten vor dem Töten einige Zeit in fließendem Wasser gehalten werden, um den Schlammgeruch zu beseitigen; die Kiemen werden vor der Zubereitung aus dem gleichen Grund entfernt. Lebendfrische Karpfen von mittlerer Größe werden gern blau gekocht. Man kann sie auch in Rotwein dünsten, im Ofen braten, füllen oder in Folie garen. Sehr beliebt ist gebackener Karpfen. Die Karpfenmilch, das Samenpaket des männlichen Fisches, gilt als besondere Delikatesse. Man kann sie in Butter braten oder in wenig Flüssigkeit pochieren. Den Karpfenrogen verwendet man für Suppe oder roh, mit Mayonnaise vermischt.

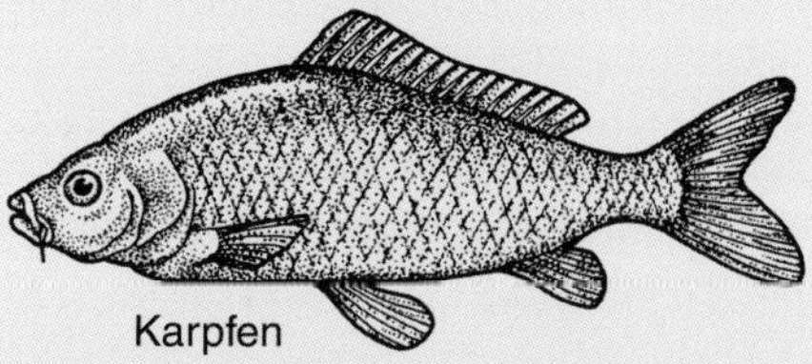
Karpfen

Lachs (Atlantischer) oder Salm

Salmo salar – engl. Salmon; franz. Saumon; ital. Salmone; span. Salmón.

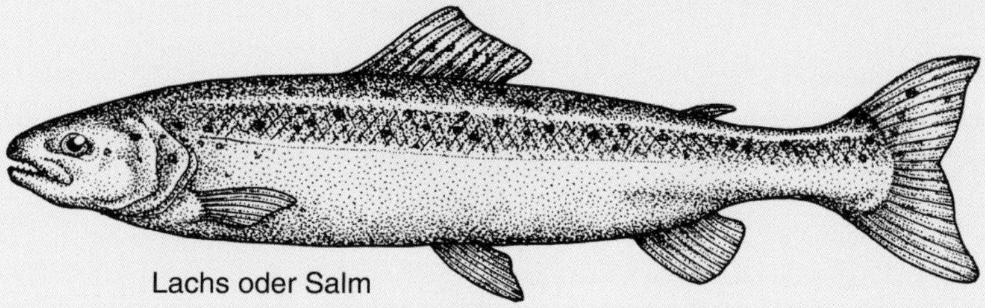
Lachs oder Salm

Das Verbreitungsgebiet des Lachses umfasst die Küstengewässer und die einmündenden Flüsse auf beiden Seiten des Nordatlantiks. Er ist ein typischer Wanderfisch, der mit 3–6 Jahren zum Laichen vom Meer weit flussaufwärts ins Süßwasser zieht. Die Junglachse wandern nach etwa 3 Jahren vom Süßwasser ins Meer, ernähren sich von Fischen und vor allem Krebstieren (daher das Rot und der typische Geschmack des Lachsfleisches) und nehmen schnell an Gewicht zu. In den europäischen Küstengewässern war der Lachs stark verbreitet. Während es im Norden der USA und vor allem in Kanada Wildlachs in den Flüssen noch in großen Mengen gibt, sind die Bestände bei uns durch Verschmutzung und Verbauung der Laichgewässer stark zurückgegangen und zum Teil erloschen, sodass im Süßwasser praktisch keine Lachse mehr gefangen werden. Die dadurch entstandene Marktlücke wurde in unserer Zeit von der überaus erfolgreichen Lachszucht (vor allem in Norwegen) geschlossen. Der Zuchtlachs garantiert heute eine stets verfügbare, gleich bleibende Qualität. Moderne Fütterungsmethoden ermöglichen es, Geschmack und Farbe des Lachsfleisches praktisch im Voraus festzulegen.
Typisch sind der lang gestreckte Körper, mit kleinen Schuppen besetzt, der kleine Kopf und die spitze Schnauze. Zwischen Rücken- und Schwanzflosse hat er die typische Fettflosse der Lachsfische. Die Färbung ausgewachsener Lachse ist am Rücken graugrün, die Flanken sind silberglänzend, der Bauch ist weißglänzend. Zur Laichzeit legt sich der Lachs ein prächtiges Hochzeitskleid zu mit bläulichem und rötlichem Schimmer sowie roten und schwarzen Flecken und Tupfen *(Buntlachse).* Der Laichaufstieg in die Flüsse findet zu sehr unterschiedlichen Zeiten statt (Sommerlachs und Winterlachs). Laichzeit ist von September bis Februar. Gefischt werden Lachse im Meer entlang den Küsten oder in den Flüssen beim Laichaufstieg. Das hellrote, fettreiche Fleisch der die Flüsse aufsteigenden männlichen Lachse ist am schmackhaftesten. Männliche Lachse erkennt man am hakenförmigen Fortsatz des Unterkiefers (als *Hakensalm* oder *Hakenlachs* bezeichnet).
Egal ob edler Wildlachs – meist kommt er aus Schottland, Irland, Skandinavien oder Kanada – oder preiswerter Zuchtlachs, der Lachs gehört zu unseren feinsten und beliebtesten Speisefischen. Er kommt frisch, gefroren, geräuchert oder gebeizt (Gravlax) auf den Markt. Frischen Lachs kann man braten, grillen oder in einem feinen Sud pochieren. Kein kaltes Bufett ohne Lachs!

Renke oder Felchen

Renken leben in Mitteleuropa in fast allen größeren tiefen Seen mit klarem, sauerstoffreichem Wasser. Die Fische aus den Holsteiner und bayerischen Seen heißen Renken, die aus dem Bodensee Felchen. Man kennt sie auch unter der Bezeichnung *Maräne, Reinanke, Blaufelchen*. Der lang gestreckte, torpedoförmige, leicht zusammengedrückte Körper ist silberglänzend und mit großen Schuppen bedeckt. Es gibt zahlreiche, schwer unterscheidbare Arten. Alle haben die so genannte Fettflosse ohne Flossenstrahlen zwischen Rücken- und

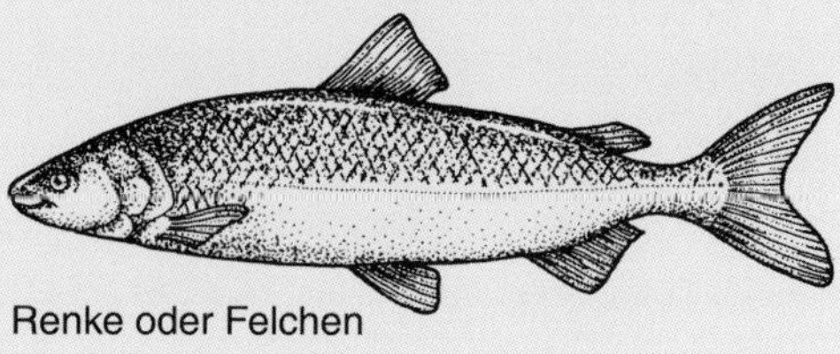
Renke oder Felchen

Schwanzflosse. Die Laichzeit ist bei den meisten Renkenarten im Spätherbst und im Winter. Renken werden auch gezüchtet.
Die Renke hat weißes, sehr schmackhaftes, aber etwas trockenes Fleisch. Am besten schmecken Renken auf Müllerinart gebraten oder gebacken, mit viel Butter zubereitet; kleine Exemplare werden bevorzugt frittiert. Renkenfilet kann man pochieren und in feiner Sauce servieren oder ebenfalls in Butter braten. Im Übrigen können sie wie Forellen zubereitet werden. Beliebt sind geräucherte Renken.

Kleine Maräne, Zwergmaräne
Coregonus albula – engl. White fish; franz. Petite marêne.

Diese 20–40 cm lange Renke, deren Unterkiefer weiter hervorsteht als der Oberkiefer, ist in ganz Nordeuropa verbreitet und in den Seen Holsteins sowie Mecklenburgs zu finden. In Bayern kommt sie im Waginger See vor.

Blaufelchen, Große Schwebrenke
Coregonus lavaretus – engl. Pollan; franz. Lavaret du Bourget; ital. Coregone lavarello.

Durch den über den Unterkiefer hinausragenden Oberkiefer lässt sich diese große Renke leicht von ihrer kleineren Verwandten unterscheiden. Sie wird mit etwa 30 cm Länge gefangen, kann aber bis zu 70 cm erreichen. Als Freiwasserfisch ist sie vor allem im Bodensee und den Seen des Voralpenraumes zu finden, aber auch in der Ostsee.

Pangasius

Pangasianodon hypophthalmus – engl. Pangasius, franz. Pangasius.

Der robuste Fisch aus der Familie der Haiwelse ist noch nicht lange auf den europäischen Märkten vertreten. Er kommt aus Südostasien und wird vor allem in Vietnam im Mekong-Delta gezüchtet. Dort erlangt er bereits nach 6–8 Monaten ein Gewicht von 1,5–2 kg; im Freiwasser kann er bis zu 20 kg erreichen. Er wird hauptsächlich nach Europa und in die USA exportiert und hat sich bei uns in kürzester Zeit erhebliche Marktanteile gesichert.
Pangasius gelangt als tiefgefrorenes Filet auf den Markt. Das nahezu grätenfreie, fettarme, feste weiße Fleisch bringt nicht viel Eigengeschmack mit und eignet sich deshalb für fast alle Zubereitungen.

Rutte oder Quappe

Lota lota – engl. Burbot; franz. Lotte de rivière; ital. Bottatrice; span. Lota.

Die Rutte oder Quappe, auch *Aalquappe* oder *Trüsche* genannt, ist die einzige Art der Dorschfische, die im Süßwasser lebt. Sie ist in Seen und Fließgewässern verbreitet, in den Alpen kommt sie bis in 1200 m Höhe vor. Man trifft sie auch im Brackwasser der Flussmündungen an. Die Grundfärbung des lang gestreckten Körpers mit seiner langen hinteren Rücken- und der langen Afterflosse ist braun, gelboliv oder grünlich mit dunkler Marmorierung. Auffallend ist der breite, flache Kopf mit breiter Mundspalte. Die Rutte hat sehr kleine, zarte Schuppen und muss nicht geschuppt werden. Sie erreicht eine mittlere Länge von 30–60 cm, maximal 1 m. Laichzeit ist von November bis März.
Die Rutte ist ein wertvoller, sehr schmackhafter Speisefisch. Ihr Fleisch ist weiß, fest und zart, außer der Hauptgräte hat sie nur wenige Gräten. Die schleimige Haut reibt man vor dem Kochen mit Salz ab, sofern der Fisch nicht blau gekocht wird. Man kann die Rutte pochieren, braten, füllen, das Fleisch zu Schnitzeln schneiden und frittieren. Die Leber ist besonders groß, sehr zart und gilt als Delikatesse. Sie muss jedoch – wie Fischleber überhaupt – immer völlig durchgegart werden. Alle Rezepte für Forelle können auch für die Rutte angewendet werden. Ruttenfilets können nach den Rezepten für Barschfilets zubereitet werden.

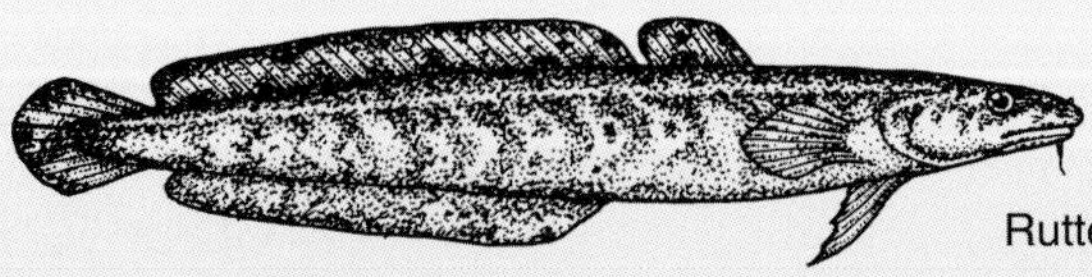
Rutte oder Quappe

Saibling

Saiblinge gehören zu den Lachsfischen, die an der so genannten Fettflosse, die zwischen Rücken- und Schwanzflosse entwickelt ist, zu erkennen sind.

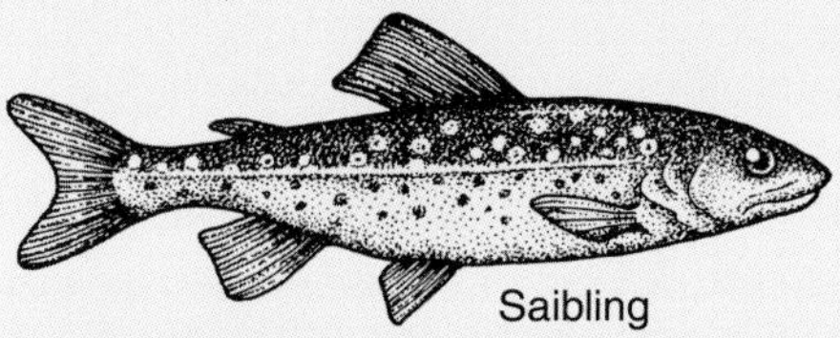
Saibling

Bachsaibling
Salvelinus fontinalis – engl. Brook trout; franz. Omble de fontaine; ital. Salmerino di fontana; span. Salvelino.

Der Bachsaibling oder *Bachrötel* wird auch als *Amerikanischer Saibling* bezeichnet. Der Name weist auf seine Heimat Nordamerika hin, wo er Ende des 19. Jahrhunderts – wie die Regenbogenforelle – eingeführt und in geeignete Gewässer eingesetzt wurde. Er lebt in kalten, sauerstoffreichen Fließgewässern, aber auch in klaren Seen. Der Bachsaibling wird auch in Teichwirtschaften gezogen. Die Körperform ist – ähnlich wie beim Seesaibling – forellenartig, am Anfang lang gestreckt, später gedrungen; auffallend ist die sehr weite, bis weit hinter die Augen reichende Mundspalte. Rücken und Rückenflosse sind braun und oliv marmoriert, der Bauch ist rötlich. Typisch sind die gelben Punkte an den Flanken. Markant ist der weißschwarze Saum am Vorderrand der paarigen Flossen und der Afterflosse. Der in der Laichzeit besonders prächtig gefärbte Bachsaibling ist einer der schönsten Lachsfische. Die durchschnittliche Länge beträgt 30–40 cm bei einem Gewicht von 500–1000 g.

Der Bachsaibling hat sehr feines, äußerst schmackhaftes Fleisch. Deshalb sparsam würzen, um den feinen Eigengeschmack nicht zu überdecken. Man bereitet ihn wie Forelle zu.

Seesaibling

Salvelinus alpinus salvelinus – engl. Char; franz. Omble chevalier; ital. Salmerino alpino.

Man kennt den Seesaibling auch unter den regionalen Bezeichnungen *Rötel, Rotforelle, Ritter, Schwarzreuter, Wildfangsaibling*. Er bewohnt – mit zahlreichen Lokalformen, darunter auch Zwergformen – kalte, sauerstoffreiche Seen im Alpengebiet nördlich des Zentralkamms bis in über 2000 m Höhe. Sein Verbreitungsgebiet erstreckt sich auf die gesamte nördliche Halbkugel. Der Körper des Seesaiblings ist forellenartig, in der Jugend lang gestreckt, im Alter gedrungener. Die Färbung ist je nach Standort unterschiedlich, am Rücken graugrün, blaugrün oder braun, die Seiten heller, der Bauch weiß bis gelblich. An den Flanken befinden sich helle, runde Punkte. Markantes Zeichen sind der leuchtend weiße Saum am Vorderrand der rötlich gefärbten paarigen Bauchflossen sowie der Brust- und Afterflosse. Man unterscheidet den schnellwüchsigen Wildfangsaibling, der sich als Raubfisch von anderen Fischen ernährt und einige Kilogramm schwer werden kann, und den Normalsaibling, der nur ein Gewicht von einigen 100 Gramm erreicht. Schwarzreuter und andere Zwergformen werden höchstens 25 cm lang. Hauptlaichzeit ist von September bis Januar.
Der Seesaibling hat feines, äußerst schmackhaftes Fleisch, das leicht rötlich ist. Kleine Fische bereitet man wie Forelle zu, größere wie Lachs oder Lachsforelle. Das filetierte, enthäutete Fleisch ergibt eine feine Fischmousseline, die man zum Füllen von Fisch, Fischröllchen, für Fischklößchen oder Fischpasteten verwendet. Geräucherte Schwarzreuter gelten als besondere Delikatesse.

Schleie

Tinca tinca – engl. Green tench; franz. Tanche; ital. Tinca; span. Tenca.

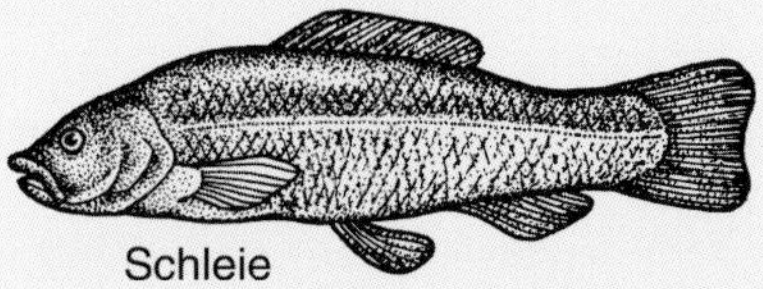

Schleie

Die Schleie gehört zur Gattung der Karpfenfische. Sie ist in fast ganz Europa verbreitet. An ihre Wohngewässer stellt sie die gleichen Ansprüche wie der Karpfen. Man findet sie in langsam fließenden Gewässern sowie in warmen, flachen Seen und Teichen mit schlammigem Boden und reichem Pflanzenbewuchs. Sie wird auch in der Teichwirtschaft gezogen. Besondere Bedeutung hat sie als Nebenfisch in Karpfenteichen. Ihren Namen verdankt sie der sehr schleimigen Oberhaut, in welche die kleinen Schuppen tief eingebettet sind. Der gedrungene Körper ist am Rücken dunkelgrün oder dunkelbraun gefärbt, die Seiten sind glänzend messingfarben. Im 3. Lebensjahr erreicht sie mit einer Länge von etwa 30 cm ein Gewicht von 200–300 g. Laichzeit ist von Mai bis Juli, je nach Wassertemperatur.
Das Fleisch der Schleie ist wohlschmeckend, jedoch ziemlich grätenreich. Man sollte sie vor dem Töten einige Tage in klarem, fließendem Wasser halten, um den oft modrigen Geschmack zu beseitigen. Die Schleie wird meist im Ganzen zubereitet und gern blau gekocht, die Filets auch pochiert. Ihr Fleisch ist beliebt für Ragouts und gedünstete Fischgerichte mit verschiedenen Fischsorten (Matrosengerichte).

Tilapia

Tilapien, eine artenreiche Gattung der Buntbarsche, stammen ursprünglich aus Afrika, kommen heute aber als Zuchtfisch mit bedeutendem Markterfolg aus Asien zu uns. Der Fisch, der in warmen Gewässern (18–20 °C) lebt, hat einen hohen Rücken und ist grünlich gefärbt mit dunklen Querstreifen. Nach einem guten Jahr erreicht er eine Länge von bis zu 40 cm bei 1 kg Gewicht. Auf die europäischen Märkte gelangt vorrangig das frische oder tiefgefrorene enthäutete Filet der **Nil-Tilapia** *(Oreochromis niloticus niloticus).*
Das feste weiße Fleisch verträgt viele Zubereitungsarten. Besonders gern wird es gegrillt, gebraten und in der Papierhülle gegart.

Waller oder Wels

Silurus glanis – engl. Wels; franz. Silure; ital. Silvro; span. Silvro.

Der Waller oder Wels, auch *Donauwaller, Schaden* oder *Schaid* genannt, kommt in Mittel- und Osteuropa in Seen und größeren Flüssen mit weichem Boden vor. Die Bestände werden zum Teil durch künstliche Besatzmaßnahmen erhalten. Vor allem in Ungarn wird der Waller auch als Teichfisch gehalten und zusätzlich gefüttert. Im freien Wasser ernährt er sich als sehr gefräßiger Raubfisch überwiegend von Fischen und Fröschen. Kennzeichnend ist der breite, abgeflachte Kopf mit 2 langen und 4 kurzen Bartfäden. Die Haut des plumpen, runden Körpers ist schleimig und schuppenlos. Die Rückenfärbung ist schwärzlich blau, braun oder grünlich. Die kurze Rückenflosse sitzt im vorderen Körperdrittel, die Afterflosse nimmt nahezu die gesamte hintere Körperhälfte ein. Der Waller kann eine maximale Länge von 3 m (150 kg Gewicht) erreichen. Neben dem Stör und dem Hausen ist er der größte Flussfisch in Europa. Laichzeit ist von Mai bis Juli, je nach Wassertemperatur.

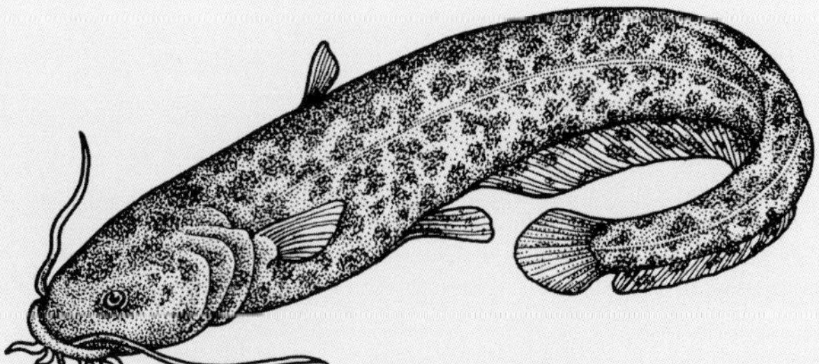

Waller oder Wels

Das fast grätenlose weiße Fleisch – besonders des jungen Wallers mit einem Gewicht von 3–4 kg – ist sehr wohlschmeckend, doch etwas fett. Es wird daher gern sauer zubereitet. Als Waller im Wurzelsud kommt der Fisch mit dem essiggesäuerten Wurzelgemüse aus dem Sud auf den Tisch. Größere, abgelaichte Waller kann man in Wein dünsten oder schmoren, das Fleisch zu Schnitzeln schneiden, zu Ragouts verarbeiten oder panieren und in Fett ausbacken.

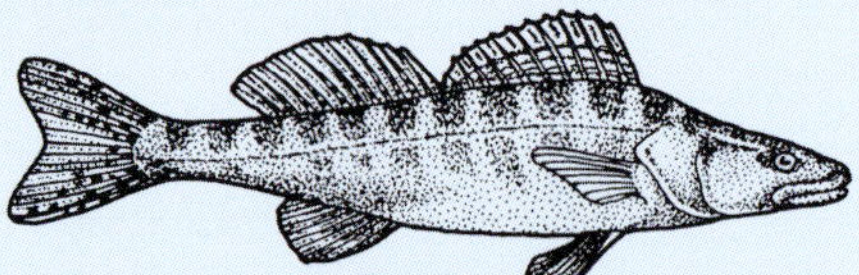

Zander

Zander oder Schill

Stizostedion lucioperca – engl. Pike perch; franz. Sandre; ital. Sandra; span. Lucioperca.

Der Zander ist ein Raubfisch, der im freien Wasser jagt. Er lebt in Mittel- und Osteuropa, vorwiegend in größeren, ruhigen Gewässern mit guten Sauerstoffverhältnissen, auch in Stauseen. Durch Besatzmaßnahmen und künstliche Zucht ist der Zander heute weit verbreitet. Berühmt sind die Fische vom Plattensee, wo sie *Fogosch* heißen. Die gestreckte Körperform ist dem Hecht ähnlich, der Kopf läuft spitz zu. Die Färbung ist am Rücken und an den Seiten grünlich bis grau, der Bauch weißlich. Jüngere Zander haben über der oberen Körperhälfte 8–10 dunkle Querbinden. Die erste Rückenflosse trägt in Reihen angeordnete, kleine, dunkle Punkte. Der Zander erreicht eine mittlere Länge von 40–50 cm, doch kann er mehr als 1 m erreichen. Laichzeit ist von April bis Mai. Das Fleisch ist weiß, zart und sehr schmackhaft, wenn es ganz frisch verwendet wird. Im Geschmackswert ist der Zander dem Hecht ähnlich und kann auch wie dieser zubereitet werden. Das Fleisch eignet sich vorzüglich für Farcen.

Fischmarkt in Palermo

Meeresfische

Alaska-Pollack

Theragra chalcogramma – engl. Alaska pollack; franz. Morue du Pacific occidental; ital. Merluzzo dell'Alaska; span. Abadejo de Alasca.

Der von Japan bis Kalifornien, also im Nordpazifik verbreitete Alaska-Pollack wird etwa 90 cm lang. Dank der umfangreichen Fänge hat er eine große wirtschaftliche Bedeutung erlangt. Noch an Bord wird der Fisch verarbeitet und tiefgefroren; so wird er auch bei uns in den Fischabteilungen der Kaufhäuser als Alaska-Fischfilet angeboten. War dort einst Seelachs der Spitzenreiter im Verkauf, so ist es heute der Alaska-Pollack. Das magere weiße Fleisch wird gebraten, kann aber auch ausgebacken werden.

Butterfisch

Pholis gunnellus – engl. Gunnel.

Der in Schwärmen lebende Butterfisch – die europäische Art einer großen Familie – ist in den Küstengewässern der Nord- und Ostsee, um Island und Norwegen bis zur Biskaya verbreitet. Er hat einen schlangenartigen Körper und kommt frisch oder tiefgefroren und aufgetaut in den Handel. Fälschlicherweise werden Schlangenmakrelen (Verkehrsbezeichnung »Buttermakrelen«) als Butterfisch verkauft, häufig als Räucherfisch. Neben der europäischen Art sind vor allem die amerikanischen Butterfische von kulinarischer Bedeutung. *Peprilus triacanthus* (engl. Butterfish) ist vor der US-amerikanischen Atlantikküste verbreitet und hat einen schlanken, ovalen Körper mit silbrig glänzendem Bauch und bläulich gefärbtem Rücken. Vor der nordamerikanischen Pazifikküste lebt der *Peprilus simillimus* oder *Perillus simillimus* (engl. Pacific Pompano). Das feste weiße Fleisch des Butterfischs weist nur wenige Gräten auf und ist sehr begehrt. Als Portionsfisch ist er in Amerika besonders beliebt.

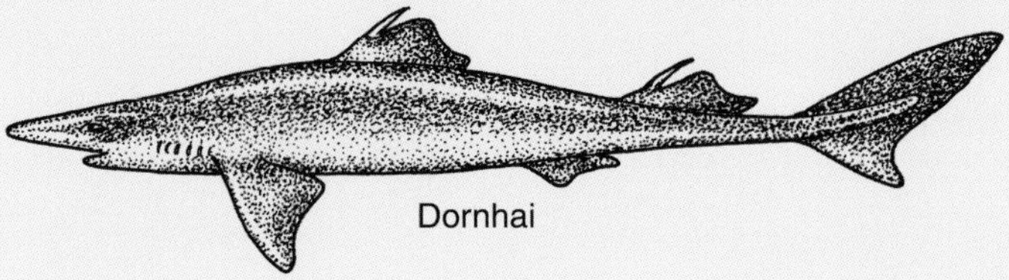
Dornhai

Dornhai

Squalus acanthias – engl. Spiny dogfisch; franz. Aiguillat commun; ital. Spinarolo; span. Mielga.

Der Gemeine Dornhai ist die am häufigsten vorkommende und wirtschaftlich wichtigste Haiart des Nordatlantiks. Er bewohnt sowohl die flachen Gewässer als auch Tiefen bis zu 400 m. Die Färbung des Rückens ist blaugrau. Vor jeder der beiden Rückenflossen sitzt ein kräftiger, giftiger Stachel (Dorn). Der Dornhai wird etwa 1 m lang. Nach dem Fang werden die Tiere enthäutet (wegen des giftigen Stachels), der Kopf wird entfernt.
Das Fleisch des Dornhais wird auf dem Markt als Seeaal verkauft. Es kommt frisch auf Eis, vor allem auch in Gelee mariniert, in den Handel. Die dünnen Bauchlappen kennt man geräuchert als *Schillerlocken*.
In Dänemark wird das frische Fleisch des Dornhais als Königsaal gehandelt. Das frische Fleisch kann man als Schnitzel braten, schmoren und backen, sollte es aber nicht grillen, da es dafür zu mager ist.

Drachenkopf

Die räuberischen Drachenköpfe haben einen kräftigen, etwas gedrungenen, an den Seiten abgeflachten Körper und einen auffallend unförmigen, breiten Kopf. Die vordere Rückenflosse besitzt Giftstacheln. Drachenköpfe heißen auch Skorpionfische.
Ihr Fleisch ist fest, weiß und wohlschmeckend. Es eignet sich bestens für Suppen und darf in einer Bouillabaisse nicht fehlen. Es wird meist frisch als Filet angeboten und kann gebraten und sogar gegrillt werden, am besten aber wird es gedünstet.

Brauner Drachenkopf
Scorpaena porcus – engl. Black scorpion fish; franz. Rascasse brune; ital. Scorfano nero; span. Rascacio.

Sein Lebensraum reicht von Großbritannien bis nach Marokko und umfasst das gesamte Mittelmeer. Der Körper ist graubraun gefärbt und dunkel gescheckt, der Kopf trägt auffällige Stacheln. Seine durchschnittliche Körperlänge beträgt 20 cm.

Großer Roter Drachenkopf
Scorpaena scrofa – engl. Red scorpion fish; franz. Rascasse rouge; ital. Scorfano rosso; span. Cabracho.

Er ist von Großbritannien bis zum Senegal verbreitet und kommt ebenfalls im Mittelmeer sowie im Schwarzen Meer vor. Der Körper ist orangerot marmoriert. Er wird durchschnittlich 30 cm lang und ist damit etwas größer als der Braune Drachenkopf, wird aber ebenso verwendet.

Goldbrassen / Dorade

Sparus aurata – engl. Gilthead sea bream; franz. Daurade oder Dorade royale; ital. Orata; span. Dorada.

Der Goldbrassen lebt im Atlantik an der europäischen und afrikanischen Küste und im Mittelmeer. Man erkennt den Goldbrassen an dem seitlich zusammengedrückten Körper mit dem stumpfen Kopf und den großen Augen. Zwischen den Augen trägt er einen goldfarbenen

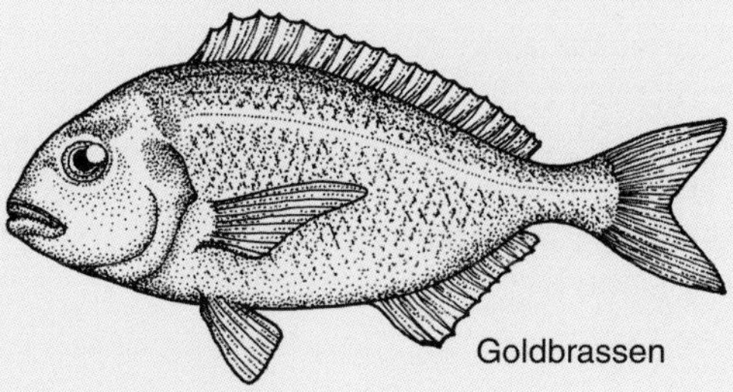
Goldbrassen

Streifen. Der Rücken ist dunkelblau bis blaugrau, die Seiten sind zum Bauch hin silbergrau. Am Beginn der Seitenlinie sitzt ein dicker schwarzer Fleck. Die durchschnittliche Länge beträgt 30–50 cm. Der Goldbrassen wird bei uns meist unter seinem französischen Namen *Dorade royale* gehandelt. Seit er auch aus Aquakulturen angeboten wird, ist er das ganze Jahr über in gleicher Qualität und Gewichtsklasse (400–600 g, 600–800 g) auf dem Markt. Das Fleisch der preiswerteren Zuchtfische ist zwar nicht so kernig wie das der im Atlantik oder Mittelmeer gefangenen Doraden. Trotzdem ist der Goldbrassen bei Feinschmeckern ein äußerst beliebter Speisefisch. Er ist grätenarm und wird als Portionsfisch gern im Ofen gebraten oder gegrillt. Eine große Dorade aus dem Backofen, auch in einer schützenden Salzkruste gebraten, ist ein attraktiver und feiner Fisch für mehrere Personen. Die sauber geputzte und in Stücke geteilte Dorade wird auch gern für Schmorgerichte (Zarzuela) und Suppen verwendet.

Hering

Clupea harengus harengus – engl. Herring; franz. Hareng; ital. Aringa; span. Arenque.

Der Hering wird in der Nordsee und im Atlantik, vor allem im Nordatlantik (Atlantischer Hering) gefangen. Er hat einen schlanken, seitlich etwas zusammengedrückten Körper. Die Färbung des Rückens ist meergrün oder graublau, die Seiten schimmern silbern. Dünne, weiche Schuppen bedecken den ganzen Körper. Größe, Qualität und Fettgehalt des Herings sind nach Rasse, Laichplatz, Laichzeit und biologischem Zustand (Reife) unterschiedlich. Nach Reife und Alter unterscheidet man:

Matjeshering: Das ist der noch nicht geschlechtsreife Hering, bei dem sich Rogen oder Milch noch nicht gebildet

Hering

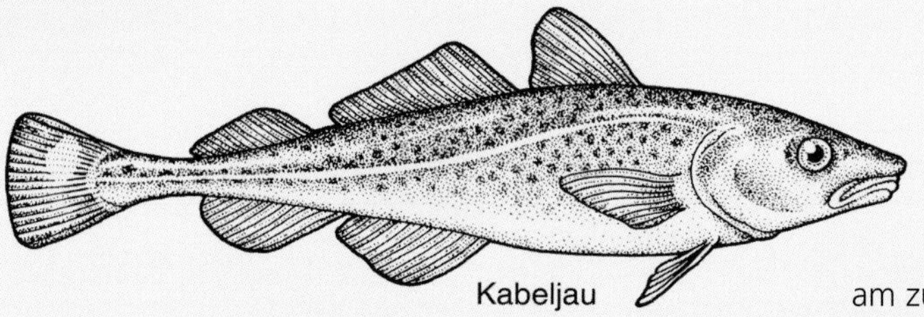

Kabeljau

haben (Matje = Mädchen in der holländischen Sprache). Er wird von Mitte Mai bis Anfang Juni gefangen.

Vollhering: Das ist der Hering mit Rogen oder Milch, der vor dem Ablaichen gefangen wird. Der männliche Fisch heißt *Milchner*, der weibliche *Rogener*.

Leerhering oder **Ihlen:** Das ist der abgelaichte Hering ohne Milch oder Rogen.

Die wirtschaftliche Bedeutung des Herings ist groß. Ein beachtlicher Teil der Fänge wird schon an Bord der Fangschiffe verarbeitet und verpackt. Das Fleisch des Herings (Matjes) ist sehr schmackhaft, reich an Eiweiß und Fett. Der Vollhering ist fett, der Ihlen als Frischfisch keine Empfehlung.

Frisch wird der Hering als Grüner Hering bezeichnet; man kann ihn braten, sehr beliebt ist er auch zum Grillen auf dem Holzkohlengrill.

Ein großer Teil der Fänge wird zu Halbkonserven verarbeitet, zum Beispiel Bismarckhering, Rollmops, Brathering, Salzhering. Bückling ist ein ausgenommener, gesalzener, kalt geräucherter Hering. Frisch geräucherte Heringsfilets sind eine Delikatesse.

Kabeljau oder Dorsch

Gadus morhua – engl. Cod; franz. Cabillaud; ital. Merluzzo; span. Merluza.

Der Kabeljau wird in der Nord- und Ostsee sowie im ganzen Küstengebiet des Nordatlantiks gefangen. Kabeljau ist der geschlechtsreife Fisch, der Jungfisch heißt – vor allem im Ostseeraum – Dorsch. Man erkennt den Kabeljau an den drei Rückenflossen (Kennzeichen der Dorschartigen Fische) und an seinem großen Kopf mit dem starken Bartfaden am zurückstehenden Unterkiefer. Typisch ist die weiße Seitenlinie. Die Färbung des Rückens ist olivgrün bis braun mit zahlreichen Flecken. Im Atlantik wird er bis zu 1,5 m lang, das mittlere Gewicht beträgt 10–20 kg, der Nordsee-Kabeljau erreicht 5–7 kg. Der Kabeljau ist ein sehr begehrter Speisefisch und von großer wirtschaftlicher Bedeutung. Frisch wird er als ganzer Fisch, vorwiegend aber als Filet oder Kotelett angeboten (auch tiefgefroren). Kabeljau kommt auch getrocknet in den Handel. *Stockfisch* ist der geköpfte, ausgenommene und an der Luft getrocknete Fisch; er muss vor der Zubereitung gewässert werden. *Klippfisch* ist der aufgeschnittene, stark gesalzene und ebenfalls luftgetrocknete Fisch. Sein zartes, etwas brüchiges Fleisch ist sehr wohlschmeckend. Tranchen oder große Stücke kann man pochieren, größere Stücke sowie dicke Scheiben auch braten. Beliebt sind die Filetstücke, die man braten, backen, frittieren oder auch pochieren kann. Das durchgedrehte Fleisch eignet sich gut für Klößchen oder Frikadellen. Die sehr fett- und vitaminreiche Leber wird zu Lebertran verarbeitet.

Lengfisch oder Leng

Molva molva – engl. Ling; franz. Lingue; ital. Molva; span. Maruca.

Der Lengfisch oder Leng wird an den europäischen Küsten vom Ärmelkanal bis Norwegen gefangen. Die Fänge erreichen jedoch keinen nennenswerten Marktanteil. Kennzeichnend für den Leng ist seine lang gestreckte Körperform, die ihm auch seinen Namen eingebracht hat. An dem flachen Kopf trägt

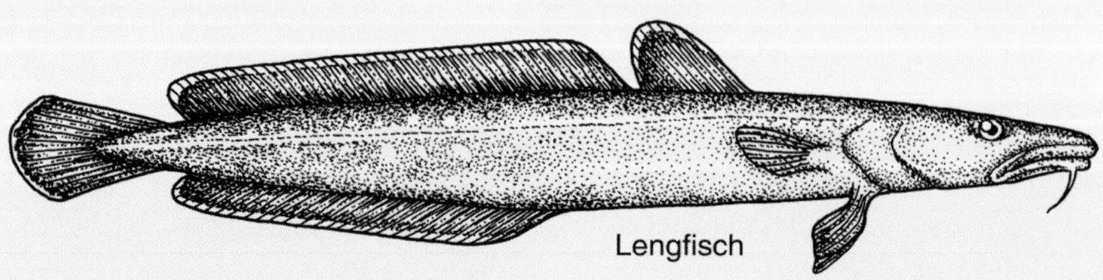

Lengfisch

er einen Bartfaden. Die beiden Rückenflossen sind saumartig, die vordere ist sehr kurz, die hintere länger als der halbe Körper. Der Leng erreicht nicht selten eine Länge von 1,50 m und ein Gewicht von 25 kg und mehr. Die Färbung des Rückens ist grau oder braun und zeigt Flecken, der Bauch ist heller.
Das Fleisch des Leng ist qualitativ nicht so hoch bewertet wie das des Kabeljaus. Die Filets kann man braten, im Ofen mit Gemüse garen und zu gedünsteten Fischspeisen mit verschiedenen Fischarten verwenden.
Der weniger bekannte **Blauleng** *(Molva dipterygia dipterygia)* ist etwas kleiner, mit metallisch blau glänzender Rückenfärbung. Sein Fleisch ist von besserer Qualität als das des Lengs. Im Norden wird er großenteils zu Klippfisch (stark gesalzen und an der Luft getrocknet) verarbeitet.

Makrele (Atlantische)

Scomber scombrus – engl. Mackerel; franz. Maquereau; ital. Scombro; span. Caballa.

Die Makrele lebt in großen Schwärmen – vom Nordkap an der europäischen Atlantikküste entlang, einschließlich Nordsee und westlicher Ostsee bis ins Mittelmeer. Dieser schnelle Fisch hat einen torpedoförmigen Körper mit wechselnder Färbung, meist grün und blau. Der Rücken ist bis zur Seitenlinie von gekrümmten schwarzen Querstreifen überzogen; die Seiten haben einen perlmuttfarbenen Schimmer, der Bauch ist fast weiß. Die ursprünglich leuchtenden Farben verblassen nach dem Töten. Die durchschnittliche Länge beträgt 30–50 cm. Die Atlantische Makrele wird hauptsächlich während der Laichzeit im Frühjahr gefangen. Die Makrele hat schmackhaftes, leicht rötliches, fettes Fleisch, das sehr empfindlich ist und daher ganz frisch verwendet werden muss. Man kann sie braten, grillen oder in Folie garen. Sie ist auch tiefgefroren im Handel. Die Fänge werden zum großen Teil geräuchert (Lachsmakrelenfilets) oder zu Dauerkonserven verarbeitet.
Die **Mittelmeermakrele** *(Scomber japonicus)*, in Europa von der Biskaya bis zu den Kanarischen Inseln und im gesamten Mittelmeer verbreitet, ist der Atlantischen Makrele sehr ähnlich. Sie wird meist gebraten, lässt sich aber auf alle Arten zubereiten.

Makrele

Meeraal

Conger conger – engl. Conger; franz. Congre; ital. Grongo; span. Congrio.

Der Meeraal kommt im Mittelmeer, im Atlantik und in der Nordsee vor. Der auf dem Rücken graue, auf der Bauchseite hellere Fisch unterscheidet sich vom Flussaal u. a. durch die Ausdehnung der Rückenflosse, die bereits über den Spitzen der Brustflossen beginnt. Weibliche Tiere erreichen eine durchschnittliche Länge von 1,50–2 m, männliche bis 1 m. Der Meeraal zieht, im Gegensatz zum Flussaal, nie ins Süßwasser.
Meeraal kann man wie Flussaal verwenden; das Fleisch ist jedoch etwas weich, derb und nicht so schmackhaft. Man nimmt es für Fischsuppen und Matrosengerichte sowie für gedünstete Gerichte mit verschiedenen Fischen.

Meeräsche

Engl. Flathead grey mullet; franz. Mulet; ital. Cefale; span. Pardete.

In Europa ist die Meeräsche von der Biskaya über das gesamte Mittelmeer und das Schwarze Meer verbreitet. Sie hält sich in Küstennähe und Flussmündungen auf. Ihr Kennzeichen sind die beiden kurzen Rückenflossen, die deutlich getrennt voneinander angeordnet sind. Der drehrunde silberne Körper ist mit großen Schuppen bedeckt. Entsprechend ihrer Verbreitung sind die **Großköpfige Meeräsche** *(Mugil cephalus)* und die **Goldmeeräsche** *(Liza aurata)*, die auf den Kiemendeckeln einen goldenen Fleck trägt, im Mittelmeerraum kulinarisch sehr geschätzt. Das Fleisch ist weiß, grätenarm und nicht zu fett. Es wird gedünstet, im Ofen gebraten und gegrillt. Der Rogen der Meeräsche wird gern gesalzen, gepresst und ist als *Boutarga* in der Provence eine Spezialität.

Papageifische

Die Familie der *Scaridae* unfasst zahlreiche Arten. Die farbenprächtigen Fische leiten ihren Namen von den in Form eines Papageienschnabels verwachsenen Zähnen her, die ihnen zur Nahrungsaufnahme in den Korallenriffen dienen. Das Hauptverbreitungsgebiet sind die tropischen Gewässer. Im Mittelmeer kommt nur der **Seepapagei** *(Sparisoma cretense)* vor. Zur selben Gattung gehört der **Rotschwanz-Papageifisch** (*Sparisoma chrysopterum* – engl. Parrotfish; franz. Scare; ital. Pesce papagallo; span. Vieja), der im tropischen Atlantik von Florida bis Brasilien verbreitet ist. Die Schwanzflosse weist einen roten Innenrand auf und hat dem Fisch seinen Namen gegeben. Der männliche Fisch ist in schillernden Blautönen gefärbt, der weibliche in unterschiedlichen Rottönen.
Papageifische werden vor der Verwendung enthäutet, um den strengen Geschmack der Haut zu entfernen. Sie werden im Ganzen gebraten, gedünstet oder – bei größeren Exemplaren – geschmort.

Meeraal

Petermännchen (Großes)

Trachinus draco – engl. Greater weever; franz. Grande vive; ital. Dragone; span. Escorpión.

Petermännchen sind Bodenfische und von Norwegen bis Madeira sowie im Mittelmeer verbreitet. Der lang gestreckte Körper weist einen nach oben abgeschrägten Unterkiefer auf und trägt Giftstacheln auf den Kiemendeckeln und der ersten Rückenflosse. Um einer Verletzung zu entgehen, werden die Fische ohne Kopf und Rückenflossen angeboten. Das Petermännchen wird durchschnittlich 25 cm lang und ist an dem bräunlichen Rücken und den blaugelben Streifen an beiden Seiten zu erkennen.
Das feste, aromareiche Fleisch, das meist tiefgefroren in den Handel kommt, wird von Kennern hoch geschätzt. Der Fisch kann im Ganzen gegrillt, in Stücken geschmort oder als Filet zubereitet werden.

Petersfisch

Zeus faber – engl. John Dory; franz. Saint-Pierre; ital. Pesce San Pietro; span. Pez de San Pedro.

Sein Verbreitungsgebiet ist der Ostatlantik von Norwegen bis nach Südafrika einschließlich dem Mittelmeer. Sein gelbgrauer bis bronzefarbener Körper ist scheibenförmig abgeflacht, markant ist der große Kopf mit weiter Mundspalte. Sein besonderes Merkmal ist ein hell umrandeter schwarzer Fleck auf beiden Seiten, der Legende nach der Fingerabdruck des Apostels Petrus, der dem Fisch einen Goldgroschen als Tribut für Christus aus dem Mund zog. Da der Petersfisch häufiger Beifang der Heringsfischer ist, nannten diese ihn *Heringskönig*.
Das Fleisch des Petersfisches ist weiß, sehr zart und von edelstem Geschmack; es zählt kulinarisch zum Feinsten der Fischküche und eignet sich zum Dünsten, Braten und Schmoren. Welche Zubereitungsart auch immer gewählt wird, es gilt darauf zu achten, dass der feine Eigengeschmack nicht überdeckt wird.

Rochen

Raja – engl. Ray; franz. Raie; ital. Razza; span. Raya.

Rochen sind Knorpelfische und in allen kalten und gemäßigt warmen Meeren verbreitet. Der schuppenlose Körper ist abgeflacht, die Brustflossen sind mit dem Kopf verwachsen und zu Flügeln vergrößert. Markant sind der lange Schwanz und die auf der dunklen, oft gemusterten Rückenseite liegenden kleinen Augen. Die Mundöffnung auf der hellen Unterseite ist auffallend groß und mit kräftigen Zähnen bestückt. Zu den kulinarisch bedeutsamen Rochenarten zählen insbesondere der **Glattrochen** *(Raja batis)* mit einer Länge von 2–2,5 m und der kleinere **Nagelrochen** *(Raja clavata)* mit durchschnittlich 80 cm Länge. Zum Verzehr gelangen meist nur die enthäuteten und von den Knorpeln befreiten Rochenflügel in den Handel. Sie liefern ein mageres, wohlschmeckendes weißes bis rosafarbenes Fleisch, das unter Kennern hoch geschätzt ist. Es wird gern auf Müllerinart gebraten. Damit der feine Geschmack nicht verloren geht, sollte es nicht zu stark erhitzt werden.

Rotbarsch oder Goldbarsch

Sebastes marinus – engl. Golden redfish; franz. Grande sébaste; ital. Pesce degli scorpenidi; span. Gallineta nordica.

Der Rotbarsch oder Goldbarsch lebt in den gemäßigten, tiefen Gebieten des Nordatlantiks. Gefischt wird er vor allem bei Grönland, Island und vor der norwegischen Küste. Der seitlich zusammengedrückte Körper mit leuchtend roter Färbung ist in der oberen Körperhälfte dunkel marmoriert, der Bauch ist heller. Er hat große Stacheln an der Rückenflosse und harte, fest sitzende Schuppen.

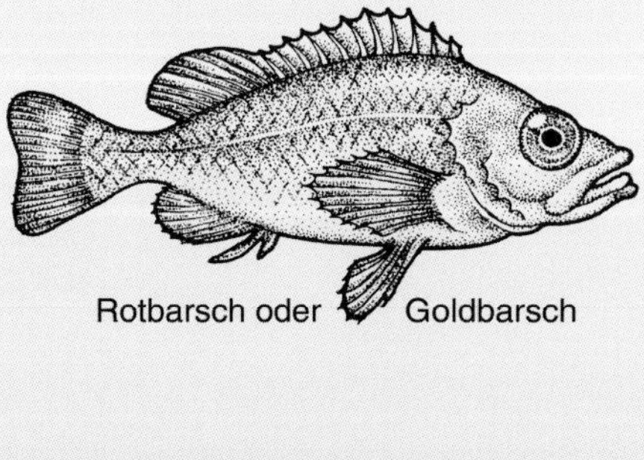

Rotbarsch oder Goldbarsch

Die durchschnittliche Länge beträgt 30–50 cm bei einem Gewicht von 1–2 kg. Der Rotbarsch kommt frisch, die Filets auch tiefgefroren oder geräuchert in den Handel.
Der sehr beliebte und bedeutende Speisefisch wird in größeren Stücken gern pochiert oder gebraten. Die Filets kann man pochieren, auf Müllerinart braten, panieren und in Fett ausbacken, frittieren und grillen. Aus der Leber wird vitaminreiches Öl gewonnen.

Rote Meerbarbe

Mullus barbatus – engl. Red mullet; franz. Rouget de vase; ital. Triglia di fango; span. Salmonete de fango.

Sie ist die wichtigste Vertreterin einer großen Familie mit über 60 Arten. Ihr Verbreitungsgebiet erstreckt sich von der Biskaya bis zu den Azoren und umfasst das gesamte Mittelmeer. Der Körper ist lang gestreckt, typisch sind das steile Stirnprofil mit den am oberen Kopfrand liegenden Augen und die langen Barteln am Unterkiefer. Die Farbe ist rötlich braun auf silbrigem Grund. Das grätenarme weiße Fleisch wird hoch geschätzt. Es wird vorzugsweise gedünstet; andere Garmethoden überdecken den delikaten Geschmack.
Als besonders fein gilt die **Streifenbarbe** *(Mullus surmuletus)*, erkennbar an den roten und gelbbraunen Längsstreifen auf dem Körper und der Rückenflosse. Da Streifenbarben keine Galle haben – sie heißen deshalb auch Schnepfen des Meeres –, werden die Fische gern unausgenommen im Ganzen gebraten, gegrillt oder in der Papierhülle gegart.

Roter Knurrhahn

Trigla lucerna – engl. Tub gurnard; franz. Grondin perlon; ital. Cappone gallinella; span. Bejel.

Der Rote Knurrhahn wird von Norwegen bis zur Adria gefangen. Auffallend sind der mit Hautknochen gepanzerte Kopf und der kegelförmige Körper. Die drei untersten Brustflossen sind fingerähnlich

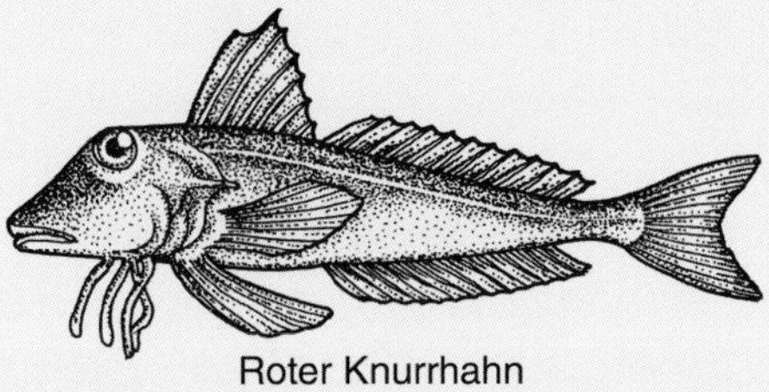
Roter Knurrhahn

getrennt und dienen als Tastorgane. Die vordere der beiden Rückenflossen hat Stacheln. Durch eine Bewegung der Muskulatur der Schwimmblase kann er knurrende Laute erzeugen. Der Fisch ist am Rücken lebhaft graurot gefärbt – im Gegensatz zum **Grauen Knurrhahn** *(Eutrigla gurnardus)* mit nur grauer Färbung –, auch die Flossen zeigen Rottöne, am Bauch ist der Fisch hellrosa. Die durchschnittliche Länge beträgt 25–50 cm.
Der Rote Knurrhahn ist ein sehr geschätzter Speisefisch mit festem weißem Fleisch. Der Abfall ist durch seinen großen Kopf überdurchschnittlich hoch. Er wird auch ohne Kopf und enthäutet angeboten. Der Fisch ist beliebt für Fischsuppen, Bouillabaisse, gedünstete Fischgerichte mit verschiedenen Fischen. Die Filets kann man auf Müllerinart braten oder panieren und in Fett ausbakken.

Roter Schnapper

Lutjanus campechanus – engl. Red snapper; franz. Vivaneau rouge; ital. Lutjanido; span. Pargo del Golfo.

Der Rote Schnapper ist der bekannteste Vertreter der mit etwa 100 Arten großen Schnapper-Familie. Sein Verbreitungsgebiet sind die tropischen Meere des Westatlantiks und die Karibik. Der hellrote Körper wird von dem in den hohen Rücken fliehenden Stirnprofil gekennzeichnet. Er wird mit durchschnittlich 2–3 kg gehandelt.
Das im Geschmack hervorragende feste weiße Fleisch hat nur wenige große Gräten. Es gilt in den USA als Synonym für ausgezeichneten Fisch. Man kann es nach allen Garmethoden zubereiten und den Fisch auch füllen.

Sardelle

Engraulis encrasicolus – engl. Anchovy; franz. Anchois; ital. Acciuga, Alice; span. Boquerón.

Die Sardelle ist ein Schwarmfisch und im Atlantik, dem Mittelmeer und dem Schwarzen Meer verbreitet. Der kleine Fisch wird höchstens 15 cm lang. Er hat einen dunklen Rücken und silbrige Flanken.
Sardellen haben einen ausgeprägt würzigen Eigengeschmack. Sie werden frisch gern im Ganzen gebraten oder frittiert, die Filets (Doppelfilets mit Kopf und Schwanz) in Mehl gewendet und ausgebacken. Konserviert kommen die Sardellen in Öl in der Dose zu uns und die Sardellenfilets eingesalzen im Glas als Anchovis.

Sardine

Sardina pilchardus – engl. Pilchard; franz. Sardine; ital. Sardina; span. Sardina.

Die verschiedenen Sardinenarten sind auf der ganzen Welt wichtige Nutzfische. In Europa kommen sie im Mittelmeer vor, im Atlantik vor allem an der portugiesischen Küste. Die Sardine ist dem Hering ähnlich, aber bedeutend kleiner. Im Alter von 3 Jahren ist sie 19–20 cm lang, maximal 26 cm. Frisch werden Sardinen hauptsächlich in Küstenlandern gehandelt, da ihr Fleisch äußerst empfindlich ist. Bei uns kann man sie tiefgefroren kaufen – in größeren Fischgeschäften auch frisch. Der überwiegende Teil der Fänge wird in Öl eingelegt (Ölsardinen), eingesalzen oder mariniert und zu Konserven verarbeitet. Für die Konservenindustrie werden die Sardinen von 13–15 cm Länge ausgeschieden.
Man kann Sardinen auf Müllerinart braten, frittieren oder grillen; die italienische Küche kennt auch gefüllte Sardinen. Ölsardinen mit Zitronensaft und gehackten Zwiebeln sind eine beliebte Vorspeise.

Sardine

Schellfisch

Schellfisch

Melanogrammus aeglefinus – engl. Haddock; franz. Eglefin; ital. Asinello; span. Eglefino.

In Europa wird der Schellfisch im nördlichen Atlantik und in der Nordsee gefangen. Charakteristisch ist der große schwarze Fleck über der Brustflosse. Rücken und Kopf sind dunkel gefärbt, die Seiten dunkel silberglänzend, der Bauch weißlich. Typisch sind die tiefschwarzen Seitenlinien. Gehandelt wird der Schellfisch in einer Länge von 30–50 cm und 2–3 kg Gewicht; die maximale Länge beträgt 1 m. Schellfisch wird überwiegend als Frischfisch verkauft, die Filets auch tiefgefroren.
Der Schellfisch gehört zu unseren beliebtesten und wichtigsten Speisefischen. Sein Fleisch ist weiß, zart und sehr schmackhaft. Der ganze Fisch wird wie Kabeljau zubereitet. Die Filets kann man pochieren, auf Müllerinart braten, grillen, panieren und in Fett ausbacken (frittieren). Der pochierte Schellfisch wird gern zu Fischsalat verwendet.
Als Räucherfisch ist er vor allem in England beliebt und unter der Bezeichnung »Smoked haddock« im Handel.

Schwertfisch

Xiphias gladius – engl. Swordfish; franz Espadon; ital. Pesce spada; span. Pez espada.

Von Island bis Südafrika ist der Schwertfisch verbreitet, der mäßig warme Gewässer sucht und auch im Mittelmeer zu Hause ist. Der wie ein Schwert verlängerte Oberkiefer hat dem Fisch seinen Namen gegeben. Der dunkelbraune Körper trägt kräftige, kürzere Rückenflossen. Der Schwertfisch weist eine durchschnittliche Länge von 3–3,5 m

auf, das Höchstgewicht kann 650 kg erreichen.
Das sehr feste Fleisch des Schwertfischs – es hat in der Tat mehr Ähnlichkeit mit Fleisch als mit Fisch – ist vor allem zum Grillen geeignet, doch es taugt auch für alle anderen Garmethoden. Es ist sehr schmackhaft, zart und zählt zu den größten Delikatessen der Fischküche.

Seehecht

Seehecht

Merluccius merluccius – engl. Hake; franz. Merlu; ital. Nasello; span. Merluza.

Die Hauptfanggebiete des Seehechts, auch *Meerhecht* genannt, sind an der Atlantikküste in West- und Südwesteuropa. Er wird auch im Mittelmeer und an der westafrikanischen Küste gefangen. Der Seehecht hat einen schlanken Körper mit spitzem Kopf und leicht vorspringendem Unterkiefer. Die Färbung des Rückens ist schwarzgrau bis bräunlich, die Seiten sind silbrig weiß. Die mittlere Handelslänge beträgt 50 cm, die Mindestlänge ist durch die Nordseekonvention auf 30 cm festgelegt. Der Seehecht kommt frisch auf den Markt, Filets auch gefroren.
Sein feines weißes Fleisch ist am schmackhaftesten im Sommer. Kleine, ganze Fische oder ein Mittelstück von einem großen Fisch kann man pochieren, Tranchen oder Filets werden pochiert, gebraten oder frittiert. Das durchgedrehte Fleisch eignet sich gut für Fischklößchen oder Pastete. In Spanien gehört der Seehecht in die berühmte Zarzuela.

Seelachs oder Köhler

Pollachius virens – engl. Saith; franz. Lieu noir; ital. Merluzzo nero; span. Carbonero.

Hauptfanggebiete sind die schottische, norwegische und isländische Küste sowie die nördliche Nordsee. Der Seelachs, der zu den Dorschartigen Fischen zählt (erkennbar an den drei Rückenflossen), hat einen vorstehenden Unterkiefer und helle Seitenlinien, der Rücken ist oliv- bis schwarzgrün, der Bauch hell silbrig. Der Mund ist schwarz, daher der Name Köhler. Die mittlere Länge liegt bei 50 cm. Der Seelachs hat festes, etwas graues Fleisch von mittlerer Qualität, das frisch zu jeder Jahreszeit auf den Markt kommt. Die Filets werden auch gefroren und geräuchert gehandelt.
Beträchtliche Mengen der Anlandungen werden zu Fischstäbchen und zu Klippfisch (gesalzen und luftgetrocknet) verarbeitet. Das geräucherte und leicht gefärbte Fleisch wird in Deutschland zu »Seelachs in Öl«, die Abschnitte davon zu »Lachsschnitzel« – Ersatz für echten Räucherlachs – verarbeitet. Diese Produkte der Fischindustrie haben ihm auch die Handelsbezeichnung Seelachs eingebracht, obwohl er mit dem echten Lachs nichts zu tun hat.
Seelachs kann man zubereiten wie Kabeljau. Das durchgedrehte Fleisch wird gern für Fischfrikadellen verwendet.

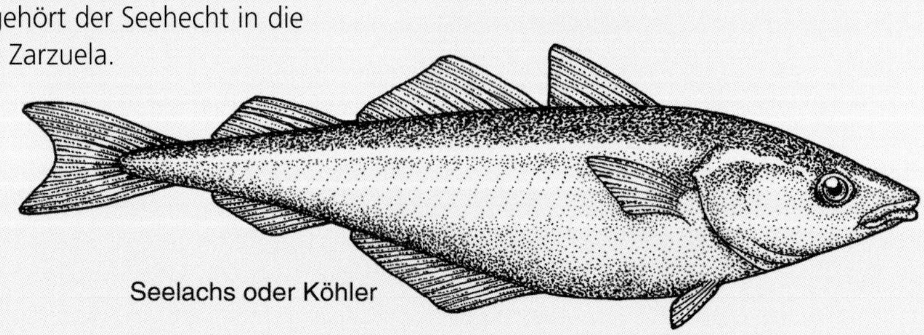
Seelachs oder Köhler

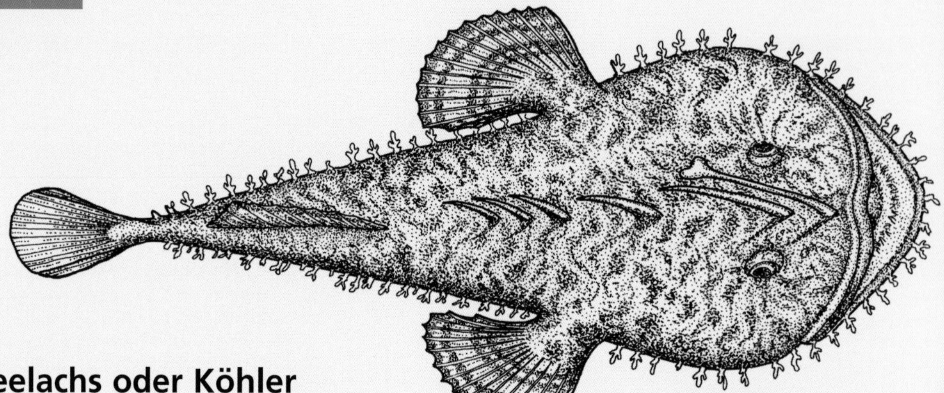
Seeteufel

Seeteufel

Lophius piscatorius – engl. Angler; franz. Lotte, Baudroie; ital. Rana pescatrice; span. Rape.

Man kennt ihn auch unter den Namen *Anglerfisch, Forellenstör* oder *Lotte*. Der Seeteufel ist ein auf dem Meeresgrund wohnender Raubfisch, der im Mittelmeer, im Atlantik und in der Nordsee gefangen wird. Er ist unverwechselbar zu erkennen an dem großen Kopf und der merkwürdigen, beinahe kreisrunden Kopfform und dem riesigen Maul mit den zahlreichen, nach hinten gerichteten Fangzähnen. Die Ränder der Stirnfurchen sind mit Stacheln besetzt und unterstreichen den mit den kleinen Augen abschreckenden Eindruck dieses als hässlich geltenden Fisches. Die Farbe des Rückens ist dunkelbraun, mit einem Netz von schwarzen Linien überzogen, der Bauch weißlich. Die durchschnittliche Länge beträgt 40–60 cm, maximal wird er fast 2 m lang. Bei uns kommt er ohne den Furcht erregenden Kopf und meist auch schon enthäutet auf den Markt.
Der Seeteufel gehört zu den feinsten Speisefischen und ist entsprechend teuer. Sein festes schneeweißes Fleisch ist sehr geschätzt, es enthält nur das Rückgrat und keine Gräten. Man findet es regelmäßig auf den Speisekarten, häufig unter seinem französischen Namen Lotte. Das Fleisch des Seeteufels eignet sich vor allem für gedünstete Fischspeisen und für Fischsuppen. In der Bouillabaisse darf es nicht fehlen. In Scheiben geschnitten, wird es pochiert, gebraten, gegrillt.

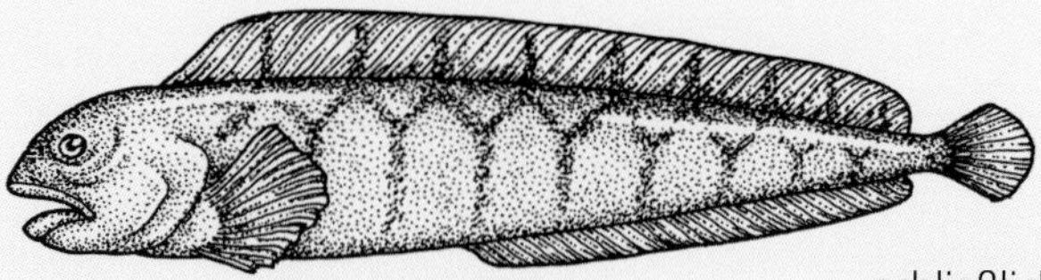

Gestreifter Seewolf

Seewolf (Gestreifter)

Anarhichas lupus – engl. Wolf fish, Atlantic catfish; franz. Loup atlantique; ital. Lupo di mare, span. Perro del norte.

Im Handel kennt man ihn auch als *Katfisch* oder *Steinbeißer*, in Stücke oder Filets geschnitten (und geräuchert) als *Karbonadenfisch*. Der Seewolf wird auf beiden Seiten des Atlantiks gefangen, in der Nordsee und im Ärmelkanal. Auffallend sind der lang gestreckte, vom Hinterkopf ab gleichmäßig sich verjüngende Körper sowie der große Kopf mit breitem Maul und raubtierartigem Gebiss. Die Grundfärbung ist grau, bräunlich rot oder grünlich mit dunklen Querbinden, die sich über Rücken und Rückenflossen erstrecken. Die Rückenflosse ist saumartig ausgebildet und reicht vom hinteren Kopfende bis zur Schwanzflosse. Die Haut ist glatt und ohne Schuppen. Die durchschnittliche Länge beträgt 50–60 cm, die maximale Länge 120 cm. Der Seewolf wird frisch oder gefroren als ganzer Fisch ohne Kopf gehandelt, als Filet (Steinbeißerfilet), in Scheiben (Karbonadenfisch), und auch die Bäckchen werden separat angeboten. Sein feines weißes Fleisch ist äußerst wohlschmeckend. Anwendbar sind alle Zubereitungsarten.

Sprotte

Sprattus sprattus – engl. Sprat; franz. Sprat; ital. Papalina, Sardellina; span. Espadin.

Dieser kleine Heringsfisch, eng verwandt mit der Sardine, ist in der Ostsee sowie im Nordostatlantik von der Nordsee bis Marokko einschließlich Mittelmeer und Schwarzem Meer verbreitet. Der Rücken ist blaugrün, die Seiten und der Bauch sind silbrig gefärbt. Der Fisch erreicht eine Länge von 10–15 cm.

Im Mittelmeerraum werden frische Sprotten frittiert, gebraten oder gegrillt. Wir kennen sie fast ausschließlich geräuchert und vor allem als Kieler Sprotten. Sie kommen auch eingesalzen und gekräutert als so genannte Anchose in den Handel.

Stör

Acipenser sturio – engl. Sturgeon; franz. Esturgeon; ital. Storione; span. Esturión.

Der Stör ist im Nordostatlantik vom Polarkreis bis Marokko verbreitet, er lebt auch im gesamten Mittelmeer. Zum Laichen wandert er die angrenzenden größeren Flüsse hinauf. Er besitzt mehrere Reihen so genannter Schmelzschuppen (Knochenplättchen), seine Schwanzflosse ist im oberen Teil länger als im unteren; unterhalb der Schnauzenspitze trägt er zwei Paar Bartfäden. Der Stör erreicht eine durchschnittliche Länge von bis zu 2 m, kann aber 3,5 m lang werden und dann ein Gewicht von 280 kg auf die Waage bringen.
Das feste, relativ fette Störfleisch wird gebraten und geschmort. Große Fische schneidet man in Koteletts, kleinere Fische werden im Ganzen und enthäutet zubereitet. Für ein Ragout gart man die Koteletts gern mit Speck gespickt und in Wein.
Seine wirtschaftliche Bedeutung erzielt der Stör aber vor allem als Kaviar-Lieferant. Hier ist eine nur im Schwarzen Meer verbreitete Störart, der **Osietra** *(Acipenser gueldenstaedti),* zu nennen, der auch geräuchert angeboten wird. Wegen der Verbauungen und Verschmutzung der Flüsse wird der echte Kaviar auch in Aquakulturen erzeugt.

Thunfisch

Der Thunfisch ist der größte Fisch in der Familie der Makrelenfische und wie diese ein Raubfisch. Er ist ein Warmblüter, hat damit also eine höhere Körpertemperatur als das Wasser. Seine Schuppen bedecken nur Brust, Rücken und die Seitenlinie. Thunfische können große Entfernungen zurücklegen. Gefangen werden sie im Sommer, wo sie sich zum Laichen in Küstennähe begeben.

Roter Thunfisch

Thunnus thynnus – engl. Bluefin tuna; franz. Thon rouge; ital. Tonno; span. Atún.

Der Rote Thun kommt im Atlantik, der Biskaya und der Nordsee vor; seine Laichgebiete liegen aber im Mittelmeer. Die durchschnittliche Länge beträgt 2 m, selten über 2,60 m, das Gewicht 300 kg. Der Rücken ist dunkelblau, die Seiten grau, der Bauch weiß. Der außerordentlich kräftige Fisch ist schwer zu fangen.
Das Fleisch dieses Thunfischs ist rot, fettarm, sehr schmackhaft und begehrt. Im Geschmack ähnelt es Kalbfleisch. Rotes Thunfischfleisch wird zwar frisch angeboten, überwiegend kommt es jedoch gefroren, geräuchert sowie in Öl oder im eigenen Saft eingelegt und konserviert in den Handel. Das frische Thunfischfleisch wird in Scheiben geschnitten. Man kann es braten oder grillen (aber Achtung: Es wird schnell trocken.). Größere Stücke kann man dünsten und wie Kalbfleisch schmoren. Konservierter Thunfisch in Öl wird gern zu Salatgerichten und als Vorspeise verwendet.

Thunfisch

Weißer Thunfisch
Thunnus alalunga – engl. Albacore; franz. Germon; ital. Alalonga; span. Atún blanco.

Der Weiße Thunfisch ist weltweit verbreitet. Er ist kleiner als der Rote Thun und wird mit einer durchschnittlichen Lange von 1 m gefangen. Seine Brustflossen reichen weit über die Körpermitte hinaus.
Sein weißes Fleisch ist etwas fetter und damit begehrter als das seines großen Verwandten, lässt sich aber genauso verwenden.

Wittling

Merlangius merlangus – engl. Whiting; franz. Merlan; ital. Merlano; span. Merlan.

International ist der Wittling unter seinem französischen Namen *Merlan* bekannt. Die Fanggebiete erstrecken sich vom nördlichen Eismeer bis zum Schwarzen Meer. Auf dem deutschen Markt ist der Wittling immer noch selten. Er gehört zur Familie der Dorsche. Er hat einen schwarzen Fleck am Ansatz der Brustflosse. Sein schlanker Körper ist dem Schellfisch ähnlich, doch ist er wesentlich kleiner. Die Färbung ist am Rücken grau- bis olivgrün, die Seiten sind silbrig mit goldfarbenen Flecken oder Streifen, der Bauch ist weißlich. Der Fisch ist meist weniger als 30 cm, selten über 40 cm lang.
Der Wittling hat sehr zartes, feines und wohlschmeckendes Fleisch. Er muss vorsichtig behandelt werden, verträgt keinen Eisdruck. Wegen seiner geringen Größe kommt er meist als ganzer Fisch zum Verkauf. Man kann ihn pochieren, in Butter braten, frittieren und vor allem für Fischsuppen und Fischfarcen verwenden.

Wittling (Merlan)

Wolfsbarsch

Dicentrarchus labrax – engl. Sea bass; franz. Loup de mer; ital. Spigola, Branzino; span. Lubina.

Der Wolfsbarsch lebt an den ostatlantischen Küsten von Norwegen bis zum Senegal und im gesamten Mittelmeer. Er ist ganzjährig im Handel und wird meist unter seinem französischen Namen *Loup de mer* auf den Speisekarten geführt. Der lang gestreckte Körper ist auf dem Rücken dunkelgrau, an den Seiten silbrig grau und wird zum Bauch hin fast silbrig weiß. Charakteristisch sind die Stacheln in der ersten der beiden Rückenflossen. Er wird mit einer durchschnittlichen Größe von 50 cm angeboten und einem Gewicht von bis zu 1,5 kg.
Das magere, feste Fleisch des Wolfsbarschs ist grätenarm und wird von den Gourmets am höchsten geschätzt – entsprechend hoch ist der Preis. Es ist für alle Zubereitungsarten geeignet, doch sollte sein feiner Eigengeschmack nicht überdeckt werden und damit verloren gehen.

Plattfische

Wie der Name schon sagt, haben Plattfische im Gegensatz zu den Rundfischen eine platte Körperform. Beide Augen liegen auf der farbigen Oberseite, die deshalb auch Augenseite heißt. Die meist weiße Unterseite wird Blindseite genannt. Die Rücken- und Afterflosse schließen sich zu einem Saum um den platten Körper.

Flunder

Platichthys flesus – engl. Flounder; franz. Flet; ital. Passera, Pianuzza; span. Platija.

Die Flunder bewohnt die flachen Küstengebiete des Nordatlantiks bis in die Nord- und Ostsee. Sie kommt mit einem geringeren Salzgehalt im Wasser aus und wandert in den einmündenden

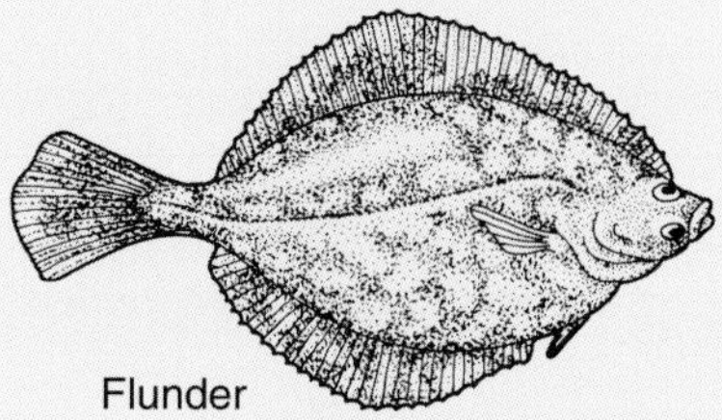

Flunder

Flüssen auch flussaufwärts. Von den nordeuropäischen Plattfischen ist sie die einzige Art, die auch im Süßwasser leben kann. In der Ostsee hat die Flunder von allen Plattfischarten die größte Bedeutung. Sie ist in der Körperform der Scholle sehr ähnlich, wenn auch etwas kleiner (bis zu 50 cm). Man kann sie jedoch von der glatten Scholle gut durch ihre raue Oberfläche unterscheiden; auch fehlen ihr die typischen roten Punkte der Scholle. Die Färbung der Augenseite ist bräunlich bis grau mit schmutzig gelben bis orangefarbenen Flecken, die Blindseite ist gelblich weiß.
Das Fleisch der Flunder zählt mit seinem ausgezeichneten Geschmack zu den Fischdelikatessen. Die frische Flunder wird hauptsächlich gebraten. Filets werden nach den Rezepten für Seezunge zubereitet. Große Bedeutung hat die geräucherte Flunder.

Glattbutt

Scophthalmus rhombus – engl. Brill; franz. Barbue; ital. Rombo liscio; span. Rémol.

Hauptfanggebiete sind die Nord- und Ostsee sowie der Nordatlantik. Der Glattbutt hat eine glatte Haut. Die

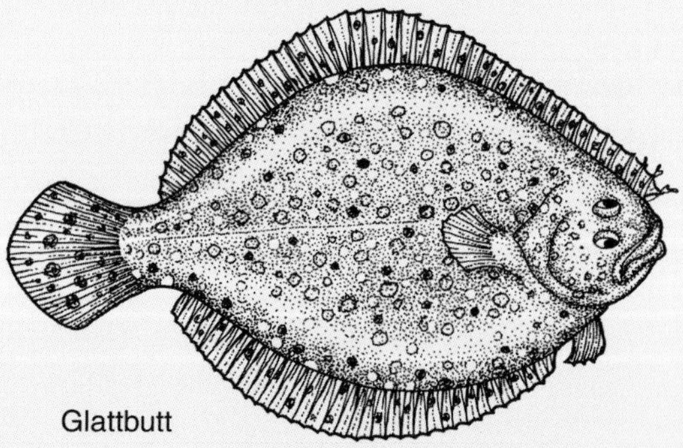

Glattbutt

Augenseite ist gelblich grau, die Blindseite glasig hell. Die durchschnittliche Länge beträgt um 40 cm.
Das Fleisch des Glattbutts ist sehr geschätzt, es wird jedoch geringer bewertet als das von Steinbutt oder Seezunge. Die Verwendung in der Küche ist dieselbe wie bei Steinbutt.

Heilbutt

Hippoglossus hippoglossus – engl. Halibut; franz. Flétan; ital. Ippoglosso; span. Fletan.

Die Hauptfanggebiete des **Weißen Heilbutts** in Europa sind die Gewässer vor Grönland, Island, Spitzbergen. Er ist der größte Plattfisch und kann eine Länge bis zu 4 m erreichen, Mindestmaß 50 cm. Der Körper ist lang gestreckt, die Farbe der Augenseite ist graubraun, die Blindseite ist weiß. Die wirtschaftliche Bedeutung dieses Fisches ist durch seine Größe und dank ergiebiger Fänge groß. Gehandelt wird er in Gewichten von 1,5–50 kg und mehr.
Das Fleisch ist weiß, fettarm und schmackhaft, erreicht jedoch nicht die Qualität des Steinbutts. Am besten ist es im Spätherbst und Winter. Der Fisch wird in Scheiben oder Stücke geschnitten oder filetiert. Man kann ihn pochieren, braten und ausbacken.
Im Gegensatz zum Weißen Heilbutt hat der preislich günstigere **Schwarze Heilbutt** *(Reinhardtius hippoglossoides)* eine schwarze Augenseite sowie eine dunkle Blindseite. Sein Fleisch ist fetter und daher zum Braten und sogar zum Grillen geeignet.

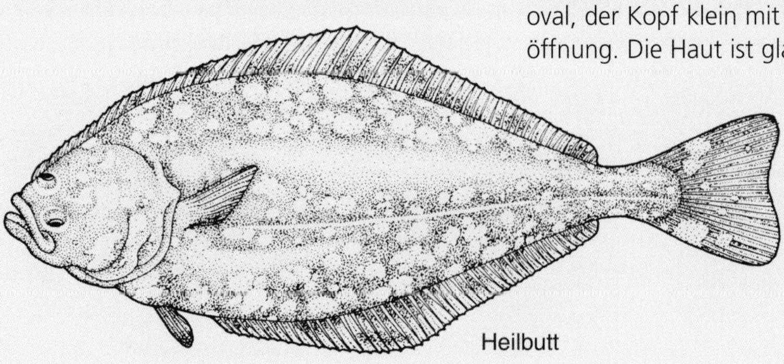
Heilbutt

Rotzunge, Limande

Microstomus kitt – engl. Lemon sole; franz. Limande-sole; ital. Limanda; span. Mendo limón.

An den europäischen Küsten wird die Rotzunge von Norwegen über den Ärmelkanal bis zur Biskaya gefangen, vorwiegend im Winter. In der Form ist dieser fleischige Plattfisch der Seezunge ähnlich. Die Augenseite ist rot- bis gelbbraun, dunkel marmoriert, die Blindseite ist weiß. Die Haut ist glatt und schleimig. Kopf und Mund sind auffallend klein. Die durchschnittliche Länge beträgt 25–30 cm, maximal 45 cm.
In der Küche ist ihr weißes, schmackhaftes Fleisch sehr geschätzt, obwohl es etwas brüchig ist. Man kann den Fisch pochieren, grillen und braten. Die Filets bereitet man nach den Rezepten für Seezungen- oder Schollenfilets zu.

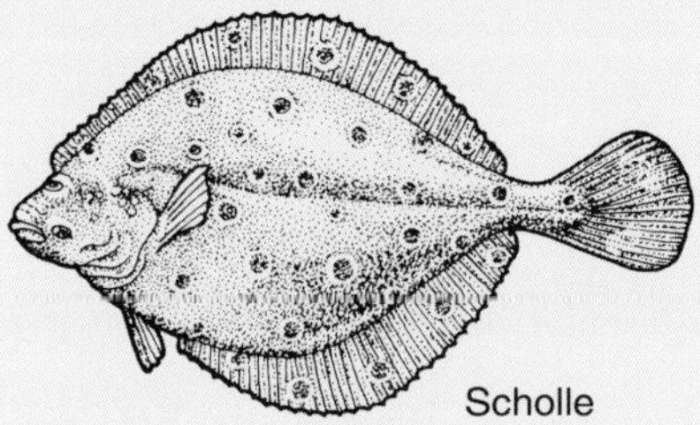
Scholle

Scholle

Pleuronectes platessa – engl. Plaice; franz. Plie; ital. Platessa; span. Solla.

Die Scholle wird in den nordatlantischen Küstengewässern sowie in der Nord- und Ostsee gefischt. Im Ostseeraum nennt man sie *Goldbutt*. Sie zählt bei uns zu den bekanntesten Plattfischen. Die Körperform ist gleichmäßig breitoval, der Kopf klein mit kleiner Mundöffnung. Die Haut ist glatt und mit sehr kleinen Schuppen bedeckt. Die Farbe der Augenseite ist graubraun mit den für die Scholle typischen roten Punkten. Die durchschnittliche Länge beträgt 25–40 cm. Die Scholle hat von allen Plattfischen die wirtschaftlich größte Bedeutung. Ihr Fleisch ist weiß, schmackhaft, doch nicht so fest wie das der Seezunge.
Die Scholle wird vor allem frisch verbraucht. Man kann sie pochieren, braten oder grillen und die Filets nach den Rezepten für Seezungenfilet zubereiten. Die Haut lässt sich nicht abziehen, man kann jedoch enthäutete Schollenfilets kaufen. Am schmackhaftesten ist das Fleisch der kleinen Schollen. Die so genannten Maischollen – Schollen, die im Mai in Küstennähe laichen – sind sehr begehrt.

Seezunge

Solea vulgaris – engl. Sole; franz. Sole; ital. Sogliola; span. Lenguado.

Die Seezunge wird in allen Küstengewässern Europas gefangen. Sie hat einen länglich ovalen Körper und einen kleinen, abgerundeten Kopf. Die Augenseite ist meist braun oder graubraun gefärbt mit großen, dunklen, unregelmäßigen Flecken. Die Blindseite ist weißlich. Die durchschnittliche Länge beträgt 25–30 cm bei 500 g Gewicht. Sie sind das ganze Jahr über frisch auf dem Markt; auch tiefgefroren sind sie im Handel – als ganzer Fisch oder filetiert.
Seezungen haben das feinste Fleisch aller Meeresfische. Die Haut (sie trägt viele feine Schuppen) lässt sich von dem festen Fleisch leicht abziehen. Man kann die Seezunge pochieren, grillen, braten, die Filets zu Röllchen verarbeiten und füllen. Die klassische Zubereitung ist Seezunge auf Müllerinart.

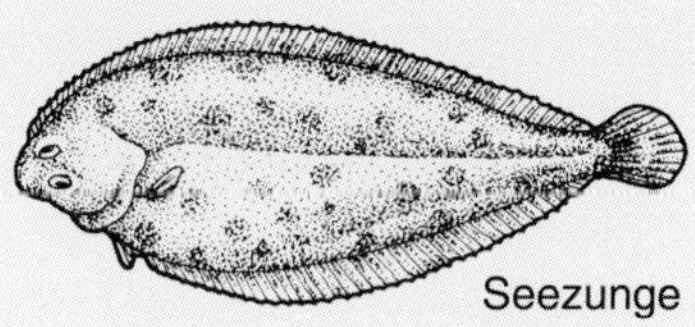
Seezunge

Steinbutt

Psetta maxima – engl. Turbot; franz. Turbot; ital. Rombo chiodato; span. Rodaballo.

Den Steinbutt findet man im Nordatlantik sowie in der Nord- und Ostsee. Er bevorzugt flaches Wasser mit Sand-, Schlamm- und Geröllgrund. Er hat einen fast kreisrunden Körper. Auf der Augenseite ist er graubraun bis dunkelbraun mit großen, unregelmäßig verteilten Knochenhöckern, den »Steinen«, daher der Name. Die Blindseite sollte weiß sein. Die durchschnittliche Länge in der Nord- und Ostsee beträgt um 40 cm, im Atlantik wird der Fisch länger.
Neben der Seezunge ist der Steinbutt einer der feinsten Meeresfische mit weißem, festem Fleisch. Die ganz kleinen Fische, *Turbotin* oder *Babysteinbutt* genannt, werden im Ganzen pochiert, gebraten oder gegrillt. Große Fische werden in Stücke geschnitten oder filetiert.

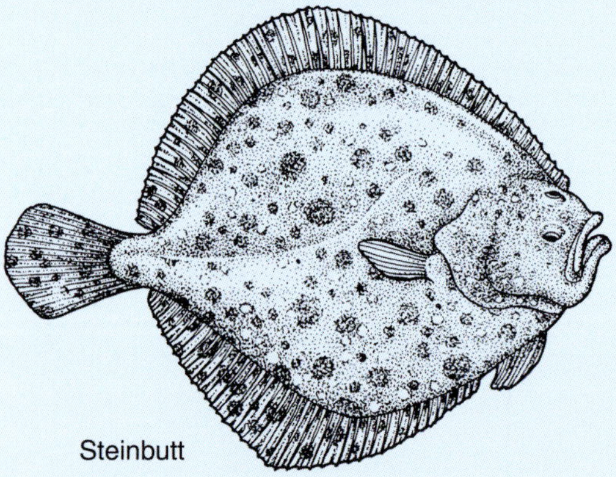

Steinbutt

Kaviar

Kaviar sind die gereinigten und gesalzenen Eier (Rogen) verschiedener Störarten, die überwiegend im Schwarzen und Kaspischen Meer sowie in den Zuflüssen dieser Meere vorkommen. Der Rogen wird in einem Sieb von Gewebeteilen befreit, sorgfältig eingesalzen und mit dem Konservierungsmittel Benzoe- oder Sorbinsäure haltbar gemacht. Unter der russischen Bezeichnung *Malossol* rangiert ein wenig gesalzener (2–4 %) Kaviar von grober Körnung. Hauptlieferanten für echten Kaviar sind Russland und Iran. Die Qualität wird neben dem Salzgehalt von der Größe des einzelnen Korns und der Farbe bestimmt. Er ist umso wertvoller, je größer und hell silbergrau das Korn ist. Die Körner sollen in Größe und Farbe gleichmäßig, prall, trocken und glasig sein.

Osietra-Kaviar: Das ist ein sehr kleinkörniger russischer Kaviar vom Osietra-Stör. Sein nussartiges Aroma unterscheidet ihn von allen anderen Kaviarsorten und beschert ihm ausgewählte Liebhaber.

Beluga-Kaviar: Er wird aus dem Rogen des Hausen oder Beluga, der größten Störart, gewonnen. Der grobkörnige silbergraue Kaviar ist im Qualitätsvergleich die absolute Spitze.

Sevruga-Kaviar: Das ist der Rogen vom Sternhausen oder Sevruga, der kleinsten und am häufigsten vorkommenden Störart. Er ist besonders kleinkörnig, aber von guter Qualität und kräftigem Aroma.

Keta- oder Lachs-Kaviar: Er wird aus dem Rogen von Lachsarten hergestellt, stammt aber vornehmlich vom Keta-Lachs. Das empfindliche Korn ist in mittlerer Preislage zu haben. Der rötliche, sehr grobkörnige Keta-Kaviar wird gern für Garnituren verwendet.

Forellen-Kaviar: Der bearbeitete Rogen großer Forellen ist auf dem Vormarsch und ein guter Ersatz für den Keta-Kaviar.

Amerikanischer Kaviar: Er wird von Störarten in Gewässern von Oregon und Alaska gewonnen.

Deutscher Kaviar, Kaviar-Ersatz: Er wird vorwiegend aus dem Rogen vom Seehasen, aber auch von Dorsch und Hering unter Zugabe von Bindemittel, Konservierungs- und Farbstoffen (schwarz oder rot) hergestellt. Der zwar feinkörnige, aber stark gesalzene Kaviar wird vorwiegend als Garnitur für kalte Gerichte verwendet.

Fass- oder Salzkaviar, Presskaviar: Das ist stark gesalzener Kaviar mit einem Salzgehalt von 7–10 %. Die Haltbarkeit dieses Kaviars ist höher, doch ist die Qualität durch den hohen Salzanteil herabgesetzt.
Echter Kaviar ist eine Delikatesse, die ihren Preis hat. Serviert wird er in der Orginaldose oder in einer Kristallschale, auf Eis gebettet, mit Zitrone, Toastbrot und Butter. Man verwendet ihn zu Garnituren, als Bestandteil einer Vorspeisenplatte, für Appetitbrötchen. Zum roten Lachskaviar harmoniert auch Crème fraîche, die man in einem Schälchen separat serviert. Kaviar muss immer sehr kühl gelagert werden, angebrochene Dosen sind rasch zu verbrauchen.

Oben: Forellen- und Keta-Kaviar. Unten: Osietra-, Sevruga- und Beluga-Kaviar.

Schalen- und Krustentiere, Tintenfische

Schalentiere

Auster

Engl. Oyster; franz. Huître; ital. Ostrica; span. Ostra.

Austern sind die bekanntesten und edelsten unter den kulinarischen Muschelarten. Sie bewohnen Küstengewässer mit festem Meeresboden bis zu 20 m Tiefe, wo sie auf festem Grund oder Gestein die so genannten Austernbänke bilden. Sie benötigen Wasser mit einem Salzgehalt von 2–3 %. Man erkennt Austern an der ungleichmäßigen Schale. Die obere, blättrige Schale ist flach, die untere, mit der sie sich auf dem festen Meeresboden oder Gestein festsetzen, ist gewölbt. Die beiden für uns wichtigsten Arten sind die **Europäische Auster** *(Ostrea edulis)* und die **Portugiesische Auster** oder **Felsenauster** *(Crassostrea angulata)*.
Die bei uns angebotenen Austern stammen fast ausnahmslos aus Kulturen, den so genannten Austernparks. Die größten Austernzuchten in Europa sind an der französischen Atlantikküste zu finden. Frische Austern werden per Luft-Eilfracht, in Eis verpackt, versandt. Die geschlossenen Muschelschalen enthalten genügend Meerwasser, sodass die Tiere für einige Zeit Nahrung haben und überleben können.
Saison für frische Austern ist von September bis April, also in den Monaten mit »r«. Die fest geschlossenen Schalen frischer Austern werden kurz vor dem Anrichten mit einem Messer, dem Austernbrecher, geöffnet und in der halben Schale, auf Eis gebettet, in der Flüssigkeit serviert und roh verzehrt. Man reicht halbierte Zitronen und Grahambrot mit Butter dazu. Geräucherte Austern in Öl werden als Konserve angeboten.

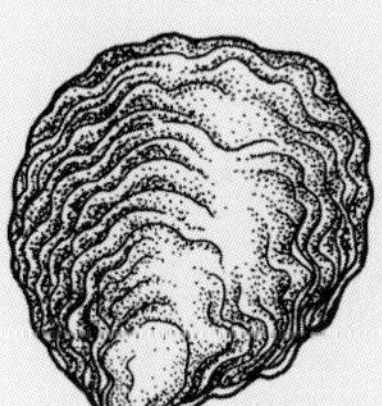

Auster

Essbare Herzmuschel

Cerastoderma edule – engl. Edible cockle, Common cockle; franz. Coque commune; ital. Capa tonda; span. Berberecho.

Die kugelige Herzmuschel kommt an den Küsten Großbritanniens, Hollands, Frankreichs, Spaniens und Portugals vor; an der deutschen Nordseeküste wird sie seit etwa 20 Jahren geschützt und nicht mehr gefischt. Sie erreicht eine Breite von 4–5 cm und ist an ihren bräunlichen bis dunkel eierschalenfarbenen Schalen und den glatten Längsrippen eindeutig zu erkennen.
Das Fleisch der Herzmuschel wird bei uns selten frisch angeboten. Meist wird es bereits an Bord der Fangschiffe abgekocht und an Land zu Konserven verarbeitet. Es gibt jedoch gefrorene Herzmuscheln in der Schale zu kaufen.

Jakobsmuschel, Pilgermuschel

Jakobsmuschel, Pilgermuschel

Pecten jacobaeus – engl. Scallop; franz. Coquille Saint-Jacques; ital. Conchiglia del pellegrino; span. Pelegrina.

Die Jakobsmuschel, die wohl bekannteste Kammmuschelart, findet man in Europa im Atlantik, in der Nordsee und vor allem im Mittelmeer. Mit einem Durchmesser von bis zu 15 cm zählt sie zu den großen Muscheln. Von den ungleichen Schalen ist eine gewölbt, die andere abgerundet und mit strahlenförmigen, regelmäßig gekanteten Falten versehen (abgerundete Falten hat die **Große Pilgermuschel** – *Pecten maximus*).
Jakobsmuscheln sind am schmackhaftesten in den Monaten von Oktober bis März, wenn der Rogen (Corail) eine intensiv orangerote Farbe hat. Sie werden geöffnet und nach dem Entfernen der dunklen Teile in Weißwein gedünstet, in Sauce zubereitet oder in ihrer dekorativen Schale gratiniert. Die schöne, gewölbte Schale der Jakobsmuschel kann man in Haushaltsgeschäften kaufen und für alle Gerichte verwenden, die in der Muschel zubereitet werden (wie Ragout fin). Bei uns werden Jakobsmuscheln fast ausschließlich tiefgefroren verkauft. Das ausgelöste, sehr delikate Muschelfleisch ist bereits essfertig vorgerichtet und muss nur aufgetaut werden. Am besten schmeckt es in einer feinen Sauce.

Miesmuschel

Mytilus edulis – engl. Blue mussel; franz. Moule; ital. Mitilo, Cozza; span. Mejillón.

Die Miesmuschel stellt geringere Ansprüche an die Beschaffenheit des Meeresbodens als die Auster. Von allen essbaren Muscheln hat sie die größte wirtschaftliche Bedeutung. Sie kommt an allen europäischen Küsten vor, an Sandbänken, Felsen oder Pfählen; deshalb nennt man sie auch *Pfahlmuschel*.
In den Wattenmeeren der Nordsee findet man große, natürliche Muschelbänke. An der Nordseeküste und an der Ostküste Schleswig-Holsteins wird sie auch gezüchtet. Sie wird in einer Größe von 5–6 cm gehandelt. Die Form ist länglich rund, die Farbe blauschwarz bis blauviolett. Frische Muscheln gibt es von Oktober bis März, im Sommer ist Schonzeit.

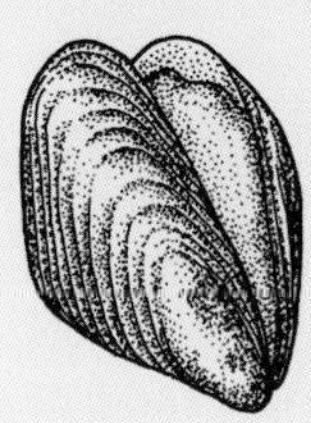

Miesmuschel

Vor der Zubereitung müssen die Muscheln sortiert werden, das heißt, man entfernt alle offenen, also abgestorbenen Exemplare. Anschließend werden sie in mehrmals gewechseltem Wasser gründlich gewaschen und mit einer harten Bürste abgeschrubbt. Das anhängende Bartbüschel (Byssusfäden), mit dem sich die lebende Muschel am Meeresboden festsetzt, wird entfernt. Dann legt man sie einige Stunden in eine Schüssel mit frischem Salzwasser, damit sie Sand und Unreinheiten ausscheiden können.
Miesmuscheln werden meist in einer würzigen Brühe gedämpft oder gedünstet. Der Sud muss nur wenig oder überhaupt nicht gesalzen werden, da die Muscheln selbst voll von salzigem Meerwasser sind. Nach einigen Minuten Garzeit öffnen sich die vorher verschlossenen Muscheln; nicht geöffnete Exemplare werden entfernt, sie könnten verdorben sein. Das gegarte, ausgelöste Muschelfleisch kann man offen, tiefgefroren oder konserviert kaufen. Miesmuscheln kommen auch geräuchert in den Handel.
Miesmuscheln sind insbesondere im Rheinland sehr geschätzt; dort werden sie in den »Muschelhäusern« als Spezialität in verschiedenen Zubereitungen angeboten.

Venusmuscheln

Venusmuscheln sind nahezu weltweit verbreitet. Sie vergraben sich in sandigen Böden im Meer und an den Küsten. Aus dieser artenreichen Familie sind von besonderer Bedeutung:

Raue Venusmuschel
Venus verrusca – engl. Warty venus; franz. Praire; ital. Verrucosa; span. Escupina gravada.

Die Raue Venusmuschel ist von den Britischen Inseln bis nach Südafrika verbreitet und umfasst das gesamte Mittelmeer. In Italien wird sie in Aquakulturen gezogen. Ihre kugeligen rötlich braunen Schalen werden 5–7 cm breit und weisen konzentrische Rippen auf, die warzenartig aufgeraut sind.
Die wohlschmeckende Muschel kann roh verzehrt oder wie Miesmuscheln zubereitet werden.

Strahlige Venusmuschel
Chamaelea gallina – engl. Striped venus clam; franz. Clovisse oder Palourde; ital. Vongola; span. Almeja.

Die Strahlige Venusmuschel ist im gesamten Mittelmeer verbreitet. Sie ist kleiner als die Raue Venusmuschel, hellbraun und hat glatte konzentrische Rippen mit hellen Längsstrahlen.
Diese wohlschmeckende Muschel ist aus der italienischen Küche nicht wegzudenken, wo Spaghetti alla vongole zu den Pasta-Klassikern zählen.

Krustentiere

Garnelen

Engl. Shrimps, Prawns; franz. Crevette; ital. Gamberetto; span. Gambas

Garnelen sind Zehnfußkrebse, die an ihrem langen Hinterleib zu erkennen sind, den sie ausgestreckt oder eingekrümmt tragen. Sie haben meist lange Antennen. Ein markantes Kennzeichen ist das Stirnhorn, das eine eindeutige Zuordnung zu den Garnelen und damit eine Abgrenzung zu den Krebsen zulässt. Garnelen kommen in allen Weltmeeren vor und treten in zahlreichen Arten auf. Die meisten Arten sind bräunlich oder fast grau und nahezu transparent. Erst beim Kochen färben sie sich rot und verlieren ihr glasiges Aussehen.
Generell wird zwischen *Geißelgarnelen* und *Echten Garnelen* unterschieden. Kennzeichen ist die Anordnung der Schalensegmente. Während sich bei den Geißelgarnelen alle Segmente zum Schwanz hin einheitlich überlappen, werden bei den Echten Garnelen das 1. und 3. Segment an beiden Seiten vom 2. Segment überlappt. Darüber hinaus wird zwischen *Kalt-* und *Warmwassergarnelen* unterschieden, wobei die Kaltwassergarnelen die qualitativ besseren sind.
Im Handel werden meist nur die Schwänze – sortiert, roh oder abgekocht, mit oder ohne Schale – nach Größen angeboten und in Stück je englisches Pfund (= 545 g) mit den entsprechenden Nummern oder Namen gekennzeichnet. So sind zum Beispiel *Shrimps* (100 Stück je Pfund) kleiner als *Prawns* (15 Stück je Pfund). Besonders große Garnelen werden häufig mit den Beinamen *Riesengarnelen, Tiger-Prawns* oder *King-Prawns* gekennzeichnet.
Garnelenschwänze kommen auch gefroren in den Handel. Am besten ist die rohe, ungekochte und mit der Schale eingefrorene Ware. Schüttelpackungen, aus denen man die Garnelen einzeln entnehmen kann, sind Eisblöcken vorzuziehen. Die großen Exemplare eignen sich vorzüglich zum Grillen.
Da Garnelen nicht nach Arten angeboten werden, sei hier nur eine für Deutschland wichtige Art vorgestellt:

Sandgarnele, Granat (»Nordseekrabbe«)
Crangon crangon – engl. Brown shrimp, Sandy shrimp; franz. Crevette grise; ital. Gamberetto grigio; span. Quisquilla.

Die Sandgarnele ist an den europäischen Küsten zu finden und ist in der Nordsee (Wattenmeer) und Ostsee von besonderer fischereilicher Bedeutung. Auch wenn sie offiziell als *Nordseekrabbe* bezeichnet wird, hat sie mit den eigentlichen Krabben (Kurzschwanzkrebse) nichts gemein, sondern gehört zu den Garnelen. Sie wird bis zu 9 cm groß. Gleich nach dem Fang werden die Sandgarnelen noch auf dem Schiff abgekocht und an Land frisch verkauft. Geschälte Exemplare gibt es in Dosen, tiefgefroren oder in der Packung aus der Kühltheke.

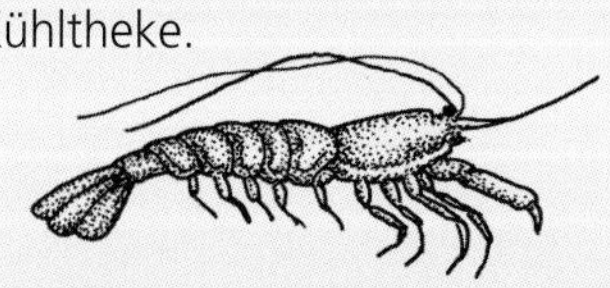

Sandgarnele oder Nordseekrabbe

Frisch »ausgepult« schmecken die Nordseekrabben am besten, sie werden aber auch gern mit einer Knoblauch-Mayonnaise oder einer Vinaigrette angemacht, im Rührei mitgebraten oder mit einem Spiegelei auf Schwarzbrot angerichtet.

Hummer

Engl. Lobster; franz. Homard; ital. Astice; span. Bogavante.

Der Hummer lebt in den europäischen Küstengewässern, vor allem im Nordostatlantik, auf steinigem, felsigem Grund (**Europäischer Hummer** – *Homarus gammarus*). Der auf unserem Markt angebotene Hummer stammt jedoch meist aus Importen aus den nordischen Ländern und den USA (**Amerikanischer Hummer** – *Homarus americanus*). Der Hummer ist mit zwei kräftigen, breiten Scheren ausgestattet, die beim Transport immer zusammengebunden sind, damit sich die Tiere nicht verletzen, und besitzt einen breiten Schwanzfächer. Neben lebenden Tieren werden vor allem bereits gekochte und tiefgefrorene Hummer gehandelt. Die durchschnittliche Handelsgröße beträgt 30–50 cm Körperlänge bei einem Gewicht von 1–4 kg. Die blauschwarze Farbe des Panzers wird erst beim Kochen leuchtend rot.
Um an das begehrte Schwanzfleisch sowie das Fleisch in den Scheren heranzukommen, wird der Hummer, wie alle lebenden Krebse, durch Einwerfen in kochendes Wasser getötet. Man kann ihn auf Bestellung auch bereits gekocht kaufen. Hummer serviert man warm (gekocht, gegrillt oder gebraten) oder kalt mit einer Sauce. Hummerfleisch wird auch als Vollkonserve angeboten. Geöffnete Konserven und gekochtes Hummerfleisch sind leicht verderblich und müssen rasch verbraucht werden.

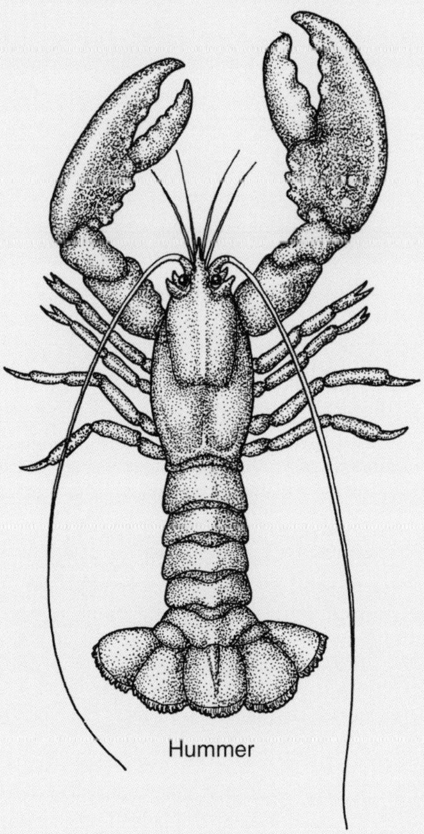

Hummer

Languste

Engl. Spiny lobster; franz. Langouste; ital. Aragosta; span. Langosta.

Die Languste ist in den gleichen Gewässern anzutreffen wie der Hummer. Die bei uns angebotenen Langusten stammen jedoch alle aus Einfuhren. Insbesondere ist die **Europäische Languste** *(Palinurus elephas)* zu nennen, die von der irischen und schottischen Küste entlang der Atlantikküste bis Marokko sowie im Mittelmeer verbreitet ist. Im Gegensatz zum Hummer hat die Languste keine Scheren. Typisch sind die beiden sehr langen Antennen. Das Kopfbruststück ist mit groben Stacheln besetzt, die Farbe schwarzbraun bis rötlich violett mit gelblichen Flecken, vor allem auf den Panzersegmenten des Schwanzteils. Die Languste erreicht eine durchschnittliche Körperlänge von 30 cm, größere Exemplare können bis zu 6 kg schwer werden. In der Küche bevorzugt man jedoch die kleineren Exemplare.
Langusten kommen lebend oder als gefrorene Schwänze in den Handel. Sie werden wie Hummer durch Einwerfen in kochendes Wasser getötet und auch wie diese zubereitet.

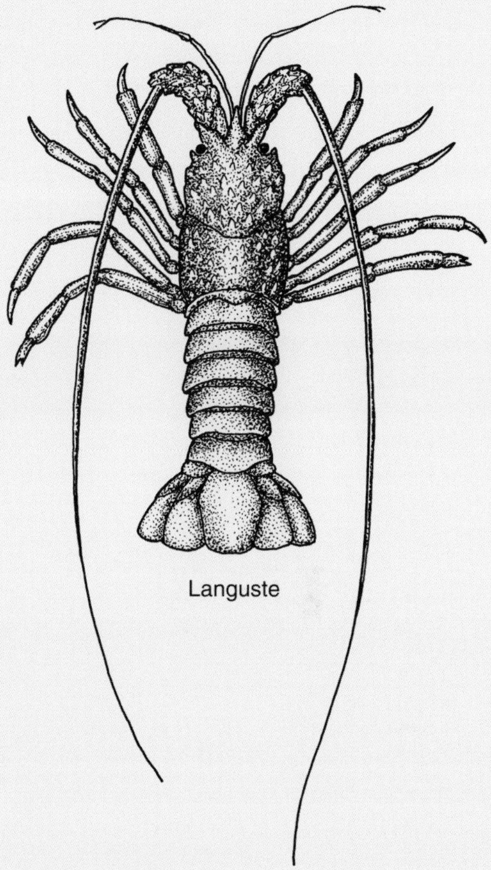

Languste

Kaisergranat (Scampi)

Nephrops norvegicus – engl. Norway lobster; franz. Langoustine; ital. Scampo; span. Cigala langostina.

Der Kaisergranat gehört zur Hummerfamilie und ist unter verschiedenen Namen im Handel. Populär ist er bei uns unter seinem italienischen Namen *Scampi* (Einzahl Scampo). Man kann ihn auch als Tiefseehummer, Hummerkrabbe, Norwegerkrebs oder Norwegischer Hummer finden. Er wird an der norwegischen Küste, im Kattegat, im Skagerak, an den europäischen Atlantikküsten und im Mittelmeer gefangen und lebt auf weichem Meeresgrund in Tiefen von 40–250 m. Der Kaisergranat ist kleiner als der Hummer, die Scheren sind wesentlich schlanker; er wird deshalb auch als »schlanker Hummer« bezeichnet. Seine maximale Größe beträgt etwa 25 cm. Die Farbe des Panzers wechselt beim lebenden Tier je nach Wohnge-

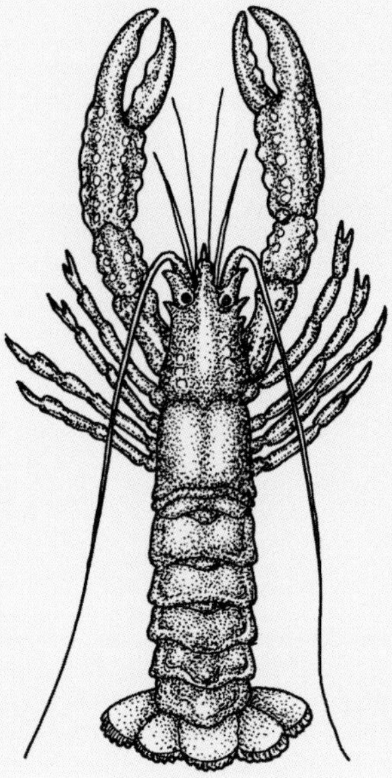

Kaisergranat oder Tiefseekrebs

wässer von hell lachsrot bis ziegelrot, sie verändert sich beim Kochen nicht. Frisch abgekochten oder frischen, rohen Kaisergranat kann man nur an der Küste kaufen. Kaisergranatschwänze werden fast ausschließlich tiefgefroren gehandelt, mit oder ohne Schale. Die schmalen Scheren enthalten nur wenig Fleisch; das meiste Fleisch liefern die Schwänze. Das frische, ungekochte Fleisch ist glasig, durchscheinend, elastisch; das Fleisch der gekochten Kaisergranatschwänze ist bissfest und rosa gefärbt. Es ist ähnlich wohlschmeckend wie das des Hummers. Sie werden jedoch hauptsächlich warm zubereitet – gegrillt, frittiert oder in einer feinen Sauce.

Flusskrebse

Flusskrebse sind Süßwasserkrebse. Wie der Name andeutet, leben sie in Flüssen, doch sind sie auch in sauberen, sauerstoffreichen Binnenseen anzutreffen. Die bei uns angebotenen Speisekrebse werden fast ausschließlich aus südosteuropäischen Ländern und der Türkei importiert.
Lebende Flusskrebse werden nach Größen sortiert gehandelt: Kleinkrebse, die man für Suppen und Saucen verwendet (etwa 40 g schwer), mittelgroße Krebse, die hauptsächlich für Garnituren verwendet werden (etwa 60 g schwer), und Groß- oder Solokrebse (80–100 g schwer). Sie werden durch Einwerfen in kochendes Wasser getötet. In den Fachgeschäften kann man sie auf Wunsch auch gekocht kaufen. Beliebt ist vor allem die Zubereitung in einem würzigen Sud. Aus Flusskrebsen kann man sehr delikate Suppen und Saucen zubereiten sowie warme und kalte Vorspeisen. Dafür bietet sich ausgelöstes Flusskrebsfleisch an, das man offen oder in der Packung aus der Kühltheke kaufen kann.

Edelkrebs

Astacus astacus – engl. Crayfish; franz. Écrevisse; ital. Gambero di fiume; span. Congrejo de rio.

Der Edelkrebs wird maximal 18 cm groß. Der dunkle Panzer trägt für die Körpergröße gewaltige Scheren. Er war in vielen Binnengewässern anzutreffen, bis die Krebspest (1877–1880) fast alle Bestände Europas vernichtete. Einzelne Versuche, den Edelkrebs in Teichwirtschaften zu züchten (vor allem in Bayern), haben zu keinem nennenswerten Ergebnis geführt. Seine einst große wirtschaftliche Bedeutung ist heute auf eine seltene und teure Delikatesse reduziert. Als Ersatz gibt es andere Flusskrebsarten, zum Beispiel den **Signalkrebs** (*Pacifastacus leniusculus* – aus Amerika eingeführt, wird bei uns ausschließlich gezüchtet) und den an Bedeutung gewinnenden **Australkrebs** (*Cherax tenuimanus,* unter seinem englischen Namen Marron bekannt, Importe aus Australien). Von größter Bedeutung auf unseren Märkten ist heute allerdings der **Galizierkrebs** *(Astacus leptodactylus),* der aus der Türkei zu uns gelangt.

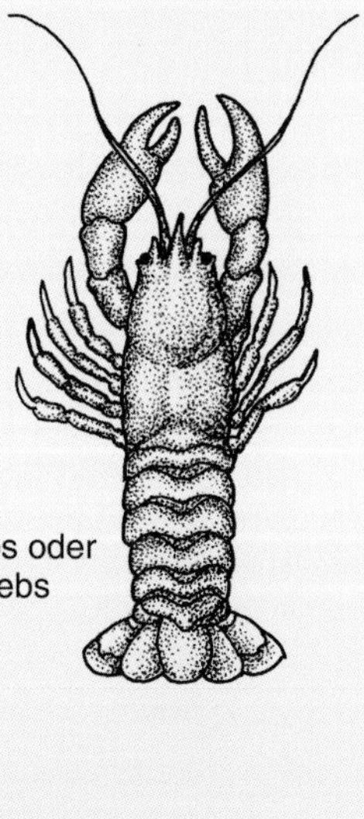

Flusskrebs oder Edelkrebs

Taschenkrebs

Cancer pagurus – engl. Edible crab; franz. Tourteau; ital. Granciporro; span. Buey.

Der Taschenkrebs, eine Krabbenart und der größte europäische Meereskrebs, gehört zu den kurzschwänzigen Zehnfußkrebsen. Er kommt an allen europäischen Küsten vor in Felsspalten bis zu 100 m Tiefe. Kennzeichnend ist der große, ovale Rückenpanzer mit einer durchschnittlichen Breite von 20 cm; größere Exemplare mit bis zu 30 cm Breite können ein Gewicht von 6 kg erreichen. Von den zehn Beinen ist das erste Paar zu kräftigen Scheren ausgebildet, die auch das meiste Fleisch liefern. Der kurze Schwanz ist unter den breiten Panzer zurückgeklappt.
Der Taschenkrebs kommt lebend oder tiefgefroren in den Handel. Das lebende Tier wird, wie alle Krebsarten, durch Einwerfen in kochendes Wasser getötet. Obwohl der Körper verhältnismäßig groß ist, liefert er nur wenig Fleisch. Vom 10 cm breiten Taschenkrebs bleiben etwa 100 g essbares Fleisch, hauptsächlich aus den kräftigen Scheren. Sehr schmackhaft sind die Leber und die cremig weiche Substanz, in die die Leber

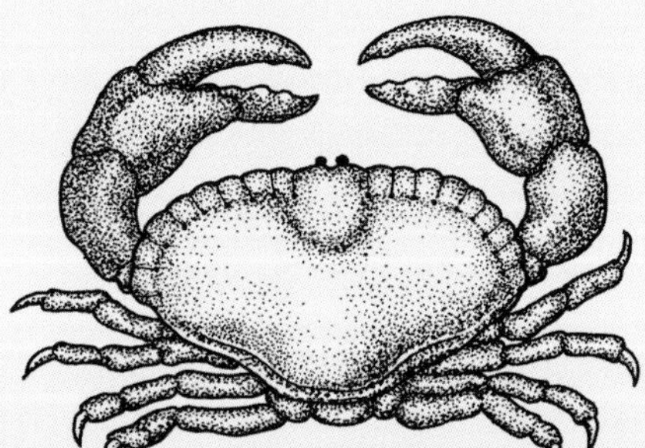

Taschenkrebs

eingebettet ist. Das Fleisch der Scheren – es lässt sich mit einem Nussknacker auslösen – serviert man mit Mayonnaise in den breiten, gereinigten Körperschalen als Cocktail; man kann es auch mit einer feinen Sauce vermischen und in den Schalen gratinieren. Die abgelösten Scheren werden an der deutschen Nordseeküste (vor allem Helgoland) frisch als *Knieper* gehandelt (aber Vorsicht, sie verderben schnell).

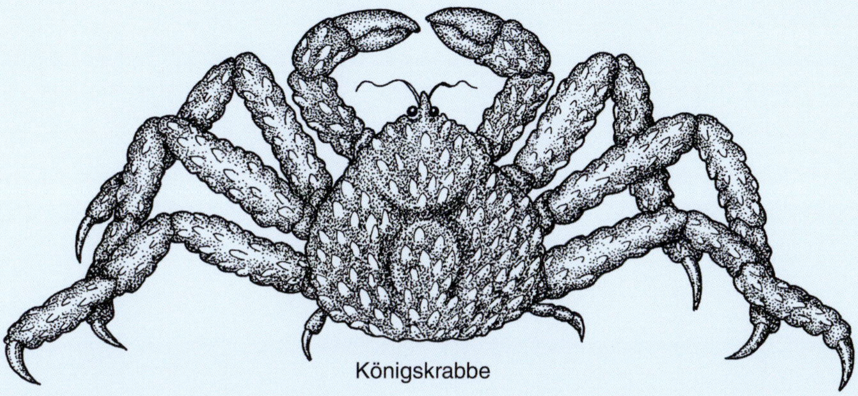

Königskrabbe

Königskrabbe

Paralithodes camchatica – engl. King crab.

Die Königskrabbe, auch *Kamtschatkakrebs* oder *Alaska-Königskrabbe* genannt, lebt in halbarktischen Gewässern in Tiefen bis zu 150 m im Nordpazifik, Beringmeer, Kamtschatka, Neufundland. Die **Antarktische Königskrabbe** *(Lithodes santolla)* kommt an den Südküsten Argentiniens und Chiles sowie in der Antarktis vor. In Küstennähe lebt sie ebenfalls bis in 150 m Tiefe, kann sich aber bis in 600 m Tiefe aufhalten. Gefangen werden die männlichen Tiere, die bis zu 8 kg schwer werden können; die weiblichen sind wesentlich kleiner. Das Körperfleisch der Königskrabbe kommt bei uns vorwiegend in Dosen als *Crab meat* in den Handel. Die Beine werden in der Schale, in Stücke geteilt, tiefgefroren gehandelt. Das sehr schmackhafte Fleisch der Königskrabbe wird vorwiegend in der kalten Küche verwendet.

Tintenfische

Tintenfische sind so genannte Kopffüßler und Meeresbewohner. Ihr Körper ist sackartig geformt und trägt mit Saugnäpfen besetzte Arme, die zur Orientierung, zur Fortbewegung und zum Beutefang eingesetzt werden. Der Tintenbeutel enthält eine schwarzdunkle Flüssigkeit – die Tinte, die die Tiere ausstoßen, um sich gegenüber herannahenden Feinden unsichtbar zu machen.

Die namhaftesten Vertreter sind der **Gemeine Tintenfisch** oder **Sepia** (*Sepia officinalis* – engl. Cuttle-fish; franz. Seiche; ital. Seppia; span. Luda, Sipia) und der **Kalma**r (*Loligo vulgaris* – engl. Calamary, Squid; franz. Calmar; ital. Calamaro; span. Calamar), die zu den zehnarmigen Tintenfischen zählen, sowie der achtarmige **Krake** (*Octopus vulgaris* – engl. Octopus, Sucker; franz. Poulpe; ital. Polpo; span. Pulpo). Diese drei Arten unterscheiden sich deutlich in ihrer Körperform und -größe. Während der rundliche Körper der Sepia eine durchschnittliche Länge von 25–30 cm und der des schlanken Kalmar 30–50 cm erreicht, kann der ebenfalls eher rundliche Krake in warmen Gewässern bis zu 3 m lang werden, in kalten Gewässern, zum Beispiel in der Nordsee, schafft er jedoch durchschnittlich nur 70 cm.

Alle drei sind wesentliche Vertreter der Mittelmeerküche. Dank der Tiefkühltechnik sind sie auch bei uns zu haben und kommen meist küchenfertig zum Verkauf. Kleine Exemplare werden im Ganzen zubereitet, größere werden klein geschnitten und häufig in Ringen verarbeitet. Als Tiefkühlprodukt kann man sie auch klein geschnitten kaufen. Sie werden gekocht, in Teig ausgebacken, in Suppen und Salaten verwendet; vor allem wird der Körper größerer Exemplare gern als Hülle für Füllungen genutzt. Die Tinte dient zum Färben von Speisen, zum Beispiel für Sepia-Nudeln oder schwarzen Reis.

Register

Kursiv gesetzte Stichwörter und/oder Seitenzahlen verweisen auf Warenkunde bzw. Lexikon und Küchenpraxis.

▸ Dieser Pfeil verweist auf Rezepte, in denen der jeweilige Fisch alternativ verwendet werden kann.

▶ Dieser Pfeil verweist auf Rezepte, in denen der jeweilige Fisch alternativ verwendet werden kann.

▶ Dieser Pfeil verweist auf Rezepte, in denen der jeweilige Fisch alternativ verwendet werden kann.

▶ Dieser Pfeil verweist auf Rezepte, in denen der jeweilige Fisch alternativ verwendet werden kann.

▶ Dieser Pfeil verweist auf Rezepte, in denen der jeweilige Fisch alternativ verwendet werden kann.

X, Y, Z

Beilagen und Saucen

Hier werden Beilagen bzw. Saucen registriert, die Bestandteil von Rezepten sind, aber auch zu anderen Rezepten passen.

Beilagen

Saucen

▶ Dieser Pfeil verweist auf Rezepte, in denen der jeweilige Fisch alternativ verwendet werden kann.

Bildnachweis:

TEUBNER FOODFOTO, Füssen
Mit Ausnahme von:
Alpensahne, Seite 156, 165
CMA-Butterschmalz, Seite 46, 112
Fischwirtschaftliches Marketing-Institut, Bremerhaven, Seite 51, 81, 97, 100, 137, 142 (links unten)
Niederländisches Büro für Milcherzeugnisse, Aachen, Seite 144, 184

Bibliographische Information Der Deutschen Bibliothek
Die Deutsche Bibliothek verzeichnet diese Publikation in der Deutschen Nationalbibliografie; detaillierte bibliografische Daten sind im Internet über http://dnb.ddb.de abrufbar.

BLV Buchverlag GmbH & Co. KG
80797 München

Zeichnungen: Waltraud Berger
Umschlagabbildungen: TEUBNER FOODFOTO, Füssen

Lektorat: Inken Kloppenburg Verlags-Service, München
Korrektur: Petra Tröger
Herstellung: Ruth Bost
Layout: Walter Werbegrafik, Gundelfingen/Donau
Satz: agentur walter, Gundelfingen/Donau

Gedruckt auf chlorfrei gebleichtem Papier

Printed in Germany
ISBN 978-3-8354-0463-2